高职高专"十二五"规划系列教材

# 简明经济法通论

## （第2版）

主　编　桂步祥
副主编　徐孝军

东南大学出版社
·南京·

## 内 容 提 要

本书立足于"厚基础、高素质、精技能"的高职人才培养规格以及职业岗位对经济法律知识和应用能力的需要，以能力培养为本位，注重学生对经济法律知识和技能的整体把握和灵活运用，吸收最新经济法立法信息，重点阐述了我国经济法体系中与职业工作密切相关的部门法。主要阐述内容有：经济法基础、公司法、企业法、企业破产法、合同法、知识产权法、市场规制法、银行法等。

全书编排及内容新颖，重点突出，注重案例教学及背景知识的扩展，具有很强的实用性。本书既注重吸收最新的立法内容进行编写，与时俱进，又从实际需要出发，删繁就简，适当取舍，注重内容编排的灵活性；既考虑行文的可读性，提高学生学习的兴趣，让学生学会运用法律方法观察、分析、处理经济活动中的问题，又从能力需要出发，在内容组织上注重与相关职业资格考试对接，为学生进一步学习专业后续课程和开展有关的实训实践活动打下坚实的基础。

本教材适合高职高专院校经济类、管理类、财经类等专业学生使用，也可作为企业职工的培训教材以及在职人员的自学参考用书。

**图书在版编目(CIP)数据**

简明经济法通论/桂步祥主编.—2版.—南京：东南大学出版社，2014.1(2022.1重印)
高职高专"十二五"规划系列教材
ISBN 978-7-5641-2046-7

Ⅰ.①简… Ⅱ.①桂… Ⅲ.①经济法－中国－高等职业教育－教材 Ⅳ.①D922.29

中国版本图书馆 CIP 数据核字(2014)第 015493 号

**简明经济法通论(第2版)**

| 主　　编 | 桂步祥 | 责任编辑 | 陈　跃 |
|---|---|---|---|
| 电　　话 | (025)83795627/83362442(传真) | 电子邮箱 | chenyue58@sohu.com |
| 出版发行 | 东南大学出版社 | 出 版 人 | 江建中 |
| 社　　址 | 南京市四牌楼2号 | 邮　　编 | 210096 |
| 销售电话 | (025)83794121/83795801 | | |
| 网　　址 | http://www.seupress.com | 电子邮箱 | press@seupress.com |
| 经　　销 | 全国各地新华书店 | 印　　刷 | 南京玉河印刷厂 |
| 开　　本 | 700mm×1000mm　1/16 | 印　　张 | 23.25 |
| 字　　数 | 469千字 | | |
| 版印次 | 2014年1月第2版　2022年1月第8次印刷 | | |
| 书　　号 | ISBN 978-7-5641-2046-7 | | |
| 定　　价 | 60.00元 | | |

本社图书若有印装质量问题，请直接与营销部联系。电话：025-83791830。

# 第二版前言

《简明经济法通论》作为高职高专财经类各专业与商务英语专业的公共基础课教材,立足于"厚基础、高素质、精技能"的高职人才培养规格以及职业岗位对经济法律知识和应用能力的需要,以能力培养为本位,注重学生对经济法律知识和技能的整体把握和灵活运用,吸收最新经济法立法信息,重点阐述了我国经济法体系中与职业工作密切相关的部门法。

教材第一版出版后,受到同学们的欢迎。3年来经济法治发展变化很快,《公司法》、《商标法》、《消费者权益保护法》、《劳动合同法》、《民事诉讼法》等经济法律都进行了修订。为适应课程教学改革与发展的需要,准确反映近年来相关立法修订的内容,我们课程教学团队在总结教学实践经验的基础上对教材进行了修订。本次修订维持了原教材的基本体系,但在内容上进行了大量的更新。总体分析,教材编写、修订主要具有以下特点:

1. 总体结构上突破传统经济法教材系统性、完整性、学术性等注重学科体系的特性,根据我国当前市场经济发展状况及其对经济法治的要求,以"必须、够用"为原则,考虑财经类等专业的特点,从实用角度选取知识点进行编写,力求知识体系在编排上更为科学、合理、实用。

2. 教材每章章前分知识、能力、素养三个层次列明本章学习目标,并通过案例形式(案例导入和问题引入)帮助学生进入相应法律内容的学习,章中还穿插若干针对性强的案例和思考题,章后又安排了相应的能力训练题和实训项目,有利于学生更好地理解和掌握所学知识,促进"教"、"学"、"做"一体化,打破传统的教学模式,学练结合,注重职业能力培养。

3. 教材既注重吸收最新的立法内容进行编写,与时俱进,又从实际需要出发,删繁就简,适当取舍,注重内容编排的灵活性;既考虑行文的可读性,提高学生学习的兴趣,让学生学会运用法律方法观察、分析、处理经济活动中的问题,又从能力需要出发,在内容组织上注重与相关职业资格考试对接,为学生进一步学习专业后续课程和开展有关的实训实践活动打下坚实的基础。

本教材由江苏城市职业学院公共基础课部桂步祥老师任主编,江苏城市职业学院南通校区徐孝军老师任副主编,江苏城市职业学院公共基础课部齐茵、骆正言、姜璟老师,江苏城市职业学院无锡校区沙秋琳老师,江苏省保监局人事教育处蒋汉春同志,江苏致邦律师事务所徐骏律师参加了编写或修订工作。教材初版具体编写分工如下:桂步祥负责第一、二、十四、十六章,徐孝军负责第三、五、十一、十二章,蒋汉春负责第四、十五章,徐骏负责第六章,骆正言负责第七、十章,齐茵负责第八、九、十三章。本次修订分工:桂步祥负责第一、五、六、十四、十六章,沙秋琳负责第二、四、十五章,姜璟负责第三、十一、十二章,骆正言负责第七、十章,齐茵负责第八、九、十三章。在此对上述老师的辛勤工作表示感谢。

本教材适合高职高专院校经济类、管理类、财经类等专业学生使用,也可作为企业职工的培训教材以及在职人员的自学参考用书。

教材初版和修订均由桂步祥统校、审阅和定稿。由于经济法涉及的领域十分广泛,加之时间仓促,我们编写水平有限,书中的疏漏与错误在所难免,敬请读者批评指正。

编　者<br>2014 年 1 月

# 目　　录

**第一章　认识经济法** (1)

　　第一节　经济法基础 …………………………………………… (2)
　　第二节　经济法律关系 ………………………………………… (5)
　　第三节　法人制度与代理制度 ………………………………… (8)

**第二章　公司法** (16)

　　第一节　认识公司及公司法 …………………………………… (17)
　　第二节　公司的一般规定 ……………………………………… (20)
　　第三节　有限责任公司 ………………………………………… (25)
　　第四节　股份有限公司 ………………………………………… (33)
　　第五节　公司董事、监事、高级管理人员的资格和义务 …… (39)
　　第六节　公司的其他规定 ……………………………………… (41)

**第三章　企业法** (51)

　　第一节　认识企业及企业法 …………………………………… (52)
　　第二节　个人独资企业法 ……………………………………… (53)
　　第三节　合伙企业法 …………………………………………… (56)
　　第四节　中外合资经营企业法 ………………………………… (64)

**第四章　企业破产法** (72)

　　第一节　认识破产及破产法 …………………………………… (73)
　　第二节　破产申请和受理 ……………………………………… (76)

第三节　债务人财产的管理 ·················································· (79)
　　第四节　债权申报和债权人会议 ············································ (83)
　　第五节　重整程序 ······························································ (86)
　　第六节　和解程序 ······························································ (90)
　　第七节　破产清算 ······························································ (91)

## 第五章　合同法 (100)

　　第一节　认识合同及合同法 ··················································· (101)
　　第二节　合同的订立 ···························································· (106)
　　第三节　合同的效力 ···························································· (111)
　　第四节　合同的履行 ···························································· (116)
　　第五节　合同的担保 ···························································· (119)
　　第六节　合同的变更、转让与终止 ········································· (122)
　　第七节　违约责任 ······························································ (124)
　　第八节　典型有名合同 ························································ (127)

## 第六章　知识产权法 (133)

　　第一节　认识知识产权及知识产权法 ······································ (134)
　　第二节　著作权法 ······························································ (135)
　　第三节　专利法 ································································· (142)
　　第四节　商标法 ································································· (148)

## 第七章　市场规制法 (158)

　　第一节　认识市场规制 ························································ (159)
　　第二节　反垄断法 ······························································ (160)
　　第三节　反不正当竞争法 ······················································ (165)
　　第四节　产品质量法 ···························································· (170)
　　第五节　消费者权益保护法 ··················································· (175)

## 第八章　银行法 (186)

　　第一节　认识银行及银行法 ··················································· (187)
　　第二节　中国人民银行法 ······················································ (191)

第三节 商业银行法律制度 …………………………………… (196)

## 第九章 票据法 (203)

第一节 认识票据及票据法 …………………………………… (204)
第二节 汇票 …………………………………………………… (210)
第三节 本票与支票 …………………………………………… (214)

## 第十章 证券法 (220)

第一节 认识证券及证券法 …………………………………… (221)
第二节 证券市场主体 ………………………………………… (223)
第三节 证券发行 ……………………………………………… (225)
第四节 证券上市 ……………………………………………… (227)
第五节 证券交易 ……………………………………………… (228)
第六节 上市公司收购 ………………………………………… (232)

## 第十一章 会计法 (237)

第一节 认识会计及会计法 …………………………………… (238)
第二节 会计核算与会计监督 ………………………………… (239)
第三节 会计机构和会计人员 ………………………………… (244)
第四节 违反会计法的法律责任 ……………………………… (246)

## 第十二章 税法 (251)

第一节 认识税收及税法 ……………………………………… (252)
第二节 流转税法律制度 ……………………………………… (254)
第三节 所得税法律制度 ……………………………………… (258)
第四节 财产、行为和资源税法律制度 ……………………… (264)
第五节 税收征收管理法律制度 ……………………………… (265)

## 第十三章 保险法 (271)

第一节 认识保险及保险法 …………………………………… (272)
第二节 保险法的基本原则 …………………………………… (277)

第三节　保险合同概述 ............................................................. (280)
　　第四节　人身保险合同和财产保险合同 ........................................... (285)

## 第十四章　劳动法 ........................................................................ (296)

　　第一节　认识劳动法 ................................................................ (297)
　　第二节　劳动合同 ................................................................... (300)
　　第三节　工作时间、休息休假、工资制度 ........................................ (308)
　　第四节　劳动安全卫生和劳动保护 ................................................ (310)
　　第五节　劳动争议及其处理 ........................................................ (312)

## 第十五章　仲裁法 ........................................................................ (318)

　　第一节　认识仲裁及仲裁法 ........................................................ (319)
　　第二节　民商事仲裁机构及仲裁规则 ............................................. (322)
　　第三节　仲裁当事人与仲裁代理人 ................................................ (324)
　　第四节　仲裁协议 ................................................................... (325)
　　第五节　仲裁程序 ................................................................... (328)
　　第六节　仲裁裁决的执行 ........................................................... (333)

## 第十六章　民事诉讼法 .................................................................. (340)

　　第一节　认识民事诉讼 ............................................................. (341)
　　第二节　民事诉讼程序 ............................................................. (348)
　　第三节　民事特别程序 ............................................................. (354)
　　第四节　民事执行程序 ............................................................. (355)

## 参考文献 .................................................................................... (363)

# 第一章 认识经济法

## 学习目标

**知识：**
1. 理解经济法的概念、调整对象、特征；
2. 理解经济法律关系的概念、特征、构成要素；
3. 理解法人、代理的概念和分类。

**技能：**
1. 能够解释经济法的调整对象；
2. 能够准确界定经济法律关系的三个构成要素；
3. 能够识别法人的类别、分析法人的民事能力；
4. 能够联系实际分析生活中的各种代理现象。

**素养：**
1. 培养社会主义市场经济与法治观念；
2. 增强依法经营意识。

## 案例导入

某制药公司新生产了一种药品，为了向社会公众介绍本公司的新产品，在未得到有关部门批准的情况下，擅自在某印刷厂采用报纸的编排形式，印制数万份广告宣传品，并委托一家广告公司免费向群众发送。一些消费者看了广告宣传品后，购买了这种药品，发现这种药品不仅没有广告所说的治疗效果，反而有很大的毒副作用，于是纷纷向有关部门举报。有关部门收到消费者的举报后，对此广告行为进行了调查处理。

## 问题引入

1. 这个案例是否属于经济法调整？
2. 有关部门应当如何处理本案？

## 第一节　经济法基础

### 一、经济法的概念

经济法是调整国家在协调经济运行过程中所发生的经济关系的法律规范的总称,其目的是为了解决因市场的盲目性、局限性所导致的各种市场失灵现象。在现代社会,经济法的典型特征在于国家对社会经济活动的干预,即通过国家对社会经济生活的调节与干预,来体现国家意志,协调国家利益与个体利益,从而促进社会经济持续、健康发展。经济法以实现社会正义、社会效益、经济自由与经济秩序的统一为其追求的价值目标。

我国自改革开放以来,各项社会事业不断发展,经济法也逐步产生和发展起来,在国家经济、社会发展方面所起到的作用日益明显,受到了广泛重视。目前,经济法已经成为我国法律体系中的一个独立的、重要的法律部门,并随着社会主义市场经济体制建设步伐的推进而不断丰富和完善。

【思考1-1】 有人认为,经济法就是与经济有关的法,而与经济有关的法在古代社会就有,因此,经济法应当是很古老的。你认为这种观点正确吗?

### 二、经济法的调整对象

经济法调整的对象是一种体现国家干预的社会关系,这种社会关系的内容包括:市场主体调控关系、市场运行调控关系、宏观经济调控关系和社会保障关系。

（一）市场主体调控关系

市场主体调控关系是指国家从维护社会公共利益出发,在对市场主体的组织和行为进行必要干预过程中形成的经济关系。市场主体是市场经济中最基本的要素,是指参与市场交易活动的经济组织和个人。在市场经济条件下,各类市场主体的法律地位是平等的。国家为协调经济运行,要对市场主体的设立、变更、终止,内部机构的设置及职权等进行必要、适度的干预。公司法、个人独资企业法、合伙企业法、中外合资经营企业法、外资企业法、破产法等属于体现国家对市场主体调控关系的法律制度。

（二）市场运行调控关系

市场运行调控关系是指国家在培育和发展市场体系的过程中,为了维护国家、生产经营者和消费者的合法权益而对市场主体的市场行为进行必要干预所发生的经济关系。要实行社会主义市场经济,必须建立统一、开放的市场体系,这就要求促进各种生产要素自由流动,打破条块分割、封锁和垄断,充分发挥竞争机制的作用。在经济发展的过程中,单纯依靠市场主体自律,不能防止垄断、不正当竞争、假冒伪劣产品等损害消费者利益、扰乱市场秩序的行为。这就需要通过国家制定并完善规则来维护市场秩序,约束市场主体的竞争行为,并最终实现市场功能,确保市场运行机制的有效性。票据法、合同法、证券法、知识产权法、反不正当竞争法、消费者权益保护法等属于市场运行调控关系法律制度。

(三)宏观经济调控关系

宏观经济调控关系是指国家从全局和社会公共利益出发,对关系国计民生的重大经济因素(如经济总量的平衡、经济结构的优化),实行全局性的调控与引导过程中与市场主体所发生的经济关系。现代市场经济的运行是一个极其复杂的过程,经济运行到一定程度,市场本身固有的缺陷就会暴露,比如:市场主体基于个体利益取向的单一和短视会导致资源配置的无序化和严重浪费。并且,当今时代经济全球一体化趋势日益明显,国家在世界经济竞争格局中要增强综合国力就需要对国民经济发展进行整体规划,科学技术的创新也需要国家政策的调控与引导。仅仅依靠基础层次的市场自发调节无法解决以上问题,这就需要从国家层面上进行宏观调控。市场经济条件下的宏观调控以间接手段为主,直接手段为辅,主要通过国家经济政策、经济杠杆和经济法律、法规,在充分尊重价值规律和市场规则的基础上得以有效实现。计划法、预算法、审计法、会计法、统计法、银行法、金融法、税法等属于宏观经济调控关系法律制度。

(四)社会保障关系

市场经济强调效率、兼顾公平,既要克服平均主义,又要保障全体社会成员的基本生活。但是,市场本身解决不了这个问题,这就需要国家出面进行干预,建立强制实施、互济互助、社会化管理的社会保障制度。当劳动者遭遇风险之际,其基本生活能够通过社会保障制度得到保障。在实施社会保障过程中发生的经济关系,称为社会保障调控关系,是市场经济建设的重要内容,对于保护劳动者的基本生活权利、充分开发和合理利用劳动力资源、维护社会稳定、促进经济发展,作用甚大。劳动法、保险法等属于社会保障关系方面的法律制度。

【思考1-2】 有人认为,经济法就是调整经济关系的法,它规范各种经济行为。你认为这一说法正确吗?

### 三、经济法的特征与渊源

(一)经济法的特征

经济法作为我国市场经济法律体系中的一个独立的法律部门,具有其自身的特征。

1. 经济性

经济法的经济性是指经济法直接调整经济关系,把经济制度、经济活动的内容和要求直接规定为法律,从而使得经济法与一个国家的经济生活联系最紧密。

2. 干预性

市场经济建设注重市场在资源配置方面的基础性作用,但市场调节有很大的盲目性和滞后性,需要国家对经济生活进行干预、调整和管理,以确保市场经济的有序发展。经济法是国家对市场的干预之法,强调国家的意志,不同于强调个体意志的民法。

3. 综合性

经济法在调整手段上采用行政、民事、经济等多种方法,违反经济法要承担民事、行政甚至刑事等多种法律责任,因而,经济法具有综合性的特征。

4. 社会性

经济法以实现社会正义、社会效益、经济自由与经济秩序的统一为其追求的价值目标。经济法在对社会关系的调整中立足于社会整体利益,协调国家利益和个体利益,既要控制垄断和不正当竞争,又要保障市场竞争主体的自由和平等,从而与市场经济的发展趋势相适应。经济法的社会本位是经济法特征的集中表现。

### (二) 经济法的渊源

经济法的渊源,是指经济法规范的表现形式。明确经济法的渊源,有助于更全面地理解经济法的体系,有利于政府部门更好地进行宏观调控和市场规制,也有助于法院更好地审理经济案件。我国经济法的渊源主要包括以下几类:

1. 宪法

宪法作为国家的根本大法,无疑是经济法的最重要渊源。宪法中的许多规范都与经济法直接相关,其中,有些宪法规范对于经济法具有总体上的意义,而有些宪法规范甚至就是某些经济法领域的法律的直接立法依据。

2. 法律

法律是全国人民代表大会及其常务委员会制定的规范性文件,其效力仅次于宪法。经济法的调整涉及市场主体的基本权利,因而需要通过法律的形式来加以保护,特别是涉及国家的基本经济制度以及财政、税收、海关、金融和外贸的基本制度等,只能制定法律。这就决定了法律是经济法的主要形式和渊源,如《合同法》、《公司法》、《劳动法》等。

3. 行政法规

行政法规是我国最高国家行政机关即国务院根据宪法和法律或者根据国家立法机关的授权决定,依法制定的规范性文件,其效力仅次于宪法、法律。经济法大量以该种形式存在,这是由经济的社会化和政府对经济管理和参与的客观条件所决定的,如《预算法实施条例》、《企业所得税法实施条例》等。

4. 地方性法规

地方性法规是特定地方国家权力机关制定的规范性文件,其不得与宪法、法律和行政法规相抵触。经济法的这一表现形式种类繁多,这里不一一列举。

5. 规章

规章包括部门规章和地方政府规章。部门规章是指国务院下属各部门和直属机构依法制定的规范性文件；地方政府规章是指省、自治区、直辖市和较大的市的人民政府依法在其职权范围内制定的规范性文件。

此外,适用于民族自治地方的自治条例和单行条例,特别行政区的法律、司法解释,我国同外国缔结或我国批准加入的国际条约、协定等规范性文件也是我国经济法的表现形式。

## 第二节 经济法律关系

### 一、经济法律关系的概念和特征

法律关系是法律规范在调整人们的行为过程中所形成的一种权利义务关系。不同的法律规范调整的社会关系不尽相同。调整平等主体之间的财产关系和人身关系而形成的法律关系,称为民事法律关系。调整行政关系而形成的法律关系,称为行政法律关系。调整国家对经济活动进行干预与管理而形成的法律关系,称为经济法律关系。

经济法律关系同其他法律关系一样,是一种社会意志关系,以权利、义务为其内容,由国家通过立法程序确认并由国家强制力保证其实现。经济法律关系除具有上述一般法律关系的特征以外,还具有其自身的特殊性：

(一) 经济法律关系产生于特定的经济活动中

经济法律关系是特定的经济活动在法律上的反映,其他活动中不可能产生经济法律关系。经济法律关系产生的特定经济活动包括市场主体调控活动、市场运行调控活动、宏观经济调控活动以及社会保障活动等。

(二) 经济法律关系由经济法律规范确认

经济法律关系与其他法律关系的不同之处,就在于它是由经济法律规范确认的社会关系。人们在社会生活中发生了各式各样的社会关系。其中,在政府或其经济行政机关执行经济政策、实施公共经济管理过程中形成一种经济管理关系,它是客观存在的经济法的调整对象。该种社会关系经过经济法的调整,则上升为具有经济管理内容的权利义务关系,即经济法律关系。经济法律关系使一些经济管理关系规范化、明确化,为人们享有经济权利和履行经济义务提供了外部条件。可以说,经济法律关系的产生是国家运用经济法手段干预、管理经济生活的必然反映,是国家干预经济关系为经济法律规范所确认的产物。没有经济法律规范的存在,就不会有经济法律关系的产生。

(三)经济法律关系是纵横交叉、相互统一的

从经济法调整的对象来看,主要是调整国家在进行国民经济管理过程中发生的经济关系和市场主体在经济活动过程中发生的经济关系。前者是纵向的经济关系,后者是横向的经济关系。纵向经济关系表现为国家干预性质的隶属关系,横向经济关系表现为平等、协作关系。这两种经济关系,在经济法的调整下,往往纵横交叉,结合在一起,成为相互统一的关系。

## 二、经济法律关系的构成要素

经济法律关系由主体、内容和客体三个要素构成,三者缺一不可。

(一)经济法律关系的主体

经济法律关系的主体也称经济法主体,是指参加经济法律关系,依法享有经济权利和承担经济义务的组织和个人。在经济法律关系中,享有权利的一方称为权利人,承担义务的一方称为义务人。

作为经济法主体的组织和个人,必须具备相应的主体资格,才能参加经济法律关系。经济法主体资格不能随意确定,只能由经济法律、法规赋予或确定,具有法定性。在我国依法能够参加经济法律关系的主体十分广泛,按其法律地位、职能、性质以及活动范围可分为:

1. 国家机关。国家机关包括国家权力机关、国家行政机关和国家司法机关。其中,国家权力机关主要是在计划、财政等法律关系中作为经济法主体出现,行使决策、审批和监督等职能;国家行政机关是经济法律关系的重要主体,以经济管理机关的身份出现,履行经济管理的职权和职责;国家司法机关主要在经济司法活动中参加经济法律关系。

2. 社会组织。包括公司企业、事业单位、社会团体等,可以进一步分为法人组织与非法人组织。社会组织是经济法主体体系最广泛、最基本的组成部分。它们应该能够独立或相对独立地支配一定的财产,从事生产、流通、服务和经济协作等经济行为,享有经济权利,承担经济义务。

3. 内部组织。主要指企业、公司和其他经济组织的内部单位。但并非所有的内部组织都能成为经济法主体,只有在那些实行内部经济责任制、内部承包制的企业中才可能拥有所谓的具有相对独立地位、独立利益的内部组织。内部组织不是法人,对外也不是独立的主体,但经济法赋予它们一定的主体资格,以保护其合法权益。

4. 个体工商户、农村承包户和公民个人。他们在参加经济法律法规规定的经济活动如接受国家经济管理机关的宏观管理或与社会组织发生经济往来时,成为经济法主体。

## （二）经济法律关系的内容

经济法律关系的内容是指经济法律关系主体所享有的经济权利和承担的经济义务。它反映着经济法律关系的具体要求，构成其核心。在经济法律关系中，享有经济权利的主体称为权利主体，承担经济义务的主体称为义务主体。

1. 经济权利。是指经济法主体依法具有的自主决定做出或者不做出某种行为、要求他人做出或者不做出某种行为的资格。经济权利主要包括：经济职权、所有权和他物权、法人财产权、债权、知识产权等。

2. 经济义务。经济义务相对于经济权利而存在，是指经济法主体依法所担负的必须作出某种行为或者不得作出某种行为的负担或约束。必须作出某种行为是指以积极的行为方式去履行义务，称为积极义务，如纳税。不得作出某种行为是指以消极的不作为方式去履行义务，称为消极义务，如不得做假账。

3. 经济权利与经济义务的关系。经济权利与经济义务构成经济法律关系内容的两个方面，是密切联系不可分离的，具有相对性、对等性。任何一方的权利都必须有另一方义务的存在；而任何一方的义务都是为实现他方的权利而设定的。没有无义务的权利，也没有无权利的义务。如买卖关系中，买方承担向卖方支付货款的义务，同时享有获得卖方出售物的权利；卖方享有获得买方价款的权利，同时承担向买方交付出售物的义务。

## （三）经济法律关系的客体

经济法律关系的客体是指经济法主体经济权利和经济义务所共同指向的对象。没有客体，经济权利和经济义务就失去目标，经济法律关系也不能成立。

经济法律关系的最终目的，就是要实现当事人各方的经济利益。这种经济利益，以取得一定的物（财产）、完成一定的工作（行为）或通过某一项智力成果来表现。因而，客体可分为物、行为和智力成果三类。

1. 物。是指能够为人类控制和支配的，具有一定经济价值和实物形态的物质资料。物可以是自然物，如土地、矿藏；也可以是人造物，如建筑、机器；还可以是财产物品的一般表现形式——货币及有价证券。

2. 行为。是指经济法主体为实现经济权利、履行经济义务所进行的活动，包括经济管理行为（如经济决策、经济审批）、完成一定的工作（如勘察设计、建筑安装）或提供一定的劳务（如货物运输、仓储保管）。

3. 智力成果。又称为非物质财富，是指人们运用脑力劳动创造的能够带来经济价值的精神财富，如专利、专有技术、著作、商标等。作为经济法律关系客体的智力成果，虽不具有直接的物质形态，但都是可以创造物质财富、提供经济效益的脑力劳动成果。

【思考1-3】 下列各项中，能够作为经济法律关系客体的有哪些？
A. 空气　　　　　B. 阳光　　　　　C. 有价证券　　　　　D. 房屋

**【思考 1-4】** 甲公司将其注册商标转让给乙公司,双方签订转让合同,甲、乙之间是否形成了经济法律关系?如果形成了经济法律关系,请分析该经济法律关系的三个要素。

### 三、经济法律事实

经济法律事实是指由经济法律规范所规定的,能够引起经济法律关系产生、变更或者消灭的情况。法律事实可以分为两大类:法律行为和法律事件。

#### (一)法律行为

法律行为是指经济法主体有意识的活动,分为合法行为和违法行为。这两种行为都可以引起经济法律关系产生、变更和消灭。

合法行为是符合法律规范的行为,包括经济管理行为、经济法律行为和经济司法行为。

违法行为是违反法律规定的行为或法律所禁止的行为。其不能产生行为人所预期的法律后果,但可能产生其他法律后果,也会引起相应的经济法律关系发生、变更或终止。违法行为是行为人承担法律责任的依据。

#### (二)法律事件

法律事件是指不以人的主观意志为转移的能够引起经济法律关系发生、变更和消灭的法定情况或者现象。事件可以是自然现象,如地震、洪水、台风等不可抗力因素造成的自然灾害;也可以是某些社会现象,如战争、重大政策的改变等。自然灾害可引起保险赔偿关系的发生或合同关系的解除;人的出生可引起抚养关系、户籍管理关系的发生;人的死亡可引起抚养关系、婚姻关系、劳动合同关系的消灭,继承关系的发生。

## 第三节 法人制度与代理制度

### 一、法人制度

法人制度是商品经济发展的产物,是伴随着商品经济的发展而逐渐发展起来的一项重要的民事法律制度。《民法通则》规定:法人是具有民事权利能力和民事行为能力,依法独立享有民事权利和承担民事义务的组织。法人是国家对一定的社会组织赋予法律上的人格,成为"拟制人",具有主体资格,可以像自然人一样,独立参加经济活动,独立享有权利、承担义务。

#### (一)法人的设立条件

法人是一种社会组织,但并非所有的社会组织都是法人。社会组织要取得法人资格必须具备以下四个条件：

1. 依法成立。即法人的设立须具有法律依据、符合法定程序。具有法律依据，是指法人的设立宗旨、组织机构、经营范围和方式等须合法。符合法定程序，是指法人的设立须遵循法定程序，办理相关手续。前者是实质要件，后者是形式要件。

企业法人的设立，须经工商行政管理机关核准登记，取得企业法人营业执照，营业执照签发之日即企业法人成立之日。机关、事业单位、社会团体的设立，遵循各自的条件，自成立之日起，具备法人资格。

2. 有必要的财产和经费。这是确保法人独立从事民事活动，承担民事责任的物质基础。必要的财产的确切数额，应与组织的性质、经营的规模、业务活动的内容相适应。必要的经费是指以国家预算拨款作为经济来源的国家机关、事业单位所支配的费用。没有必要的财产和经费，不能取得法人资格。

3. 有自己的名称、组织机构和场所。法人的名称即法人的字号或商号，是法人特定化的标志。法人的组织机构是对内管理法人事务、对外代表法人进行民事活动的常设机构。法人的组织机构因其性质、任务及经营范围的不同而各不相同。法人的场所即法人从事生产、经营活动的地方，以它的主要办事机构所在地为其住所。

4. 能够独立承担民事责任。法人是独立的民事主体，可以以其自身意志独立地从事民事活动，享有民事权利、承担民事义务，可以独立地起诉或应诉。独立责任使得法人和其成员在人格上彻底分离，使法人取得独立的法人人格。

【思考1-5】 判断下列组织或个人是否具备法人资格，并说明理由：
(1) 某乡镇企业的销售科。
(2) 在南京银桥市场从事服装批发经营的某个体工商户。
(3) 经过上级有关部门批准，而未经工商行政管理部门核准登记已营业的某贸易公司。
(4) 甲和乙合伙开办的牛肉面餐馆(经工商行政管理部门核准登记)。
(5) 某大学校庆30周年大会，经学校授权成立的校庆筹备委员会。
(6) 南京某食品厂的车间。
(7) 甲、乙、丙三人各投资10万元在工商行政管理部门已取得营业执照的有限公司。
(8) 股票在深圳证券交易所上市交易的某股份有限公司。

(二) 法人的分类

依《民法通则》，法人分为两类：一是企业法人；二是机关、事业单位和社会团体法人，又称为非企业法人。这是根据法人设立的宗旨和所从事的活动的性质所进行的分类。

1. 企业法人

企业法人是以营利为目的、独立从事商品生产和经营活动的经济组织，在我国市场经济活动中占主导地位,包括全民所有制企业法人、集体所有制企业法人、私营企业法人以及中外合资经营企业法人、中外合作经营企业法人和外资企业法人等。这主要是按照所有制和出资者的国籍的不同所进行的分类。随着现代企业制度的逐步建立,企业法人又主要被分为公司法人和非公司法人。

2. 机关、事业单位和社会团体法人

(1) 机关法人。是指依法享有国家赋予的权力,以国家预算作为独立的活动经费,具有法人地位的中央和地方各级国家机关。机关法人相当于西方国家所谓的公法人,它们因履行国家职能的需要而享有相应的民事权利能力和民事行为能力,因而也是一种民事主体,包括权力机关、行政机关、司法机关、军事机关。

(2) 事业单位法人。是指以社会公共利益为目的,从事非营利性的社会公益事业的各类法人,包括从事科研、文化、教育、卫生、体育、新闻、出版等公益事业的单位。

(3) 社会团体法人。社会团体法人是指由自然人或法人自愿结合成立的,从事政治、社会公益、文学艺术、学术研究、宗教等活动的各类法人。社会团体的范围十分广泛,包括政治团体(如民主党派)、人民群众团体(如工会、妇联)、社会公益团体(如残疾人联合会)、学术研究团体(如法学会)、文学艺术团体(如文联)、宗教团体(如佛教协会)等。

### (三) 法人的民事能力

法人既然作为独立的民事主体,就应当具有相应的民事权利能力、民事行为能力和民事责任能力。

1. 法人的民事权利能力。是指法人作为民事主体所具有的能够参与民事法律关系并且取得民事权利和承担民事义务的资格。法人的权利能力受到以下限制:

(1) 法人性质的限制。尽管法人与自然人一样,都是独立的民事主体,但专属自然人的某些权利能力的内容,如继承权利、接受扶养的权利等,法人不可能享有。

(2) 法律、法规的限制。法人的民事权利能力依法受法律和行政法规的限制。如《公司法》规定,公司不得成为其他公司的无限责任股东。

2. 法人的民事行为能力。是指法人通过自己的独立行为取得权利并承担义务的能力,是国家赋予社会组织独立进行民事活动的资格。

法人的民事行为能力与公民的民事行为能力相比有以下特点:(1) 法人的行为能力和权利能力同时产生、同时终止。公民的民事行为能力受年龄和思维能力的影响,分为完全行为能力人、限制行为能力人、无行为能力人。(2) 法人的民事行为能力一般是通过法人的法定代表人来实现的。法人的法定代表人在职权范围内代表法人实施的各种行为就是法人行为。而公民的民事行为能力一般是通过公民个人的自身活动来实现的。

3. 法人的民事责任能力。是指法人对自己实施的侵权行为承担民事责任的能力或资格。《民法通则》第43条规定,企业法人对它的法定代表人和其他工作人员的经营活动承担民事责任;第121条又规定,国家机关及其工作人员在执行职务中,侵犯公民、法人合法权益的,应当承担民事责任。

法人具有民事责任能力,其责任能力从法人成立时产生,至法人消灭时终止。无论是何人实施的行为,只要是执行法人职务上的行为,法人就要承担民事责任,反之,法人则不承担民事责任。

## 二、代理制度

代理是指代理人在代理权限范围内,以被代理人名义与第三人实施法律行为,由此产生的法律后果归属于被代理人承受的法律制度。民事法律行为通常是行为人亲自进行的,但是法律也准许某些法律行为可以由他人代为办理。商品经济时代,社会分工越来越细,民事活动越来越多,各种民事活动都要自然人、法人亲自去直接处理是不可能的,就需要将一部分职能委托他人代理。如律师代理诉讼、房主委托他人出租房屋和收取房租等,都是代理。另外,无民事行为能力人进行民事活动也是需要有代理人的。对于企业法人特别是大型的法人组织来说,代理制度对其生产经营活动的正常开展具有关键性的意义。

> **☞ 小知识: 代理制度的起源和发展**
>
> 在大陆法系中,追溯代理制度的历史,必须从委任契约开始,委任与代理的密切关系使我们无法回避这一点。在罗马法中,尚无制度意义上的代理,这是由于简单商品经济没有为适用代理提供客观的经济条件。在简单商品经济条件下,交易活动比较简单,范围也不广泛,经营者依靠自己的能力就可以实现经营所需的各种民事活动,无须借助他人能力。其次,罗马法对民事法律行为的形式要求极为严格,一般要求当事人亲自到场完成一定程序才为有效,故无请他人代理的可能,限制了代理关系的发生。再次,古罗马社会是一个崇尚等级、身份的家长制和奴隶制的社会,家长对家庭成员及奴隶具有绝对的支配权,家庭成员和奴隶都不是独立的民事主体,无须产生专门的代理制度去调整家庭内部的财产或者人身等利益关系。其后由于古希腊法律概念的影响以及罗马自由民的增加,在查士丁尼及其以后的时代,罗马法不得不承认代理人和店员的行动。随着中世纪商业规模的发展,商业制度的需求使注释法学派和后期注释法学派及教会法发展了代理人制度。
>
> 资料来源:www.lawtime.cn,作者黄东辉《代理权性质之研究》

（一）代理的特征

1. 代理人必须以被代理人的名义实施民事法律行为

代理人与第三人实施民事法律行为,其目的并非为代理人自己设定民事权利义务,而是基于被代理人的委托授权或依照法律规定,代替被代理人参加民事活动,其活动产生的全部法律效果,直接由被代理人承受。因此,代理人只能以被代理人的名义进行活动。如果是以自己的名义实施民事法律行为的,就不是代理。比如股票经纪商,受客户的委托买卖股票,由于经纪商在交易所中是以自己的名义买卖股票,所以股票经纪商与客户之间的关系不是代理,而属于民法上的行纪或者经纪合同关系。

2. 代理人在代理权限范围内独立地表达自己的意志

代理人在代理活动中,根据权限范围和实际情况有权自行决定如何向第三人进行意思表示,或者是否接受第三人的意思表示。非独立进行意思表示的行为,不属于代理行为,如传递信息、居间行为等。

3. 代理行为所产生的法律后果直接由被代理人承担

这一特征是由代理制度的作用所决定的。代理是被代理人通过代理人的活动为自己设定民事权利义务的一种方式,因而代理人在代理权限范围内所为的行为,与被代理人自己所为的行为一样,其法律效果应全部由被代理人承受,包括代理人在代理过程中所造成的损失责任。

(二)代理的种类

根据《民法通则》规定,代理可分为委托代理、法定代理和指定代理三种。

1. 委托代理

这是基于被代理人的委托而发生的代理。被代理人委托的意思表示,既可以是书面形式,也可以是口头形式。书面委托代理的授权委托书应当载明代理人的姓名或名称、代理事项、代理权限和期限,并由委托人签名或盖章。委托书授权不明的,被代理人应当向第三人承担民事责任,代理人负连带责任。

2. 法定代理

这是基于法律的直接规定而产生的代理。通常适用于被代理人是无行为能力人、限制行为能力人的情况。法定代理人依照法律规定行使代理权,所以无须被代理人的授权。

3. 指定代理

这是基于人民法院或有关单位的指定行为而产生的代理。通常适用于被代理人既无委托代理人又无法定代理人,而又有特定事项需要代理人代理的情况。凡依法被指定为指定代理人的人,如无正当理由,不得拒绝。

(三)代理权的行使

代理人行使代理权必须符合被代理人的利益,不得利用代理权为自己牟取私利。

代理人不得滥用代理权。滥用代理权的行为,视为无效代理。代理人滥用代理权给被代理人及他人造成损害的,必须承担相应的赔偿责任。常见的滥用代理权的行为包括：自己代理，即利用被代理人的名义与代理人自己进行法律行为，损害被代理人的利益；双方代理，即代理人同时代理当事人双方，进行同一项法律行为；恶意代理，即代理人和第三人恶意串通去损害被代理人利益而进行的法律行为。

（四）无权代理

无权代理是指没有代理权而进行的代理活动。无权代理有三种情况：自始没有代理权的代理、超越代理权的代理、代理权终止后进行的代理。

无权代理的民事行为无效，但如果事后经过被代理人的追认，或者被代理人知道他人以本人名义实施民事行为而不作否认表示的，民事行为有效，法律后果由被代理人承担。

无权代理的行为给相对人或者被代理人造成了损失，并且符合法律规定的条件，无权代理人应当承担民事责任。第三人知道行为人无权代理还与行为人实施民事行为，给他人造成损害的，由第三人和行为人负连带责任。

【思考1-6】 某食品公司经理委托采购员张某到河北采购冬枣10吨。张某到河北后却采购冬枣30吨。第一批15吨到货后，公司经理十分生气，在严厉批评了张某之后，告诉财务付款，并警告张某下不为例。几天后，第二批15吨到货，公司经理坚决拒收，而且第一批多收的5吨也要张某自己处理。本案中该食品公司经理的做法有法律依据吗？

（五）表见代理

表见代理，是指无代理权的行为，客观上存在使善意第三人相信其有代理权的情形。表见代理是广义上的无权代理，第三人主观上为善意且无过失，因而可以向被代理人主张代理的效力。如被代理人交付证明文件与他人、对第三人表示已将代理权授予他人等；再如，代理权已撤回或终止后，第三人不知情，仍与原代理人进行民事法律行为的，第三人可向被代理人主张权利。

【思考1-7】 丁某于2006年至2009年8月期间曾任某服装贸易公司的业务员。2009年8月24日，丁某辞职干个体，经营服装生意。但服装公司未将有关代理权解除的事项告知其客户。该年9月，丁某事先未征得其原工作单位同意，以服装公司名义与服装公司长期的业务关系户香港某公司在深圳签订一份服装买卖合同，货款总额30万元，违约金为货款总额的15%。合同签订后，丁某并未向原单位讲明此事，服装公司对此也一直不知。9月27日，服装公司收到香港公司已将货物运至某市的提货单，但在得知事件真相后既不提货也不付款。香港公司多次与服装公司协商不成，于2010年1月以违约向法院起诉。本案应当如何处理？

## 引例点评

对于药品、医疗器械、农药、兽药等商品的广告，由于涉及国计民生并且经常进行广告宣传,需要国家进行必要的干预以维护消费者的合法利益。《广告法》第34条规定:"利用广播、电影、电视、报纸、期刊以及其他媒介发布药品、医疗器械、农药、兽药等商品的广告和法律、行政法规规定应当进行审查的其他广告,必须在发布前依照有关法律、行政法规由有关行政主管部门对广告内容进行审查;未经审查,不得发布。"可见,该案属于经济法调整的范围。

《广告法》第43条规定:"违反本法第三十四条的规定未经广告审查机关审查批准,发布广告的,由广告监督管理机关责令负有责任的广告主、广告经营者、广告发布者停止发布,没收广告费用,并处广告费用一倍以上五倍以下的罚款。"该案中制药厂未经行政主管部门审查,擅自以报纸形式发布药品广告,违反了上述规定。因此广告监督管理机关应责令制药厂、印刷厂和广告公司停止发布该药品广告,并对制药厂、印刷厂和广告公司处以罚款的处罚。

 **能力训练题**

**一、问答题**

1. 如何理解经济法的概念和调整对象?
2. 简述经济法律关系的主体、内容和客体。
3. 如何理解法人?法人的设立条件有哪些?
4. 什么是代理?代理有哪些种类?

**二、案例分析题**

1. 案情:2003年SARS期间,南京某公司销售84消毒液(550毫升装),应售4元/瓶,实售15元/瓶,抬高价格2.75倍。南京市物价局认定该公司不执行法定价格干预措施,超最高限价销售84消毒液,决定对其处以4万元罚款的行政处罚,并提请工商行政管理部门吊销其营业执照。南京市物价局认为,该公司不执行法定价格干预措施,是对《中华人民共和国价格法》和有关法规、规章的违反,因而依法予以上述处罚。

请回答:

(1) 价格主管机关的价格规制行为的法律依据有哪些?
(2) 价格法规范的效力渊源有哪些?
(3) 经济主管部门的市场规制行为和宏观调控行为的法律依据和经济法规范的效力渊源之间是何种关系?

2. 案情:2009年国庆长假,受聘于南京某公司的吴明准备与妻子外出旅游。2009年9月27日,吴明通过《扬子晚报》登载的旅游广告,找到大地旅行社并与其签约"云南昆明大理五日游",行程安排约定如下:10月1日上午由南京坐飞机去昆明,10月6日上午坐飞机返回;在云南期间有进口空调大巴接送至旅馆及各景点;住宿条件为三星级宾馆、双人房;旅行社承担第一门票及三餐,每日餐费为50

第一章　认识经济法

元/人;旅行社为每一名游客提供人身意外伤害险,保额为3万元;每人费用为4 500元。签约当天,吴明即付款9 000元。9月30日,旅行社与吴明又进行了确认,并告之具体起程时间。10月1日上午,参加旅行的游客来到指定地点,应到45人(包括1名导游),实到44人,有一位叫张成的游客因故突发心肌梗塞而死亡。大家来到机场,不料由于机场有大雾,班机推迟了两个小时才起飞。到达昆明后,游客们在机场又等了近两个小时,才开来了一辆国产大巴车,且未开空调。游客们表示不满,而司机则责怪是他们迟到违约在先。车至旅馆后,游客们发现该旅馆实为二星级宾馆,而且因旅游情况火暴,在双人房里均加铺一张。游客们提出不满意见,但在旅游期间一直未能解决。在以后几天的旅游中,游客对景点游览时间太短、三餐价高质次等颇为不满。10月6日,在去一景点游览途中,游客与司机、导游又发生争执。司机竟然殴打游客,将吴明等三人打伤并摔坏了吴明的一架照相机。后在当地警方的干涉下,司机被治安拘留。

结束这次不太愉快的旅行回到南京后,游客们纷纷向大地旅行社和消费者协会投诉,吴明等三人向保险公司要求赔偿。

请回答:
(1) 本案涉及哪些法律事实?
(2) 本案应当如何处理?

3. 案情:某贸易公司职员李某要去南京探亲,公司经理要求他顺道到南京珠江路为公司采购10台电脑,要求一定要买原装机,质量一定要好。李某到南京后走亲访友,没有时间采购,于是找到其表弟张某,请他代为购买并将公司经理的要求告诉张某。张某答应代为购买后找到自己做电脑生意的朋友刘某,对刘某说帮表哥买10台电脑。刘某给张某组装了10台电脑,每台售价1万元,还了张某5 000元好处费。张某将电脑交给李某,李某未验货即将电脑运回公司。公司使用后发现电脑并非原装机,且质量低劣,市场价每台仅5 000元左右。

请回答:贸易公司的损失应当由谁承担?

## 实　训

【目标】
通过实训,使学生进一步认识市场经济活动的规律及其与经济法的关系。
【项目】
1. 由学生列举生活中碰到或了解到的有关经济法的实例。
2. 通过网络、期刊、报纸等查阅资料,形成报告,介绍经济法在我国的产生和发展。
3. 观摩法庭经济案件的庭审。

# 第二章 公司法

## 学习目标

**知识：**
1. 理解公司的概念、特征和分类；
2. 理解公司设立、章程、资本、债券等一般规定；
3. 理解一般有限责任公司和股份有限公司的设立及组织机构，了解特殊有限责任公司的相关法律规定；
4. 理解公司董事、监事、高级管理人员的资格和义务；
5. 了解公司的财务会计制度、了解公司的合并、分立、解散和清算。

**技能：**
1. 能够识别公司设立过程中的违法行为，学会公司章程制定，熟悉公司设立的登记程序；
2. 能够模拟有限责任公司的设立；
3. 能够识别公司内部管理规范，能够熟悉公司日常法律事务的处理与运用；
4. 熟悉公司债券发行条件、程序，提高实务处理能力。

**素养：**
1. 明确公司的法律规定，规范公司的组建、内部机构设置；
2. 明确公司作为市场主体的法律责任意识。

## 案例导入

张三、李四、王五3个朋友想开一家动漫有限公司，其中张三出50万，李四用自己的专利技术入股，他们各占有40%的股份。王五不出钱，以其高超的设计创意担任公司的设计总监，占有20%的股份。

## 问题引入

1. 三人的出资形式是否合法？
2. 李四、王五在这家公司里的权利与义务分别是什么？

3. 如果公司倒闭,并欠下别人的钱,是否需要李四和王五拿钱出来还呢?

## 第一节　认识公司及公司法

### 一、公司的概念和特征

#### (一) 公司的概念

公司是指依照法定条件和程序设立、以营利为目的的企业法人。我国《公司法》所称的公司是指依法在中国境内设立的有限责任公司和股份有限公司。

#### (二) 公司的特征

1. 公司是营利性的经济组织

公司的设立宗旨是为了通过各种生产经营活动,以谋求经济利益。以营利为目的是公司与机关、事业单位和社会团体法人的主要区别所在。也就是说,公司是一个营业实体。

2. 公司是企业法人

公司是企业的一种组织形式,它具有各种企业所具有的共性。但公司与其他商业组织如独资企业、合伙企业的主要区别在于,公司具有法人的属性,属于企业法人,依法享有法人财产权,能够以自己的名义独立地从事民事活动、享受民事权利和承担民事义务。这就使得公司的财产与公司股东个人财产得以区分,公司的股东对公司债务的清偿责任仅以其出资额为限,即承担有限责任。

【思考 2-1】　法律为什么要赋予公司独立的法人财产权?

3. 公司应依法设立

依法设立是指设立公司应当依法向公司登记机关申请设立登记。法律、行政法规规定设立公司必须报经批准的,应当在公司登记前依法办理批准手续。依法设立的公司,由公司登记机关发给公司营业执照。公司营业执照签发日即公司成立日期。

### 二、公司的分类

根据不同的标准,可以对公司做出不同的划分:

(一) 根据公司资本结构和股东责任的不同,可以将公司分为有限责任公司、股份有限公司、无限公司、两合公司、股份两合公司

有限责任公司,又称有限公司,是指由股东出资组成,每个股东以其认缴的出资额为限对公司债务承担责任,公司以其全部资产对其债务承担责任的企业法人。

股份有限公司,又称股份公司,是指由一定人数以上的股东组成,资本分为等

额股份,股东以其所持股份为限对公司承担责任,公司以其全部资产对公司债务承担责任的企业法人。

无限公司,是指由两个以上的股东出资组成,全体股东对公司的债务承担无限连带责任的公司。无限公司与普通合伙具有基本相同的法律属性。

两合公司,是指由对公司债务承担有限责任的股东和无限责任的股东共同出资组成的公司,兼具无限责任公司和有限责任公司的特点。

股份两合公司,是股份有限公司与两合公司的结合。其中负有限责任的股东依照股份有限公司的形式认购股份。除此之外,股份两合公司与两合公司的特征大致相同。

(二)根据公司的信用基础不同,可将公司分为资合公司、人合公司及资合兼人合公司

资合公司,是指以资本的结合作为信用基础的公司。此类公司仅以资本的实力取信于人,至于股东个人是否有财产、能力或信誉则与公司无关。资合公司通常依赖健全的制度和法人治理机制来保障公司债权人和其他利害关系人的利益。资合公司的典型形式是股份有限公司和有限责任公司。

人合公司,是指以股东个人的财力、能力和信誉为信用基础的公司。人合公司的财产及责任与股东的财产及责任没有完全分离,因此,人合公司的信用依赖于股东个人,股东对公司债务承担无限连带责任,共同设立公司以相互信任为基础。无限公司是最典型的人合公司。

资合兼人合公司,是指同时以公司资本和股东个人信用作为公司信用基础的公司。其典型形式是两合公司和股份两合公司。

(三)根据公司内部的组织结构关系不同,可将公司分为总公司与分公司

总公司,是指依法设立并管辖公司全部组织的具有法人资格的公司本身。依《企业名称登记管理条例》的规定,只有具有三个以上的分支机构的公司,才可以在名称中使用"总"字。

分公司,是指公司在公司住所地以外设立的从事生产经营活动的分支机构。分公司对外以总公司名义进行活动,不具有独立的主体资格,不能独立承担民事责任。分公司的经营后果由总公司承担。

(四)根据公司之间的控制关系不同,可将公司分为母公司与子公司

母公司,是指公司的外部关系中能够控制、支配其他公司的公司。子公司,是指与母公司相对应,受母公司控制的公司。

母公司与子公司是由持股关系形成的。母子公司之间虽然存在控制、支配和被控制、被支配的组织关系,但它们都具有独立的法人资格,各自有自己的名称、章程、组织机构,独立地对外从事经营活动。母公司可以有若干个子公司。

## 第二章 公司法

（五）根据公司的国籍不同，可将公司分为本国公司、外国公司和跨国公司

本国公司，是指国籍隶属于本国的公司。根据我国法律，凡是依照我国法律规定、在我国境内设立登记的公司，即为我国公司，也就是中国法人，而不问其资本构成是否含外资成分。

外国公司，是指依照外国法律在中国境外设立的公司，属于外国法人。外国公司在中国境内依法设立的分支机构，是外国公司的一个组成部分，不具有中国法人资格。外国公司对其分支机构在中国境内的经营活动承担民事责任。外国公司的分支机构在中国境内从事经营活动必须遵守中国的法律，其合法权益受中国法律保护。

跨国公司，是指以本国为基地或中心，在不同国家和地区设立分公司、子公司或投资企业从事跨国生产经营活动的经济组织。

### 三、公司法的概念与适用范围

（一）公司法的概念与特征

公司法是规定公司法律地位、调整公司组织关系、规范公司在设立、变更、终止过程中的组织行为的法律规范的总称。公司法是我国社会主义市场经济法律体系中的重要组成部分，是规范市场主体的重要法律部门。

公司法的特征表现为：

1. 公司法是组织法

公司法规定公司的设立条件和程序、公司的组织机构以及公司组织变更、消灭的条件和程序。通过这些规定，规范股东之间、股东与公司之间的关系以及公司内部组织机构的设置与运作，明确公司领导成员的权利义务关系以及公司在设立、变更和终止过程中与其他人及有关单位的关系，体现出组织法的特征。

2. 公司法是行为法

公司法在规范公司组织关系的同时，也对与组织活动有关的行为加以调整，如公司股票的发行和交易、债券的发行和转让、财务会计事项、利润分配等，从而体现出行为法的特征。这说明公司作为一种企业组织形式，以开展生产经营活动为其主要手段和目标，因而公司法需要对其生产经营活动的基本方面作出规定。

公司法的立法宗旨是规范公司的组织和行为，以保护公司及其股东与债权人的合法权益，维护社会主义市场经济秩序，促进市场经济的发展。公司从事生产经营活动，必须遵守法律、行政法规，遵守社会公德、商业道德，诚实守信并接受政府和社会公众的监督，承担社会责任。公司的合法权益受法律保护，不受侵犯。

（二）公司法的适用范围

《中华人民共和国公司法》（以下简称《公司法》），于1993年12月29日第八届全国人民代表大会常务委员会第五次会议通过，自1994年7月1日起施行，后为适

应市场经济建设需要多次修订。最近一次修订的修正案于2013年12月28日经第十二届全国人大常委会第六次会议审议并通过,将于2014年3月1日起施行。这次《公司法》的修改,进一步降低了公司设立门槛,减轻了投资者负担,便利了公司准入,对于充分利用现代公司制度的优势,激励社会投资热情,鼓励创新创业,拉动内需,增强经济发展的内生动力,具有十分重要的意义。

《公司法》第2条规定:"本法所称的公司是指依照本法在中国境内设立的有限责任公司和股份有限公司。"这表明只有在中国境内设立、进行注册登记的有限责任公司和股份有限公司才属于本法调整的公司。凡在外国设立并注册登记的公司不属于本法所称的公司,即本法所调整的对象不包括在中国境外设立的公司。

## 第二节 公司的一般规定

### 一、公司的设立

#### (一)公司设立的含义

公司设立是指设立人依《公司法》规定在公司成立之前为组建公司进行的,目的在于取得公司主体资格而采取的法律行为。公司设立不同于公司成立:首先,公司设立是一种法律行为,发生于营业执照颁发之前;公司成立则是设立人取得公司法人资格的一种事实状态,发生于被依法核准登记、签发营业执照之时,实质上公司的成立是公司设立行为的法律后果。其次,公司设立阶段,公司尚不具有独立的主体资格,不能以公司法人名义从事法律行为,设立阶段产生的债权债务由设立人承担;公司的成立则使公司取得法人主体资格,能够以自己的名义进行法律行为,所产生的债权债务由公司承担。

#### (二)公司设立的原则

公司设立的原则是指公司设立的基本依据和方式。概而言之,从罗马社会到近代工业社会,公司的设立先后经历了自由设立、特许设立、核准设立、单纯准则设立和严格准则设立等设立原则。我国现行的公司设立采用严格准则设立和核准设立相结合的原则。一般的有限责任公司和股份有限公司采用严格准则设立原则,涉及国家安全、国计民生的特定行业、项目采用核准设立原则。

#### (三)公司设立的方式

公司设立的方式有发起设立和募集设立两种。

发起设立,是指由发起人认购应发行的全部股份而设立公司。无论有限责任公司还是股份有限公司,均可适用发起设立方式设立公司。募集设立,是指由发起人认购应发行股份的一部分,其余股份向社会公开募集或者向特定对象募集而设立公司。我国只有股份有限公司可采取此种设立方式。《公司法》第84条规定：以募集设立方式设立股份有限公司的，发起人认购的股份不得少于公司股份总数的35%；但是，法律、行政法规另有规定的，从其规定。

（四）公司设立登记

公司设立应当向国家规定的公司注册登记机关提出申请，办理登记。根据《公司登记管理条例》以及相关法律文件的规定，我国的公司注册登记机关是国家工商行政管理总局和地方各级工商行政管理部门。

1. 公司名称预先核准

设立公司应当申请名称预先核准。法律、行政法规规定设立公司必须报经批准，或者公司经营范围属于法律、行政法规规定在登记前须经批准的项目的，应当在报送批准前办理公司名称预先核准，并以公司登记机关核准的公司名称报送批准。

申请名称预先核准，应当提交下列文件：(1) 有限责任公司的全体股东或股份有限公司的全体发起人签署的公司名称预先核准申请书；(2) 全体股东或发起人指定代表或共同委托代理人的证明；(3) 国家工商行政管理总局规定要求提供的其他文件。

预先核准的公司名称保留期为6个月，经核准的公司名称在保留期内不得用于从事经营活动，不得转让。

一个公司只能使用一个名称，并且不得与已登记注册的同行业企业名称相同或者近似。公司的名称一般依次由以下四个部分组成：行政区划、商号（字号）、行业、组织形式。有限责任公司必须在公司名称中标明"有限责任公司"或"有限公司"的字样。股份有限公司必须在公司名称中标明"股份有限公司"或"股份公司"的字样。

2. 公司设立登记程序

设立有限责任公司，应当由全体股东指定的代表或共同委托的代理人向公司登记机关申请设立登记。设立国有独资公司，应当由国务院或地方人民政府授权的本级人民政府国有资产监督管理机构作为申请人，申请设立登记。法律、行政法规或国务院的决定规定设立有限责任公司必须报经批准的，应当自批准之日起90日内向公司登记机关申请设立登记；逾期申请设立登记的，申请人应当报批准机关确认原批准文件的效力或另行报批。申请设立有限责任公司，应当向公司登记机关提交符合要求的文件。

设立股份有限公司，应当由董事会向公司登记机关申请设立登记，具体的设立申请程序，与有限责任公司设立申请相同。必须注意的是，以募集方式设立股份有限公司的，应当于创立大会结束后30日内向公司登记机关申请设立登记，并且还应当提交创立大会的会议记录；以募集方式设立股份有限公司公开发行股票的，还应当提交国务院证券监督管理机构的核准文件。

## 二、公司的章程

### （一）公司章程的概念与特征

公司章程，是指公司依法制定的、规定公司名称、住所、经营范围、经营管理制度等重大事项的基本法律文件。设立公司必须依法制定公司章程。公司章程是公司组织和活动的基本准则，是以书面形式固定下来的公司股东共同一致的意思表示，是公司的宪章。它对公司、股东、董事、监事和经理等都具有约束力。

公司章程的基本特征有法定性、真实性、自治性和公开性。作为公司组织与行为的基本准则，公司章程对公司的成立及运营具有十分重要的意义。它既是公司成立的基础，也是公司赖以生存的灵魂。

### （二）公司章程的订立与变更

公司章程的订立有部分订立和共同订立两种方式。所谓部分订立，即由股东或发起人中的部分成员负责起草、制定公司章程，再经其他股东或发起人签字同意的制定方式。所谓共同订立，即由全体股东或发起人共同起草、协商制定公司章程，否则，公司章程不得生效。

公司章程必须采取书面形式，经全体股东或发起人同意并在章程上签名盖章，才能生效。募集设立的股份有限公司章程还必须经创立大会通过。

公司章程的变更是指对已经生效的公司章程的修改。变更程序如下：首先，由董事会提出修改公司章程的提议；其次，将该提议通知其他股东；再次，由股东会表决通过。章程变更后，董事会应向公司行政管理机关申请变更登记。公司章程的订立或变更并非以工商登记为生效要件，而为对抗要件。

## 三、公司的资本

### （一）公司资本的概念和特征

公司资本，即股本，是指由公司章程确定并载明的、由全体股东出资构成的财产总额。对公司而言，它既是公司获取独立人格的必备要件，又是公司得以营运和发展的物质基础；对股东而言，它既是股东出资和享有相应权益的体现，又是股东对公司承担有限责任的物质基础；对债权人而言，它是公司债务的总担保，是债权人实现其债权的重要保障。

公司资本具有以下特征：第一，它是股东对于公司的投资。第二，它是股东对于公司的永久性投资。公司负债到期必须偿还，而股东一旦投资于公司形成公司资本，只要公司处于存续状态，就不能退还股金。第三，它是公司法人对外承担民事责任的财产担保。公司如果资不抵债，股东不承担大于公司资本的清偿责任。因此，公司资本对于公司对外交往的信誉具有至关重要的作用。

### (二) 公司资本原则

根据《公司法》有关规定,可以把公司资本原则概括为以下三种:

1. 资本确定原则,指公司设立时必须在章程中载明公司资本总额,并须全部认足或募足,否则公司不能成立。我国目前对内资公司灵活地适用该原则。

2. 资本维持原则,即资本充实原则,指公司在其存续过程中,应经常保持与其资本额相当的财产。该原则是资本确定原则的延伸。当然,公司经营活动自有其规律性,该原则不能对公司正常合理经营活动进行干涉,也不能避免公司实际财产因公司正常经营活动导致亏损而减少,其定位就在于规制公司资本运营行为,防止公司财产非正常、不合理的减少。因此,该原则要求在公司成立时股东必须切实履行出资义务,公司运行过程中股东不得抽逃出资、不得违法分配股利以及一般情况下公司不得收购本公司的股票。

3. 资本不变原则,指公司资本总额一旦确定,即不得随意改变,如需增减,必须严格按照法定程序进行。

公司法虽然确立了资本确定、维持、不变的原则,但公司资本并非绝对不变。实际上,随着公司经营活动的开展、业务范围和市场的变化,客观上也要求公司资本相应的增加或减少。同时,公司成立之后,其实有资产和净资产即处于经常的变动之中,为使公司资本反映公司净资产的情况,也要求公司资产作相应的调整。由此,公司法对公司资本的增加和减少作了系统的法律规定。

## 四、公司的股份

### (一) 股份的概念和特征

公司的资本由股份组成。股份是公司资本的构成单位,也是表示股东法律地位的计算单位。

1. 股份的一般特征

(1) 股份是公司资本的构成单位。股份为股东的出资,股东出资的总和即为股份总额,股份总额构成公司的资本。这里应注意资本与股份的区别,前者为股份的总和,后者只是资本的组成部分。

(2) 股份是股东法律地位的计算单位。股份体现着股东的权利和利益。

2. 有限责任公司的股份

有限责任公司的股份,除了上述股份的一般特征之外,根据我国《公司法》的规定,还有以下特征:

(1) 股东的出资可称作股份,各股东的出资总额即为公司资本,但公司资本并不划分为均等股份。

(2) 股份的转让有严格限制。

(3) 股份的表现形式不是有价证券,而是公司向股东签发的出资证明书。

### 3. 股份有限公司的股份

股份有限公司的股份,除了具有股份的一般特征之外,还具有以下特征:

(1) 股份具有平等性。这一点在我国《公司法》的规定中主要表现在两个方面:其一是公司的资本划分为股份,每一股的金额相等;其二是股东出席股东大会,所持每一股份有一表决权。

(2) 股份可以自由转让。这一点是相对于有限责任公司而言的。股份的转让只要求在依法设立的证券交易场所进行,法律另有规定的除外。

(3) 股份表现为有价证券。公司的股份采取股票的形式,股票是公司签发的证明股东所持股份的凭证。股份是股票的实质内容,股票是股份的证券形式。股票可以像其他有价证券一样自由转让。

## 五、公司债券

### (一) 公司债券的概念和特征

公司债券是指公司依照法定程序发行,约定在一定期限还本付息的有价证券。它表示发行债券的公司和债券投资者之间的债权债务关系。相对于公司股票,公司债券具有不同的法律特征:首先,公司债券的持有人为公司的债权人,对于公司享有民法上规定的债权人的所有权利,而股票的持有人则是公司的股东,享有《公司法》所规定的股东权利。其次,公司债券的持有人,无论公司是否有盈利,对公司享有按照约定给付利息的请求权,而股票持有人,则必须在公司有盈利时方能依法获得股利分配。第三,公司债券到了约定期限,公司必须偿还债券本金,而股票持有人仅在公司解散时方可请求分配剩余财产。

### (二) 公司债券的种类

#### 1. 记名公司债券和无记名公司债券

这是以是否在公司债券上记载公司债券持有人的姓名或名称为标准划分的,法律上作此种划分的意义在于两者转让的要求不同。

#### 2. 可转换公司债券和不可转换公司债券

这是以公司债券能否转换成股票为标准划分的。上市公司经股东大会决议可以发行可转换为股票的公司债券,并在公司债券募集办法中规定具体的转换条件,当条件具备时,债券持有人享有将公司债券转换为公司股票的选择权。凡在发行债券时未作出转换约定的,均为不可转换公司债券。

### (三) 公司债券的发行

#### 1. 公司债券发行的资格

根据《公司法》规定,公司债券的发行人包括:股份有限公司、国有独资公司和两个以上的国有企业或两个以上的国有投资主体投资设立的有限责任公司。除此之外的其他企业、有限责任公司等,均不得发行公司债券。

2. 公司债券发行的条件

《公司法》规定,公司发行公司债券应当符合《证券法》规定的发行条件。具体内容请参阅本书第十章的相关阐述,此处略。

3. 公司债券发行的程序

发行公司债券必须依照法定的程序进行,一般需经过决议、申请、审批、募集四个阶段。

(1) 决议

具备公司债券发行主体资格、符合公司债券发行条件的公司,首先需要对公司债券的发行作出决议。发行公司债券对于公司来说,属于大量的、长期的举债,对于公司财务、股东利益有极大的影响,属于公司经营上的重大事项。因而,公司债券发行的决议应由股东大会作出,必须经代表 1/2 以上表决权的股东通过。国有独资公司发行公司债券,必须由国家授权的机构或者国家授权的部门决定。

(2) 申请

公司作出发行公司债券的决议后,须向国务院证券管理部门提出发行申请,申请时应当提交下列文件:公司登记证明、公司章程、公司债券募集办法、资产评估报告和验资报告以及公司决定发行公司债券的决议及其证明文件。

(3) 审批

对于符合规定的公司债券发行申请,由国务院证券管理部门予以批准;对不符合规定的,则将其退回。在已作出批准后,如发现其不符合《公司法》规定时,批准部门仍可予以撤销。这时,如果公司尚未开始发行公司债券,则应停止发行;已经开始发行的,则应采取相应的补救措施,由发行人向认购人退还所缴款项并加付银行同期存款利息。

(4) 募集

发行公司债券的申请经国务院证券管理部门批准后,公司应当公告债券募集办法。公司债券募集办法应当载明下列主要事项:公司名称;债券募集资金的用途;债券总额和债券的票面金额;债券利率的确定方式;还本付息的期限和方式;债券担保情况;债券的发行价格、发行的起止日期;公司净资产额;已发行的尚未到期的公司债券总额;公司债券的承销机构。

## 第三节 有限责任公司

### 一、有限责任公司的特点

有限责任公司简称有限公司,是指由法定数量的股东所组成,公司股东以其出资额为限对公司债务负有限清偿责任的公司。它主要有以下几方面的特征:

首先,股东承担有限责任。有限公司股东的责任属于一种量的有限责任。股东仅以其出资额为限对公司债务负有限清偿责任,而且股东只对公司负责,而不是直接对公司的债权人负责。

其次,股东人数有上限。我国《公司法》第24条规定,有限责任公司由50个以下股东出资设立。这是有限公司不同于其他公司形式的独有特征。

再次,有限公司的股东不限于自然人。除国家有禁止或限制的特别规定外,有权代表国家投资的政府部门或机构、企业法人、具有法人资格的事业单位和社会团体、自然人均可以成为有限公司的股东。

最后,有限责任公司不能公开募集股份,不能发行股票或公司债券,股东出资后获得的只是一种权利证书,不能在股票市场上自由买卖。

## 二、有限责任公司的设立

### (一)有限责任公司的设立条件

根据《公司法》第23条规定,有限责任公司的设立,应当具备如下条件:

(1)股东符合法定人数。即不超过50人。股东可以是自然人,也可以是法人或其他经济组织。国家可以通过它授权的机构或者部门,成为有限责任公司的股东。

(2)有符合公司章程规定的全体股东认缴的出资额。这次《公司法》修订,取消了公司法定最低注册资本限制,也就是说有限责任公司不再设法定最低注册资本,即使1元钱也可以注册成立一家有限责任公司。这是在全面深化经济体制改革的背景下,落实注册资本登记制度改革的重要举措。当然,法律、行政法规以及国务院决定对有限责任公司注册资本实缴、注册资本最低限额另有规定的,从其规定。比如,《证券法》对设立证券公司、《商业银行法》对设立商业银行、《保险法》对设立保险公司、《国际货物运输代理业管理规定》对设立国际货运代理公司都有最低注册资本的要求。

(3)股东共同制定公司章程。有限责任公司的章程应当载明下列事项:公司名称和住所;公司经营范围;公司注册资本;股东的权利和义务;股东的出资方式和出资额;股东转让出资的条件;公司的机构及其产生办法、职权、议事规则;公司的法定代表人;公司的解散事由和清算办法,股东认为需要规定的其他事项。股东应当在公司章程上签名、盖章。

(4)有公司名称,建立符合有限责任公司要求的组织机构。

(5)有公司住所。公司以其主要办事机构所在地为住所。

【思考2-2】甲、乙、丙共同出资设立一有限责任公司。其中,丙以房产出资50万元。公司成立后又吸收丁入股。后查明丙作为出资的房产仅值40万元,丙现有可执行的个人财产6万元。下列处理方式中,符合公司法律制度规定的是（　　）。

　　A. 丙以现有可执行财产补交差额,不足部分由丙从公司分得的利润予以补足
　　B. 丙以现有可执行财产补交差额,不足部分由甲、乙补足
　　C. 丙以现有可执行财产补交差额,不足部分由甲、乙、丁补足
　　D. 丙无须补交差额,甲、乙、丁都不承担补足出资的连带责任

【思考 2-3】　甲、乙双方达成共同投资设立某有限责任公司的协议,约定:(1)甲出资 200 万元,其中货币出资 100 万元,注册商标作价 100 万元;乙出资 200 万元,其中专利权作价 100 万元,劳务 50 万元,荣誉权作价 50 万元。(2)公司分别在无锡和杭州两地设立具有法人资格的分公司,独立进行经营活动。(3)公司设立五年后,双方可以抽回各自出资的二分之一。分析这份协议有哪些违法之处?

（二）有限责任公司设立人的法律责任

　　(1)设立人在有限责任公司设立过程中只能以"设立中的法人"的名义进行与设立有关的活动,这些活动所产生的法律后果在公司成立后由公司继受。如果公司设立失败,则由设立人承担连带责任,因为设立人之间准用合伙关系。

　　(2)设立人在设立阶段不得以公司法人名义进行营业活动,否则该营业行为无效,由此产生的法律后果由设立人承担连带责任。

　　(3)由于设立人的过错致使公司利益受损的,应当对成立后的公司承担赔偿责任。

（三）股权的取得和证明

　　股东出资即取得股权,其出资的资金来源不影响股权的取得。有限责任公司成立后,应当向股东签发出资证明书。出资证明书应当载明下列事项:公司名称;公司成立日期;公司注册资本;股东的姓名或者名称、缴纳的出资额和出资日期;出资证明书的编号和核发日期。出资证明书由公司盖章。

　　有限责任公司应当置备股东名册,记载下列事项:股东的姓名或者名称及住所;股东的出资额;出资证明书编号。记载于股东名册的股东,可以依股东名册主张行使股东权利。公司应当将股东的姓名或者名称及其出资额向公司登记机关登记;登记事项发生变更的,应当办理变更登记。未经登记或者变更登记的,不得对抗第三人。

三、有限责任公司的组织机构

　　公司组织机构即公司机关,是代表公司活动、依法行使相应职权的自然人或自然人组成的集合体。根据《公司法》规定,有限责任公司的组织机构包括:股东会、董事会、监事会及高级管理人员,但其设置较股份有限公司灵活,如可依法以执行董事代替董事会,以 1 至 2 名监事代替监事会。此外,在一人有限责任公司、国有独资公司中,组织机构设置也有不同。

## （一）股东会

有限责任公司的股东会由全体股东组成，是公司最高的权力机构，对公司的重大事项作出决议。股东会行使下列职权：(1) 决定公司的经营方针和投资计划；(2) 选举和更换非由职工代表担任的董事、监事，决定有关董事、监事的报酬事项；(3) 审议批准董事会的报告；(4) 审议批准监事会或者监事的报告；(5) 审议批准公司的年度财务预算方案、决算方案；(6) 审议批准公司的利润分配方案和弥补亏损方案；(7) 对公司增加或者减少注册资本作出决议；(8) 对发行公司债券作出决议；(9) 对公司合并、分立、解散、清算或者变更公司形式作出决议；(10) 修改公司章程；(11) 公司章程规定的其他职权。对上述所列事项股东以书面形式一致表示同意的，可以不召开股东会会议，直接作出决定，并由全体股东在决定文件上签名、盖章。

股东会会议分为定期会议和临时会议。定期会议应当依照公司章程的规定按时召开。代表 1/10 以上表决权的股东，1/3 以上的董事，监事会或者不设监事会的公司的监事提议召开临时会议的，应当召开临时会议。

首次股东会会议由出资最多的股东召集和主持，依法行使职权。以后的股东会会议，由董事会召集，董事长主持；董事长不能履行职务或者不履行职务的，由副董事长主持；副董事长不能履行职务或者不履行职务的，由半数以上董事共同推举一名董事主持。有限责任公司不设董事会的，股东会会议由执行董事召集和主持。董事会或者执行董事不能履行或者不履行召集股东会会议职责的，由监事会或者不设监事会的公司的监事召集和主持；监事会或者监事不召集和主持的，代表 1/10 以上表决权的股东可以自行召集和主持。

召开股东会会议，应当于会议召开 15 日前通知全体股东；但是，公司章程另有规定或者全体股东另有约定的除外。股东会应当对所议事项的决定作成会议记录，出席会议的股东应当在会议记录上签名。

股东会会议由股东按照出资比例行使表决权；但是，公司章程另有规定的除外。股东会的议事方式和表决程序，除《公司法》有规定的外，由公司章程规定。

股东会会议作出修改公司章程、增加或者减少注册资本的决议，以及公司合并、分立、解散或者变更公司形式的决议，必须经代表 2/3 以上表决权的股东通过。

## （二）董事会和高级管理人员

有限责任公司设董事会（依法不设董事会者除外），其成员为 3 人至 13 人。两个以上的国有企业或者两个以上的其他国有投资主体投资设立的有限责任公司，其董事会成员中应当有公司职工代表；其他有限责任公司董事会成员中可以有公司职工代表。董事会中的职工代表由公司职工通过职工代表大会、职工大会或者其他形式民主选举产生。董事会设董事长一人，可以设副董事长。董事长、副董事长的产生办法由公司章程规定。

股东人数较少或者规模较小的有限责任公司,可以设一名执行董事,不设董事会。执行董事可以兼任公司经理。

董事任期由公司章程规定,但每届任期不得超过三年。董事任期届满,连选可以连任。董事任期届满未及时改选,或者董事在任期内辞职导致董事会成员低于法定人数的,在改选出的董事就任前,原董事仍应当依照法律、行政法规和公司章程的规定,履行董事职务。

董事会是公司业务的执行机构,对股东会负责,其职权包括:(1) 召集股东会会议,并向股东会报告工作;(2) 执行股东会的决议;(3) 决定公司的经营计划和投资方案;(4) 制订公司的年度财务预算方案、决算方案;(5) 制订公司的利润分配方案和弥补亏损方案;(6) 制订公司增加或者减少注册资本以及发行公司债券的方案;(7) 制订公司合并、分立、解散或者变更公司形式的方案;(8) 决定公司内部管理机构的设置;(9) 决定聘任或者解聘公司经理及其报酬事项,并根据经理的提名决定聘任或者解聘公司副经理、财务负责人及其报酬事项;(10) 制定公司的基本管理制度;(11) 公司章程规定的其他职权。

董事会会议由董事长召集和主持;董事长不能履行职务或者不履行职务的,由副董事长召集和主持;副董事长不能履行职务或者不履行职务的,由半数以上董事共同推举一名董事召集和主持。董事会的议事方式和表决程序,除《公司法》有规定的外,由公司章程规定。董事会应当对所议事项的决定作成会议记录,出席会议的董事应当在会议记录上签名。董事会决议的表决,实行一人一票制。

《公司法》第49条规定,有限责任公司可以设经理,由董事会决定聘任或者解聘。经理对董事会负责,其职权有:(1) 主持公司的生产经营管理工作,组织实施董事会决议;(2) 组织实施公司年度经营计划和投资方案;(3) 拟订公司内部管理机构设置方案;(4) 拟订公司的基本管理制度;(5) 制定公司的具体规章;(6) 提请聘任或者解聘公司副经理、财务负责人;(7) 决定聘任或者解聘除应由董事会决定聘任或者解聘以外的负责管理人员;(8) 董事会授予的其他职权。公司章程对经理职权另有规定的,从其规定。经理列席董事会会议。

(三) 监事会

有限责任公司设监事会,其成员不得少于3人。股东人数较少或者规模较小的有限责任公司,可以设1~2名监事,不设监事会。监事会应当包括股东代表和适当比例的公司职工代表,其中职工代表的比例不得低于1/3,具体比例由公司章程规定。监事会中的职工代表由公司职工通过职工代表大会、职工大会或者其他形式民主选举产生。监事会设主席一人,由全体监事过半数选举产生。监事会主席召集和主持监事会会议;监事会主席不能履行职务或者不履行职务的,由半数以上监事共同推举一名监事召集和主持监事会会议。董事、高级管理人员不得兼任监事。

监事的任期每届为3年。监事任期届满,连选可以连任。监事任期届满未及时改选,或者监事在任期内辞职导致监事会成员低于法定人数的,在改选出的监事就任前,原监事仍应当依照法律、行政法规和公司章程的规定,履行监事职务。

监事会、不设监事会的公司的监事行使下列职权:(1)检查公司财务;(2)对董事、高级管理人员执行公司职务的行为进行监督,对违反法律、行政法规、公司章程或者股东会决议的董事、高级管理人员提出罢免的建议;(3)当董事、高级管理人员的行为损害公司的利益时,要求董事、高级管理人员予以纠正;(4)提议召开临时股东会会议,在董事会不履行本法规定的召集和主持股东会会议职责时召集和主持股东会会议;(5)向股东会会议提出提案;(6)依照《公司法》第152条的规定,对董事、高级管理人员提起诉讼;(7)公司章程规定的其他职权。监事可以列席董事会会议,并对董事会决议事项提出质询或者建议。

监事会、不设监事会的公司的监事发现公司经营情况异常,可以进行调查;必要时,可以聘请会计师事务所等协助其工作,费用由公司承担。

监事会每年度至少召开一次会议,监事可以提议召开临时监事会会议。监事会的议事方式和表决程序,除本法有规定的外,由公司章程规定。监事会决议应当经半数以上监事通过。监事会应当对所议事项的决定作成会议记录,出席会议的监事应当在会议记录上签名。

### 四、有限责任公司的股权转让

一般认为,有限责任公司转让股权,包括股东之间转让股权、股东向股东以外的人转让股权和人民法院强制转让股东股权等几种情形。

(一)股东之间转让股权

有限责任公司的股东之间可以相互转让其全部或者部分股权。《公司法》对股东之间转让股权没有作任何限制。

(二)股东向股东以外的人转让股权

股东向股东以外的人转让股权,应当经其他股东过半数同意。股东应就其股权转让事项书面通知其他股东征求同意,其他股东自接到书面通知之日起满30日未答复的,视为同意转让。其他股东半数以上不同意转让的,不同意的股东应当购买该转让的股权;不购买的,视为同意转让。

经股东同意转让的股权,在同等条件下,其他股东有优先购买权。两个以上股东主张行使优先购买权的,协商确定各自的购买比例;协商不成的,按照转让时各自的出资比例行使优先购买权。公司章程对股权转让另有规定的,从其规定。

(三)人民法院强制转让股东股权

人民法院依照法律规定的强制执行程序转让股东的股权时,应当通知公司及全体股东,其他股东在同等条件下有优先购买权。其他股东自人民法院通知之日起满 20 日不行使优先购买权的,视为放弃优先购买权。

(四)股权转让手续

有限责任公司股东依法转让股权后,公司应当注销原股东的出资证明书,向新股东签发出资证明书,并相应修改公司章程和股东名册中有关股东及其出资额的记载。对公司章程的该项修改不需再由股东会表决。

### 五、有限责任公司股东股权回购请求权与自然人股东资格的继承

(一)股东股权回购请求权

为维护少数股东权益,《公司法》设置了股东的股权回购请求权。根据《公司法》规定,有下列情形之一的,对股东会该项决议投反对票的股东可以请求公司按照合理的价格收购其股权:(1)公司连续五年不向股东分配利润,而公司该五年连续盈利,并且符合本法规定的分配利润条件的;(2)公司合并、分立、转让主要财产的;(3)公司章程规定的营业期限届满或者章程规定的其他解散事由出现,股东会会议通过决议修改章程使公司存续的。

自股东会会议决议通过之日起 60 日内,股东与公司不能达成股权收购协议的,股东可以自股东会会议决议通过之日起 90 日内向人民法院提起诉讼。

(二)自然人股东资格的继承

自然人股东死亡后,其合法继承人可以继承股东资格,但是公司章程另有规定的除外。

### 六、特殊的有限责任公司

(一)一人有限责任公司

一人有限责任公司是指只有一个自然人股东或者一个法人股东的有限责任公司。一人公司,尤其是一个自然人设立的一人公司,由于缺乏股东之间的相互制约,很容易将公司的财产与股东本人的财产相混同,将公司的财产变为股东自己的财产。鉴于此,《公司法》通过一系列的规定,防止交易风险,保证交易安全。

(1)一个自然人只能投资设立一个一人有限责任公司。该一人有限责任公司不能投资设立新的一人有限责任公司。

(2)一人有限责任公司应当在公司登记中注明自然人独资或者法人独资,并在公司营业执照中载明。

(3)一人有限责任公司不设股东会。股东依职权作出决定时,应当采用书面形式,并由股东签名后置备于公司。

(4)一人有限责任公司应当在每一会计年度终了时编制财务会计报告,并经会计师事务所审计。

(5) 在发生债务纠纷时,一人有限责任公司的股东不能证明公司财产独立于股东自己的财产的,应当对公司债务承担连带责任。

## (二) 国有独资公司

国有独资公司,是指国家单独出资、由国务院或者地方人民政府授权本级人民政府国有资产监督管理机构履行出资人职责的有限责任公司。

1. 国有独资公司的章程

国有独资公司章程由国有资产监督管理机构制定,或者由董事会制订报国有资产监督管理机构批准。

2. 国有独资公司的组织机构

(1) 国有独资公司不设股东会,由国有资产监督管理机构行使股东会职权。国有资产监督管理机构可以授权公司董事会行使股东会的部分职权,决定公司的重大事项,但公司的合并、分立、解散、增加或者减少注册资本和发行公司债券,必须由国有资产监督管理机构决定;其中,重要的国有独资公司合并、分立、解散、申请破产的,应当由国有资产监督管理机构审核后,报本级人民政府批准。

(2) 董事会、经理。国有独资公司设立董事会,董事会依法行使职权。董事每届任期不得超过3年。董事会成员中应当有公司职工代表。董事会成员由国有资产监督管理机构委派;但是,董事会成员中的职工代表由公司职工代表大会选举产生。董事会设董事长一人,可以设副董事长。董事长、副董事长由国有资产监督管理机构从董事会成员中指定。

国有独资公司设经理,由董事会聘任或者解聘。经理依照《公司法》第50条规定行使职权。经国有资产监督管理机构同意,董事会成员可以兼任经理。

国有独资公司的董事长、副董事长、董事、高级管理人员,未经国有资产监督管理机构同意,不得在其他有限责任公司、股份有限公司或者其他经济组织兼职。

(3) 监事会。监事会是公司的监督机构。但同一般的有限责任公司的监事会不同,它不是设立在公司内部,而是设立在公司外部。国有独资公司监事会成员不得少于5人,其中职工代表的比例不得低于1/3,具体比例由公司章程规定。

监事会成员由国有资产监督管理机构委派;但是,监事会成员中的职工代表由公司职工代表大会选举产生。监事会主席由国有资产监督管理机构从监事会成员中指定。

监事会行使下列职权:检查公司财务;对董事、高级管理人员执行公司职务的行为进行监督,对违反法律、行政法规、公司章程或股东会决议的董事、高级管理人员提出罢免的建议;当董事、高级管理人员的行为损害公司的利益时,要求董事、高级管理人员予以纠正;国务院规定的其他职权。

## 第四节　股份有限公司

### 一、股份有限公司的特点

股份有限公司,即股份公司,是指其全部资本分为等额股份,股东以其所认购的股份为限对公司承担责任,公司以其全部资产对公司的债务承担责任的企业法人。股份有限公司有以下主要特点:

首先,股份有限公司的全部资本划分为等额股份,以股票形式公开发行,并允许自由转让。

其次,股份有限公司实行有限责任制。股东以其认购的股份为限、公司以全部资本为限对公司债务承担责任。

再次,股份有限公司的股东不得少于法定最低人数,但没有最高限制。

最后,股份有限公司的设立和解散有严格的法律程序,手续复杂。

### 二、股份有限公司的设立

股份有限公司的设立,可以采取发起设立或者募集设立的方式。发起设立,是指由发起人认购应发行的全部股份而设立公司。募集设立,是指由发起人认购应发行股份的一部分,其余股份向社会公开募集或者向特定对象募集而设立公司。股份有限公司发起人承担公司筹办事务。发起人应当签订发起人协议,明确各自在公司设立过程中的义务。

(一)股份有限公司设立的条件

根据《公司法》规定,设立股份有限公司,应当具备下列条件:

(1)发起人符合法定人数。设立股份有限公司,应当有2人以上200人以下发起人,其中须有半数以上的发起人在中国境内有住所。

(2)有符合公司章程规定的全体发起人认购的股本总额或者募集的实收股本总额。股份有限公司采取发起设立方式设立的,注册资本为在公司登记机关登记的全体发起人认购的股本总额,在发起人认购的股份缴足前,不得向他人募集股份;如果是采取募集方式设立的,注册资本为在公司登记机关登记的实收股本总额。法律、行政法规以及国务院决定对股份有限公司注册资本实缴、注册资本最低限额另有规定的,从其规定。

(3)股份发行、筹办事项符合法律规定。

(4)发起人制订公司章程,采用募集方式设立的经创立大会通过。

(5)有公司名称,建立符合股份有限公司要求的组织机构。

(6) 有公司住所。

### (二) 股份有限公司发起人的义务和责任

根据《公司法》规定,发起人在股份有限公司设立过程中的义务和责任主要有:

(1) 以发起设立方式设立股份有限公司的,发起人应当书面认足公司章程规定其认购的股份;一次缴纳的,应即缴纳全部出资;分期缴纳的,应即缴纳首期出资。以非货币财产出资的,应当依法办理其财产权的转移手续。发起人不依照上述规定缴纳出资的,应当按照发起人协议承担违约责任。

(2) 以募集设立方式设立股份有限公司的,发起人认购的股份不得少于公司股份总数的 35%;但是,法律、行政法规另有规定的,从其规定。

(3) 股份有限公司成立后,发起人未按照公司章程的规定缴足出资的,应当补缴;其他发起人承担连带责任。股份有限公司成立后,发现作为设立公司出资的非货币财产的实际价额显著低于公司章程所定价额的,应当由交付该出资的发起人补足其差额;其他发起人承担连带责任。

(4) 公司不能成立时,由发起人对设立行为所产生的债务和费用负连带责任;公司不能成立时,对认股人已缴纳的股款,负返还股款并加算银行同期存款利息的连带责任;在公司设立过程中,由于发起人的过失致使公司利益受到损害的,应当对公司承担赔偿责任。

【思考 2-4】南京市江宁区有 4 家生产经营冶金产品的集体企业,拟设立一家股份公司,只发行定向募集的记名股票。总注册资本为 900 万元,每个企业各承担 200 万元。在经过该区有关领导同意后,正式开始筹建。4 个发起人各认购 200 万元,其余 100 万元向其他企业募集,并规定,只要支付购买股票的资金,就即时交付股票,无论公司是否成立。且为了吸引企业购买,可将每股 1 元优惠到每股 0.9 元。一个月后,股款全部募足,发起人召开创立大会,但参加人所代表的股份总数只有 1/3 多一点。主要是有两个发起人改变主意,抽回了其股本。创立大会决定仍要成立公司,就向公司登记机关提交了申请书,但公司登记机关认为根本达不到设立股份公司的条件,且违法之处甚多,不予登记。此时,发起人也心灰意冷,宣布不成立公司了,各股东的股本也随即退回。但这样一来,公司在设立过程中所产生的各项费用及以公司名义欠的债务达 12 万元,加上被退回股本的发起人以外的股东要求赔偿利息损失 3 万元,合计 15 万元的债务,各发起人之间互相推诿,谁也不愿承担。各债权人于是推选 2 名代表到法院状告 4 个发起人,要求偿还债务。4 个发起人辩称,公司不能成立,大家都有责任,因此各人损失自己承担。试分析:

(1) 本案的股份公司成立过程中有哪些违法之处?

(2) 本案 4 个发起人是否应承担公司不能成立时所产生的债务?为什么?

### 三、股份有限公司的组织机构

股份有限公司的组织机构由股东大会、董事会、监事会及高级管理人员组成。

## 第二章 公司法

（一）股东大会

股份有限公司股东大会由全体股东组成。股东大会是公司的权力机构，依法行使职权，其职权范围与有限责任公司股东会相同。

股东大会会议分为年会和临时会议。股东大会应当每年召开一次年会。有下列情形之一的，应当在两个月内召开临时股东大会：(1) 董事人数不足《公司法》规定人数或者公司章程所定人数的 2/3 时；(2) 公司未弥补的亏损达实收股本总额 1/3 时；(3) 单独或者合计持有公司 10% 以上股份的股东请求时；(4) 董事会认为必要时；(5) 监事会提议召开时；(6) 公司章程规定的其他情形。

上市公司的年度股东大会应当于上一会计年度结束后的 6 个月内举行。股东大会会议由董事会召集，董事长主持；董事长不能履行职务或者不履行职务的，由副董事长主持；副董事长不能履行职务或者不履行职务的，由半数以上董事共同推举一名董事主持。董事会不能履行或者不履行召集股东大会会议职责的，监事会应当及时召集和主持；监事会不召集和主持的，连续 90 日以上单独或者合计持有公司 10% 以上股份的股东可以自行召集和主持。

召开股东大会会议，应当将会议召开的时间、地点和审议的事项于会议召开 20 日前通知各股东；临时股东大会应当于会议召开 15 日前通知各股东；发行无记名股票的，应当于会议召开 30 日前公告会议召开的时间、地点和审议事项。

单独或者合计持有公司 3% 以上股份的股东，可以在股东大会召开 10 日前提出临时提案并书面提交董事会；董事会应当在收到提案后 2 日内通知其他股东，并将该临时提案提交股东大会审议。临时提案的内容应当属于股东大会职权范围，并有明确议题和具体决议事项。股东大会不得对上述通知中未列明的事项作出决议。无记名股票持有人出席股东大会会议的，应当于会议召开 5 日前至股东大会闭会时将股票交存于公司。

股东出席股东大会会议，所持每一股份有一表决权。股东可以委托代理人出席股东大会会议，代理人应当向公司提交股东授权委托书，并在授权范围内行使表决权。公司持有的本公司股份无表决权。

股东大会作出决议必须经出席会议的股东所持表决权过半数通过。但是，股东大会作出修改公司章程、增加或者减少注册资本的决议，以及公司合并、分立、解散或者变更公司形式的决议，必须经出席会议的股东所持表决权的 2/3 以上通过。

《公司法》和公司章程规定公司转让、受让重大资产或者对外提供担保等事项必须经股东大会作出决议的，董事会应当及时召集股东大会会议，由股东大会就上述事项进行表决。

股东大会选举董事、监事，可以依照公司章程的规定或者股东大会的决议，实行累积投票制。累积投票制，是指股东大会选举董事或者监事时，每一股份拥有与应选董事或者监事人数相同的表决权，股东拥有的表决权可以集中使用。累积投票制的实施有利于中小股东按照其持股比例选举代表进入公司管理层,参与董事会活动,以保护其利益。

股东大会应当对所议事项的决定作成会议记录,主持人、出席会议的董事应当在会议记录上签名。会议记录应当与出席股东的签名册及代理出席的委托书一并保存。

上市公司召开股东大会,还应当遵守中国证监会发布的《上市公司股东大会规则》。

(二)董事会、经理

1. 董事会

股份有限公司设董事会,其成员为5人至19人。董事应根据公司和全体股东的最大利益,忠实、诚信、勤勉地履行职责。董事由股东大会选举产生。董事会成员中可以有公司职工代表。董事会中的职工代表由公司职工通过职工代表大会、职工大会或者其他形式民主选举产生。股份有限公司董事任期的规定和董事会职权的规定同有限责任公司。

董事会设董事长一人,可以设副董事长。董事长和副董事长由董事会以全体董事的过半数选举产生。董事长召集和主持董事会会议,检查董事会决议的实施情况。副董事长协助董事长工作,董事长不能或者不履行职务的,由副董事长履行职务;副董事长不能或者不履行职务的,由半数以上董事共同推举一名董事履行职务。

董事会会议应有过半数的董事出席方可举行。董事会作出决议,必须经全体董事的过半数通过。董事会决议的表决,实行一人一票。董事会会议,应由董事本人出席;董事因故不能出席,可以书面委托其他董事代为出席,委托书中应载明授权范围。

董事会应当对会议所议事项的决定作成会议记录,出席会议的董事应当在会议记录上签名。董事应当对董事会的决议承担责任。董事会的决议违反法律、行政法规或者公司章程、股东大会决议,致使公司遭受严重损失的,参与决议的董事对公司负赔偿责任。但经证明在表决时曾表明异议并记载于会议记录的,该董事可以免除责任。

2. 经理

股份有限公司设经理,由董事会决定聘任或者解聘,其职权同有限责任公司经理。公司董事会可以决定由董事会成员兼任经理。

(三)监事会

股份有限公司设监事会,履行监督职责,其成员不得少于3人。监事会应当包括股东代表和适当比例的公司职工代表,其中职工代表的比例不得低于1/3,具体比例由公司章程规定。监事会中的职工代表由公司职工通过职工代表大会、职工大会或者其他形式民主选举产生。董事、高级管理人员不得兼任监事。

监事会设主席一人,可以设副主席。监事会主席和副主席由全体监事过半数选举产生。监事会主席召集和主持监事会会议;监事会主席不能履行职务或者不履行职务的,由监事会副主席召集和主持监事会会议;监事会副主席不能履行职务或者不履行职务的,由半数以上监事共同推举一名监事召集和主持监事会会议。

股份有限公司监事的任期、监事会的职权与有限责任公司相同。监事会行使职权所必需的费用,由公司承担。

监事会每6个月至少召开一次会议。监事可以提议召开临时监事会会议。

## 四、股份有限公司股份的发行和转让

### (一) 股份的发行

股份的发行是指股份有限公司为设立公司筹集资本或者在生产经营过程中为增加资本,通过法定条件和方式分配或发售公司股票的行为。股票是公司签发的证明股东所持股份的凭证。股份的发行,实行公开、公平、公正的原则,必须同股同权,同股同利。

公司发行的股票,可以为记名股票,也可以为无记名股票。记名股票,是指代表股份的股票明确记载了股东姓名或名称。无记名股票,是指股东姓名或名称不记载于股票票面的股票,持有股票者即享有股东权,较记名股票易于流通。

公司向发起人、法人发行的股票,应当为记名股票,应当记载该发起人、法人的姓名或名称,不得另立户名或者以代表人姓名记名。

公司公开发行股票应具备以下条件:(1)生产经营符合国家规定的产业政策;(2)发行普通股限于一种,同股同权;(3)发起人认购的股份不得少于公司股份总数的35%,但是,法律、行政法规另有规定的,从其规定;(4)在公司拟发行的股本总额中,发起人认购的部分不少于人民币3 000万元,但国家另有规定的除外;(5)向社会公众发行的部分不少于公司拟发行股本总额的25%,其中公司职工认购的股本数额不得超过拟向社会公众发行的股本总额的10%,公司拟发行股本总额超过人民币4亿元的,证监会按规定可酌情降低向社会公众发行的比例,但最低不得少于公司拟发行股本总额的10%(公司法变更为15%);(6)发起人在近三年内没有重大违法行为;(7)国务院证券管理部门规定的其他条件。

### (二) 股份的转让

股份有限公司的股份以自由转让为原则,以法律限制为例外。

根据《公司法》的规定,股东持有的股份可以依法转让。股东转让其股份,应当在依法设立的证券交易场所进行或者按照国务院规定的其他方式进行。记名股票,由股东以背书方式或者法律、行政法规规定的其他方式转让;转让后由公司将受让人的姓名或名称及住所记载于股东名册。无记名股票的转让,由股东将该股票交付给受让人后即发生转让的效力。

《公司法》对股份转让作出了必要的限制：(1) 发起人持有的本公司股份，自公司成立之日起一年内不得转让。公司公开发行股份前已发行的股份，自公司股票在证券交易所上市交易之日起一年内不得转让。(2) 公司董事、监事、高级管理人员应当向公司申报所持有的本公司的股份及其变动情况，在任职期间每年转让的股份不得超过其所持有本公司股份总数的25%；所持本公司股份自公司股票上市交易之日起一年内不得转让。上述人员离职后半年内，不得转让其所持有的本公司股份。公司章程可以对公司董事、监事、高级管理人员转让其所持有的本公司股份作出其他限制性规定。(3) 公司不得收购本公司股份，但为减少注册资本除外。(4) 公司不得接受本公司的股票作为质押权的标的。

### 五、上市公司

上市公司，是指其股票在证券交易所上市交易的股份有限公司。因为上市公司已经向公众公开发行股票并上市交易，为了防范风险保证投资者的安全，《公司法》对上市公司治理作出了特别规定。

1. 重大事项决策制度

上市公司在1年内购买、出售重大资产或者担保金额超过公司资产总额30%的，应当由股东大会作出决议，并经出席会议的股东所持表决权的2/3以上通过。

2. 独立董事制度

上市公司设立独立董事。独立董事，是指不在公司担任除董事外的其他职务，并与其所受聘的上市公司及其主要股东不存在可能妨害其进行独立客观判断的关系的董事。独立董事应当依法独立履行职责，不受上市公司主要股东、实际控制人、或者其他与上市公司存在利害关系的单位或个人的影响。

3. 董事会秘书制度

上市公司设董事会秘书，负责公司股东大会和董事会会议的筹备、文件保管以及公司股东资料的管理，办理信息披露事务等事宜。

4. "关联董事"的回避制度

上市公司董事与董事会会议决议事项所涉及的企业有关联关系的，不得对该项决议行使表决权，也不得代理其他董事行使表决权。该董事会会议由过半数的无关联关系董事出席即可举行，董事会会议所作决议须经无关联关系董事过半数通过。出席董事会的无关联关系董事人数不足3人的，应将该事项提交上市公司股东大会审议。

5. 信息公开制度

上市公司必须依照法律、行政法规的规定，公开其财务状况、经营情况及重大诉讼，在每会计年度内半年公布一次财务会计报告。

## 第五节 公司董事、监事、高级管理人员的资格和义务

公司的董事、监事、高级管理人员在公司中处于重要的地位、享有法定的职权,是公司业务的实际执行者,负责公司的经营与运作。为确保这些主体能够胜任法律和公司交付的各项职责,并使其行为与公司的利益保持一致,《公司法》规定了这些人员的任职资格条件和义务。

### 一、董事、监事、高级管理人员的任职资格条件

《公司法》规定,有下列情形之一的,不得担任公司的董事、监事、高级管理人员:

(1) 无民事行为能力或者限制民事行为能力。

(2) 因贪污、贿赂、侵占财产、挪用财产或者破坏社会主义市场经济秩序,被判处刑罚,执行期满未逾5年,或者因犯罪被剥夺政治权利,执行期满未逾5年。

(3) 担任破产清算的公司、企业的董事或者厂长、经理,对该公司、企业的破产负有个人责任的,自该公司、企业破产清算完结之日起未逾3年。

(4) 担任因违法被吊销营业执照、责令关闭的公司、企业的法定代表人,并负有个人责任的,自该公司、企业被吊销营业执照之日起未逾3年。

(5) 个人所负数额较大的债务到期未清偿。

公司违反上述规定选举、委派董事、监事或者聘任高级管理人员的,该选举、委派或者聘任无效。董事、监事、高级管理人员在任职期间出现上述情形的,公司应当解除其职务。

【思考2-5】 南京某针织股份有限公司在筹建阶段,准备聘请总经理人选。其中自荐或推荐的有以下六人。

赵某,原南京某针织厂厂长(该针织公司前身)。2年前因一项重大投资出现失误导致针织厂破产,引咎辞职。现在想卷土重来。

钱某,原南京某针织厂技术骨干,在一次实验中,因失火导致数百万财产被毁,被判刑3年,现已刑满释放1年。

孙某,管理学博士,南京市某高校公共管理系主任、副教授。具有丰富的经济管理知识和行政管理经验。

李某,原南京某针织厂老职工,在原厂工作近50年,现年70岁。具有扎实的专业技术、良好的人际关系及很高的威望。被职工一致推荐。

周某,应届经济学硕士。年轻有为,品学兼优。但经查,尚有2万元助学贷款未还清。

吴某,南京某区工商局副局长。想弃政从商,不当局长当经理。

试分析：上述六人中哪些可以受聘为公司总经理？

## 二、董事、监事、高级管理人员的义务

董事、监事、高级管理人员应当遵守法律、行政法规和公司章程，对公司负有忠实义务和勤勉义务。董事、监事、高级管理人员不得利用职权收受贿赂或者其他非法收入，不得侵占公司的财产。

### （一）董事、监事、高级管理人员的忠实义务和勤勉义务

《公司法》规定，董事、监事、高级管理人员不得有下列行为：(1) 挪用公司资金；(2) 将公司资金以其个人名义或其他个人名义开立账户存储；(3) 违反公司章程的规定，未经股东会、股东大会或者董事会同意，将公司资金借贷给他人或者以公司财产为他人提供担保；(4) 违反公司章程的规定或者未经股东会、股东大会同意，与本公司订立合同或者进行交易；(5) 未经股东会或者股东大会同意，利用职务便利为自己或者他人谋取属于公司的商业机会，自营或者为他人经营与所任职公司同类的业务；(6) 接受他人与公司交易的佣金归为己有；(7) 擅自披露公司秘密；(8) 违反对公司忠实义务的其他行为。

公司董事、高级管理人员违反上述规定所得的收入应当归公司所有。

### （二）股份有限公司中董事、监事、高级管理人员的特别忠实义务

公司不得直接或通过子公司向董事、监事、高级管理人员提供借款。

公司应当定期向股东披露董事、监事、高级管理人员从公司获得报酬的情况。

### （三）董事、监事、高级管理人员对公司的赔偿责任

董事、监事、高级管理人员执行公司职务时违反法律、行政法规或者公司章程的规定，给公司造成损失的，应当承担赔偿责任。

### （四）董事、监事、高级管理人员的其他义务和责任

股东会或者股东大会要求董事、监事、高级管理人员列席会议的，董事、监事、高级管理人员应当列席并接受股东的质询。董事、高级管理人员应当如实向监事会或者不设监事会的有限责任公司的监事提供有关情况和资料，不得妨碍监事会或者监事行使职权。

【思考2-6】王某为一家有限责任公司的董事长，2010年1月，另一公司的经理李某找王某借一笔资金。正好公司刚收回一笔50万元的货款，王某即转给了李某，李某拿出5万元给王某，王某未敢收，遂存入公司的小金库中，该小金库是王某伙同部分董事及监事赵某私自开立的，用于他们的各项业余开支。同年2月，王某利用手中的职权为其妹夫的公司做成一笔钢材生意，获利10万元，王某存入其私人账户。同月，王某利用手中的职权与赵某签订了一项合同，规定公司支付赵某2万元的中介费，作为赵某为公司联系的一笔钢材生意的报酬。而实际上公司购入

该批钢材的价格明显高于市场价,致使公司受损 20 万元。赵某与王某各得一笔回扣。此事并未经过董事会的讨论。2010 年 3 月,股东会觉察到王某与赵某的渎职行为,责令停职反省,同时,组织人员进行调查,待查清事实后,依照法律和公司章程进行处理。试分析:本案王某做了哪些违法活动?

### 三、公司股东针对董事、监事、高级管理人员的维权机制

#### (一)通过监事会或监事提起诉讼维权

董事、高级管理人员执行公司职务时违反法律、行政法规或公司章程的规定,给公司造成损失的,有限责任公司的股东、股份有限公司连续 180 日以上单独或者合计持有公司 1% 以上股份的股东,可以书面请求监事会或者不设监事会的有限责任公司的监事向人民法院提起诉讼。

#### (二)通过董事会或董事提起诉讼维权

监事执行公司职务时违反法律、行政法规或公司章程的规定,给公司造成损失的,有限责任公司的股东、股份有限公司连续 180 日以上单独或者合计持有公司 1% 以上股份的股东,可以书面请求董事会或者不设董事会的有限责任公司的执行董事向人民法院提起诉讼。

#### (三)股东直接维权

监事会、不设监事会的有限责任公司的监事,或者董事会、执行董事收到有限责任公司的股东、股份有限公司连续 180 日以上单独或者合计持有公司 1% 以上股份的股东的书面请求后拒绝提起诉讼,或者自收到请求之日起 30 日内未提起诉讼,或者情况紧急、不立即提起诉讼将会使公司利益受到难以弥补的损害的,上述规定的股东有权为了公司的利益以自己的名义直接向人民法院提起诉讼。

如果董事、高级管理人员违反法律、行政法规或者公司章程的规定,损害股东利益的,股东也可以向人民法院提起诉讼。

## 第六节 公司的其他规定

### 一、公司的财务会计制度

公司应当依照法律、行政法规和国务院财政部门的规定建立本公司的财务会计制度,包括财务会计报告制度、公积金制度、利润分配制度等。健全的公司财务会计制度具有重要意义,有利于正确记录、反映公司的经营情况,有利于保护公司投资者和债权人的利益,有利于政府对公司实施管理。

### (一)公司财务会计报告制度

公司的财务会计报告是反映公司生产经营的成果和财务状况的总结性书面文件。《公司法》规定,公司应当在每一会计年度终了时编制财务会计报告,并依法经会计师事务所审计。财务会计报告应当依照法律、行政法规和国务院财政部门的规定制作。财务会计报告的内容一般包括:资产负债表、损益表、现金流量表、财务状况变动表、利润分配表、财务情况说明书等。

公司的财务会计报告必须依法公示。有限责任公司应当依照公司章程规定的期限将财务会计报告送交各股东;股份有限公司的财务会计报告应当在召开股东大会年会的20日前置备于本公司,供股东查阅;公开发行股票的股份有限公司必须公告其财务会计报告。

### (二)公积金制度

公积金,又称储备金,是指公司根据法律和公司章程的规定提留备用,不作为股利分配的部分所得和收益。公积金是各国公司法通常采用的一项强制性制度。公积金分为盈余公积金和资本公积金。盈余公积金是从税后利润中提取的公积金,有法定公积金和任意公积金两种。法定公积金按公司税后利润的10%提取,当公司法定公积金累计额为公司注册资本的50%以上时可不再提取。公司的法定公积金不足以弥补以前年度亏损的,在依照规定提取法定公积金之前,应当先用当年利润弥补亏损。任意公积金按照公司股东会或股东大会决议,从公司税后利润中提取。资本公积金是直接由资本原因形成的公积金,股份有限公司以超过股票票面金额的发行价格发行股份所得的溢价款以及国务院财政部门规定列入资本公积金的其他收入,应当列为公司资本公积金。

公司的公积金用于弥补公司的亏损、扩大公司生产经营或者转为增加公司资本。但是,资本公积金不得用于弥补公司的亏损,而且,法定公积金转为资本时,所留存的该项公积金不得少于转增前公司注册资本的25%。

### (三)利润分配制度

公司利润是公司在一定时期内从事经营活动的财务成果,包括营业利润、投资收益和营业外收支净额。《公司法》对公司利润分配的规定,严格贯彻兼顾股东、债权人、公司及社会公众利益的原则。

公司利润分配的法定顺序是:(1)弥补亏损。公司的法定公积金不足以弥补上一年度公司亏损的,在依照规定提取法定公积金之前,应当先用当年利润弥补亏损。(2)缴纳所得税。(3)依法提取法定公积金和公益金。(4)提取任意公积金。(5)向股东分配利润。公司弥补亏损和提取公积金后所余利润,有限责任公司按照股东的出资比例分配,股份有限公司按照股东持有的股份比例分配。公司持有的本公司股份不得分配。

【思考2-7】 某有限责任公司注册资本200万元,其中甲投资者占30%,乙投资者占 45%,丙投资者占 25%。本年度实现利润 80 万元,上年度亏损为 20 万元。已知按 5%提取法定公益金,该公司股东会决定不提取任意公积金。试分析:该公司本年度利润应如何分配?

## 二、公司合并、分立、解散和清算

### (一) 公司合并

**1. 公司合并的形式**

公司合并,是指两个以上的公司依照法定程序变更为一个公司的法律行为。其形式有两种:一是吸收合并;二是新设合并。吸收合并是指一个公司吸收其他公司加入本公司,被吸收的公司解散。新设合并是指两个以上公司合并设立一个新的公司,合并各方解散。

**2. 公司合并的程序**

(1) 签订合并协议

公司合并,应当由合并各方在平等协商基础上签订合并协议。合并协议的主要内容包括:合并各方的名称、住所;合并以后存续公司或新设公司的名称、住所;合并各方的资产状况及其处理办法;合并各方原有债权债务的处理办法;存续公司或新设公司因合并而发行的股份总数、种类和数量;合并各方认为需要载明的其他事项。

(2) 编制资产负债表及财产清单

公司合并时,合并各方应将现有的资产、负债及所有者权益记载于资产负债表中,并将各方的全部动产、不动产、债权债务以及其他财产按现行价格一一列入财产目录,编制财产清单。

(3) 作出合并决议

公司在签订合并协议并编制资产负债表及财产清单后,应当就公司合并有关事项作出合并决议。

(4) 通知或公告债权人

公司应当自作出合并决议之日起 10 日内通知债权人,并于 30 日内在报纸上公告。债权人自接到通知书之日起 30 日内或自公告之日起 45 日内,有权要求公司清偿债务或提供偿债担保。

(5) 办理合并登记

公司合并后,只有依法登记,才会得到法律的认可,这是一项不可或缺的程序。公司合并因登记而发生效力。

### (二) 公司分立

**1. 公司分立的形式**

公司分立是指一个公司依法分为两个或两个以上的公司。公司分立的形式有两种:一是派生分立,即公司以其部分财产另设一个或数个新的公司,原公司存续;二是新设分立,即公司以其全部财产分别归入两个或两个以上新设立的公司,原公司解散。

2. 公司分立的程序

公司分立的程序与公司合并的程序基本相同,要签订分立协议,编制资产负债表及财产清单,作出分立决议,通知或公告债权人,办理工商变更登记等。

3. 公司分立前的债务

公司分立前的债务由分立后的公司承担连带责任。但是,公司在分立前与债权人就债务清偿达成的书面协议另有约定的除外。

【思考2-8】 甲公司是一家经营文化用品批发的有限责任公司。由于市场不景气,加上股东内耗严重,公司负债累累。在一次股东会议上,股东王某提议将甲公司分立为两个公司,一个叫A有限责任公司,另一个叫B有限公司,由A公司利用原甲公司的净资产,由B公司承担原甲公司的债务。该提议被股东会一致通过,甲公司分立为A与B两个公司,A公司利用原甲公司的净资产,B公司承担原甲公司的所有债务。分立各方办理了相应的登记注销手续。不久,原甲公司的债权人某有限公司找上门来,发觉B公司资不抵债,要求A公司承担连带债务,A公司拿出分立协议书,拒不偿还原甲公司的债务。试分析:

(1) 按照《公司法》的规定,甲公司的分立程序合法吗?

(2) 如何看待本案中分立协议书的效力?

(三) 公司解散

公司解散是指公司因发生章程规定或法律规定的解散事由而停止业务活动,最终失去法律人格的法律行为。公司解散不仅指公司或章程规定的公司终止事项,还包括结束公司营业、处理公司善后等一系列活动。

公司解散的原则包括:(1) 公司章程规定的营业期限届满或者公司章程规定的其他解散事由出现;(2) 股东会或者股东大会决议解散;(3) 因公司合并或者分立需要解散;(4) 依法被吊销营业执照、责令关闭或者被撤销;(5) 人民法院依法予以解散。

应当注意的是,公司章程规定的营业期限届满或者公司章程规定的其他解散事由出现时,可以通过修改公司章程而存续。对此种章程的修改,有限责任公司须经持有2/3以上表决权的股东通过,股份有限公司须经出席股东大会会议的股东所持表决权的2/3以上通过。

(四) 公司清算

公司清算是终结已解散公司的一切法律关系,处理公司剩余财产的程序。公司除因合并、分立解散无须清算,以及因破产而解散的公司适用破产清算程序外,因其他原因解散的公司,都应当按照《公司法》规定进行清算,其清算程序如下:

## 第二章　公司法

1. 成立清算组

公司应当在解散事由出现之日起15日内成立清算组,开始清算。有限责任公司的清算组由股东组成,股份有限公司的清算组由董事或者股东大会确定的人员组成。逾期不成立清算组进行清算的,债权人可以申请人民法院指定有关人员组成清算组进行清算。人民法院应当受理该申请,并及时组织清算组进行清算。

2. 清算组的职权

清算组在清算期间行使下列职权:(1)清理公司财产,分别编制资产负债表和财产清单;(2)通知、公告债权人;(3)处理与清算有关的公司未了结的业务;(4)清缴所欠税款以及清算过程中产生的税款;(5)清理债权、债务;(6)处理公司清偿债务后的剩余财产;(7)代表公司参与民事诉讼活动。

清算组在公司清算期间代表公司进行一系列民事活动,全权处理公司经济事务和民事诉讼事务。清算组成员应当忠于职守,依法履行清算义务。清算组成员不得利用职权收受贿赂或者其他非法收入,不得侵占公司财产。清算组成员因故意或者重大过失给公司或者债权人造成损失的,应当承担赔偿责任。

3. 清算工作程序

(1)通知或者公告债权人申报债权。清算组应当自成立之日起10日内通知债权人,并于60日内在报纸上公告。债权人应当自接到通知书之日起30日内,未接到通知书的自公告之日起45日内,向清算组申报其债权。债权人申报债权,应当说明债权的有关事项,并提供证明材料。清算组应当对债权进行登记。在申报债权期间,清算组不得对债权人进行清偿。

(2)清理公司财产、制定清算方案。清算组应当对公司财产进行清理,编制资产负债表和财产清单,制定清算方案。清算方案应当报股东会、股东大会或者人民法院确认。清算组在清理公司财产、编制资产负债表和财产清单后,发现公司财产不足清偿债务的,应当依法向人民法院申请宣告破产。公司经人民法院裁定宣告破产后,清算组应当将清算事务移交给人民法院。

(3)清偿债务。公司财产在分别支付清算费用、职工的工资、社会保险费用和法定补偿金,缴纳所欠税款,清偿公司债务后的剩余财产,有限责任公司按照股东的出资比例分配,股份有限公司按照股东持有的股份比例分配。清算期间,公司存续,但不得开展与清算无关的经营活动。公司财产在未依照前款规定清偿前,不得分配给股东。

(4)公告公司终止。公司清算结束后,清算组应当制作清算报告,报股东会、股东大会或者人民法院确认,并报送公司登记机关,申请注销公司登记,公告公司终止。

【思考2-9】 2009年3月,甲有限责任公司由于市场情况发生重大变化,如继续经营将导致公司惨重损失。3月20日,该公司召开股东大会,以出席会议的股东所持表决权的半数通过决议解散公司。4月15日,股东大会选任公司5名董事组成清算组。清算组成立后于 5 月 8 日起正式启动清算工作,将公司解散及清算事项分别通知了有关的公司债权人,并于 5 月 20 日、5 月 31 日分别在报纸上进行了公告,规定自公告之日起 3 个月内未向公司申报债权者,将不负清偿义务。试分析:

(1) 甲公司关于清算的决议是否合法？说明理由。

(2) 甲公司能否由股东会委托董事组成清算组？

(3) 甲公司在清算中有关保护债权人的程序是否合法？

## 引例点评

张三和李四的出资形式合法,王五的出资形式不合法。《公司法》规定,公司可以以货币、实物、工业产权、非专利技术、土地使用权作价出资。张三是货币出资,李四是专利技术出资,属于法律列举的非货币形式之一,形式合法,但必须由具有评估资格的评估机构出具评估报告,以确认李四所占有的股份比例。而王五以技术创意出资则是不能明确确定价值的,不符合法律规定的可以用货币估价并可以依法转让的非货币财产。

李四在这家公司的权利、义务跟货币出资的张三具有同等权利和义务。王五如果能以法律规定的形式补足出资,也能享受同等权利和义务。如不能补足出资,则不能取得股东身份。

公司成立以后,即具有法人地位,享有独立的法人财产权,以公司的全部财产对外承担责任,所以即使公司倒闭了,欠了别人的钱,李四和王五也不用拿钱出来赔偿。当然,如果公司不能成立,那么,对于公司成立阶段所产生的债务,李四和王五则依法要承担无限连带责任,债权人有权向王五主张债权。

## 能力训练题

一、单项选择题

1. 以公司的信用基础为标准,可以将公司划分为人合公司与资合公司。典型的资合公司是(　　)。

　　A. 无限公司　　　　B. 有限责任公司　　C. 两合公司　　　　D. 股份有限公司

2. 甲、乙、丙三人共同出资成立了一有限责任公司,其出资比例分别为 20％、20％、60％。现丙与丁达成协议,丙将自己在该公司的出资全部转让给丁。甲、乙知晓后均不同意。以下几种意见中,符合《公司法》规定的是(　　)。

　　A. 甲和乙都不愿购买丙欲转让的出资,丙也不得将出资转让给丁

　　B. 甲和乙都不愿购买丙欲转让的出资,丙就有权将出资转让给丁

　　C. 丙的表决权占全体股东表决权的 1/2 以上,他完全有权决定将出资转让给丁

D. 丙有权自由地转让出资,无需经甲、乙同意

3. 根据《公司法》的规定,公司成立时间是( )。

A. 工商行政管理机关作出予以核准登记的决定之日

B. 工商行政管理机关签发《企业法人营业执照》之日

C. 申请人收到《企业法人营业执照》之日

D. 公司成立公告发布之日

4. 某股份有限公司的董事因出国不能出席董事会会议,但又希望表达自己对董事会决议事项的意见,他可以书面委托( )。

A. 其他董事代为出席  B. 其他人代为出席

C. 本公司股东代为出席  D. 本公司监事代为出席

5. 公司债券承销人应当是( )。

A. 公司债券发行人  B. 商业银行

C. 证券公司  D. 投资咨询公司

6. 以募集设立方式设立股份有限公司的,发起人认购的股份不得少于公司股份总数的( )。

A. 15%  B. 25%  C. 35%  D. 50%

7. 股份公司董事会每年度至少召开( )次会议,每次会议应当于会议召开( )日前通知全体董事和监事。

A. 一;十  B. 一;十五  C. 二;十  D. 二;十五

二、多项选择题

1. 根据有关法律规定,公司所需具备的重要法律特征有( )。

A. 合法性  B. 营利性

C. 法人性  D. 营利或非营利均可

2. 下列关于我国有限责任公司的说法不正确的是( )。

A. 发起人必须有半数以上在中国境内有住所

B. 股东在2人以上50人以下

C. 发起人必须在公司章程上签名、盖章

D. 股东人数必须在5人以上

3. 以下属必须经有限责任公司股东大会决议并且经代表2/3以上表决权的股东通过的是( )。

A. 公司利润分配方案  B. 增加公司注册资本

C. 向公司股东以外的人转让出资  D. 修改公司章程

4. 根据我国《公司法》,股东可以以下列方式出资( )。

A. 货币  B. 实物

C. 非专利技术  D. 土地使用权

5. 某有限责任公司欲设立监事会,下列人员中可以担任监事的是( )。

A. 董事长李某      B. 总经理王某
C. 财务处职工张某      D. 工会主席赵某

### 三、问答题

1. 简述公司的概念和特征。
2. 公司资本和公司资产有什么区别？
3. 简述公司股东的权利和义务。
4. 有限责任公司的设立条件是什么？
5. 简述一人有限责任公司的概念、特征及其设立条件。
6. 什么是公司债券？其发行条件是什么？
7. 简述有限责任公司股权转让的规则。
8. 简述股份有限公司发起人在公司设立过程中应承担的法律责任。

### 四、案例分析题

1. 案情：某国有企业 A 与某集体企业 B、某大学 C 达成协议，决定共同出资成立一个以生产经营为主的有限责任公司 D。该公司章程规定，公司的注册资本为 60 万元人民币，其中，A 用货币出资 10 万元，用机器设备作价出资 25 万元；B 以土地使用权作价出资 10 万元；C 以货币出资 10 万元，以专利权作价出资 5 万元。在实际出资过程中，分别以实物、土地使用权和专利权出资的 A、B、C，都依法办理了财产权的转移手续。并且，C 已将其货币形式出资的 10 万元存入 D 公司的临时账户，只有 A 用货币出资的 10 万元尚未到位。

请回答：

（1）拟设立的 D 公司的股东人数是否符合法律规定？

（2）公司章程中是否可以对注册资本作出规定？D 公司章程中有关注册资本的规定是否合法？为什么？

（3）A、B、C 的出资形式是否合法？其实际出资过程是否合法？为什么？

（4）在认缴出资额方面，违法者应承担什么责任？

2. 案情：某市服饰股份有限公司因经营管理不善造成亏损，公司未弥补的亏损达股本的 1/4，公司董事长李某决定在 2008 年 4 月 6 日召开临时股东大会，讨论如何解决公司面临的困境。董事长李某在 2008 年 4 月 1 日发出召开 2008 年临时股东大会会议的通知，其内容如下：

为讨论解决本公司面临的亏损问题，凡持有股份 10 万股（含 10 万股）以上的股东直接参加股东大会会议，小股东不必参加股东大会。股东大会如期召开，会议议程为两项：讨论解决公司经营所遇困难的措施；改选公司监事二人。

出席会议的有 90 名股东。经大家讨论，认为目前公司效益太差，无扭亏希望，于是表决解散公司。表决结果，80 名股东，占出席大会股东表决权 3/5，同意解散公司，董事会决议解散公司。会后某小股东认为公司的上述行为侵犯了其合法权益，向人民法院提起诉讼。

## 第二章 公司法

请回答：

(1) 本案中公司召开临时股东大会合法吗？程序有什么问题？

(2) 临时股东大会的通知存在什么问题？

(3) 临时股东大会的议程合法吗？作出解散公司的决议有效吗？

(4) 该小股东的什么权益受到了侵害？

3. 案情：徐某及 H 公司均为 2006 年 11 月设立的 W 股份公司的股东。2007 年 2 月徐某为出国将所持 32 万元的记名股票证书在 H 公司所在地背书给了其法定代表人，得到了 32 万元的现金支票后出国了。同年 3 月，H 公司又接受了该 W 股份公司董事黄某的股票 10 万元。还在这月，H 公司财务室不慎被盗，窃贼偷走了徐某转让给 H 公司的 32 万元股票证书。H 公司遂在报纸上登载遗失声明，宣布被盗的股票证书失效，然后向 W 股份公司申请补发股票。在 W 股份公司对其申请审查期间，窃贼在证交所以低价将股票证书转让给了康某。W 股份公司对 H 公司的申请审查后认为不符合法定程序，不予补发。这时，窃贼被抓获，交代了盗窃的过程和所窃股票证书的去向。但对于股票的归属却发生了纠纷。康某说其从窃贼手中受让股票时并不知其是窃贼，股票应归其所有；H 公司认为股票是从其财务室盗走的，且徐某已转让给了 H 公司，认为股票应归其所有；W 股份公司认为徐某和 H 公司私下进行股票转让无效，决定按票面金额予以收购。此时，该股票一直呈上涨趋势，故三方争执不下。于是三方诉至法院，要求确定这 32 万元股票的归属。

请回答：

(1) 本案中各当事人之间的股票转让都合法吗？

(2) W 股份公司有权收购本公司发行的股票吗？

(3) 公司为什么拒绝给 H 公司补发股票？

(4) 你认为本案的 32 万元股票应归谁所有？

(5) 设 H 公司取得了这 32 万元股票，后为担保自己的债务而出质给 W 股份公司，则该担保行为是否有效？为什么？

4. 案情：甲、乙、丙、丁、戊拟共同组建一家有限责任性质的饮料公司，注册资本 200 万元，其中甲、乙各以货币 60 万元出资；丙以实物出资，经评估机构评估为 20 万元；丁以专利技术出资，作价 50 万元；戊以劳务出资，经全体出资人同意作价 10 万元。公司拟不设董事会，由甲任执行董事；不设监事会，由丙担任公司的监事。

饮料公司成立后经营一直不景气，已欠 A 银行贷款 100 万元未还。经股东会决议，决定把饮料公司唯一盈利的保健品车间分出去，另成立有独立法人资格的保健品厂。后饮料公司增资扩股，乙将其股份转让给大北公司。1 年后，保健品厂也出现严重亏损，资不抵债，其中欠 B 公司货款达 400 万元。

请回答：

(1) 饮料公司组建过程中，各股东的出资是否存在不符合公司法的规定之处？为什么？

(2) 饮料公司的组织机构设置是否符合公司法的规定？为什么？

(3) 饮料公司设立保健品厂的行为在公司法上属于什么性质的行为？设立后，饮料公司原有的债权债务应如何承担？

(4) 乙转让股份时应遵循股份转让的何种规则？

(5) A 银行如起诉追讨饮料公司所欠的 100 万元贷款，应以谁为被告？为什么？

(6) B 公司除采取起诉或仲裁的方式追讨保健品厂的欠债外，还可以采取什么法律手段以实现自己的债权？

## 实 训

【目标】

通过实训,使学生了解和掌握我国《公司法》中关于有限责任公司或股份有限公司设立的条件、设立的程序、组织机构等主要法律规定,培养学生运用法律解决实际问题的思路和能力。

【项目】

模拟公司设立的程序。根据班级人数将学生分成 3 到 4 组,首先让各组查阅资料或进行社会调查,然后根据《公司法》的规定准备相应的材料,模拟办理相关手续,最后写出设立公司的流程。

# 第三章 企业法

## 学习目标

**知识：**
1. 理解个人独资企业的设立条件和法律责任；
2. 掌握合伙协议的签订、合伙企业成立条件、普通合伙与有限合伙的异同；
3. 明确入伙与退伙的相关规定；
4. 理解中外合资经营企业的设立条件、出资方式、出资期限、组织形式等。

**技能：**
1. 能分清企业的性质；
2. 会起草简单的合伙协议；
3. 会协助处理企业法律纠纷。

**素养：**
1. 培养权利与风险对等观念；
2. 增强依法维护企业合法权利、解决企业法律纠纷的意识。

## 案例导入

2006年8月，甲、乙各出资5万元，设立一合伙企业。后因资金短缺，合伙人甲、乙一致同意吸收丙加入合伙企业，并向丙介绍了合伙企业的经营状况和财务状况。三人于2007年10月15日签订了接纳丙加入合伙企业的书面协议：丙投入资金4万元，盈亏按投入资金占合伙企业全部资金的比例分配和承担。随后三人到工商局办理了变更登记。后来因经营不善，2008年3月该合伙企业资不抵债。此时，合伙企业的债权人要求甲、乙、丙偿还合伙企业于2007年6月之前所欠的货款。丙认为其入伙前的合伙企业的债务与自己无关，甲、乙则认为该债务应当按照合伙协议约定的分担债务的比例承担债务责任。甲、乙按照合伙协议约定的分担债务的比例履行了各自认为应当承担的债务之后，债权人仍以甲、乙和丙为被告，向人民法院起诉，要求三被告清偿其全部债务。

问题引入

债权人以甲、乙和丙为被告,向人民法院起诉要求三被告清偿其全部债务的做法是否正确?为什么?

## 第一节 认识企业及企业法

### 一、企业的概念和分类

#### (一)企业的概念

企业是从事生产、流通、服务等经济活动,以生产或服务满足社会需要,实行自主经营、独立核算、依法设立的一种营利性的经济组织。依此定义可以看出:企业是经济组织,企业是人的要素和物的要素的结合,企业具有经营自主权,企业具有营利性。

#### (二)企业的分类

企业根据不同的标准可以有以下分类:

1. 按投资人的出资方式和责任形式可分为个人独资企业、合伙企业、公司制企业。
2. 按投资者的不同可分为内资企业、外资企业和港、澳、台商投资企业。
3. 按所有制结构可分为全民所有制企业、集体所有制企业和私营企业。
4. 按规模可分为大型企业、中型企业和小型企业。
5. 按企业法律属性的不同可以分为法人企业、非法人企业。
6. 按经济部门可分为农业企业、工业企业和服务企业。

> **小提示**
>
> 企业与公司的异同:依照我国法律规定,公司是指有限责任公司和股份有限责任公司,具有企业的所有属性,因此公司是企业。但是企业与公司又不是同一概念,公司与企业是种属关系,凡公司均为企业,但企业未必都是公司。公司只是企业的一种组织形态。

### 二、企业法的概念和组成

企业法,是指调整企业在设立、组织形式、管理和运行过程中发生的经济关系的法律规范的总称。从法律的角度讲,企业是依法成立,具有一定的组织形式,独

立从事商品生产经营、服务活动的经济组织。企业法是以确认企业法律地位为主旨的法律体系,因此,广义企业法应当是规范各种类型企业的法律规范的总体。广义企业法包括按企业资产组织形式划分的公司、合伙企业和独资企业,按照所有制形式划分的国有企业、集体企业和私营企业,以及按照有无涉外因素划分的内资企业和外商投资企业等。

目前中国现行企业法对上述不同类型的企业都有所调整。现阶段我国企业法主要包括:《全民所有制工业企业法》、《全民所有制工业企业转换机制条例》、《乡镇企业法》、《中外合资经营企业法》、《中外合作经营企业法》、《外资企业法》、《合伙企业法》、《个人独资企业法》等。本章主要介绍几种常见的企业及相关法律规范。

## 第二节 个人独资企业法

独资企业是人类社会发展过程中最古老、最简单的一种企业形式。这一企业形式不仅自其产生以来就存在并得以延续,而且至今在各国企业形态中仍然占有相当的比重。在我国,继《公司法》、《合伙企业法》实施之后,《中华人民共和国个人独资企业法》(以下简称《个人独资企业法》)已于2000年1月1日起正式实施。该法律的实施标志着我国市场经济三大基本企业形态均已确立。这一法律赋予独资企业与其他企业同等的市场主体地位。

### 一、个人独资企业的概念和特征

《个人独资企业法》第2条规定:"个人独资企业,是指依照本法在中国境内设立,由一个自然人投资,财产为投资人个人所有,投资人以其个人财产对企业债务承担无限责任的经营实体。"依该条规定,个人独资企业既不同于自然人,也不同于法人,其主要法律特征有:

1. **投资主体具有单一性**

个人独资企业仅由一个投资者出资设立,且该单一性投资主体又只能是自然人,不包括法人或其他社会团体组织。

2. **不具有法人地位**

独资企业是典型的非法人企业。按法律人格理论,民事主体人格分为自然人人格和法人人格,独资企业本身不是独立的法律主体,不具有法人人格,是非法人的经营组织。个人独资企业虽然不是法人,但能以企业的名义对外进行独立的经营活动和诉讼活动,有自己的住所。因此,理论上也可以认为个人独资企业具有法律人格的相对独立性。

3. **财产具有相对独立性**

由独资企业的非法人地位所决定,独资企业的财产由独资企业主所有,企业本身不享有所有权。但投资人的财产和用于经营的企业财产仍是有区别的,企业财产在财务制度上是相对独立于投资者的其他个人财产的。

4. 投资人承担无限责任

个人独资企业对其债务的承担上,应先以其独立的自身财产承担责任,其财产不足以清偿债务的,应由投资人以个人其他财产承担无限责任。对此,我国《个人独资企业法》第 31 条作了规定。

【思考 3-1】 结合《公司法》中的规定,分析个人独资企业与个人有限责任公司的异同点。

## 二、个人独资企业的设立条件

设立个人独资企业应当具备下列条件:

1. 投资人为一个自然人

依《个人独资企业法》第 47 条的规定,外商独资企业不适用该法,因此,个人独资企业的投资人只能是一个中国公民。此外,《个人独资企业法》第 16 条还规定:"法律、行政法规禁止从事营利性活动的人,不得作为投资人申请设立个人独资企业。"值得注意的是,中国香港、中国澳门、中国台湾的单个自然人不可成为我国个人独资企业的投资人,要参照《外资企业法实施细则》办理。

2. 有合法的企业名称

依《个人独资企业法》第 11 条和《个人独资企业登记管理办法》第 6 条的规定,个人独资企业的名称应当符合名称登记管理有关规定,并与其责任形式及从事的营业相符合。而且,个人独资企业的名称中不得使用"有限"、"有限责任"或者"公司"字样。

此外,个人独资企业名称除须遵守上述规定外,还不能违反《企业名称登记管理规定》和《关于贯彻〈企业名称登记管理规定〉有关问题的通知》等对于企业名称的相关规定。

3. 有投资人申报的出资

对于个人独资企业而言,企业的经营与投资人的责任是连为一体的。正因如此,《个人独资企业法》没有对投资者注册资金的最低限额作明确规定。但是,《个人独资企业法》明确规定,投资人申办个人独资企业,要申报出资。之所以如此规定,一是因为企业的生产经营需要企业有一定稳定独立的资金;二是将企业财产与投资人的财产加以区别,有利于计算企业生产经营成果。

值得注意的是,该出资不是注册资本,只是经营的条件,不具有对债权人给以担保的意义。

4. 有固定的生产经营场所和必要的生产经营条件

固定的生产经营场所和必要的生产经营条件是个人独资企业作为一个经营体所必须的条件。

5. 有必要的从业人员

对于个人独资企业可以聘用的员工数量,《个人独资企业法》没有限定,但只有有必要的从业人员,个人独资企业才能进行正常经营。

此外,个人独资企业设立分支机构,应当由投资人或者其委托的代理人向分支机构所在地的登记机关申请登记,领取营业执照。分支机构经核准登记后,应将登记情况报该分支机构隶属的个人独资企业的登记机关备案。

### 三、个人独资企业的解散与清算

#### (一) 个人独资企业的解散

个人独资企业有下列情况时,应当解散:(1) 投资人决定解散;(2) 投资人死亡或者被宣告死亡,无继承人或者继承人决定放弃继承;(3) 被依法吊销营业执照;(4) 法律、行政法规规定的其他情形。

#### (二) 个人独资企业的清算

在个人独资企业解散时,应依法进行清算。

1. 清算的程序

依《个人独资企业法》第27条的规定,个人独资企业解散,由投资人自行清算或者由债权人申请人民法院指定清算人进行清算。投资人自行清算的,应当在清算前15日内书面通知债权人,无法通知的,应当予以公告。债权人应当在接到通知之日起30日内,未接到通知的应当在公告之日起60日内,向投资人申报其债权。

2. 清算时的债权清偿顺序

依《个人独资企业法》第29条的规定,个人独资企业解散的,财产应当按照下列顺序清偿:(1) 所欠职工工资和社会保险费用;(2) 所欠税款;(3) 其他债务。

在上述顺序中,前一顺序没有清偿的,后一顺序不得清偿;同一顺序的,按照比例清偿;不足清偿的,由投资人以其他个人财产清偿。在未按法定顺序清偿债务前,投资人不得转移、隐匿财产。

### 四、个人独资企业的法律责任

#### (一) 投资人的无限责任

投资人对个人独资企业债务承担无限责任是个人独资企业的显著特点,也是各国和地区立法的通例。所谓无限责任,是指当个人独资企业的财产不足清偿企业债务时,投资人应以个人其他财产予以清偿。依《个人独资企业法》第18条的规定,如果投资人在申请企业设立登记时明确以其家庭共有财产作为个人出资的,还应当依法以家庭共有财产对企业债务承担无限责任。

## (二) 债权人行使权利的除斥期间

依《个人独资企业法》第 28 条的规定,个人独资企业解散后,原投资人对个人独资企业存续期间的债务仍应承担偿还责任,但债权人在 5 年内未向债务人提出偿债请求的,该责任消灭。这里的 5 年应为债权人行使权利的除斥期间。

# 第三节 合伙企业法

## 一、合伙的概念、分类及特征

### (一) 合伙的概念和分类

合伙,是指两个以上的人为了共同目标,按照协议共同出资、共同经营、共享收益、共担风险的营利性组织。合伙本身包含合伙合同和合伙企业两方面的含义,本节是在合伙企业的含义上介绍合伙。

《中华人民共和国合伙企业法》第 2 条规定:"本法所称合伙企业,是指自然人、法人和其他组织依照本法在中国境内设立的普通合伙企业和有限合伙企业"。因此在我国法律规定中,法定合伙企业的分类有普通合伙和有限合伙,其中普通合伙又有一般和特殊之分。

1. 普通合伙企业

普通合伙企业由普通合伙人组成,合伙人对合伙企业债务承担无限连带责任。法律对普通合伙人承担责任的形式有特别规定的,从其规定。企业名称中应当标明"普通合伙"字样。

普通合伙企业可以分为一般普通合伙企业和特殊的普通合伙企业。特殊的普通合伙企业是指以专门知识和技能为客户提供有偿服务的专业服务机构,这些服务机构可以设立为特殊的普通合伙企业。例如律师事务所、会计师事务所、医师事务所、设计师事务所等。特殊的普通合伙企业必须在其企业名称中标明"特殊普通合伙"字样,以区别于普通合伙企业。为了保护债权人利益,《合伙企业法》规定,特殊的普通合伙企业应当建立执业风险基金、办理职业保险。

2. 有限合伙企业

有限合伙企业是由普通合伙人和有限合伙人组成,普通合伙人对合伙企业债务承担无限连带责任,有限合伙人以其认缴的出资额为限对合伙企业债务承担有限责任的合伙企业。有限合伙企业的名称中应当标明"有限合伙"字样。

### (二) 合伙企业的法律特征

(1) 合伙企业由两人以上组成。此处的"人"可以是自然人、法人和其他组织。

(2) 合伙企业依合伙协议而成立。合伙协议是合伙人建立合伙关系,确立合人各自的权利义务,使合伙企业设立的前提,也是合伙企业进行经营活动的依据。如果没有合伙协议,合伙人之间未形成合伙关系,合伙企业便不能成立。

(3) 合伙人损益共担。合伙企业的盈利所得归合伙人共有,亏损亦由合伙人共同承担。合伙企业的利润分配、亏损分担,按照合伙协议的约定办理;合伙协议未约定或者约定不明确的,由合伙人协商决定;协商不成的,由合伙人按照实缴出资比例分配、分担;无法确定出资比例的,由合伙人平均分配、分担。合伙协议不得约定将全部利润分配给部分合伙人或者由部分合伙人承担全部亏损。

(4) 各合伙人对合伙企业承担特定的责任。其中普通合伙企业的各合伙人对合伙企业的债务均承担无限连带责任。其包括两层含义:一是当合伙企业财产不足以清偿其债务时,合伙人应以其在合伙企业出资以外的其他财产清偿债务;二是指每个合伙人对于合伙债务都负有全部清偿的义务,而合伙的债权人也有权向合伙人中的任何一人或数人要求其清偿债务的一部分或全部。当然,超过自己应承担部分而偿还对外债务的合伙人,对其他合伙人享有内部求偿权。由于合伙人对合伙企业承担的无限连带责任具有很大的风险性,合伙企业必须建立在合伙人之间高度信任的基础之上。

特殊的普通合伙企业中的普通合伙人不一定承担无限连带责任,而是看此合伙人是否对债务的形成承担责任。在执业活动中因故意或者重大过失造成合伙企业债务的,应当承担无限责任或者无限连带责任,而其他合伙人以其在合伙企业中的财产份额为限承担责任。

有限合伙企业中必须有承担无限连带责任的普通合伙人,其承担无限连带责任,其他的有限合伙人以其出资额为限承担有限责任。

## 二、合伙企业法的概念及其适用

合伙企业法是指调整合伙企业在设立、变更、活动和解散过程中所发生的社会关系的法律规范的总称。目前我国调整合伙企业各种经济关系的法律规范是2006年8月27日第十届全国人民代表大会常务委员会第二十三次会议修订的《合伙企业法》。

《合伙企业法》适用于自然人、法人和其他组织依法在中国境内设立的普通合伙企业和有限合伙企业。但国有独资公司、国有企业、上市公司以及公益性的事业单位、社会团体不得成为普通合伙人。

## 三、合伙企业设立的条件和程序

(一) 普通合伙企业的设立

1. 设立的条件

(1) 有两个以上合伙人。设立合伙企业(普通),依法必须有两个以上的合伙人,并且必须都是依法承担无限责任者。无论合伙人在合伙协议中有何约定,各合伙人对外都必须承担无限责任。

普通合伙企业设立时的合伙人是自然人的,不能是限制民事行为能力和无民事行为能力人,只能是具有完全民事行为能力的自然人。另外,法律、法规禁止从事经营的人如国家公务员、法官、检察官、警察等也不能成为合伙人。

合伙人也可以是法人或其他经济组织,但国有独资公司、国有企业、上市公司以及公益性的事业单位、社会团体不得成为普通合伙人。

依照我国《合伙企业法》第50条规定,合伙人死亡或者被依法宣告死亡的,对该合伙人在合伙企业中的财产份额享有合法继承权的继承人,依照合伙协议的约定或者经全体合伙人同意,从继承开始之日起,即取得该合伙企业的合伙人资格。合法继承人不愿意成为该合伙企业的合伙人的,合伙企业应退还其依法继承的财产份额。合法继承人为未成年人的,经其他合伙人一致同意,可以在其未成年时由监护人代行其权利。因此需要注意的是,尽管合伙企业设立时的合伙人必须是完全民事行为能力人,但合伙企业成立之后,限制民事行为能力人和无民事行为能力人也有可能成为合伙企业的合伙人。

(2) 有书面合伙协议。合伙协议是合伙人之间关于设立合伙企业和明确相互权利义务关系而签订的合同,法律规定合伙协议必须以书面形式签订。合伙协议经全体合伙人签名、盖章后生效。

(3) 有合伙人认缴或者实际缴付的出资。合伙人必须向合伙企业实际缴付合伙协议约定的出资,合伙人的出资方式有货币、实物、知识产权、土地使用权及其他财产权利。经全体合伙人协商一致,合伙人也可以以劳务、技术等出资。若以劳务出资,则只能由合伙人协商确定出资的价值。合伙人只能以其实际向合伙企业缴付的出资作为其出资份额,并据此享有权利和承担义务。

(4) 有合伙企业的名称。《合伙企业法》规定,合伙企业必须有名称。这是合伙企业取得注册登记的必备要件。合伙企业的名称应当符合《企业名称登记管理规定》的要求,即法律禁止使用的名称不能作为合伙企业的名称。

(5) 有生产经营场所和法律、行政法规规定的其他条件。

2. 设立的程序

(1) 全体合伙人在自愿、平等、公平、诚实信用原则的基础上,经过协商一致、以书面形式订立合伙协议。(2) 合伙人按照合伙协议约定的出资方式、数额和缴付期限,实际缴付出资。(3) 由全体合伙人指定的代表或者共同委托的代理人向工商行政管理部门申请设立登记。(4) 申请人提交的登记申请材料齐全、符合法定形式,企业登记机关能够当场登记的,应予当场登记,发给营业执照。

(二) 有限合伙的特别规定

(1) 有限合伙企业由两个以上五十个以下合伙人设立,法律另有规定的除外。有限合伙企业至少应当有一个普通合伙人。有限合伙企业名称中应当标明

"有限合伙"字样。

(2) 有限合伙人可以用货币、实物、知识产权、土地使用权或者其他财产权利作价出资。有限合伙人不得以劳务出资。

(3) 有限合伙人不执行合伙事务,不得对外代表有限合伙企业。合伙事务由普通合伙人执行。

(4) 有限合伙企业不得将全部利润分配给部分合伙人;有限合伙人可以同本有限合伙企业进行交易;有限合伙人可以自营或者同他人合作经营与本有限合伙企业相竞争的业务;有限合伙人可以将其在有限合伙企业中的财产份额出质;合伙协议另有约定的除外。

(5) 有限合伙人可以按照合伙协议的约定向合伙人以外的人转让其在有限合伙企业中的财产份额,但应当提前30日通知其他合伙人。新入伙的有限合伙人对入伙前有限合伙企业的债务,以其认缴的出资额为限承担责任。

【思考3-2】 A、B、C成立某有限合伙企业,A是有限合伙人,出资20万元,B、C是普通合伙人,各出资10万。一年后合伙企业严重亏损,只剩下10万元财产可供还债,还欠D银行40万元债务。

请问:D银行能否向A、B或C请求偿还40万元?

### 四、合伙事务的执行与管理

#### 合伙事务的执行方式

合伙企业是典型的人合企业,合伙人之间存在密切的人身信赖,在管理上,则要求全体合伙人共同管理。就法定权利而言,全体合伙人都享有业务执行权,合伙业务执行人的权利来源于全体合伙人的授权。法律赋予每一位合伙人平等的经营管理权,但这并不意味着合伙人必须亲自行使该权利。我国《合伙企业法》对合伙企业的事务执行作了专章规定。依相关规定,合伙企业的事务执行可分为以下三种方式:

1. **全体合伙人共同执行合伙事务**

合伙事务涉及全体合伙人利益,因此,对于重大事务,通常需要由全体合伙人共同决定。下列事项必须经全体合伙人同意:

(1) 改变合伙企业的名称。

(2) 改变合伙企业的经营范围、主要经营场所的地点。

(3) 处分合伙企业的不动产。

(4) 转让或者处分合伙企业的知识产权和其他财产权利。

(5) 以合伙企业名义为他人提供担保。

(6) 聘任合伙人以外的人担任合伙企业的经营管理人员。

2. **部分合伙人执行合伙事务**

虽然各合伙人对执行合伙企业事务享有同等权利,但也可以由合伙协议约定或者全体合伙人决定,委托一名或者数名合伙人执行合伙企业事务。如果合伙人委托一名或者数名合伙人执行合伙企业事务,其他合伙人则不再执行合伙企业事务。不参加执行事务的合伙人有权监督执行事务的合伙人,检查其执行合伙企业事务的情况。执行合伙事务的合伙人应当依照约定向其他合伙人报告事务执行情况以及合伙企业的经营状况和财务状况。

3. 合伙人分别执行合伙事务

合伙事务可根据需要和各合伙人的业务专长,分别由不同的合伙人负责执行。合伙协议约定或者经全体合伙人决定,合伙人分别执行合伙企业事务时,合伙人可以对其他合伙人执行的事务提出异议。提出异议时,应暂停该项事务的执行。如果发生争议,可由全体合伙人共同决定。被委托执行合伙企业事务的合伙人不按照合伙协议或者全体合伙人的决定执行事务的,其他合伙人可以决定撤销该委托。

【思考3-3】 甲、乙、丙三人出资成立一合伙企业,合伙协议规定:甲出资5万元,乙以劳务折价出资3万元,丙出资2万元;无论企业盈亏,丙均按月领取500元红利;企业负责人为甲,但甲不得代表企业与他人签订数额超过5万元的合同;合伙企业主要经营服装加工。企业经登记取得营业执照后成立。请回答:

(1) 合伙协议有哪些不合法之处?

(2) 甲在担任合伙企业负责人期间同时成立另一服装加工公司,且甲代表合伙企业与该公司签订一个合同,约定将合伙企业的一批加工业务转让给该公司。甲的行为有何不当之处?

(3) 甲代表合伙企业与某公司签订一份金额为10万元的合同,该合同是否有效?为什么?

## 五、入伙与退伙

### (一) 入伙(普通合伙企业)

入伙是在合伙成立后、解散前的这一段时间内,原来非合伙人申请加入合伙企业并被合伙企业接纳,从而取得合伙人身份的法律行为。

1. 入伙的条件和程序

依《合伙企业法》的规定,合伙企业接纳他人入伙应当经全体合伙人同意,签订书面入伙协议,并向新入伙的合伙人告知原合伙企业的经营状况和财务状况。此外,合伙企业登记事项因退伙、入伙、合伙协议修改等发生变更需要重新登记。

新合伙人入伙时的程序一般可以概括为:经全体合伙人同意;订立书面入伙协议;向企业登记机关办理变更登记手续。

2. 入伙的效力

除非入伙协议另有约定,新合伙人与原合伙人享有同等权利,承担同等责任。因此,除非入伙协议另有约定,新入伙人与原合伙人一样享有合伙企业事务经营执行权、合伙企业事务决定权、合伙企业经营的监督权及盈余分配权等权利,同时也应履行出资、竞业禁止、分担亏损等义务。

新入伙人对于入伙之后合伙企业所负担的债务,应与其他合伙人一样承担连带责任,新合伙人对入伙前合伙企业的债务承担无限连带责任。

### (二) 退伙及类型

退伙,是指在合伙企业存续期间,已取得合伙人身份的合伙人退出合伙企业,丧失合伙人资格,引起合伙企业终止或变更的法律事实。

根据退伙发生的原因不同,可以将退伙分为当然退伙、除名与自愿退伙。

1. 当然退伙

当然退伙是指基于法律的直接规定而丧失合伙人资格,即一旦某合伙人的行为符合法定的条件或者其在合伙期间出现了法律规定的某种特殊情况,该合伙人即丧失继续作为该合伙企业合伙人的资格。合伙人有下列情形之一的,当然退伙。

(1) 作为合伙人的自然人死亡或者被依法宣告死亡。合伙人死亡或被依法宣告死亡时,其主体资格丧失,当然失去其作为合伙人的资格。值得注意的是,依《合伙企业法》第51条的规定,如果依合伙协议约定或者经全体合伙人同意,由该合伙人的继承人继承其合伙人资格的,其继承人从继承开始之日起,即取得该合伙企业的合伙人资格;如果死亡合伙人的合法继承人为未成年人的,经其他合伙人一致同意可以在其未成年时由监护人代行其权利。

(2) 个人丧失偿债能力。

(3) 作为合伙人的法人或者其他组织依法被吊销营业执照、责令关闭、撤销,或者被宣告破产。

(4) 法律规定或者合伙协议约定合伙人必须具有相关资格而丧失该资格。

(5) 合伙人在合伙企业中的全部财产份额被人民法院强制执行。

2. 除名

合伙人有下列情形之一的,经其他合伙人一致同意,可以决议将其除名:(1) 未履行出资义务;(2) 因故意或者重大过失给合伙企业造成损失;(3) 执行合伙事务时有不正当行为;(4) 发生除名合伙协议约定的事由。

对合伙人的除名决议应当书面通知被除名人。被除名人接到除名通知之日,除名生效,被除名人退伙。

3. 自愿退伙

自愿退伙是指各合伙人可以在合伙协议中就退伙的条件、盈余分配及债务的负担等问题通过协商作出约定,一旦情形符合,退伙即告成立。

合伙协议约定合伙期限的,在合伙企业存续期间,有下列情形之一的,合伙人可以退伙:(1) 合伙协议约定的退伙事由出现;(2) 经全体合伙人一致同意;(3) 发生合伙人难以继续参加合伙的事由;(4) 其他合伙人严重违反合伙协议约定的义务。

### （三）退伙的效力

（1）对退伙者本人而言，退伙使其合伙人身份归于消失，失去共有人的资格。

（2）对合伙企业财产而言，退伙将导致部分出资的返还、盈余部分的分配或亏损的负担。

（3）对其他合伙人而言，退伙涉及合伙企业是否继续存在及是否要求退伙人承担赔偿责任的问题。

（4）对合伙企业的债权人而言，一人退伙即意味着减少了一个债务担保人和一份担保财产。

【思考3-4】 甲、乙、丙、丁为某合伙企业的合伙人，现出现如下情况：(1)甲死亡，戊为其继承人；(2)乙因吸毒，已耗尽家财；(3)丙在执行合伙事务中有贪污企业财产的行为。依照法律规定，以下判断中正确的是哪项？（　　　）

A. 乙当然退伙
B. 在乙退伙后，经丙、丁同意，戊可以成为合伙人
C. 戊若成为合伙人，丁戊可以劝丙退伙，但无权将其除名
D. 若戊成为合伙人，可以和丁一起决定将丙除名

【思考3-5】 2008年元月，甲、乙、丙共同设立一合伙企业。合伙协议约定：甲以现金5万元出资，乙以房屋作价8万元出资，丙以劳务作价4万元出资；各合伙人按相同比例分配盈利，分担亏损。合伙企业成立后，为扩大经营，于2008年6月向银行贷款5万元，期限一年。同年8月，甲提出退伙，鉴于当时企业盈利，乙、丙表示同意，同月，甲办理了退伙结算手续。同年9月，丁入伙。此后，因经营环境变化，企业严重亏损。2009年5月，乙、丙、丁决定解散合伙企业，并将企业现有财产3万元予以分配，但对未到期的银行贷款未予清偿。同年6月，银行贷款到期后，银行发现该企业已解散，遂分别向甲、乙、丙、丁要求偿还全部贷款。甲称自己已退伙，不负责清偿债务。乙表示只能按照合伙协议约定的比例清偿相应数额。丙表示自己是以劳务出资的，不承担偿还贷款义务。丁称该贷款是在自己入伙前发生的，故不负责清偿。根据以上事实，请回答：

（1）甲、乙、丙、丁各自的主张能否成立？说明理由。
（2）合伙企业所欠银行贷款应如何清偿？

### 六、合伙企业的解散与清算

#### （一）合伙企业解散的原因

合伙企业解散是指由于法律规定的原因或者当事人约定的原因而使合伙人之间的合伙协议终止、合伙企业的事业终结，全体合伙人的合伙关系归于消灭。

依我国《合伙企业法》第85条的规定，合伙企业在发生下列情形之一时应当解散：

(1) 合伙协议约定的经营期限届满,合伙人不愿继续经营。
(2) 合伙协议约定的解散事由出现。
(3) 全体合伙人决定解散。
(4) 合伙人已不具备法定人数满 30 天。
(5) 合伙协议约定的合伙目的已经实现或者无法实现。
(6) 合伙企业的营业执照被依法吊销。
(7) 法律、行政法规规定的其他原因。

(二) 合伙企业的清算

清算即清理合伙企业尚未了结的事务,最终结束合伙企业所有法律关系,使合伙企业归于消灭,如清理资产、收取债权、清偿债务、退还出资及分配剩余财产等。

1. 执行清算人的确定

我国《合伙企业法》第 86 条规定了四种在合伙企业解散后确定清算人的方式:

(1) 清算人一般由全体合伙人担任。
(2) 在未能由全体合伙人担任清算人时,经全体合伙人过半数同意,可以自合伙企业解散后 15 日内指定一名或数名合伙人担任清算人。
(3) 经全体合伙人过半数同意,在合伙企业解散后 15 日内委托第三人担任清算人。
(4) 合伙企业解散后 15 日内未确定清算人的,合伙人或者其他利害关系人可以申请由人民法院指定清算人。

2. 清算人的职责

各国或地区的法律多对清算人的职责作出规定。我国《合伙企业法》第 60 条也规定了清算人的职责:清理合伙企业财产,分别编制资产负债表和财产清单;处理与清算有关的合伙企业未了结事务;清缴所欠税款;清理债权、债务;处理合伙企业清偿债务后的剩余财产;结束清算,办理合伙企业注销登记;代表合伙企业参与民事诉讼活动等。

3. 清算后清偿债务的原则

依相关法律的规定,可以将合伙企业清算后清偿债务的一般原则概括如下:

(1) 根据企业解散清偿债务的一般原则,合伙企业因解散而清偿债务的,如有未到期的债务,应视为已到期;处于诉讼中的债务,应保留偿还债务的财产份额,待诉讼完结后处理。
(2) 清算人在清理完毕合伙企业财产后,应依一定的顺序清偿债务。清偿顺序如下:支付清算费用;支付合伙企业所欠职工工资和劳动保险费用;支付合伙企业所欠税款;支付合伙企业的债务;返还合伙人的出资。
(3) 合伙企业财产不足以清偿全部债务的,由各合伙人依合伙协议约定的损益分担比例以个人财产清偿;合伙协议没有约定的,依合伙人出资比例承担;没有出资比例的,平均分担。

(4) 合伙企业解散后,原合伙人对合伙企业存续期间的债务仍应承担连带责任,但债权人在 5 年内未向债务人提出偿债请求的,该责任消灭。

## 第四节 中外合资经营企业法

### 一、外商投资企业概念及种类

外商投资企业,是指在中国境内依据中国法律设立的,由中国投资者和外国投资者或完全由外国投资者投资的企业。外商投资企业又称"三资企业",即中外合资经营企业、中外合作经营企业、外商独资企业。中外合作经营企业,是外国公司、企业、其他经济组织或个人同中国的公司、企业或其他经济组织,依照中国法律,设在中国境内,由双方通过合作经营企业合同约定权利义务的企业。外商独资企业,是指外国的公司、企业、其他经济组织或者个人,依照中国法律在中国境内设立的全部资本由外国投资者投资的企业。本节主要介绍中外合资经营企业相关法律规定。

### 二、中外合资经营企业的概念和特征

#### (一) 中外合资经营企业的概念

中外合资经营企业是指外国公司、企业和其他经济组织或个人与中国公司、企业或其他经济组织,依照中国有关法律在中国境内设立的,由双方共同投资、共同经营、共负盈亏、按投资的比例分配利润、分担风险的企业。属于典型的外商投资企业。

#### (二) 中外合资经营企业的特征

(1) 合营企业主体一方为中国的公司企业或其他经济组织,另一方为外国的公司企业或其他经济组织和个人。

(2) 在中国境内,按中国法律规定取得法人资格,为中国法人。必须遵守中国法律、法规。

(3) 是有限责任公司。

(4) 合营各方遵照平等互利原则,共同出资、共同经营、按各方出资比例分享利润、分担风险和亏损。

### 三、中外合资经营企业的设立

#### (一) 中外合资经营企业设立的前提条件

(1) 促进中国经济的发展和科学技术水平的提高,有利于社会主义现代化建设。

(2) 注重经济效益,符合下列一项或数项要求:① 采用先进技术设备和科学管理方法,能增加产品品种,提高产品质量和产量,节约能源和材料;② 有利于企业技术改造,能做到投资少、见效快、收益大;③ 能扩大产品出口,增加外汇收入;④ 能培训技术人员和经营管理人员。

### (二)设立的程序

(1) 由中国合营者向企业主管部门呈报拟与外国合营者设立合营企业的项目建议书和初步可行性研究报告。该建议书与初步可行性研究报告,经企业主管部门审查同意并转报审批机构批准后,合营各方才能进行以可行性研究为中心的各项工作,在此基础上商签合营企业协议、合同、章程。

(2) 必须经中华人民共和国商务部审查批准。

(3) 申请者应在收到批准证书后一个月内,按《中华人民共和国中外合资经营企业登记管理办法》的规定,凭批准证书向合营企业所在地的省、自治区、直辖市工商行政管理局(以下简称登记管理机构)办理登记手续,合营企业的营业执照签发日期,即为该合营企业的成立日期。

## 四、中外合资经营企业的出资、注册资本、组织形式

### (一)中外合资经营企业注册资本

根据规定,合营企业的注册资本,是指为了设立合营企业在登记管理机构登记的资本总额,应为合营各方认缴的出资额之和。在投资比例上,要求外国合营者出资比例不低于25%。

国家工商行政管理局对外商投资企业的投资总额与注册资本之间的比例规定如下:

(1) 外商投资企业的投资总额在300万美元以下(含300万美元)的,其注册资本至少应占投资总额的70%;

(2) 外商投资企业的投资总额在300万美元至1 000万美元(含1 000万美元)的,其注册资本至少应占投资总额的50%,其中投资总额在420万美元以下的,注册资本不得低于210万美元;

(3) 外商投资企业的投资总额在1 000万美元至3 000万美元(含3 000万美元)的,其注册资本至少应占投资总额的40%,其中投资总额在1 250万美元以下的,注册资本不得低于500万美元;

(4) 外商投资企业的投资总额在3 000万美元以上的,其注册资本至少应占投资总额的1/3,其中投资总额在3 600万美元以下的,注册资本不得低于1 200万美元。

### (二)中外合资经营企业出资方式

一是以货币出资,即以现金出资;二是以实物出资,即以建筑物、厂房、机器设

备或其他物料作价出资;三是以工业产权、专有技术出资,即以无形财产出资;四是中方可以用土地使用权作价出资。以实物、工业产权、专有技术、土地使用权出资的,其作价由合营各方按照公平合理的原则协商确定或由合营各方同意的第三人进行评估确定。

(三)中外合资经营企业出资期限

合同规定一次缴清出资的,应从营业执照签发之日起 6 个月内缴清;合同规定分期缴付出资的,合营各方第一期出资,不得低于出资额的 15%,并在营业执照签发之日起 3 个月内缴清全部出资。

(四)中外合资经营企业的组织形式

中外合资经营企业只能是有限责任公司,合营各方对合营企业的责任以各自认缴的出资额为限。

### 五、中外合资经营企业的组织机构

合营企业设董事会,其人数、组成由合营各方协商确定,并由合营各方委派和撤换。董事长和副董事长由合营各方协商确定或由董事会选举产生。中外合营者的一方担任董事长的,由他方担任副董事长。董事会根据平等互利的原则,决定合营企业的重大问题。

董事会每年至少召开一次董事会会议。经 1/3 以上董事提议,可以召开临时会议。董事会讨论决定合营企业的一切重大问题:企业发展规划、生产经营活动方案、收支预算、利润分配、劳动工资计划、停业,以及总经理、副总经理、总工程师、总会计师、审计师的任命或聘请及其职权和待遇等。

董事的任期为四年,经合营各方继续委派可以连任。

### 六、中外合资企业的合营期限

根据 1990 年 10 月 22 日外经贸部(现商务部)颁布的《中外合资经营企业合营期限暂行规定》,举办中外合资经营企业,属于国家规定鼓励和允许投资项目的,合营各方在一般情况下可以在合同中约定合营期限,也可以不约定合营期限。

但是属于下列行业或者情况的,合营各方应当依照国家有关法律、法规的规定,在合营合同中约定合营期限:(1)服务性行业的,如饭店、公寓、写字楼、娱乐、饮食、出租汽车、彩扩洗相、维修、咨询等;(2)从事土地开发及经营房地产的;(3)从事资源勘查开发的;(4)国家规定限制投资项目的;(5)国家其他法律、法规规定需要约定合营期限的。

合营企业的合营期限,按不同行业、不同情况,作不同的约定。有的行业的合营企业,应当约定合营期限;有的行业的合营企业,可以约定合营期限,也可以不约定合营期限。约定合营期限的合营企业,合营各方同意延长合营期限的,应在距合营期满 6 个月前向审查批准机关提出申请。审查批准机关应自接到申请之日起一个月内决定批准或不批准。

> **小提示**
>
> 合作经营企业与合资经营企业的区别主要有：(1) 企业性质和法律地位不同；(2) 投资方式不同；(3) 资本回收方式不同；(4) 管理方式不同；(5) 利润分配方式不同；(6) 企业结束时对企业剩余财产的处理不同。

【思考 3-6】 下面是一份待签的中外合资经营企业合同的部分条款：

第二条 甲（为中方）、乙（为外方）双方根据《中华人民共和国中外合资经营企业法》和中国的其他有关法规，同意在中国境内建立合资经营酒店，其组织形式为股份有限公司（以下简称合营公司）。

第二十五条 董事会由 7 名董事组成，其中甲方委托 4 名，乙方委托 3 名。董事长和副董事长由董事会选举产生，不拘任何一方。

第三十六条 合营公司按有关法律和条例规定缴纳各项税金。

第四十三条 对本合同的修改，经董事会一致通过决议后即生效。

第四十四条 本合同的订立、效力、解释、执行及争议的解决，可以适用中国法律，也可以适用外国法律。

第四十五条 合营公司的期限不作约定，由双方根据经营状况另行协议。

试分析：上述合同条款中的哪些约定不合法？应如何修改？

## 引例点评

债权人以甲、乙和丙为被告，向人民法院起诉要求三被告清偿其全部债务的做法是正确的。

本案主要涉及合伙企业债务清偿及合伙人对入伙前的债务承担责任的问题。合伙企业法规定，合伙企业对其债务，应先以其全部财产进行清偿。合伙企业财产不足清偿到期债务的，各合伙人应当承担无限连带清偿责任。合伙人可以在合伙协议中约定债务分担的比例，合伙人之间债务分担的比例，对债权人没有约束力。

债权人可以根据自己的清偿利益，请求所有合伙人当中的一个或几个合伙人清偿其全部债务。合伙人由于承担连带责任，所清偿数额超过其应当承担的数额时，有权向其他合伙人追偿。订立入伙协议时，原合伙人应当向新合伙人告知原合伙企业的经营状况和财务状况。入伙的新合伙人与原合伙人享有同等的权利，承担同等的责任。入伙的新合伙人对入伙前合伙企业的债务承担连带责任。

## 能力训练题

### 一、单项选择题

1. 在中外合资经营企业的注册资本中,外国合营者的投资比例一般不低于( )。
   A. 25%  B. 30%  C. 49%  D. 51%

2. 某外国企业与一中国企业共同设立一中外合资经营企业。合营合同约定,外方出资 800 万美元,出资分三期缴付。外方第一期应缴付的最低出资额为( )。
   A. 80 万美元  B. 120 万美元  C. 200 万美元  D. 400 万美元

3. 中外合资经营企业的组织形式为( )。
   A. 有限责任公司  B. 无限责任公司  C. 合伙企业  D. 两合公司

4. 合伙企业解散后,如果债权人在( )时间内没有向债务人提出偿债要求,则债务人的清偿责任归于消灭。
   A. 1 年  B. 5 年  C. 2 年  D. 3 年

5. 外国投资者的下列出资方式中,不符合中外合资经营企业法律制度有关规定的是( )。
   A. 以机器设备出资
   B. 以工业产权出资
   C. 以已作质物的专利权出资
   D. 以外币出资

6. 个人独资企业( )。
   A. 是法人企业
   B. 是非法人企业
   C. 不能从事民事活动
   D. 不是独立的民事主体

7. 普通合伙的合伙人对合伙企业的债务承担( )。
   A. 有限责任  B. 无限责任  C. 连带责任  D. 无限连带责任

8. 合伙人于某丧失个人偿债能力,这种退伙属于( )。
   A. 自愿退伙  B. 通知退伙  C. 当然退伙  D. 协议退伙

9. 中外合资经营企业的最高权力机构是( )。
   A. 董事会  B. 股东会  C. 监事会  D. 职工代表大会

### 二、多项选择题

1. 我国私营企业分为( )。
   A. 私营独资企业
   B. 私营合伙企业
   C. 私营股份有限公司
   D. 私营有限责任公司
   E. 私营两合公司

2. 中外合资经营企业合营各方的出资方式包括( )。
   A. 货币  B. 工业产权  C. 机器设备

D. 土地所有权　　　　　E. 劳务

3. 中外合作经营企业的组织管理形式主要有（　　）。

A. 董事会管理制　　　B. 联合管理制　　　C. 委托管理制

D. 代理管理制　　　　E. 总经理管理制

4. 合伙企业进行（　　），必须经全体合伙人的同意。

A. 处分合伙企业的不动产

B. 转让或者处分合伙企业的知识产权和其他财产权利

C. 以合伙企业名义为他人提供担保

D. 聘任合伙人以外的人担任合伙企业的经营管理人员

E. 某合伙人退伙

5. 下列各项中，关于普通合伙企业与有限合伙企业法律规定不同的表述，正确的有（　　）。

A. 普通合伙人可以劳务出资，但有限合伙人不可以劳务出资，但可分期缴纳出资

B. 普通合伙人不得自营或者同他人合作经营与本合伙企业相竞争的业务，但有限合伙人在合伙协议未作约定的情况下可以

C. 普通合伙人向合伙人以外的人转让其在合伙企业中的财产份额，须经全体合伙人一致同意，但有限合伙人可以按照合伙协议的约定提前30日通知其他合伙人转让

D. 普通合伙人个人丧失偿债能力的，当然退伙，但有限合伙人不因个人丧失偿债能力而当然退伙

6. 根据中外合资经营企业法律制度的规定，下列有关合营企业董事长产生方式的表述中，正确的有（　　）。

A. 合营企业的董事长既可以由中方担任，也可以由外方担任

B. 合营企业的董事长必须由出资最多的一方担任

C. 合营企业的董事长由合营各方协商确定或者由董事会选举产生

D. 合营企业的董事长由一方担任的，副董事长必须由他方担任

7. 中外合资经营企业的出资方式有（　　）。

A. 现金　　　B. 实物　　　C. 场地使用权　　　D. 信用

8. 我国目前的外商投资企业主要有（　　）。

A. 中外合资经营企业　　　B. 中外合作经营企业

C. 外资企业　　　　　　　D. 外国企业

### 三、问答题

1. 企业的种类有哪些？

2. 简述个人独资企业设立的条件。

3. 个人独资企业清算时的财产清偿顺序是怎样规定的？

4. 普通合伙企业设立的条件是什么?
5. 合伙企业法对于入伙与退伙有哪些规定?
6. 有限合伙企业的特殊之处有哪些?
7. 合伙企业在哪些情形之下应当解散?
8. 简述中外合资经营企业的出资、注册资本、组织形式的相关规定。

## 四、案例分析题

1. 案情：张某、李某、王某、马某四人商议设立一合伙企业，并签订了合伙协议。协议约定张某、李某、王某每人出资10万元或相当于10万元价值的实物，经其他三人同意，马某以劳务作价10万元出资。合伙协议还约定了由张某和马某执行合伙企业事务，对外代表合伙企业，但签订买卖合同应经其他合伙人同意，李某和王某不再执行合伙企业事务。合伙企业设立后，张某擅自以合伙企业的名义与甲公司签订了买卖合同。由于超过了合同规定期限合伙企业还没有交货，甲公司派人交涉，方知合同的签订未经其他合伙人同意。合伙企业以此为由拒绝了甲公司赔偿损失的要求。王某个人在与刘某进行经济往来时，发生了债务。刘某便向法院起诉，胜诉后又向人民法院申请强制执行。当法院执行王某在合伙企业中财产份额时，张某、李某、马某均表示放弃优先受让权，于是法院便将王某在合伙企业中的财产份额执行给了刘某。

请回答：

(1) 张某、李某、王某和马某的出资方式是否符合《合伙企业法》的规定？为什么？

(2) 合伙企业可否接受甲公司的索赔要求？为什么？

(3) 法院强制执行王某的财产后，王某是否应退伙？

(4) 当法院将王某在合伙企业中的财产份额执行给了刘某后，刘某是否当然成为新的合伙人？

2. 案情：2007年1月15日，甲出资5万元设立A个人独资企业，甲聘请乙管理A企业事务，同时规定，凡乙对外签订的标的超过1万元以上的合同须经甲同意。2007年2月10日，乙未经甲同意以A企业的名义向善意第三人丙购买价值20 000元的货物。2007年7月4日，A企业亏损，不能支付到期的丁的债务，甲决定解散A企业，并请求法院指定清算人。7月10日，人民法院指定戊作为清算人对A企业进行清算。

经查，A企业和甲的资产及债权债务情况如下：企业欠缴税款2 000元，欠乙工资5 000元，欠社会保险费5 000元，欠丁100 000元；A企业的银行存款10 000元，实物折价80 000元；甲个人其他可执行的财产价值20 000元。

请回答：

(1) 乙于2月10日以A企业的名义向丙购入价值20 000元的货物行为是否有效？并说明理由。

(2) 试述 A 企业的财产清偿顺序。
(3) 如何满足丁的债权请求?

实 训

【目标】

在掌握《合伙企业法》知识的基础上,学生能够运用《合伙企业法》的有关规定,起草合伙协议,正确表达合伙的意图,明确合伙协议必须载明的事项,加深对《合伙企业法》的理解和实际操作能力。提高理解和运用《合伙企业法》的能力;较好地掌握《合伙企业法》中有关合伙协议的内容;提高学生的书面表达能力。

【项目】

根据所给材料起草一份合伙协议。

某高校有 5 位大四学生共同讨论商定,准备在毕业后自主创业,办一家经营快餐业务的合伙企业。其中,甲同学提出可以出现金 6 万元,乙同学说可以将家中两间门面房用于开店,丙同学和丁同学承诺各出 5 000 元,戊同学说:"我没有钱,但是学过烹饪技术,有三级厨师证,我用技术出资。"请你为他们起草一份合伙协议。

# 第四章　企业破产法

## 学习目标

知识:
1. 理解破产、破产法的概念,了解破产法的适用范围、破产原因等破产法基本知识;
2. 了解企业破产申请和受理、债务人财产管理的法律规定;
3. 理解债权申报和债权人会议制度;
4. 了解企业重整、和解等相关制度;
5. 理解破产清算的主要规定。

技能:
1. 熟悉企业破产法律事务;
2. 能够协调企业破产的各种法律关系;
3. 能够利用企业破产法维护债权人利益。

素养:
1. 培养风险共担、分配正义的观念;
2. 增强合理分配损失意识。

## 案例导入

甲公司是一小型国有企业,因经营不善,不能清偿到期债务,向所在地人民法院提出破产申请。经查,企业现有财产:(1)属于企业的实物、现金等50万元;(2)一办公小楼价值120万元已作为100万元贷款抵押;(3)作为联营一方投入其他企业30万元;(4)他人欠该企业货款40万元。在债务方面:(1)欠银行贷款100万元及利息30万元;(2)欠税款60万元;(3)欠其他企业货款300万元;(4)欠职工工资15万元。

## 问题引入

1. 企业被宣告破产的界限是什么?该公司能否自己提出破产申请?

2. 该公司所在地人民法院能否审理该破产案件？
3. 哪些属于破产财产？
4. 该案债务如何清偿？

# 第一节　认识破产及破产法

## 一、破产和破产法

### （一）破产

通常而言，破产一词有两种含义：一是指事实状态，二是指法律程序。第一种含义上的破产，一般是指债务人不能清偿到期债务或者资产不抵负债的客观事实状态，它是债务人经济状况的客观反映；第二种含义上的破产，是指在上述事实状态下，法院处理债务人债务清偿问题所依法适用的一种特别的程序。两种含义在逻辑上是因果关系，事实状态是破产原因，法律程序则为破产程序，破产原因的存在是适用破产程序的条件。破产法上的破产是第二种意义上的破产，是一种特别的法律程序。

作为法律程序意义上的破产，是一个发展的概念。传统的破产程序，是在存在破产原因的情况下，由法院介入的，以清算为主要内容的，旨在公平对待债权人的一种特别法律程序。这也是狭义上的破产概念，即破产清算程序，其所构筑的是一种偿债秩序，具有总括强制执行程序的特征，其结果是债务人倒闭清算，债权人得到公平清偿。现代的破产程序，不限于对债权人利益的保护，也侧重对债务人的拯救，因此，除了破产清算程序以外，还包括和解、重整等再建型程序。破产法上的破产是现代意义上的破产，也是广义上的破产概念。

因此，现代破产法上的破产，是指在债务人清偿不能或资不抵债的情形下，所适用的旨在公平清理债权债务或者兼顾拯救困境企业的特别法律程序。它一般包括清算、和解、重整三种法律程序。破产程序中的基本主体是债务人、债权人和法院。

### （二）破产法

破产法是调整破产关系的法律规范的总和。具体而言，破产法是规定在债务人不能清偿到期债务或负债超过资产时，由法院强制执行其全部财产，公平清偿全体债权人；或者在法院主持下，由债务人与债权人会议达成和解协议；或对企业进行重整，以避免债务人倒闭清算的法律制度。

从破产法的基本内容看，既包括保障公平清理债权债务的清算程序，也包括旨在拯救困境企业的重整、和解程序。因此，破产法是债务清偿法和企业拯救法的结合。

从破产法的规范性质看,既包括规定破产原因、破产财产、破产费用、破产债权、破产抵销权、取回权、别除权、追回权等的实体性规范,也包括规定破产申请和受理、债权申报、债权人会议、和解、重整、破产宣告、破产财产变价和分配、破产程序终结等的程序性规范。因此,破产法是实体法与程序法的结合。

破产法的制度价值在于:(1)保护债权人。由于破产的债务人处于经济恶化的状态,如果债权人通过民事诉讼的执行程序个别受清偿,那么就会使一部分债权人的债权获满足,而另一部分债权人的债权落空。破产法则根据债权人平等原则,使所有债权人的债权在破产程序中都成为破产债权,而不论其债权额的大小、清偿期限的先后,均平等地按比例公平受偿。这样,既保护了各债权人的债权,又避免了债权人与债务人、债权人与债权人之间可能发生的纷争。(2)救济债务人。通过破产程序,债务人一方面可以免去债权人的个别追诉和个别执行的烦恼和费用,另一方面由于执行破产程序后,债务人的财产成为破产财产而由清算组管理,债务人除尽说明义务外,不再有管理自己财产的义务,这样,债务人可以另图发展。而且,在破产程序终结后,对剩余债务不再负清偿责任,可以为债务人今后的发展免除后顾之忧。(3)保障社会安定。社会经济的发展、社会的分工,使企业之间在经营上存有相互依赖的关系,若某个企业资不抵债而又无破产程序去清理其负债,势必会给经济运行带来负面影响。而破产法则可以维护债务清偿秩序,保障社会安定,同时,使社会资源更多地满足新的、有活力的经济增长的需要,使债权人的债权得以实现,有助于资金周转、交易的实现,有助于整个社会经济的发展。

我国现行的破产法律制度,以《中华人民共和国企业破产法》为主要内容,其立法宗旨是规范企业破产程序,公平清理债权债务,保护债权人和债务人的合法权益,维护社会主义市场经济秩序。

## 二、破产法的适用范围

破产法的适用范围,即破产法对哪些主体适用,关涉哪些主体具有破产能力。

根据我国《企业破产法》第2条的规定,所有的企业法人,不论其所有制性质,均具有破产能力,均可依照《企业破产法》的规定清理债务或进行重整。因此,我国企业破产法所调整的破产关系不包括合伙企业和个人独资企业等非法人企业破产、事业单位法人破产、个人破产、个人消费信贷破产等。

商业银行、证券公司、保险公司等金融机构是企业法人,因此其破产也适用《企业破产法》。但由于金融机构与一般企业法人在财产、经营以及影响方面均有较大不同,因此我国《企业破产法》对金融机构破产有特别的规定:(1)破产清算或重整的申请人为国务院金融监管机构;(2)金融监管机构依法对出现重大经营风险的金融机构采取接管、托管等措施的,可以向人民法院申请中止以该金融机构为被告或者被执行人的民事诉讼程序或者执行程序;(3)金融机构实施破产的,国务院可以依据《企业破产法》和其他有关法律的规定制定实施办法。

我国《企业破产法》第 135 条规定,其他法律规定企业法人以外的组织的清算,属于破产清算的,参照适用本法规定的程序。另外,破产案件审理程序,《企业破产法》没有规定的,适用民事诉讼法的有关规定。

### 三、破产原因

破产原因也称破产界限,是适用破产程序所依据的特定法律事实。破产原因是破产程序启动的实质性要件,法律规定破产原因的意义在于可以明确适用破产程序解决债权债务纠纷的条件,也能够有效防止欺诈性的破产和恶意的破产申请。

根据我国《企业破产法》第 2 条的规定,企业法人的破产原因主要包括以下两组事实:一是企业法人不能清偿到期债务,并且资产不足以清偿全部债务;二是不能清偿到期债务,并且明显缺乏清偿能力。上述两组情况只要存在一组,均可成为申请破产清算、重整或和解的法律依据。此外,因为重整程序旨在挽救困境企业,所以申请重整的原因较申请破产清算、和解的原因更为宽泛,当企业法人有明显丧失清偿能力的可能时,就可以申请对其重整。

因为一般情况下债权人难以了解和证明债务人的资产负债或清偿能力的情况,根据我国《企业破产法》第 7 条第 2 款的规定,债务人不能清偿到期债务,债权人可以向人民法院提出对债务人进行重整或者破产清算的申请。但对此申请,人民法院应根据《企业破产法》第 2 条规定的破产原因进行审查,决定是否予以受理。

【思考 4-1】 2008 年 12 月下旬,某机械配件厂与某销售公司发生合同纠纷。因资金周转困难,销售公司无法按期归还配件厂 9 万元的货款。机械配件厂厂长提出:如果销售公司不按期归还货款,将向法院申请宣告销售公司资不抵债而破产,让销售公司在法院的破产公告中出丑。想以贬低商业信誉的方式来要挟销售公司。如果机械配件厂到法院提出宣告销售公司破产申请时,法院是否应予受理?

### 四、破产案件的管辖

#### (一)地域管辖

破产案件由债务人住所地人民法院管辖。所谓债务人住所地,根据最高人民法院的司法解释,是指债务人的主要办事机构所在地。债务人无办事机构的,由其注册地人民法院管辖。

#### (二)级别管辖

根据最高人民法院的司法解释,基层人民法院一般管辖县、县级市或者区的工商行政管理机关核准登记企业的破产案件,中级人民法院一般管辖地区、地级市(含本级)以上工商行政管理机关核准登记企业的破产案件。

## 五、破产程序的境外效力

破产程序的境外效力也称域外效力,对此存在两种主张:一是属地主义,二是普及主义。属地主义主张一国境内的破产程序仅对债务人的境内财产发生效力,对境外的财产则不发生效力;同样,境外的破产程序也不对债务人在境内的财产发生效力。普及主义则主张承认境内破产程序的境外效力和境外破产程序的境内效力,以便更好地保护债权人的利益。我国《企业破产法》采取了有限的普及主义原则。

我国《企业破产法》第5条规定,依照本法开始的破产程序,对债务人在我国领域外的财产发生效力。对外国法院作出的发生法律效力的破产案件的判决、裁定,涉及债务人在中华人民共和国领域内的财产,申请或者请求人民法院承认和执行的,人民法院依照中华人民共和国缔结或者参加的国际条约,或者按照互惠原则进行审查,认为不违反中华人民共和国法律的基本原则,不损害国家主权、安全和社会公共利益,不损害中华人民共和国领域内债权人的合法权益的,裁定承认和执行。

【思考 4-2】 广东国投系在广东省工商局登记设立的公司,注册资本 12 亿元,因资不抵债 146.9 亿元而破产。其下属全资和控股子公司 240 多家,全资子公司 29 家,其中在广州和深圳工商局登记的广信企业发展公司、广东国际租赁公司和广东国投深圳公司,也具备破产事由。母公司破产虽应由广州市中院管辖,鉴于该案有境内外债权人近 500 名,境外债权占 80%,涉及美国、日本、瑞士等十多个国家和香港地区,该案应该由哪个法院管辖?

# 第二节 破产申请和受理

## 一、破产申请

破产申请是破产申请人请求法院受理破产案件的意思表示,这是破产程序开始的条件。破产申请人的资格、申请的形式等都由法律规定。

### (一)破产申请人

破产申请人包括:(1)债权人。我国《企业破产法》第7条第2款规定,债务人不能清偿到期债务,债权人可以向人民法院提出对债务人进行重整或者破产清算的申请。(2)债务人。我国《企业破产法》第7条第1款规定,债务人有本法第2条规定的情形,可以向人民法院提出重整、和解或者破产清算申请。(3)对债务人负有清算责任的人。我国《企业破产法》第7条第3款规定,企业法人已解散但未清算或者未清算完毕,资产不足以清偿债务的,依法负有清算责任的人应当向人民法院申请破产清算。(4) 金融监管机构。我国《企业破产法》第 134 条规定,商业银行、证券公司、保险公司等金融机构有本法第 2 条规定情形的,国务院金融监督管理机构可以向人民法院提出对该金融机构进行重整或者破产清算的申请。

（二）破产申请的形式

破产申请应当以书面形式向人民法院提出,应当提交破产申请书和有关证据。破产申请书应当载明下列事项:(1) 申请人、被申请人的基本情况;(2) 申请目的;(3) 申请的事实和理由;(4) 人民法院认为应当载明的其他事项。债务人提出申请的,还应当向人民法院提交财产状况说明、债务清册、债权清册、有关财务会计报告、职工安置预案以及职工工资的支付和社会保险费用的缴纳情况。

（三）破产申请的撤回

人民法院受理破产申请前,申请人可以请求撤回申请。

## 二、破产案件的受理

破产案件的受理,又称立案,是指人民法院对于破产申请审查后,认为申请符合法定条件而予以接受,并由此启动破产程序的司法行为。由于破产程序的开始会产生相应的法律效力,因此法院对于破产申请要进行审查后方可作出受理的裁定。

（一）对破产申请的审查

人民法院对破产案件是否符合破产条件的判定,包括形式审查和实质审查两个方面。形式审查包括:(1) 接受申请的人民法院是否有管辖权;(2) 申请人是否具备申请资格;(3) 被申请人是否属于破产法适用的主体,即债务人是否具备破产能力;(4) 申请材料是否符合法律规定。

实质审查的内容主要是债务人是否具备法律规定的破产原因。在受理阶段,人民法院无法对债务人的情况进行深入的调查,因此这里的实质审查只能是初步的审查。

（二）破产案件的裁定受理

人民法院对破产案件中的程序问题和实体问题所作出的裁判,一律采用裁定的形式。对于人民法院作出的裁定,除裁定不予受理和驳回破产申请外,不准上诉。

1. 裁定时限

债权人提出破产申请的,人民法院应当自收到申请之日起 5 日内通知债务人。债务人对申请有异议的,应当自收到人民法院的通知之日起 7 日内向人民法院提出。人民法院应当自异议期满之日起 10 日内裁定是否受理。除法律规定的情形外,人民法院应当自收到破产申请之日起 15 日内裁定是否受理。有特殊情况需要延长裁定受理期限的,经上一级人民法院批准,可以延长 15 日。

2. 裁定受理

人民法院受理破产申请的,应当自裁定作出之日起 5 日内送达申请人。债权人提出申请的,人民法院应当自裁定作出之日起 5 日内送达债务人。债务人应当自裁定送达之日起 15 日内,向人民法院提交财产状况说明、债务清册、债权清册、有关财务会计报告以及职工工资的支付和社会保险费用的缴纳情况。人民法院裁定受理的,应当同时指定管理人。

3. 裁定不受理

人民法院裁定不受理破产申请的,应当自裁定作出之日起 5 日内送达申请人并说明理由。申请人对裁定不服的,可以自裁定送达之日起 10 日内向上一级人民法院提起上诉。

4. 裁定驳回申请

人民法院受理破产申请后至破产宣告前,经审查发现债务人不符合法律规定的破产原因的,可以裁定驳回申请。申请人对裁定不服的,可以自裁定送达之日起 10 日内向上一级人民法院提起上诉。

5. 通知和公告

人民法院应当自裁定受理破产申请之日起 25 日内通知已知债权人,并予以公告。通知和公告应当载明下列事项:(1) 申请人、被申请人的名称或者姓名;(2) 人民法院受理破产申请的时间;(3) 申报债权的期限、地点和注意事项;(4) 管理人的名称或者姓名及其处理事务的地址;(5) 债务人的债务人或者财产持有人应当向管理人清偿债务或者交付财产的要求;(6) 第一次债权人会议召开的时间和地点;(7) 人民法院认为应当通知和公告的其他事项。

(三) 破产案件受理的法律效力

1. 对债务人的法律效力

我国《企业破产法》第 15 条规定,自人民法院受理破产申请的裁定送达债务人之日起至破产程序终结之日,债务人的有关人员承担下列义务:(1) 妥善保管其占有和管理的财产、印章和账簿、文书等资料;(2) 根据人民法院、管理人的要求进行工作,并如实回答询问;(3) 列席债权人会议并如实回答债权人的询问;(4) 未经人民法院许可,不得离开住所地;(5) 不得新任其他企业的董事、监事、高级管理人员。前款所称有关人员,是指企业的法定代表人;经人民法院决定,可以包括企业的财务管理人员和其他经营管理人员。人民法院受理破产申请后,债务人对个别债权人的清偿无效。

2. 对债权人的法律效力

破产案件受理后,债权人只能通过破产程序行使债权,不得再向人民法院对破产程序中的债务人提起旨在满足其债权的诉讼,也就是说产生了阻止债权人个别追索和债务人个别清偿行为的法律效力。

3. 对相关人的法律效力

对债务人的债务人或财产持有人而言,应当向管理人清偿债务或者交付财产。债务人的债务人或财产持有人故意违反法律规定向债务人清偿债务或者交付财产,使债权人受到损失的,不免除其清偿债务或者交付财产的义务。

4. 对债务人的合同相对人的法律效力

破产受理后,管理人对破产申请前成立而债务人和对方当事人均未履行完毕的合同有权决定解除或者继续履行,并通知对方当事人。管理人自破产申请受理之日起两个月内未通知对方当事人,或者自收到对方当事人催告之日起30日内未答复的,视为解除合同。管理人决定继续履行合同的,对方当事人应当履行;但是,对方当事人有权要求管理人提供担保。管理人不提供担保的,视为解除合同。

5. 对相关民事程序的法律效力

人民法院受理破产申请后:(1)有关债务人财产的保全措施应当解除,执行程序应当中止。(2)已经开始而尚未终结的有关债务人的民事诉讼或者仲裁应当中止;在管理人接管债务人的财产后,该诉讼或者仲裁继续进行。(3)有关债务人的民事诉讼,只能向受理破产申请的人民法院提起。

【思考4-3】 某市钢铁有限责任公司是国有独资公司。2007年因为经营不善,不能偿还到期债务,面临破产。请问:哪些人可以作为破产申请人向法院申请该公司破产?

## 第三节 债务人财产的管理

### 一、管理人

管理人是指在破产程序中,由人民法院指定的,负责债务人财产的管理和处理破产事务的专门机关。

(一) 管理人的产生

管理人由人民法院指定。债权人会议认为管理人不能依法、公正执行职务或者有其他不能胜任职务情形的,可以申请人民法院予以更换。指定管理人和确定管理人报酬的办法,由最高人民法院规定。管理人的报酬由人民法院确定。债权人会议对管理人的报酬有异议的,有权向人民法院提出。

管理人可以由有关部门、机构的人员组成的清算组或者依法设立的律师事务所、会计师事务所、破产清算事务所等社会中介机构担任。人民法院根据债务人的实际情况,可以在征询有关社会中介机构的意见后,指定该机构具备相关专业知识并取得执业资格的人员担任管理人。有下列情形之一的,不得担任管理人:(1) 因故意犯罪受过刑事处罚;(2) 曾被吊销相关专业执业证书;(3) 与本案有利害关系;(4) 人民法院认为不宜担任管理人的其他情形。个人担任管理人的,应当参加执业责任保险。

管理人没有正当理由不得辞去职务。管理人辞去职务应当经人民法院许可。

### (二) 管理人的职责

管理人应当勤勉尽责,忠实执行职务。我国《企业破产法》第 25 条规定,管理人履行下列职责:(1) 接管债务人的财产、印章和账簿、文书等资料;(2) 调查债务人财产状况,制作财产状况报告;(3) 决定债务人的内部管理事务;(4) 决定债务人的日常开支和其他必要开支;(5) 在第一次债权人会议召开之前,决定继续或者停止债务人的营业;(6) 管理和处分债务人的财产;(7) 代表债务人参加诉讼、仲裁或者其他法律程序;(8) 提议召开债权人会议;(9) 人民法院认为管理人应当履行的其他职责。法律对管理人的职责另有规定的,适用其规定。

根据我国《企业破产法》的有关规定,管理人的职责还包括:行使撤销权和追回权;聘用工作人员;接受债权申报、审查债权、编制债权表;监督企业重整;拟订和执行破产财产的变价和分配方案;提请法院裁定终结破产程序等。

### (三) 对管理人的监督

管理人依法行使职权,应接受人民法院、债权人会议和债权人委员会的监督。管理人应当列席债权人会议,向债权人会议报告职务执行情况,并回答询问。

管理人实施下列行为,应当及时报告债权人委员会:(1) 涉及土地、房屋等不动产权益的转让;(2) 探矿权、采矿权、知识产权等财产权的转让;(3) 全部库存或者营业的转让;(4) 借款;(5) 设定财产担保;(6) 债权和有价证券的转让;(7) 履行债务人和对方当事人均未履行完毕的合同;(8) 放弃权利;(9) 担保物的取回;(10) 对债权人利益有重大影响的其他财产处分行为。未设立债权人委员会的,管理人实施前款规定的行为应当及时报告人民法院。我国《企业破产法》第 26 条规定,在第一次债权人会议召开之前,管理人决定继续或者停止债务人的营业或者有本法第 69 条规定行为之一的,应当经人民法院许可。管理人聘用必要的工作人员也应经人民法院许可。

## 二、债务人财产

债务人财产,是指债务人在破产程序中所拥有的所有财产。债务人财产既是债务人和解、重整的基础,也是破产清算的分配标的。因此,债务人财产范围的界定是破产程序中的重要内容,而相应的,追回权、取回权和破产抵销权等均与此密切相关。

## （一）债务人财产的范围

债务人财产包括破产申请受理时属于债务人的全部财产，以及破产申请受理后至破产程序终结前债务人取得的财产。

## （二）追回权

追回权是指为了债权人的整体利益，管理人依法对债务人破产可撤销行为和破产无效行为所不当处分的财产以及法律规定的其他本应属于债务人财产范围的财产予以追回的权利。追回权由管理人依法行使，主要包括以下四种情况：

（1）破产无效行为所处分的财产。我国《企业破产法》第33条规定，涉及债务人财产的下列行为无效：① 为逃避债务而隐匿、转移财产的；② 虚构债务或者承认不真实的债务的。因上述行为而取得的债务人的财产，管理人有权追回。

（2）破产可撤销行为所处分的财产。人民法院受理破产申请前1年内，涉及债务人财产的下列行为，管理人有权请求人民法院予以撤销：① 无偿转让财产的；② 以明显不合理的价格进行交易的；③ 对没有财产担保的债务提供财产担保的；④ 对未到期的债务提前清偿的；⑤ 放弃债权的。人民法院受理破产申请前6个月内，债务人已具备法律规定的破产原因，仍对个别债权人进行清偿的，管理人有权请求人民法院予以撤销，个别清偿使债务人财产受益的除外。

（3）债务人的董事、监事和高级管理人员利用职权从企业获取的非正常收入和侵占的企业财产，管理人应当追回。

（4）债务人的出资人认缴而未缴的出资。破产申请受理后，债务人的出资人尚未完全履行出资义务的，管理人应当要求该出资人缴纳所认缴的出资，而不受出资期限的限制。

## （三）取回权

取回权是指物权所有人请求管理人从其管理的财产中返还自己原物的权利。人民法院受理破产申请后，债务人占有的不属于债务人的财产，该财产的权利人可以通过管理人取回。但是，法律另有规定的除外。债务人合法占有的他人财产，该财产的权利人在重整期间要求取回的，应当符合事先约定的条件。取回权是民法返还财产原理在破产法中的变通运用。

取回权具有如下法律特征：（1）取回权是特定物的返还请求权。该特定物被债务人占有但不为其所有，这是取回权存在的客观前提；取回权以该特定物为请求标的，以该物的原物返还为请求内容。（2）取回权是以物权为基础的请求权，其基础权利应于破产程序开始前就已经存在。（3）取回权是破产程序中的特别请求权，其权利的行使不依破产程序。人民法院受理破产申请后，取回权人有权直接向管理人主张取回财产。

取回权包括一般取回权和特别取回权。一般取回权主要包括借用物取回权、租赁物取回权、寄存物取回权等，其基础的法律关系是债务人合法或非法占有他人的财产。特别取回权主要包括出卖人取回权、行纪人取回权、代偿取回权等。

### (四) 破产抵销权

破产抵销权是指债权人向管理人主张以其在破产程序开始前对债务人负有的债务与其债权相抵销的权利。抵销权是民法和合同法规定的用于抗辩对方请求权的一项权利,破产抵销权的基础是民法中债的抵销原理,但基于破产的特性,不受债的种类和履行期限的限制。

破产抵销权的行使主体是债权人,行使对象是管理人,用于抵销的债权必须是通过债权申报并经债权人会议核查认可的债权。附条件破产债权的抵销,依据条件性质的不同区别处理:(1)附停止条件的破产债权,在条件未成就时,不能抵销。(2)附解除条件的破产债权,在条件未成就时,可以抵销。破产抵销权的行使,产生债权人和债务人在相同数额内的债权归于消灭的法律效力。

为防止破产抵销权的滥用,我国《企业破产法》第40条规定,债权人在破产申请受理前对债务人负有债务的,可以向管理人主张抵销,但是,有下列情形之一的,不得抵销:(1)债务人的债务人在破产申请受理后取得他人对债务人的债权的。(2)债权人已知债务人有不能清偿到期债务或者破产申请的事实,对债务人负担债务的;但是,债权人因为法律规定或者有破产申请一年前所发生的原因而负担债务的除外。(3)债务人的债务人已知债务人有不能清偿到期债务或者破产申请的事实,对债务人取得债权的;但是,债务人的债务人因为法律规定或者有破产申请一年前所发生的原因而取得债权的除外。

## 三、破产费用和共益债务

### (一) 破产费用的范围

人民法院受理破产申请后发生的下列费用,为破产费用:(1)破产案件的诉讼费用;(2)管理、变价和分配债务人财产的费用;(3)管理人执行职务的费用、报酬和聘用工作人员的费用。

### (二) 共益债务的范围

人民法院受理破产申请后发生的下列债务,为共益债务:(1)因管理人或者债务人请求对方当事人履行双方均未履行完毕的合同所产生的债务;(2)债务人财产受无因管理所产生的债务;(3)因债务人不当得利所产生的债务;(4)为债务人继续营业而应支付的劳动报酬和社会保险费用以及由此产生的其他债务;(5)管理人或者相关人员执行职务致人损害所产生的债务;(6)债务人财产致人损害所产生的债务。

### (三) 破产费用和共益债务的清偿

破产费用和共益债务由债务人财产随时清偿。债务人财产不足以清偿所有破产费用和共益债务的,先行清偿破产费用。债务人财产不足以清偿破产费用的,管理人应当提请人民法院终结破产程序。人民法院应当自收到请求之日起 15 日内裁定终结破产程序,并予以公告。若债务人财产不足以清偿所有破产费用或者共益债务的,按照比例清偿。

【思考 4-4】 2007 年 7 月 1 日,人民法院裁定受理债务人甲公司的破产申请,并指定乙律师事务所担任管理人。在 10 月 10 日召开的第一次债权人会议上,管理人将甲公司的有关情况汇报如下:

1. 全部财产的变现价值为 2 000 万元,其中包括:

(1) 已作为丁银行贷款等值担保物的财产价值为 250 万元。

(2) 管理人发现甲公司于 2006 年 11 月 1 日无偿转让 140 万元的财产,遂向人民法院申请予以撤销、追回财产,并于 2007 年 10 月 1 日将该财产全部追回。

(3) 甲公司综合办公大楼价值 800 万元,已用于对所欠乙企业 500 万元货款的抵押担保,该抵押已经办理了抵押登记,货款尚未支付。

2. 人民法院的诉讼费用 30 万元,管理人报酬 20 万元,为继续营业而支付的职工工资及社会保险 40 万元。

请问:(1) 哪些属于破产费用?哪些属于共益债务?

(2) 对甲公司无偿转让财产的行为,管理人是否有权请求人民法院予以撤销?并说明理由。

## 第四节 债权申报和债权人会议

### 一、债权申报

债权申报是指破产案件受理后,债权人依照法律程序主张并证明其债权,以便参加破产程序的法律行为,具有如下特征:(1) 债权申报是债权人的单方意思表示,债权人享有申报和不申报的自由;(2) 以主张并提供债权凭证为内容;(3) 是债权人参加破产程序的必要条件;(4) 应符合法定的程序规范。

(一) 申报债权的范围

人民法院受理破产申请时对债务人享有债权的债权人均可依法申报债权。有财产担保和无财产担保的债权均可申报。未到期的债权在破产申请受理时视为到期。附利息的债权自破产申请受理时停止计息。附条件、附期限的债权和诉讼、仲裁未决的债权,债权人可以申报。连带债权人可以由其中一人代表全体连带债权人申报债权,也可以共同申报债权。债务人的保证人或者其他连带债务人已经代替债务人清偿债务的,以其对债务人的求偿权申报债权。债务人的保证人或者其他连带债务人尚未代替债务人清偿债务的,以其对债务人的将来求偿权申报债权。

债权人已经向管理人申报全部债权的除外。管理人或者债务人依照《企业破产法》规定解除合同的,对方当事人以因合同解除所产生的损害赔偿请求权申报债权。债务人是委托合同的委托人,被裁定适用《企业破产法》规定的程序,受托人不知该事实,继续处理委托事务的,受托人以由此产生的请求权申报债权。债务人是票据的出票人,被裁定适用《企业破产法》规定的程序,该票据的付款人继续付款或者承兑的,付款人以由此产生的请求权申报债权。债务人所欠职工的工资和医疗、伤残补助、抚恤费用,所欠的应当划入职工个人账户的基本养老保险、基本医疗保险费用,以及法律、行政法规规定应当支付给职工的补偿金,不必申报,由管理人调查后列出清单并予以公示。职工对清单记载有异议的,可以要求管理人更正;管理人不予更正的,职工可以向人民法院提起诉讼。

### (二)申报债权的核查确认

人民法院受理破产申请后,应当确定债权人申报债权的期限。债权申报期限自人民法院发布受理破产申请公告之日起计算,最短不得少于30日,最长不得超过3个月。债权人应当在人民法院确定的债权申报期限内向管理人申报债权。债权人申报债权时,应当书面说明债权的数额和有无财产担保,并提交有关证据。申报的债权是连带债权的,应当说明。

管理人收到债权申报材料后,应当登记造册,对申报的债权进行审查,并编制债权表。债权表和债权申报材料由管理人保存,供利害关系人查阅。债权表应当提交第一次债权人会议核查。债务人、债权人对债权表记载的债权无异议的,由人民法院裁定确认。债务人、债权人对债权表记载的债权有异议的,可以向受理破产申请的人民法院提起诉讼。

### (三)逾期申报或未申报债权的法律后果

在人民法院确定的债权申报期限内,债权人未申报债权的,可以在破产财产最后分配前补充申报;但是,此前已进行的分配,不再对其补充分配。为审查和确认补充申报债权的费用,由补充申报人承担。债权人未依照法律规定申报债权的,不得依法定程序行使权利。

## 二、债权人会议

### (一)债权人会议的法律地位

债权人会议是全体登记在册的债权人参加破产程序并集体行使权利的法定决议机构。

债权人会议是债权人的自治组织。债权人自治原则是债权人会议地位的基本依据。债权人有权通过债权人会议对涉及其利益的各种事项独立地发表意见,作出决议,也有权对管理人是否依法履行职责进行监督。

债权人会议也是法定机构。债权人会议的组成、职权以及会议机制等均由法律规定;债权人会议无民事主体资格,无诉讼能力;其决议须经法院认可才能生效。

债权人会议的设置意义在于:(1)协调债权人之间的利益冲突,使全体债权人形成共同的意思表示,维护破产程序有序进行;(2)对破产程序实施监督,保护债权人整体利益;(3)降低诉讼成本,提高破产程序的效率。

### (二)债权人会议的组成

依法申报债权的债权人为债权人会议的成员,有权参加债权人会议,享有表决权。债权尚未确定的债权人,除人民法院能够为其行使表决权而临时确定债权额的外,不得行使表决权。对债务人的特定财产享有担保权的债权人,未放弃优先受偿权的,对于通过和解协议和破产财产分配方案不享有表决权。

债权人可以委托代理人出席债权人会议,行使表决权。代理人出席债权人会议,应当向人民法院或者债权人会议主席提交债权人的授权委托书。债权人会议设主席一人,由人民法院从有表决权的债权人中指定。债权人会议主席主持债权人会议。债权人会议应当有债务人的职工和工会的代表参加,对有关事项发表意见。

### (三)债权人会议的职权

债权人会议行使下列职权:(1)核查债权;(2)申请人民法院更换管理人,审查管理人的费用和报酬;(3)监督管理人;(4)选任和更换债权人委员会成员;(5)决定继续或者停止债务人的营业;(6)通过重整计划;(7)通过和解协议;(8)通过债务人财产的管理方案;(9)通过破产财产的变价方案;(10)通过破产财产的分配方案;(11)人民法院认为应当由债权人会议行使的其他职权。债权人会议应当对所议事项的决议作成会议记录。

### (四)债权人会议的召开

第一次债权人会议由人民法院召集,自债权申报期限届满之日起15日内召开。以后的债权人会议,在人民法院认为必要时,或者管理人、债权人委员会、占债权总额四分之一以上的债权人向债权人会议主席提议时召开。召开债权人会议,管理人应当提前15日通知已知的债权人。

### (五)债权人会议的议决程序

债权人会议的决议,由出席会议的有表决权的债权人过半数通过,并且其所代表的债权额占无财产担保债权总额的1/2以上。但是通过重整计划草案,应依照债权分类组分组进行表决,各表决组出席会议的债权人过半数同意并且其所代表的债权额占该组债权总额的2/3以上的,方为通过;通过和解协议,由出席会议的有表决权的债权人过半数同意并且其所代表的债权额占无财产担保债权总额的2/3以上的,方为通过。

债务人财产管理方案和破产财产变价方案经债权人会议表决未通过的,破产财产的分配方案经债权人会议两次表决仍未通过的,由人民法院裁定。该裁定可以由人民法院在债权人会议上宣布或者另行通知债权人。

债权人对于人民法院对债务人财产管理方案和破产财产变价方案的裁定不服的,或者债权额占无财产担保债权总额 1/2 以上的债权人对于人民法院对破产财产的分配方案的裁定不服的,可以自裁定宣布之日起 15 日内向该人民法院申请复议。复议期间不停止裁定的执行。

### (六)债权人会议决议的效力

债权人会议的决议,对于全体债权人均有约束力。

债权人认为债权人会议的决议违反法律规定,损害其利益的,可以自债权人会议作出决议之日起 15 日内,请求人民法院裁定撤销该决议,责令债权人会议依法重新作出决议。

## 三、债权人委员会

债权人委员会是债权人会议选设的代表机构,由债权人会议选任,向债权人会议负责,在破产程序中代表债权人的共同利益行使监督职能。设置债权人委员会可以保证监督的持续性、有效性和经济性。

债权人委员会由债权人会议选任的债权人代表和 1 名债务人的职工代表或者工会代表组成。债权人委员会成员不得超过 9 人。债权人委员会成员应当经人民法院书面决定认可。

债权人委员会行使下列职权:(1)监督债务人财产的管理和处分;(2)监督破产财产分配;(3)提议召开债权人会议;(4)债权人会议委托的其他职权。

债权人委员会执行职务时,有权要求管理人、债务人的有关人员对其职权范围内的事务作出说明或者提供有关文件。管理人、债务人的有关人员违法拒绝接受监督的,债权人委员会有权就监督事项请求人民法院作出决定;人民法院应当在 5 日内作出决定。

**【思考 4-5】** 甲企业于 2010 年 1 月 10 日被债权人申请破产,1 月 15 日人民法院受理了破产案件。4 月 1 日人民法院宣告甲企业破产,4 月 10 日成立清算组。现查明,2009 年 11 月 1 日,甲企业向债权人 B 银行借款 50 万元,期限 1 年,乙公司为一般保证人,保证期间 1 年。如果债权人 B 银行在得知甲企业被宣告破产后,既未申报其债权也未通知乙公司,将对乙公司产生什么影响?该笔债权将如何承担?

## 第五节 重整程序

重整是一种积极的拯救性程序,是指在企业无力偿债或将陷入无力偿债的情况下,依照法律规定的程序,保护企业继续经营,实现债务调整和企业整理,使企业走向复兴的再建型债务清理制度。

## 一、重整申请和重整期间

### (一)重整申请

债务人或者债权人可以依法直接向人民法院申请对债务人进行重整。债权人申请对债务人进行破产清算的,在人民法院受理破产申请后、宣告债务人破产前,债务人或者出资额占债务人注册资本1/10以上的出资人,可以向人民法院申请重整。

### (二)重整期间

人民法院经审查认为重整申请符合本法规定的,应当裁定债务人重整,并予以公告。自人民法院裁定债务人重整之日起至重整程序终止,为重整期间。在重整期间,经债务人申请,人民法院批准,债务人可以在管理人的监督下自行管理财产和营业事务。此时,已接管债务人财产和营业事务的管理人应当向债务人移交财产和营业事务,本法规定的管理人的职权由债务人行使。若是由管理人负责管理财产和营业事务的,可以聘任债务人的经营管理人员负责营业事务。

在重整期间,对债务人的特定财产享有的担保权暂停行使。但是担保物有损坏或者价值明显减少的可能,足以危害担保权人权利的,担保权人可以向人民法院请求恢复行使担保权。在重整期间,债务人或者管理人为继续营业而借款的,可以为该借款设定担保。

在重整期间,债务人的出资人不得请求投资收益分配。债务人的董事、监事、高级管理人员不得向第三人转让其持有的债务人的股权。但是经人民法院同意的除外。

在重整期间,有下列情形之一的,经管理人或者利害关系人请求,人民法院应当裁定终止重整程序,并宣告债务人破产:(1)债务人的经营状况和财产状况继续恶化,缺乏挽救的可能性;(2)债务人有欺诈、恶意减少债务人财产或者其他显著不利于债权人的行为;(3)由于债务人的行为致使管理人无法执行职务。

## 二、重整计划的制定和批准

### (一)重整计划的制定

重整计划草案由债务人或管理人制作。债务人自行管理财产和营业事务的,由债务人制作重整计划草案。管理人负责管理财产和营业事务的,由管理人制作重整计划草案。

重整计划草案应当包括下列内容:(1)债务人的经营方案;(2)债权分类;(3)债权调整方案;(4)债权受偿方案;(5)重整计划的执行期限;(6)重整计划执行的监督期限;(7)有利于债务人重整的其他方案。

债务人或者管理人应当自人民法院裁定债务人重整之日起6个月内,同时向人民法院和债权人会议提交重整计划草案。6个月的期限届满,经债务人或者管理人请求,有正当理由的,人民法院可以裁定延期3个月。债务人或者管理人未按期提出重整计划草案的,人民法院应当裁定终止重整程序,并宣告债务人破产。

(二) 重整计划的批准

债权人参加讨论重整计划草案的债权人会议,依照下列各类债权的分类,分组对重整计划草案进行表决:(1) 担保债权,即对债务人的特定财产享有担保权的债权;(2) 劳动债权,即债务人所欠职工的工资和医疗、伤残补助、抚恤费用,所欠的应当划入职工个人账户的基本养老保险、基本医疗保险费用,以及法律、行政法规规定应当支付给职工的补偿金;(3) 税收债权,即债务人所欠税款;(4) 普通债权,人民法院在必要时可以决定在普通债权组中设小额债权组对重整计划草案进行表决。

依据我国《企业破产法》的规定,重整计划不得规定减免债务人欠缴的上述第(2) 项规定以外的社会保险费用;该项费用的债权人不参加重整计划草案的表决。

人民法院应当自收到重整计划草案之日起30日内召开债权人会议,对重整计划草案进行表决。出席会议的同一表决组的债权人过半数同意重整计划草案,并且其所代表的债权额占该组债权总额的2/3以上的,即为该组通过重整计划草案。债务人或者管理人应当向债权人会议就重整计划草案作出说明,并回答询问。债务人的出资人代表可以列席讨论重整计划草案的债权人会议。重整计划草案涉及出资人权益调整事项的,应当设出资人组,对该事项进行表决。各表决组均通过重整计划草案时,重整计划即为通过,自重整计划通过之日起10日内,债务人或者管理人应当向人民法院提出批准重整计划的申请。人民法院经审查认为符合法律规定的,应当自收到申请之日起30日内裁定批准,终止重整程序,并予以公告。

部分表决组未通过重整计划草案的,债务人或者管理人可以同未通过重整计划草案的表决组协商。该表决组可以在协商后再表决一次。双方协商的结果不得损害其他表决组的利益。未通过重整计划草案的表决组拒绝再次表决或者再次表决仍未通过重整计划草案,但重整计划草案符合下列条件的,债务人或者管理人可以申请人民法院批准重整计划草案:(1) 按照重整计划草案,对债务人的特定财产享有担保权的债权就该特定财产将获得全额清偿,其因延期清偿所受的损失将得到公平补偿,并且其担保权未受到实质性损害,或者该表决组已经通过重整计划草案;(2) 按照重整计划草案,劳动债权和税收债权将获得全额清偿,或者相应表决组已经通过重整计划草案;(3) 按照重整计划草案,普通债权所获得的清偿比例,不低于其在重整计划草案被提请批准时依照破产清算程序所能获得的清偿比例,或者该表决组已经通过重整计划草案;(4) 重整计划草案对出资人权益的调整公平、公正,或者出资人组已经通过重整计划草案;(5) 重整计划草案公平对待同一表决组的成员,并且所规定的债权清偿顺序不违反《企业破产法》的规定;(6) 债务人的经营方案具有可行性。人民法院经审查认为重整计划草案符合上述规定的,应当自收到申请之日起 30 日内裁定批准,终止重整程序,并予以公告。

重整计划草案未获得通过且未依法获得批准,或者已通过的重整计划未获得批准的,人民法院应当裁定终止重整程序,并宣告债务人破产。

### 三、重整计划的执行

(一)执行主体

重整计划由债务人负责执行。人民法院裁定批准重整计划后,已接管财产和营业事务的管理人应当向债务人移交财产和营业事务。

(二)执行的监督

自人民法院裁定批准重整计划之日起,在重整计划规定的监督期内,由管理人监督重整计划的执行。监督期内,债务人应当向管理人报告重整计划执行情况和债务人财务状况。监督期届满时,管理人应当向人民法院提交监督报告。自监督报告提交之日起,管理人的监督职责终止。管理人向人民法院提交的监督报告,重整计划的利害关系人有权查阅。经管理人申请,人民法院可以裁定延长重整计划执行的监督期限。

(三)执行的效力

经人民法院裁定批准的重整计划,对债务人和全体债权人均有约束力。债权人未依法申报债权的,在重整计划执行期间不得行使权利;在重整计划执行完毕后,可以按照重整计划规定的同类债权的清偿条件行使权利。债权人对债务人的保证人和其他连带债务人所享有的权利,不受重整计划的影响。债务人不能执行或者不执行重整计划的,人民法院经管理人或者利害关系人请求,应当裁定终止重整计划的执行,并宣告债务人破产。此种情形下,为重整计划的执行提供的担保继续有效。人民法院裁定终止重整计划执行的,债权人在重整计划中作出的债权调整的承诺失去效力。债权人因执行重整计划所受的清偿仍然有效,债权未受清偿的部分作为破产债权,但该债权人只有在其他同顺位债权人同自己所受的清偿达到同一比例时,才能继续接受分配。按照重整计划减免的债务,自重整计划执行完毕时起,债务人不再承担清偿责任。

【思考 4-6】 宇宙公司是白云公司的出资人,占白云公司注册资本的 33%,蓝翔公司是白云公司的债权人,白云公司明显丧失偿债能力。请问:哪一个公司有权向法院申请白云公司重整?重整期间,白云公司能否不必经法院批准,自行管理财产和营业事务?重整期间,宇宙公司能否请求投资收益分配?

## 第六节　和解程序

破产和解是指具备破产原因的债务人,为了避免破产清算,与全体债权人达成以妥协让步的方法解决债务的协议,并经法院认可后生效的一种拯救性的债务清理程序。

### 一、和解申请和裁定和解

#### (一)和解申请

和解申请人是债务人。债务人可以依法直接向人民法院申请和解,也可以在破产申请受理后,宣告破产前向人民法院申请。债务人申请和解应当提出和解协议草案。

#### (二)裁定和解

裁定和解标志着和解程序开始。人民法院经审查认为和解申请符合法律规定的,应当裁定和解,予以公告,并召集债权人会议讨论和解协议草案。对债务人的特定财产享有担保权的权利人,自人民法院裁定和解之日起可以行使权利。

### 二、和解协议的通过和认可

债权人会议通过和解协议的决议,由出席会议的有表决权的债权人过半数同意,并且其所代表的债权额占无财产担保债权总额的2/3以上。

债权人会议通过和解协议的,由人民法院裁定认可,终止和解程序,并予以公告。管理人应当向债务人移交财产和营业事务,并向人民法院提交执行职务的报告。

### 三、和解协议的法律效力与执行

#### (一)和解协议的生效

和解协议经人民法院裁定认可生效,对债务人和全体和解债权人均有约束力。和解债权人是指人民法院受理破产申请时对债务人享有无财产担保债权的人。和解债权人未依法申报债权的,在和解协议执行期间不得行使权利;在和解协议执行完毕后,可以按照和解协议规定的清偿条件行使权利。和解债权人对债务人的保证人和其他连带债务人所享有的权利,不受和解协议的影响。

债务人应当按照和解协议规定的条件清偿债务。

#### (二)和解协议的被否决或无效

和解协议草案经债权人会议表决未获通过,或者已经债权人会议通过的和解协议未获得人民法院认可的,人民法院应当裁定终止和解程序,并宣告债务人破产。因债务人的欺诈或者其他违法行为而成立的和解协议,人民法院应当裁定无效,并宣告债务人破产。有上述情形之一的,和解债权人因执行和解协议所受的清偿,在其他债权人所受清偿同等比例的范围内,不予返还。

### (三) 和解协议的执行

债务人不能执行或者不执行和解协议的,人民法院经和解债权人请求,应当裁定终止和解协议的执行,并宣告债务人破产;此种情形下,为和解协议的执行提供的担保继续有效。

人民法院裁定终止和解协议执行的,和解债权人在和解协议中作出的债权调整的承诺失去效力。和解债权人因执行和解协议所受的清偿仍然有效,和解债权未受清偿的部分作为破产债权,但该债权人只有在其他债权人同自己所受的清偿达到同一比例时,才能继续接受分配。按照和解协议减免的债务,自和解协议执行完毕时起,债务人不再承担清偿责任。

### 四、庭外和解

庭外和解也称自行和解,是债务人与全体债权人在破产程序之外通过自行协商,达成债务清偿协议,从而终结破产程序的方式。庭外和解充分尊重当事人意思自治,其和解协议以全体债权人同意为要件,庭外和解经法院裁定认可后即具有庭内和解的效力。我国《企业破产法》第105条规定,人民法院受理破产申请后,债务人与全体债权人就债权债务的处理自行达成协议的,可以请求人民法院裁定认可,并终结破产程序。

【思考4-7】 甲公司资不抵债,拟通过和解程序清理债务,于是就和解程序咨询律师,请问:甲公司可否直接向人民法院申请和解?债权人会议通过和解协议的决议,需要有多少债权人同意?债权人会议通过和解协议草案的,人民法院是否应当裁定认可?因甲公司欺诈成立的和解协议有没有效力?

## 第七节 破产清算

### 一、破产宣告

破产宣告,是指法院依据当事人的申请,对债务人具备破产原因的事实作出具有法律效力的认定。破产案件受理后,债务人不能通过和解、重整等程序免予清算的,由法院宣告其破产。破产宣告标志着破产程序进入清算阶段。

## (一) 破产宣告的依据

破产宣告的基本依据是债务人具备破产原因而且无破产障碍。破产原因是指债务人不能清偿到期债务,并且资产不足以清偿全部债务或者明显缺乏清偿能力。破产障碍是指阻却破产程序进行的法定事实。我国《企业破产法》第108条规定,破产宣告前,有下列情形之一的,人民法院应当裁定终结破产程序,并予以公告:(1) 第三人为债务人提供足额担保或者为债务人清偿全部到期债务的;(2) 债务人已清偿全部到期债务的。重整失败或和解失败也是破产宣告的依据。重整失败主要包括下列情形:(1) 法院未裁定重整的;(2) 在重整期间出现终止重整程序的法定原因的;(3) 债务人或管理人未按法定期限提交重整计划草案的;(4) 重整计划草案未获债权人会议通过或人民法院批准的;(5) 债务人不能执行或不执行重整计划的。和解失败主要包括下列情形:(1) 法院未裁定和解的;(2) 和解协议草案未获债权人会议通过或人民法院认可的;(3) 发现裁定和解协议无效的法定原因的;(4) 债务人不能执行或不执行和解协议的。

## (二) 破产宣告的程序

人民法院依法宣告债务人破产的,应当自裁定作出之日起5日内送达债务人和管理人,自裁定作出之日起10日内通知已知债权人,并予以公告。

## (三) 破产宣告的法律效力

破产宣告是破产案件进入破产清算程序的标志。债务人被宣告破产后,债务人称为破产人,债务人财产称为破产财产,人民法院受理破产申请时对债务人享有的债权称为破产债权。进而,管理人可拟订和实施破产财产的变价和分配方案;别除权人可依法行使权利,其他债权人可依据法定清偿顺序受偿。

## (四) 别除权

别除权是指对破产人的特定财产享有担保权的权利人,对该特定财产享有优先受偿的权利。别除权人行使优先受偿权未能完全受偿的,其未受偿的债权作为普通债权;放弃优先受偿权的,其债权作为普通债权。

## 二、破产财产的变价和分配

### (一) 破产财产的变价

破产财产的变价,是指为了便于清偿债权、实现债权人利益的最大化,管理人将破产财产中的非货币财产,以拍卖或变卖的方式,转变为货币财产的行为。

在破产宣告后,管理人应当及时拟订破产财产变价方案,提交债权人会议讨论。管理人应当按照债权人会议通过的或者人民法院依法裁定的破产财产变价方案,适时变价出售破产财产。变价出售破产财产应当通过拍卖进行,但是,债权人会议另有决议的除外。破产企业可以全部或者部分变价出售。企业变价出售时,可以将其中的无形资产和其他财产单独变价出售。按照国家规定不能拍卖或者限制转让的财产,应当按照国家规定的方式处理。

(二)破产财产的分配

破产财产的分配,是指管理人依照法定的清偿顺序和程序,将变价后的破产财产分配给债权人的行为。破产财产的分配是破产清算程序的核心内容。破产财产的分配应当以货币分配方式进行,但是,债权人会议另有决议的除外。

1. 分配的顺序

破产财产在优先清偿破产费用和共益债务后,依照下列顺序清偿:(1)破产人所欠职工的工资和医疗、伤残补助、抚恤费用,所欠的应当划入职工个人账户的基本养老保险、基本医疗保险费用,以及法律、行政法规规定应当支付给职工的补偿金;(2)破产人欠缴的除前项规定以外的社会保险费用和破产人所欠税款;(3)普通破产债权。破产财产不足以清偿同一顺序的清偿要求的,按照比例分配。破产企业的董事、监事和高级管理人员的工资按照该企业职工的平均工资计算。

2. 分配的程序

管理人应当及时拟订破产财产分配方案,提交债权人会议讨论。破产财产分配方案应当载明下列事项:(1)参加破产财产分配的债权人名称或者姓名、住所;(2)参加破产财产分配的债权额;(3)可供分配的破产财产数额;(4)破产财产分配的顺序、比例及数额;(5)实施破产财产分配的方法。债权人会议通过破产财产分配方案后,由管理人将该方案提请人民法院裁定认可。破产财产分配方案经人民法院裁定认可后,由管理人执行。管理人按照破产财产分配方案实施多次分配的,应当公告本次分配的财产额和债权额。管理人实施最后分配的,应当在公告中指明。

3. 特殊债权的分配

对于附生效条件或者解除条件的债权,管理人应当将其分配额提存。管理人提存的分配额,在最后分配公告日,生效条件未成就或者解除条件成就的,应当分配给其他债权人;生效条件成就或者解除条件未成就的,应当交付给债权人。债权人未受领的破产财产分配额,管理人应当提存。债权人自最后分配公告之日起满2个月仍不领取的,视为放弃受领分配的权利,管理人或者人民法院应当将提存的分配额分配给其他债权人。破产财产分配时,对于诉讼或者仲裁未决的债权,管理人应当将其分配额提存。自破产程序终结之日起满2年仍不能受领分配的,人民法院应当将提存的分配额分配给其他债权人。

三、破产清算程序的终结

(一)破产清算程序终结的原因

破产清算程序终结的原因主要有:(1)破产人无财产可供分配的;(2)管理人

最后分配完结的。

（二）破产清算程序终结的程序

具备破产清算程序终结原因的,管理人应当提请人民法院裁定终结破产程序。

人民法院应当自收到管理人终结破产程序的请求之日起 15 日内作出是否终结破产程序的裁定。裁定终结的,应当予以公告。

（三）破产清算程序终结的效力

管理人应当自破产程序终结之日起 10 日内,持人民法院终结破产程序的裁定,向破产人的原登记机关办理注销登记,破产人的法人资格消灭,管理人于办理注销登记完毕的次日终止执行职务。但是,存在诉讼或者仲裁未决情况的除外。

企业董事、监事或者高级管理人员违反忠实义务、勤勉义务,致使所在企业破产的,依法承担相应的民事责任,并自破产程序终结之日起 3 年内不得担任任何企业的董事、监事、高级管理人员。

破产人的保证人和其他连带债务人,在破产程序终结后,对债权人依照破产清算程序未受偿的债权,依法继续承担清偿责任。

（四）破产清算程序终结后的追加分配

追加分配,是指在破产程序终结后的一定期限内,又发现了可供分配的破产财产,经法院许可后而进行的分配。

债务人财产不足以清偿破产费用而终结破产程序的,或者破产人无财产可供分配或管理人最后分配完结而终结破产清算程序的,自破产程序终结之日起 2 年内,有下列情形之一的,债权人可以请求人民法院按照破产财产分配方案进行追加分配：(1) 发现应当由管理人追回的,法律规定的破产可撤销行为和破产无效行为所不当处分的债务人财产；(2) 发现管理人应当追回的,债务人的董事、监事和高级管理人员利用职权从企业获取的非正常收入和侵占的企业财产；(3) 发现破产人有应当供分配的其他财产的。但如果上述财产数量不足以支付分配费用的,则不再进行追加分配,由人民法院将其上交国库。

【思考 4-8】 某贸易公司经营管理不善、不能清偿到期债务,向所在地的人民法院提出破产申请。经核查在债权方面：属于企业的实物、现金等 50 万元；一办公楼价值 120 万元,已作为 100 万元贷款抵押；为维持破产前的日常开支,向企业职工借款 20 万元；作为联营一方投入其他企业 30 万元；他人欠该企业货款 40 万元。在债务方面：欠银行贷款 100 万元及利息 20 万元；欠税款 60 万元；欠其他业务贷款 300 万元；欠职工工资 15 万元。请问：(1) 该公司能否自己提出破产申请？(2) 哪些属于破产财产？(3) 该如何清偿？

## 引例点评

1. 根据《企业破产法》规定,企业法人不能清偿到期债务,资产不足以清偿全部债务或者企业法人不能清偿到期债务,并且明显缺乏清偿能力,即可构成破产清算、重整或和解的法律依据。提出破产申请,既可以是债权人,也可以是债务人。

2. 根据《企业破产法》第3条规定,破产案件由债务人住所地人民法院管辖。因此,该公司住所地人民法院有权受理该公司的破产申请和审理。

3. 关于财产清偿问题,根据《企业破产法》的规定,破产财产在优先清偿破产费用和共益债务后,依照下列顺序清偿:(1)破产人所欠职工的工资和医疗、伤残补助、抚恤费用,所欠的应当划入职工个人账户的基本养老保险、基本医疗保险费用,以及法律、行政法规规定应当支付给职工的补偿金;(2)破产人欠缴的除前项规定以外的社会保险费用和破产人所欠税款;(3)普通破产债权。破产财产不足以清偿同一顺序的清偿要求的,按照比例分配。

甲公司的债务是:① 银行30万元;② 税款60万元;③ 欠款300万元;④ 欠职工15万元。合计405万元,依法按以下顺序清偿:

第一步:支付职工款15万元,剩105万元。

第二步:支付税款60万元,剩45万元。

第三步:以45万元对330万元贷款进行偿还。

## 能力训练题

### 一、单项选择题

1. 根据企业破产法律制度的规定,下列各项中,对企业破产案件实施管辖权的法院是(    )。

   A. 债务人住所地法院

   B. 申请人住所地法院

   C. 企业破产财产所在地法院

   D. 债权人和债务人协议选择的法院

2. 某企业被人民法院受理破产申请后,该企业在人民法院受理破产申请前1年内发生的下列行为中,管理人有权请求人民法院予以撤销的是(    )。

   A. 向关联企业转让一套关键生产设备

   B. 对关联企业的一项贷款合同提供保证担保

   C. 解除了与关联企业的一项买卖合同

   D. 放弃关联企业所欠的一笔劳务费

3. 人民法院受理债务人甲公司破产申请时,乙公司依照其与甲公司之间的买卖合同已向买受人甲公司发运了该合同项下的货物,但甲公司尚未付价款。乙公司得知甲公司破产申请被受理后,立即通过传真向甲公司的管理人要求取回在运途中的货物。管理人收到乙公司传真后不久,即收到了乙公司发运的货物。下列表述中,正确的是(    )。

A. 乙公司有权取回该批货物

B. 乙公司无权取回该批货物,但可以就买卖合同价款向管理人申报债权

C. 管理人已取得该批货物的所有权,但乙公司有权要求管理人立即支付全部价款

D. 管理人已取得该批货物的所有权,但乙公司有权要求管理人就价款支付提供担保

4. 在破产程序中,债务人与债权人会议达成的和解协议发生效力后,应受和解协议约束的是( )。

A. 债务人

B. 和解债权人对债务人的保证人所享有的权利

C. 和解协议成立前,全部债权均有财产担保的债权人

D. 和解债权人和其他连带债务人

5. 2007年9月25日,人民法院受理了A国有企业的破产案件,并于2007年11月10日宣告A国有企业破产程序终结。2009年1月12日,人民法院发现A国有企业曾于2006年10月23日放弃自己对B企业的债权。对此情形,下列说法中正确的( )。

A. A企业的该行为属于破产受理前6个月之前发生的,不能撤销

B. 应由债权人请求人民法院追回财产,追加分配

C. 应由管理人请求人民法院追回财产,追加分配

D. 已经超过了1年的期间,不能追回财产

## 二、多项选择题

1. 根据我国《企业破产法》的规定,破产界限的实质标准是债务人不能清偿到期债务。下列情形中,可以界定为债务人不能清偿到期债务的有( )。

A. 债务人不能以财产、信用或能力等任何方式清偿债务

B. 债务人停止支付到期债务并呈连续状况

C. 债务人资不抵债

D. 债务人对主要债务在可预见的相当长时间内持续不能偿还

2. 甲公司被债权人申请破产且已被受理,下列人员中,可以担任该破产案件管理人的有( )。

A. 李某曾因酒后开车被行政拘留

B. 张某曾出具虚假的审计报告,被吊销了注册会计师证书

C. 王某曾在甲公司担任兼职会计

D. 赵某与甲公司的财务科长是好朋友

3. 下列关于破产费用与共益债务清偿的表述中,符合《企业破产法》规定的有( )。

A. 破产费用和共益债务由债务人财产随时清偿

# 第四章 企业破产法

B. 债务人财产不足以清偿所有破产费用和共益债务的,先行清偿共益债务

C. 债务人财产不足以清偿所有共益债务的,按照比例清偿

D. 债务人财产不足以清偿所有破产费用的,在按照比例清偿后,管理人应当提请人民法院终结破产程序

4. 下列有关和解协议效力的表述中,符合新颁布的《企业破产法》规定的有(　　)。

A. 经人民法院裁定认可的和解协议,对债务人有约束力

B. 经人民法院裁定认可的和解协议,对全体和解债权人有约束力

C. 和解协议对债务人的保证人和其他连带债务人无效

D. 债务人不履行人民法院裁定认可的和解协议的,债权人可以请求人民法院强制执行

5. 关于破产清偿顺序,下列说法错误的是(　　)。

A. 优先清偿破产费用和共益债务

B. 破产财产在优先清偿破产费用和共益债务后,要先清偿欠缴的税款

C. 破产财产在优先清偿破产费用和共益债务后,要先清偿普通破产债权

D. 破产财产不足以清偿同一顺序的清偿要求的,按照比例分配

## 三、问答题

1. 简述债务人财产的概念和范围。
2. 取回权与追回权有什么不同?
3. 什么是共益债务?
4. 破产费用包括哪些?
5. 简述破产财产的清偿顺序与规则。

## 四、案例分析题

1. 案情:某建材厂因经营不善而破产,经核算后,破产财产40万元,破产费用花去2万元,所欠职工工资及劳动保险费用8万元,欠银行贷款10万元,欠国家税收12万元,往来厂家8家各3万元。

请回答:8家企业中每家可以要回多少债权?

2. 案情:某国有企业破产,有四名债权人向法院申报债权。甲债权人债权数额100万元,其中50万元由破产企业提供办公楼作为足额担保;乙债权人为银行,债权贷款本金为100万元,约定年利率为10%,五年到期后应偿还150万元,破产宣告时尚有一年才到期;丙债权人债权为200万元,同时破产企业对它也享有100万元的债权;丁债权人因解除合同造成的损失为50万元,另外该合同约定的违约金为80万元。

请回答:

(1) 上述各债权人哪些债权为破产债权,数额共计多少?

(2) 上述债权中实际参加分配的数额为多少?

3. 案情：甲公司在 2007 年 7 月向乙银行借款，期限为 1 年，丙公司作为甲公司的保证人在合同上签字。2008 年 5 月 20 日甲公司与丁公司签订一份买卖合同，约定丁公司分别于 2008 年 6 月 20 日和 12 月 20 日向甲公司提供两批布料，甲公司于 2009 年 3 月 20 日支付货款，2008 年 6 月丁公司如期供货。2008 年 7 月，甲公司因设备款纠纷被戊公司起诉，案件正在审理中。2008 年 8 月，因甲公司不能清偿到期欠款，债权人乙银行向人民法院申请甲公司破产清算，人民法院裁定受理该破产申请，同时指定了管理人，并召集第一次债权人会议。2009 年 1 月，甲公司向人民法院申请重整，人民法院经审查后裁定甲公司重整。

根据我国《企业破产法》的相关规定，思考下列问题：

(1) 在人民法院受理甲公司的破产申请后，下列债权人向管理人申报债权的行为符合我国《企业破产法》规定的是(　　)。

A. 乙银行在未向保证人丙公司求偿的情况下，以其对甲公司的全部债权申报

B. 丙公司在乙银行已申报全部债权的情况下，以其对甲公司的将来求偿权申报

C. 丁公司以其对甲公司未到期的货款请求权申报

D. 戊公司以其对甲公司诉讼未决的债权申报

(2) 依据我国《企业破产法》的规定，下列情形中会导致人民法院裁定终止甲公司的重整程序并宣告其破产的是(　　)。

A. 甲公司或管理人未按期提出重整计划草案

B. 重整计划草案未获得人民法院批准

C. 甲公司不能执行或者不执行重整计划

D. 甲公司的行为致使管理人无法执行职务

(3) 在破产宣告前，人民法院应当裁定终结破产程序并予以公告的情形有(　　)。

A. 第三人为甲公司提供足额担保

B. 第三人为甲公司清偿全部到期债务

C. 甲公司已经偿还全部到期债务

D. 甲公司对人民法院受理破产申请的裁定提起上诉

(4) 破产共益债务的范围包括(　　)。

A. 因管理人或者债务人请求对方当事人履行双方均未履行完毕的合同所产生的债务

B. 债务人财产受无因管理所产生的债务

C. 担保债务

D. 债务人财产致人损害所产生的债务

实 训

【目标】
通过实训,进一步提高学生对破产法律规定的理解和运用能力。

【项目】
1. 实训企业破产申请书的制作。
2. 实训债权申报的程序和债权确认的程序。
3. 实训破产财产分配。

# 第五章 合同法

## 学习目标

**知识：**
1. 理解合同的概念、分类，合同法的概念及基本原则；
2. 熟悉合同的订立过程；
3. 掌握合同履行、变更、转让和终止的基本制度；
4. 理解合同效力的有关规定以及违约责任的承担问题。

**技能：**
1. 能够运用合同法知识解决合同纠纷；
2. 能够起草简单的合同，能够协助企业签订合同和履行合同；
3. 能够依法维护合同主体的合法权利。

**素养：**
1. 培养公平、正义、权利观念；
2. 增强依法维护合同权利、防范合同风险的意识。

##  案例导入

某年3月1日，某超市需要购进一批毛巾，于是向几家毛巾厂发出传真，内容如下：本超市欲购进毛巾，如果有全棉新款，请附图样与说明，我超市将派人前往洽谈购买事宜。于是有几家毛巾厂回电话，称自己能够满足该超市的要求，并且寄送了图样与说明。其中甲厂寄送了图样与说明后，又送了100条毛巾到该超市，超市看货后不满意，于是决定不购买甲厂的毛巾。甲厂认为超市发出的传真的内容构成了要约，其送毛巾的行为是承诺，合同已经因为自己的承诺而成立并且生效，超市拒绝购买的行为是违约行为，应该承担违约责任。而超市则认为自己发出传真的行为只是一种要约邀请而不是要约，超市不受该行为的约束。

## 问题引入

某超市发出传真的行为是一种要约邀请还是要约？请说明理由。

# 第五章 合同法

## 第一节 认识合同及合同法

### 一、合同概念和特征

合同是现代民法上最重要的法律概念之一。除了民法以外,其他法律部门也有合同概念。例如,行政法中有行政合同,劳动法中有劳动合同,民事合同中也有财产关系的合同和人身关系的合同,有专家指出现在的时代是一个合同的时代,学习理解合同的相关理论对指导实践意义重大。

一般认为"合同"一词在早期与"契约"(古时候的卖身契)同义,直至20世纪70年代,"合同"一词在我国得到广泛的承认与使用,现代立法实际上已经淘汰了"契约"的称谓。现在的司法实践中,"合同"一词与"协议"基本同义。在正式场合,签订有名合同时最好用合同称谓,如货物买卖合同、房屋装修合同、房屋租赁合同、借款合同等等。

合同是指平等主体的自然人、法人、其他组织之间设立、变更、终止民事权利义务关系的协议。《合同法》调整的是财产性质的合同,婚姻、收养、监护等有关身份关系的协议,适用其他法律的规定。合同具有以下法律特征:

(1) 合同是当事人之间自愿达成的协议,是双方或多方的民事法律行为。
(2) 合同当事人的法律地位平等。
(3) 合同以设立、变更或终止民事权利义务关系为目的。

### 二、合同的分类及意义

根据不同的标准,可将合同分为不同的种类。

1. 诺成合同与实践合同

根据合同的成立是否以必须完成交付为标准分为诺成合同与实践合同。

诺成合同是指当事人意思表示一致即可以成立的合同。实践合同是指除了当事人意思表示一致外,还要交付一定的标的物才能成立的合同。

这样区分的意义是:合同成立的时间不同,也决定了当事人的义务有所不同。实践中大多数合同均为诺成合同,实践合同仅限于法律规定的少数,例如保管合同和自然人之间的借款合同等。

2. 有偿合同与无偿合同

根据当事人之间的权利义务是否互为对价,可以将合同分为有偿合同与无偿合同。

合同当事人互为对价给付的合同为有偿合同。所谓互为对价,指当事人双方互相给予对方某种利益且两种利益具有概括的等价性,这不一定意味着双方互相给予的利益完全相等,只要双方当事人互以彼此的给付为自己给付的条件即可。一般讲来,只要双方互相给予的利益大致相等,即可满足此要求,构成有偿合同。在实践中,绝大多数合同为有偿合同。无偿合同是指当事人间无对价关系的合同,属于合同类型的例外情形,在实践中较少,如赠与合同。

区分合同有偿或者无偿的意义在于确定当事人履行合同义务时注意的程度及违约责任的大小。一般而言,有偿合同义务的履行,其注意程度要高于无偿合同;主体要求也不尽相同。订立有偿合同原则上应当具备完全行为能力,而限制行为能力人、无行为能力人可订立一些纯获利的无偿合同。

3. 有名合同与无名合同

根据法律上是否规定了一定合同的名称,可以将合同分为有名合同与无名合同。

有名合同又称为典型合同,是指法律上已经确定了一定的名称和内容的合同。如《合同法》中所规定的买卖合同、租赁合同、承揽合同等15种有名合同。对于有名合同的内容,法律通常设有一些规定,但这些规定大多为任意性规范,当事人可以通过约定改变法律的规定。也就是说,法律关于有名合同内容的规定,主要是要规范合同的内容,并非要代替当事人订立合同。有名合同的不断增多并非意味着对当事人合同自由的干预大大加强,而是为了进一步规范合同,使当事人间的合同更完善齐备。无名合同又称非典型合同,指法律上未确定名称与内容的合同。

此区分意义是:两类合同所适用的规则不同,有名合同直接适用法律的具体规定,无名合同一般只能适用合同法总则的规定或民法通则或比照合同法分则中最相类似的规定。在此处要强调特别法优于普通法。

4. 格式合同与非格式合同

根据合同必要条款的内容是否由法律直接规定来划分,合同可分为格式合同和非格式合同。

格式合同又称标准合同、定型化合同,是指当事人一方预先拟定合同条款,对方只能表示全部同意或者不同意的合同。格式合同是当事人一方对长期进行、经常进行和交易次数频繁的交易所采用的一种事先拟定并印刷好的合同。对于格式合同的非拟定条款的一方当事人而言,要订立格式合同,就必须全部接受合同条件;否则就不订立合同。现实生活中的车票、船票、飞机票、保险单、提单、仓单、出版合同等都是格式合同。非格式合同是法律未对合同的内容作出直接规定的合同,实践中大多数的合同均属此类。

由于格式合同是一方当事人为了重复使用而预先拟定好所有的条款,未与对方协商的合同,体现了单方面的意志,有可能忽略或者遗漏了接受方的真实意思表示,导致实际上的不公平,所以法律规定当格式合同出现争议时,仲裁机构或者人民法院须先按照常理解释合同,不能按照常理解释合同的,要作出不利于提供合同方的解释。

## 第五章　合　同　法

格式条款具有《合同法》第 52、53 条规定情形的,或者提供格式条款方免除其责任、加重对方责任、排除对方主要权利的,该条款无效。格式条款争议的解决:

(1) 应当按照通常理解予以解释;

(2) 有两种以上解释的,应当作出不利于提供格式条款方的解释;

(3) 格式条款与非格式条款不一致的,应当采用非格式条款。非格式合同体现了要约和承诺的订约过程,而格式合同中没有。

区分这两类合同的法律意义在于明了格式合同须严格遵守法律的强行性规定,否则导致无效。而非格式合同的内容则完全由当事人双方协商确定,并可根据情况约定变更。正因为如此,法律通常要对格式合同的权利义务作出规定,目的在于尽可能在公平的前提下,保证处在弱势的相对人利益受到切实保障。

5. 要式合同与不要式合同

根据合同成立是否以一定的形式为要件可将合同分为要式合同与不要式合同。

要式合同,是指根据法律规定必须采取特定形式的合同。对于一些重要的交易,法律常要求当事人必须采取特定的方式订立合同。例如,中外合资经营企业合同必须由审批机关批准,合同方能成立。不要式合同,是指当事人订立的合同依法并不需要采取特定的形式,当事人可以采取口头方式,也可以采取书面形式。除法律有特别规定以外,合同均为不要式合同。根据合同自由原则,当事人有权选择合同形式,但对于法律有特别的形式要件规定的,当事人必须遵循法律规定。

此分类的意义在于要式合同如未具备法律规定的形式,可能会对合同的效力及内容产生影响。

6. 主合同与从合同

根据合同相互间的主从关系,可以将合同分为主合同与从合同。

主合同是指不以其他合同的存在为前提而能够独立存在的合同。从合同是指不能独立存在而以其他合同的存在为存在前提的合同。例如,甲与乙订立借款合同,丙为担保乙偿还借款而与甲签订保证合同,则甲乙之间的借款合同为主合同,甲丙之间的保证合同为从合同。

区分主合同和从合同的主要意义在于,主合同和从合同之间存在着特殊的联系,即从合同具有附属性,它不能独立存在,必须以主合同的存在并生效为前提。主合同不能成立,从合同就不能有效成立;主合同转让,从合同也不能单独存在;主合同被宣告无效或被撤销,从合同也将失效;主合同终止,从合同亦随之终止。

7. 单务合同与双务合同

根据当事人双方是否互负给付义务分为双务合同与单务合同。

双务合同即缔约双方相互负担义务,双方的义务与权利相互关联、互为因果的合同,如买卖合同、承揽合同等。单务合同指仅由当事人一方负担义务,而他方只享有权利的合同,如赠与、无偿保管等。

此分类的意义是：是否适用同时履行抗辩权；在风险的负担上不同；因一方过错导致合同不能履行的后果不同。

8. 确定合同与射幸合同

根据合同的法律效果在订立合同时是否已经确定，可将合同分为确定合同与射幸合同。

确定合同是指法律效果在订约时已经确定的合同。与它相对的是射幸合同。射幸合同是指法律效果在订约时不能确定而且在订约后完全因偶然情事而决定的合同。合同一般情况下均是确定合同，特殊的情况属于射幸合同。如保险合同、彩票购买合同属于射幸合同。法律对射幸合同往往是严加管理或者予以禁止。

区分意义：确定合同一般要求等价有偿，不能显失公平，射幸合同则否。

> **小提醒**
>
> 上述合同分类并没有囊括合同的所有种类，仅仅是最常见的几种分类。实践中注意这几个问题：(1)凡是不能当时结清、金额较大的和比较重要的合同应当采取书面合同的形式。(2)有名合同发生争议时优先适用合同法；无名合同发生争议时适用合同法总则或者其他最近似的法律，其法律保护的效果弱于有名合同。(3)格式合同出现争议时，要作出不利于提供合同方的解释。

### 三、合同法概念和特征

与其他法律部门一样，合同法也有广义和狭义之分。广义的合同法是指调整合同法律关系的法律规范的总称。其中，既包括专门法典意义上的合同法，如《中华人民共和国合同法》（以下简称《合同法》），也包括散见于各种法律规定之中的合同法律规范，如民法通则中有关合同的规定、各种单行合同条例等。狭义的合同法专指1999年3月15日通过，于当年10月1日实施的《合同法》，在立法上将原来的《经济合同法》、《技术合同法》、《涉外经济合同法》予以统一，结束原来三足鼎立的局面。

合同法是调整平等主体之间的合同关系的法律，它主要规范合同的订立、合同的效力、合同的履行、变更、转让、终止、违反合同的责任及各类有名合同等问题。合同法并不是一个独立的法律部门，而只是我国民法的重要组成部分，属于私法的性质。其特征包括：

(1)合同法以任意性规范为主。合同法采取了约定优先的原则，即有约定依约定、无约定依法定的规则，合同法中的大多数规则，允许当事人通过协商加以改变，而非强行性规范，以充分体现当事人的意思自治，使当事人的市场行为能最大限度地反映和符合市场经济的供需规律和价值规律。可以说，合同法就是任意法。

(2)合同法以平等协商和等价有偿为原则。商品交换必然要求遵循价值规律，实行等量劳动的交换。因此,作为规范市场经济交易关系的合同法,更加突出强调平等协商和等价有偿的原则。

(3) 合同法具有统一性和国际性。《合同法》是原来的《经济合同法》、《技术合同法》、《涉外经济合同法》三法统一。此外合同法的很多规则与《国际货物买卖公约》立法精神保持一致。

(4) 合同法是财产法。合同法以民事权利义务关系为调整对象,通过规范以财产为内容的民事权利——债权,实现保障当事人权益、鼓励交易、创造财富、维护社会交易关系顺利进行的目的,所以说,合同法是财产法。

根据《合同法》第2条,"婚姻、收养、监护等有关身份关系的协议,适用其他法律的规定。"因为身份关系并不属于交易关系,当然不应受合同法的调整。例如离婚协议应由婚姻法调整,一方违反该协议,另一方不得基于合同法的规定而请求另一方承担违约责任。

#### 四、合同法的原则

《合同法》的基本原则是合同当事人在从事交易活动中应当遵守的基本准则,也是人民法院、仲裁机构在审理、仲裁纠纷时应当遵循的原则。

(1) 平等原则,它的含义是民法赋予民事主体的民事权利能力,并要求所有民事主体同受法律的约束。此原则反映在合同法中,就是通过基本原则肯定当事人主体地位平等,在权利义务的分配上平等协商,肯定合同主体平等地受法律保护。

(2) 自愿原则,该原则实质上是传统民法中所谓的意思自治原则。在合同法中,自愿原则即体现为合同自由原则。合同自由原则有以下内容:① 缔结合同的自由;② 选择相对人的自由;③ 决定合同内容的自由;④ 变更、解除合同的自由;⑤ 决定合同方式的自由。

(3) 公平原则,实际上是社会道德的观念,是正义的观念,反映了人与人之间应保持一种正当善良的利益关系。它要求民事主体本着公正的观念从事合同活动,在满足自己的利益时还要兼顾他人的利益和社会公共利益。贯彻该原则有助于保障公平交易和公平竞争,有利于合同纠纷的公平合理解决。

(4) 诚实信用原则,其含义是指民事主体在从事民事活动中应诚实可信,以善意的方式行使权利和履行义务。同时,诚实信用原则要求当事人之间的利益以及当事人利益与社会利益之间的平衡。

(5) 合法原则。《合同法》第7条规定:"当事人订立、履行合同,应当遵守法律、行政法规,尊重社会公德,不得扰乱社会经济秩序,损害社会公共利益。"这可以简称为合法原则。违法的行为和合同不受法律保护,不发生法律效力。

#### 五、合同的法律约束力

我国《合同法》规定,依法成立的合同,对当事人具法律约束力。当事人应当按照合同的约定履行自己的义务,不得擅自变更和解除合同。所以合同一旦依法成立,即对当事人产生约束力,合同的约束力表现为当事人必须遵守合同的约定,依法成立的合同是受法律保护的。

# 第二节 合同的订立

合同的订立,是指当事人之间互为意思表示并趋于一致的过程。

## 一、合同的形式与内容

### (一)合同的形式

合同的形式,是当事人合意的表现形式,是合同内容的外在表现,是合同内容的载体。《合同法》第10条规定:"当事人订立合同,有书面形式、口头形式和其他形式。法律、行政法规规定采用书面形式的,应当采用书面形式。当事人约定采用书面形式的,应当采用书面形式。"

### (二)合同形式的比较

| 合同的形式 | 含义 | 备注 |
| --- | --- | --- |
| 口头形式 | 指当事人只用语言不用文字为意思表示订立合同 | 口头形式简便易行,尤其是对即时清结的合同最为适合,但缺点是发生合同纠纷时难以取证。所以,对于不能即时清结的合同和标的数额较大的合同,不宜采用这种形式 |
| 书面形式 | 指合同书、信件和数据电文(包括电报、电传、传真、电子数据交换和电子邮件)等可以有形地表现所载内容的形式 | 法律、行政法规规定或当事人约定采用书面形式的,应当采用书面形式;这种情况下,若当事人未采用书面形式,但一方已经履行主要义务,对方接受的,该合同成立。书面形式的最大优点是合同有据可查,发生纠纷时容易举证,便于分清责任。因此,对于关系复杂的合同、重要的合同,最好采取书面形式 |
| 其他形式 | 除了书面形式和口头形式外的合同形式 | 如公证、鉴证、批准、登记等形式、推定形式等 |

### (三)合同的内容

合同的内容就是合同的条款。合同一般包括以下条款:
(1)当事人的名称或姓名和住所;
(2)标的,即合同当事人双方权利和义务所共同指向的对象;
(3)数量,即标的在量上的限度,是以数字和计量单位来衡量的;

(4) 质量,是标的的内在素质和外观形态的综合表现;
(5) 价款或报酬,是指一方当事人向对方当事人所付对价的货币表现;
(6) 履行期限、地点和方式;
(7) 违约责任,即不履行合同义务或者履行合同义务不符合约定,而应当承担的法律责任;
(8) 解决争议的方法,主要有:当事人协商和解;第三人调解;仲裁、诉讼等方式。

一般认为,(1)、(2)、(3)项为合同的必备条款,《最高人民法院关于适用〈中华人民共和国合同法〉若干问题的解释(二)》第1条规定:"当事人对合同是否成立存在争议,人民法院能够确定当事人名称或者姓名、标的和数量的,一般应当认定合同成立。但法律另有规定或者当事人另有约定的除外。"

## 二、订立合同的程序

当事人订立合同要经过要约和承诺两个阶段。

### (一) 要约

1. 要约的概念和构成要件

要约,也称订约提议,是一方当事人向对方当事人提出的订立合同的建议和要求。一项有效要约,应具备以下条件:

(1) 要约的内容必须具体确定;
(2) 要约要表明经受要约人承诺,要约人即受该意思表示的约束。

2. 要约邀请

要约邀请又称要约引诱,是希望他人向自己发出要约的意思表示。寄送价目表、拍卖公告、招标公告、招股说明书、商业广告等为要约邀请。悬赏广告一般认为属于要约。

要约邀请与要约虽然最终目的都是为了订立合同,但两者存在较大区别:(1)当事人的意愿不同;(2)内容不同;(3)法律约束力不同。具体分析如下:

|  | 含义 | 内容 | 约束力 | 对象 |
|---|---|---|---|---|
| 要约 | 希望和他人订立合同的意思表示 | 内容明确、全面,包括未来订立的合同的主要条款 | 表明经受要约人承诺,要约人即受该要约束 | 一般向相对人发出 |
| 要约邀请 | 希望对方主动向自己提出订立合同的意思表示 | 无须必然包括未来可能订立的合同主要条款 | 无须表明要约人愿意接受约束的意思 | 一般向不特定多数人发出 |

3. 要约生效的时间

要约生效的时间关系到要约何时对要约人产生约束力,也涉及承诺的期限问题。我国《合同法》规定:"要约到达受要约人时生效。"可见我国法律采纳了到达主义。但对于要约的生效时间还应注意以下三个问题:

(1) 送达并不一定实际送达受要约人及其代理人手中,只要要约送达受要约人所能够控制的地方(如受要约人的信箱等)即为到达。如果要约人未特定限制时间,应以要约能够到达的合理时间为准。

(2) 在要约人发出要约但未到达受要约人之前,要约人可以撤回或修改要约的内容。

(3) 采用数据电文形式订立合同,收件人指定特定系统接收数据电文的,该数据电文进入该特定系统的时间,视为到达时间;未指定特定系统的,该数据电文进入收件人的任何系统的首次时间,视为到达时间。

4. 要约的撤回和撤销

要约的撤回是指要约在发生法律效力之前,要约人宣布收回发出的要约,使其不产生法律效力的行为。撤回要约的通知应当在要约到达受要约人之前或者与要约同时到达受要约人。

要约的撤销是指要约人在要约到达受要约人并生效以后,将该项要约取消,从而使要约的效力归于消灭。

撤销与撤回都旨在使要约作废或取消,并且都只能在承诺作出之前实施。但两者存在一定的区别,表现在:撤回要约发生在要约生效之前,而撤销要约则发生在要约已经生效但受要约人尚未作出承诺的期限内。由于撤销要约时要约已经生效,因此对要约的撤销必须有严格的限定,如果因为撤销要约而给受要约人造成损害,要约人应负赔偿责任。而对要约的撤回并没有这些限制。所以《合同法》第18条规定:"要约可以撤销。撤销要约的通知应当在受要约人发出承诺通知之前到达受要约人。"同时,该法第19条规定,如果要约中规定了承诺期限或者以其他形式表明要约是不可撤销的,或者尽管没有明示要约不可撤销,但受要约人有理由信赖要约是不可撤销的,并且已经为履行合同作了准备工作,则不可撤销要约。如果受要约人在收到要约以后,基于对要约的信赖,已为准备承诺支付了一定的费用,在要约撤销以后有权要求要约人给予适当补偿。

5. 要约的失效

要约失效也叫要约消灭,是指要约丧失了法律效力,要约人和受要约人均不再受其约束。要约在以下四种情况下失效:(1) 拒绝要约的通知到达要约人;(2) 要约人依法撤销要约;(3) 承诺期限届满,受要约人未作承诺;(4) 受要约人对要约的内容作出实质性变更。

【思考5-1】 2006年5月14日下午,王某拾到一个黑皮包,内有车辆年检证和路桥通行证。5月15日,王某花了150元在有线电视台登播了招领启事。5月

14日下午,丢包人赵某张贴了酬金为1 000元的数张悬赏告示。5月17日下午,赵某从王某手里领回了丢失的黑皮包。由于包内的3 000元现金已不在,双方不欢而散,赵某未给付酬金,王某并不知道有悬赏广告。5月19日,赵某以王某为被告,起诉至人民法院,要求追回3 000元现金,而王某此时已知晓悬赏告示,遂反诉要求赵某支付1 000元酬金及150元广告费。

试分析:法院是否支持赵某的诉求?为什么?

### (二) 承诺

**1. 承诺的概念和构成要件**

承诺,也称接受,是指受要约人完全同意了要约人的建议和要求,即"受要约人同意要约的意思表示"。承诺表明各方就合同的主要条款达成协议,合同成立。

一项有效的承诺须具备以下条件:

(1) 承诺必须由受要约人向要约人作出。承诺必须向要约人作出,如果向要约人以外的其他人作出承诺,则只能视为对他人发出要约,不能产生承诺效力。

(2) 承诺必须在规定的期限内到达要约人。承诺的期限通常都是在要约人发出的要约中规定的,如果要约规定了承诺期限,则应当在规定的承诺期限内到达;在没有规定期限时,如果要约是以对话方式作出的,承诺人应当即时作出承诺,如果要约是以非对话方式作出的,承诺应当在合理的期限内作出并到达要约人。如果超过了规定的期限作出承诺,则视为承诺迟到,或称为逾期承诺,逾期的承诺实质上不是承诺,而是一项新的要约,故不能产生承诺的法律效力。

(3) 承诺的内容应当与要约的内容一致。承诺的内容与要约的内容一致,意味着承诺不得限制、扩张或者变更要约的内容。换言之,承诺不得对要约的内容作出实质性修改。但是,如果承诺并未更改要约的实质性内容(有关合同标的、数量、质量、价款或者报酬、履行期限、履行地点和方式、违约责任和解决争议方法等),而只是对一些细节问题的修改,要约人也未表示反对,则承诺仍然有效。承诺对要约作出非实质性变更的,除要约人及时表示反对或者表明不得对要约的内容作出任何变更的以外,该承诺有效。

**2. 承诺的方式**

承诺的方式是指受要约人通过何种具体的表现形式将承诺的意思表示送达给要约人。我国《合同法》规定:"承诺应当以通知的方式作出,但根据交易习惯或者要约表明可以通过行为作出承诺的除外。"可见,承诺的方式有口头形式、书面通知形式和遵守交易惯例方式。

**3. 承诺的生效时间**

承诺生效时间以到达要约人时确定。所谓到达,指承诺的通知到达要约人支配的范围内,如要约人的信箱、营业场所等。至于要约人是否实际阅读和了解承诺通知则不影响承诺的效力。承诺通知一旦到达要约人,合同即宣告成立。如果承诺不需要通知,而根据交易习惯或者要约的要求以行为作出,则一旦受要约人作出承诺的行为,即可使承诺生效。

4. 承诺的撤回

承诺撤回是指受要约人在发出承诺通知后,在承诺生效之前撤回其承诺的行为。撤回承诺的通知应当在承诺通知到达要约人之前或者与承诺通知同时到达要约人。

承诺到达时生效,此时合同即告成立,合同的内容以承诺的内容为准。当事人如果认为承诺有误,会给自己带来不利后果时,可以在承诺通知到达之前或同时到达要约人之时声明撤回承诺。

【思考5-2】 法律有无规定承诺的撤销?为什么?

## 三、合同成立

《合同法》规定,当事人采用合同书形式订立合同的,自双方当事人签字或者盖章时合同成立。

当事人采用信件、数据电文等形式订立合同的,可以在合同成立之前要求签订确认书。签订确认书时合同成立。

承诺生效的地点为合同成立的地点。

采用数据电文形式订立合同的收件人的主营业地为合同成立的地点;没有主营业地的,其经营居住地为合同成立的地点。当事人另有约定的,按照其约定。

当事人采用合同书形式订立合同的,双方当事人签字或者盖章的地点为合同成立的地点。

法律、行政法规规定或者当事人约定采用书面形式订立合同,当事人未采用书面形式但一方已经履行主要义务,对方接受的,该合同成立。

采用合同书形式订立合同,在签字或盖章之前,当事人一方已履行主要义务,对方接受的,该合同成立。

【思考5-3】 江苏省某国有企业(以下简称甲)出售一批商品,于2006年9月1日向广东省某合资企业(以下简称乙)寄发一封信,信中内容是关于出售这批货的有效要约,并在要约中注有"不可撤销"的字样,规定乙在9月15日前答复才有效,但9月3日甲发现报价有误,并于当日用电报发出撤回通知,该通知于9月4日到达乙处,而9月1日发出的信于9月5日到达乙处,乙于当日立即用电报发出接受通知。

讨论:(1)甲与乙之间的合同是否成立?为什么?

(2)假如甲发出电报于9月6日到达乙处,那么甲与乙之间的合同是否成立?

(3)假如甲于9月5日才发现报价有误,能否撤销要约?为什么?

### 四、缔约过失责任

（一）缔约过失责任的概念

缔约过失责任，是指合同订立过程中，当事人一方因未履行依据诚实信用原则应承担的义务，而导致当事人另一方受到损失，应承担相应民事责任，即缔约过失责任。由于此时合同尚未成立，不能适用合同违约责任，理论上又将缔约过失责任称为前合同责任。

当事人在订立合同过程中，依据诚实信用原则，应当负有一定的责任而履行必要的义务，这些义务不属于合同约定义务，而是一种前合同义务。合同义务是当事人约定的基于有效合同产生的义务，通常表现为给付义务，旨在通过当事人一方的履行而满足当事人另一方的履行利益；而前合同义务是基于诚实信用原则和当事人之间的信赖关系而产生的法定义务，是一种附随义务，旨在保护缔约中的当事人的安全并促成缔约成功。

（二）缔约过失责任的法律规定

《合同法》第42条规定："当事人在订立合同过程中有下列情形之一，给对方造成损失的，应当承担损害赔偿责任：(1)假借订立合同，恶意进行磋商；(2)故意隐瞒与订立合同有关的重要事实或者提供虚假情况；(3)有其他违背诚实信用原则的行为。"

另外，《合同法》第43条规定："当事人在订立合同过程中知悉的商业秘密，无论合同是否成立，不得泄露或者不正当地使用。泄露或者不正当地使用该商业秘密给对方造成损失的，应当承担损害赔偿责任。"

## 第三节 合同的效力

### 一、合同的生效

（一）合同生效的概念和条件

合同生效是指合同符合法定生效要件，发生了当事人预期的法律后果。依照现行法律规定，合同生效要件为：

(1) 当事人须有缔约能力即合同主体资格，如公民应该具有完全的民事行为能力，限制行为能力人只能订立与其年龄、智力或者精神状况相适应的合同。法人或组织也应具有法律或章程规定的业务活动能力。

(2) 意思表示真实，是指当事人在缔约过程所作的要约和承诺都是自己真实意思的表示，即当事人行为的外部表示和内心意思是完全一致的。

(3) 不违反法律和社会公共利益。合法是民事法律行为的本质属性，也是民事法律行为有效的当然要件。此处违反"法律"主要是指法律中的强制性规范(一般指法律、行政法规层次以上)。社会公共利益俗称"善良风俗"或"公共秩序"。

(二)合同生效的时间

1. 合同生效的概念及法律规定

合同生效,是指合同当事人依据法律规定经协商一致,取得合意,双方订立的合同即发生法律效力。

《合同法》第 44 条规定:"依法成立的合同,自成立时生效。法律、行政法规规定应当办理批准、登记等手续生效的,依照其规定。"

当事人双方之间欲订立一项有效合同时,必须根据"依法成立的合同,自成立时生效"的规定,方能达到预期的目的。在订立合同的过程中,当事人应正确理解合同成立和合同生效的关系。合同成立与合同生效是有效合同的有机结合的两个方面。合同成立是合同生效的前提条件;合同生效是合同成立的必然结果。

合同成立和合同生效是两个相对独立的概念,两者之区别主要表现在以下四个方面:第一,合同成立是解决合同是否存在的问题,而合同生效是解决合同效力的问题;第二,合同成立的效力与合同生效的效力不同,合同成立以后,当事人不得对自己的要约与承诺任意撤回,而合同生效以后当事人必须按照合同的约定履行,否则,应承担违约责任;第三,合同不成立的后果仅仅表现为当事人之间产生的民事赔偿责任,一般为缔约过失责任。而合同无效的后果除了承担民事责任之外,还可能应承担行政或刑事责任;第四,合同不成立,仅涉及合同当事人之间的合同问题,当未形成合同时,不会引起国家行政干预。而对于合同无效问题,如果属于合同内容违法时,即使当事人不作出合同无效的主张,国家行政机关也会作出干预。

2. 附条件、附期限合同

(1)附条件合同

《合同法》第 45 条规定:"当事人对合同的效力可以约定附条件。附生效条件的合同,自条件成就时生效。附解除条件的合同,自条件成就时失效。当事人为自己的利益不正当地阻止条件成就的,视为条件已成就;不正当地促成条件成就时,视为条件不成就。"

所谓条件,是指合同当事人选定某种成就与否并不确定的将来事实作为制约合同效力发生或消灭手段的合同附加条件。合同附加条件,是当事人在合同中特别设定、借以制约合同生效效力的意思表示,是合同的特别生效条件,是合同的组成部分。包括附生效条件的合同和附解除条件的合同。

(2)附期限合同

《合同法》第 46 条规定:"当事人对合同的效力可以约定附期限。附生效期限的合同,自期限届至时生效。附终止期限的合同,自期限届满时失效。"

附期限合同,是指合同当事人约定一定的期限作为合同的效力发生或者终止的条件的合同。所谓"期限",是指合同当事人选定将来确定发生的事实以作为制约合同效力发生或者终止的合同附加条件。附期限合同可分为附生效期限合同和附终止期限合同。

## 二、无效合同

无效合同是指虽经合同当事人协商订立,但因其不具备或违反了法定条件,国家法律规定不承认其效力的合同。无效合同分为全部无效合同和部分无效合同。全部无效合同是指合同的全部条款不发生任何法律效力的合同,又称绝对无效;部分无效合同是指其中某些条款因违反法律法规而无效,但其他部分仍具有法律效力的合同。合同无效的确认归人民法院和仲裁机构。

1.《合同法》关于无效合同的法律规定

《合同法》第52条规定:"有下列情形之一的,合同无效:(1)一方以欺诈、胁迫的手段订立合同,损害国家利益;(2)恶意串通,损害国家、集体或者第三人利益;(3)以合法形式掩盖非法目的;(4)损害社会公共利益;(5)违反法律、行政法规的强制性规定。"

2.合同中免责条款无效的法律规定

合同中免责条款,是指当事人在合同中约定免除或者限制其未来责任的合同条款。《合同法》第53条规定:"合同中的下列免责条款无效:(1)造成对方人身伤害的;(2)因故意或者重大过失造成对方财产损失的。"

法律之所以规定上述两种情况的免责条款无效,原因有二:一是这两种行为具有一定的社会危害性和法律的谴责性;二是这两种行为都可能构成侵权行为责任,如果当事人约定这种侵权行为可以免责,等于以合同的方式剥夺了当事人的合同以外的合法权利。

## 三、效力待定的合同

效力待定的合同,是指合同欠缺有效要件,能否发生当事人预期的法律效力尚未确定,只有经过有权人的追认,才能化欠缺有效要件为符合有效要件,发生当事人预期的法律效力。效力待定合同包括以下三类合同:

(1)限制民事行为能力人订立的合同。经其法定代理人追认后合同有效,但是纯获益的合同或者与其年龄、智力、精神健康状态相适应而订立的合同,不必经法定代理人追认。相对人可以催告法定代理人在一个月内予以追认,逾期视为拒绝,在追认期内,善意相对人有撤销的权利。所谓"善意"这里是指合同相对人在签订合同时并不知道也不可能知道对方当事人是限制民事行为能力人。

(2)因无权代理签订的合同。无权代理指代理人没有合法有效的代理权,但是以被代理人的名义进行代理活动,所产生的后果对被代理人不发生效力;相对人可以在一个月内催告被代理人予以追认;逾期视为拒绝;在追认期内,善意相对人有撤销的权利。

(3) 非法处分他人财物签订的合同。无处分权的人处分他人的财产,经权利人追认或者无处分权的人订立合同后取得处分权的,该合同有效。

### 四、可变更、可撤销合同

**(一) 可变更、可撤销合同的概念**

可变更、可撤销的合同,又称为相对无效的合同,是指欠缺合同有效要件,一方当事人有权请求人民法院或仲裁机构予以变更或撤销的合同。

**(二) 可变更、可撤销合同的种类**

依照合同法的规定,可变更、可撤销合同可分为三种:

(1) 因重大误解订立的。是指当事人一方因自己的过失导致对合同的内容等发生重大误解而订立合同的行为。

(2) 在订立合同时显失公平的。是当事人一方处于紧迫或者缺乏经验的情况下而订立的明显对自身有重大不利的合同的行为。

(3) 一方以欺诈、胁迫的手段或者乘人之危,使对方在违背真实意思的情况下订立的合同,受损害方有权请求人民法院或者仲裁机构变更或者撤销(注意:若合同损害国家利益则属于无效合同)。

可撤销合同有以下特征:第一,是否使可撤销合同的效力消灭,取决于撤销权人的意思,撤销权人以外的人无权撤销合同;第二,可撤销合同在未被撤销以前属于有效合同。即使合同具有可撤销的因素,但撤销权人未有撤销行为,合同仍然有效,当事人不得以合同具有可撤销因素为由而拒不履行合同义务;第三,撤销权一旦行使,可撤销的合同原则上溯及其成立之时的效力消灭。

> ☞ **小提醒**
>
> 当事人一方以欺诈、胁迫的手段,使对方在违背真实意思的情况下订立的合同,根据《民法通则》规定都为无效合同,但《合同法》第54条第2款规定:"一方以欺诈、胁迫的手段或者乘人之危,使对方在违背真实意思的情况下订立的合同,受损害方有权请求人民法院或者仲裁机构变更或者撤销"。与违法合同以及损害国家利益的合同不同,这种合同受害者只是受欺诈、受胁迫或被乘人之危的一方当事人,根据意思自治原则,受害方可以有选择合同效力的权利,即可以撤销或者变更合同而使合同无效,也可以保持合同有效。

### （三）撤销权行使与消灭

对于可变更或可撤销的合同，当事人应通过诉讼或仲裁的方式请求人民法院或仲裁机构予以变更或撤销。当事人请求变更的，人民法院或仲裁机构不得撤销。

撤销权消灭的原因：

(1) 具有撤销权的当事人自知道或者应当知道撤销事由之日起一年内没有行使撤销权；

(2) 具有撤销权的当事人知道撤销事由后明确表示或者以自己的行为放弃撤销权。

合同当事人一方行使撤销权时，应当在其知道或者应当知道撤销事由的一年内行使。这一年的期间在法律上称作除斥期间，除斥期间是法律规定的当事人的某种权利的存续期间，期间届满后，权利归于消灭。除斥期间不能中止、中断或者延长。该项除斥期间的规定，一方面有利于保护撤销权人在法定的期间内及时地行使权利；另一方面也有利于社会经济秩序的稳定。如果撤销权人长期不行使撤销权利，必然导致合同的效力处于不确定状态，也有损于当事人另一方的正当利益。

撤销权的放弃，是指享有撤销权的当事人以明示或者默示的方式放弃撤销权的行为。撤销权作为合同当事人一方基于法律之规定而享有的一项权利，对因重大误解或显失公平等法律事实真相如实了解后，有权按照"意思自治"原则，作出"明确表示"或者"以自己的行为放弃撤销权"，最终达到维护自身根本利益的目的。

## 五、合同无效或被撤销的法律后果

《合同法》第 56 条规定："无效的合同或者被撤销的合同自始没有法律约束力。合同部分无效，不影响其他部分效力的，其他部分仍然有效。"

《合同法》第 57 条规定："合同无效、被撤销或者终止时，不影响合同中独立存在的有关解决争议方法的条款的效力。"依照此项规定，合同中关于解决争议的方法条款的效力具有相对的独立性，因此，不受合同无效、变更或者终止的影响。即合同无效、合同变更或者合同终止并不必然导致合同中解决争议方法的条款无效、变更、终止。

无效的合同或者被撤销的合同自始无效。合同部分无效，不影响其他部分效力的，其他部分仍然有效。合同无效、被撤销后，因该合同取得的财产，应当予以返还；不能返还的或者没有必要返还的，应当折价补偿。对于无过错一方因此所受到的损失由有过错方承担赔偿责任。恶意串通的，取得的财产收归国家所有或者返还集体、第三人。

## 第四节 合同的履行

### 一、合同的履行的概念和原则

（一）合同的履行的概念

合同的履行，是指合同当事人按照合同的约定完成各自应尽的全部义务，使合同关系得以全部终止的整个行为过程。合同履行是整个合同法律制度的核心，是合同法律约束力最集中的体现，是消灭合同之债最主要的方式，也是实现当事人订约目的的唯一途径。

（二）合同履行的原则

(1) 全面履行原则。也称适当履行原则，是指合同当事人应当按照合同的约定全面、正确地履行义务。

(2) 协作履行原则。又称诚实信用原则，是指当事人在合同履行中不仅要适当、全面履行合同的约定，还要基于诚实信用原则，对对方当事人的履行债务行为给予协助，使之能更好地、更方便地履行合同。这一原则要求当事人根据合同的性质、目的和交易习惯履行通知、协助、保密等义务。

(3) 经济合理履行原则。也称效益履行原则，它要求履行合同时讲求经济效益，付出最小的成本，取得最佳的合同利益。

### 二、合同履行中条款空缺的法律适用

（一）合同内容约定不明确的法律规定

《合同法》规定，合同生效后，当事人就质量、价款或者报酬、履行地点等内容没有约定或者约定不明确的，可以协议补充；不能达成补充协议的，按照合同有关条款或者交易习惯确定。依照上述规定仍不能确定的，适用下列规定：

(1) 质量要求不明确的，按照国家标准、行业标准履行；没有国家标准、行业标准的，按照通常标准或者符合合同目的的特定标准履行。

(2) 价款或者报酬不明确的，按照订立合同时履行地的市场价格履行；依法应当执行政府定价或者政府指导价的，按照规定履行。

(3) 履行地点不明确的，给付货币的，在接受货币一方所在地履行；交付不动产的，在不动产所在地履行；其他标的，在履行义务一方所在地履行。

(4) 履行期限不明确的，债务人可以随时履行，债权人也可以随时要求履行，但应当给对方必要的准备时间。

(5) 履行方式不明确的，按照有利于实现合同目的的方式履行。

(6) 履行费用的负担不明确的,由履行义务一方负担。

## (二) 执行政府定价的合同履行的规定

《合同法》第 63 条规定:"执行政府定价或者政府指导价的,在合同约定的交付期限内政府价格调整时,按照交付时的价格计价。逾期交付标的物的,遇价格上涨时,按照原价格执行;价格下降时,按照新价格执行。逾期提取标的物或者逾期付款的,遇价格上涨时,按照新价格执行;价格下降时,按照原价格执行。"

【思考 5-4】 上述规定的意义何在?此规定保护了哪方的利益?

## 三、合同履行中的抗辩权

### (一) 合同履行中的抗辩权

抗辩权,是指在双务合同中,当事人一方有依法对抗对方要求或否认对方权利主张的权利。《合同法》规定了同时履行抗辩权、后履行抗辩权、不安抗辩权。

### (二) 同时履行抗辩权

《合同法》第 66 条规定:"当事人互负债务,没有先后履行顺序的,应当同时履行。一方在对方履行之前有权拒绝其履行要求。一方在对方履行债务不符合约定时,有权拒绝其相应的履行要求。"

同时履行抗辩权,是指在没有规定履行顺序的双务合同中,当事人一方在当事人另一方未为对待给付以前,有权拒绝先为给付的权利。

同时履行抗辩权的适用条件:(1) 由同一双务合同产生互负的债务,只有在同一双务合同中才能产生同时履行抗辩权;(2) 合同未约定履行顺序,即"没有先后履行顺序",在这种情况下往往要求当事人同时履行,只有在当事人双方的债务同时到期时才可能产生同时履行抗辩权;(3) 当事人另一方未履行债务;(4) 对方的对待给付是可能履行的义务,倘若对方所负债务已经没有履行的可能性,即同时履行的目的已不可能实现时,则不发生同时履行抗辩问题,当事人可依照法律规定解除合同。

### (三) 后履行抗辩权

《合同法》第 67 条规定:"当事人互负债务,有先后履行顺序,先履行一方未履行的,后履行一方有权拒绝其履行要求。先履行一方履行债务不符合约定的,后履行一方有权拒绝其相应的履行要求。"

后履行一方的抗辩权,是指在有履行顺序的双务合同中,后履行合同的一方有权要求应当先履行的一方履行其义务,如果应当先履行的一方未履行债务或者履行债务不符合约定,后履行的一方当事人有权拒绝应当先履行一方的履行的请求。此时,后履行的一方当事人有权行使其后履行抗辩权。

### (四) 不安抗辩权

(1) 不安抗辩权的概念。不安抗辩权,是指在双务合同中,当事人互负债务,合同约定有先后履行顺序的,先履行债务的当事人一方应当先履行其债务。但是,应当先履行债务的当事人一方,在有确切证据证明对方有丧失或者可能丧失履行债务能力的情况下可以中止履行其债务。此时,先履行的一方当事人有权行使其不安抗辩权。

(2) 不安抗辩权的法律规定。《合同法》第 68 条规定:"应当先履行债务的当事人,有确切证据证明对方有下列情形之一的,可以中止履行:① 经营状况严重恶化;② 转移财产、抽逃资金以逃避债务;③ 丧失商业信誉;④ 有丧失或者可能丧失履行债务能力的其他情形。当事人没有确切证据中止履行的,应当承担违约责任。"

(3) 不安抗辩权的适用条件:① 适用于双务合同;② 后履行债务的当事人一方的债务尚未届至履行期限;③ 后履行债务的一方当事人有丧失或者可能丧失履行债务能力的情况。

(4) 设置不安抗辩权的目的。《合同法》规定,当事人行使不安抗辩权的法律效果是中止履行。中止履行,是指行使不安抗辩权当事人一方,有权暂时停止合同的履行或者延期履行合同;一旦中止履行的原因排除后,应当恢复履行合同,从而达到实现合同当事人权利的目的。因此,中止履行与终止合同不同,终止合同是指解除、消灭合同关系的法律行为。

(5) 行使不安抗辩权的当事人中止履行的义务和权利。《合同法》第 69 条规定:"当事人依照本法第 68 条的规定中止履行的,应当及时通知对方。对方提供适当担保时,应当恢复履行。中止履行后,对方在合理期限内未恢复履行能力并且未提供适当担保的,中止履行的一方可以解除合同。"

根据上述规定,行使不安抗辩权的当事人应当承担的义务如下:首先,通知义务,是指行使不安抗辩权的当事人应当将中止履行的事实、理由以及恢复履行的条件及时通知对方;其次,当对方当事人提供担保时,应当恢复履行合同。

行使不安抗辩权的当事人享有的权利是:行使不安抗辩权当事人在中止履行后,对方在合理期限内未恢复履行能力并且未提供适当担保的,有权通知对方可以解除合同。

【思考 5-5】 甲乙两公司签订钢材购买合同,合同约定:乙公司向甲公司提供钢材,总价款 500 万元。甲公司预支价款 200 万元。在甲公司即将支付预付款前,得知乙公司因经营不善,无法交付钢材,并有确切证据证明。于是,甲公司拒绝支付预付款,除非乙公司能提供一定的担保,乙公司拒绝提供担保。为此,双方发生纠纷并诉至法院。

试分析:(1) 甲公司拒绝支付预付款是否合法?
(2) 甲公司的行为若合法,法律依据是什么?
(3) 甲公司行使的是什么权利?行使该权利必须具备什么条件?

## 第五节　合同的担保

### 一、合同担保的概念

担保是指依照法律规定或由当事人双方经过协商一致而约定的，为保障当事人一方债权得以实现的法律措施。我国《担保法》设定了五种担保方式，即保证、抵押、质押、留置和定金。担保具有从属性、自愿性、条件性。

### 二、主要担保方式

（一）保证

(1) 保证的概念。保证是第三人和债权人约定，当债务人不履行债务时，该第三人按照约定履行债务或者承担责任的担保方式。

这里的第三人为保证人。被担保履行债务的当事人为被保证人。被保证人是主合同的债务人。主合同的债权人在债务人不履行合同义务时有权向保证人请求履行义务或者要求承担责任。保证人与债权人应当以书面形式订立保证合同。

保证人是指具有代为清偿债务能力的法人、其他组织或者公民。但不是所有具有代为清偿债务能力的法人、其他组织或者公民都可以作为保证人。如学校、幼儿园、医院等以公益为目的的事业单位、社会团体不得为保证人；企业法人的分支机构、职能部门不得为保证人。

(2) 保证有一般保证和连带责任保证两种方式。

① 当事人在保证合同中约定，债务人不能履行债务时，由保证人承担保证责任的，为一般保证。一般保证的保证人在主合同纠纷未经审判或者仲裁，并就债务人财产依法强制执行仍不能履行债务前，对债权人可以拒绝承担保证责任。

② 当事人在保证合同中约定保证人与债务人对债务承担连带责任的，为连带责任保证。连带责任保证的债务人在主合同规定的债务履行期届满没有履行债务的，债权人可以要求债务人履行债务，也可以要求保证人在其保证范围内承担保证责任。当事人对保证方式没有约定或者约定不明确的，按照连带责任保证承担保证责任。

(3) 保证担保的范围。包括主债权及利息、违约金、损害赔偿金和实现债权的费用。保证合同另有约定的，按照约定。当事人对保证担保的范围没有约定或者约定不明确的，保证人应当对全部债务承担责任。保证人承担保证责任后，有权向债务人追偿。

（二）抵押

(1) 抵押的概念。抵押是指债务人或者第三人在不转移对其特定财产的占有的前提下,将该财产作为债权的担保。其中的债务人或者第三人是抵押人,债权人是抵押权人,用来抵押的财产是抵押物。债务人不履行债务时,债权人有权依法以该财产折价或者以拍卖、变卖该财产的价款优先受偿。变卖的抵押物价款不足以清偿应当给付债权人的数额时,债权人有权请求给付不足部分;如有剩余,应当退还抵押人。

(2) 抵押物。抵押物是指用于抵押的财产。抵押物必须具备以下条件:第一,抵押财产应具有流通性;第二,抵押财产必须是抵押人有权处分的财产;第三,抵押财产的价值应大于或者等于其所担保的债权。

可以用于抵押的财产有:① 抵押人所有的房屋和其他地上定着物;② 抵押人所有的机器、交通运输工具和其他财产;③ 抵押人依法有权处分的国有的土地使用权、房屋和其他地上定着物;④ 抵押人依法有权处分的国有的机器、交通运输工具和其他财产;⑤ 抵押人依法承包并经发包方同意抵押的荒山、荒沟、荒丘、荒滩等荒地的土地使用权;⑥ 依法可以抵押的其他财产。

下列财产不得抵押:① 土地所有权;② 耕地、宅基地、自留地、自留山等集体所有的土地使用权,但法律规定可以抵押的除外;③ 学校、幼儿园、医院等以公益为目的的事业单位、社会团体的教育设施、医疗卫生设施和其他社会公益设施;④ 所有权、使用权不明或者有争议的财产;⑤ 依法被查封、扣押、监管的财产;⑥ 依法不得抵押的其他财产。

(3) 抵押的设置。抵押人和抵押权人应当以书面形式订立抵押合同,并依法办理抵押物登记手续,抵押合同自抵押物登记之日起生效。

(三) 质押

(1) 质押的概念。质押是指债务人或者第三人将其特定的动产或权利移交债权人占有,当债务人不履行债务时,债权人有权就其占有的财产优先受偿的担保。质押中的债权人称为质权人,债务人或第三人称为出质人,用作质押的财产称为质物。

(2) 质押的种类。质押因质物的不同,可分为动产质押和权利质押两种。

(3) 质押的设置。质权人与出质人需要以书面形式订立质押合同。质押合同自质物移交给质权人占有时生效。以汇票、支票、本票、债券、存款单、仓单、提单出质的,应当在合同约定的期限内将权利凭证交付质权人。质押合同自权利凭证交付之日起生效。

(四) 留置

(1) 留置的概念。留置是债权人按照合同约定占有债务人的动产,债务人不按照合同约定的期限履行债务的,债权人有权依法留置该财产,以该财产折价或者以拍卖、变卖该财产的价款优先受偿。债权人所享有的权利称为留置权,债权人因对留置权的享有而成为留置权人。

(2) 留置权的行使。留置权是一种典型的法定担保形式,只要因保管合同、运输合同、加工承揽合同发生的债权,债务人不履行债务的,债权人有留置权,无须债权人和债务人达成协议,债权人即可行使留置权。

(3) 留置物的处理。留置的财产为可分物的,留置物的价值应当相当于债务的金额。债权人与债务人应当在合同中约定,债权人留置财产后,债务人应当在不少于两个月的期限内履行债务。债权人与债务人在合同中未约定的,债权人留置债务人财产后,应当确定两个月以上的期限,通知债务人在该期限内履行债务。

债务人逾期仍不履行的,债权人可以与债务人协议以留置物折价,也可以依法拍卖、变卖留置物。

(五) 定金

定金是指当事人在签订合同时约定由一方向另一方支付一定金钱作为履行合同的担保。合同履行后,该定金抵作价款或者由支付方收回。给付定金的一方不履行约定的债务的,无权要求返还定金;收受定金的一方不履行约定的债务的,应当双倍返还定金。

定金应当以书面形式约定。当事人在定金合同中应当约定交付定金的期限,定金合同从实际交付定金之日起生效。定金的数额由当事人约定,但不得超过主合同标的额的20%。

【思考5-6】 实践中双方合同约定的定金数额高于20%时如何处理?是导致合同无效,定金条款无效,还是其他?

### 三、合同的保全

(一) 合同保全概述

(1) 合同的保全概念。法律为防止因债务人的财产不能现实增加或不当减少而给债权人的债权带来损害,允许债权人行使代位权或撤销权,以保护其债权。

(2) 合同的保全特点:① 合同相对性规则的例外。针对合同当事人之外的第三人。② 主要发生在合同有效成立期间。③ 其基本方法是确认债权人享有代位权或撤销权。④ 合同的保全,须以诉讼的方式行使。

(3) 合同的保全种类。① 代位权——针对债务人的消极行为(债务人怠于行使对次债务人的债权,使应当现实实现的财产没有实现)。② 撤销权——针对债务人的积极行为(主动使自己的财产减少,他人的财产增加)。

(二) 债权人的代位权

(1) 债权人的代位权,是指因债务人怠于行使其到期债权,对债权人造成损害的,债权人可以向法院请求以自己的名义代位行使债务人债权的权利。

(2) 代位权的特征:① 针对的是债务人的消极不行使权利的行为,即怠于行使权利的行为。② 代位权是债权人以自己的名义行使债务人的债权。债权人请求第三人向债务人履行债务，而不是请求第三人向自己履行债务。③ 代位权的行使必须通过法院提起诉讼。④ 代位权是权利。

(3) 代位权行使的条件：① 债权人对债务人的债权合法、确定，且必须已届清偿期。② 债务人怠于行使其到期债权。债务人不履行其到期债务，又不以诉讼的方式或者仲裁的方式向其债务人主张其享有的金钱给付内容的到期债权，致使债权人的到期债权未能实现。③ 已经对债权人造成损害。④ 债务人的债权不是专属于债务人自身的债权。专属于债务人自身的债权主要是指基于扶养关系、抚养关系、赡养关系、继承关系产生的给付请求权和劳动报酬、退休金、抚恤金、安置费、人身伤害赔偿请求权等权利。

### (三) 债权人的撤销权

1. 债权人的撤销权

是指因债务人实施减少其财产的行为对债权人造成损害的，债权人可以请求法院撤销该行为的权利。

2. 撤销权行使的条件

(1) 客观要件：① 债务人实施了处分财产的行为（法律上的处分行为）；② 债务人处分财产的行为已经发生法律效力；③ 债务人处分财产的行为已经或将要严重损害债权。

(2) 主观要件：① 债务人放弃到期债权、无偿转让财产是以逃避债务为目的，可推定具有主观恶意（债权人无需举证）；② 债务人以明显不合理低价转让财产的，须债务人与受让人均具有恶意，即要求受让人明知低价转让财产是为了逃避债务（债权人需举证）。

3. 撤销权的行使范围以债权人的债权为限

债权人行使撤销权的必要费用，由债务人负担。

撤销权自债权人知道或应该知道撤销事由之日起 1 年内行使，但自债务人的行为发生之日起 5 年内没有行使撤销权的，该撤销权消灭。

【思考 5-7】 此处合同保全的撤销权与可撤销合同的撤销权有何不同？

## 第六节 合同的变更、转让与终止

### 一、合同的变更

合同的变更，是指合同成立后至没有履行或没有完全履行以前，合同当事人就合同的内容进行修改或补充的行为。合同的变更须经当事人协商一致。当事人对合同变更的内容约定不明确的,推定为未变更。

## 二、合同的转让

合同的转让,是指合同当事人一方将其合同的权利和义务全部或部分转让给第三人的行为。合同转让实际上也是广义的合同变更,是合同的主体发生了变化。

按照转让的内容和原因的不同,合同的转让可分为三种类型。

### (一) 合同权利的转让

1. 合同权利转让的概念及构成要件

合同权利的转让又称债权转让,是指合同的债权人通过协议将债权转移给第三人的行为。

债权转让的要件包括:(1) 有有效的合同存在;(2) 债权人与受让人达成转让协议;(3) 债权人转让权利,不需要经债务人同意,但应通知债务人,未经通知,该转让对债务人不发生法律效力。

2. 对债权转让的限制

我国《合同法》规定,债权人可以将合同的权利全部或者部分转让给第三人,但有下列情形之一的除外:(1) 根据合同性质不得转让的权利;(2) 按照当事人约定不得转让的权利;(3) 依照法律规定不得转让的权利。

### (二) 合同义务的转移

合同义务的转移又称债务承担,是指债务人将其在合同中的义务全部或部分转移给第三人的行为。债务人转移债务应取得债权人的同意。

### (三) 合同权利义务全部转让

当事人一方经对方同意,可以将自己在合同中的权利和义务一并转让给第三人。一般是由合同的一方当事人与第三人签订转让协议,约定由第三人享有合同转让人的一切权利并承担转让人在合同中的所有义务。

## 三、合同的终止

合同的终止又称合同的消灭,是指合同当事人之间的权利义务关系因一定法律事实的出现而不复存在。

我国《合同法》规定了合同终止的七种情形:(1) 债务已经按照约定履行;(2) 合同解除;(3) 债务相互抵消;(4) 债务人依法将标的物提存;(5) 债权人免除债务;(6) 债权债务同归于一人;(7) 法律规定或当事人约定终止的其他情形。

# 第七节 违约责任

## 一、违约责任的概念和归责原则

### (一) 违约责任的概念

违约责任,是指合同当事人因违反合同的规定及约定所应承担的继续履行、采取补救措施或者赔偿损失等民事责任。

### (二) 违约责任制度的重要意义

违约责任制度是保障债权实现及债务履行的重要措施,它与合同债务有密切关系。合同债务是违约责任的前提,违约责任制度的设立能督促债务人履行债务。没有违约责任制度,合同的法律约束力就会落空。因此,违约责任制度是保障合同当事人实现其权利和履行其义务的重要措施,有利于促进合同的履行和弥补违约造成的损失,对合同当事人和整个社会的交易活动的稳定发展具有重要意义。

### (三) 归责原则

依照《合同法》的规定,当事人不履行合同义务或履行合同义务不符合约定时,就要承担违约责任。此项规定确立了对违约责任实行"严格责任原则",只有不可抗力的原因方可免责。至于缔约过失、无效合同或可撤销合同,则采取过错责任。《合同法》分则中特别规定了过错责任的,实行过错责任原则。

## 二、违约行为

违约行为即违反合同的行为,是指合同当事人不履行合同义务或者履行合同义务不符合约定的行为。

(1) 实际违约行为种类:① 不履行合同义务,是指合同当事人不能履行或者拒绝履行合同义务;② 履行合同义务不符合约定,即不适当履行,是指包括不履行以外的一切违反合同义务的情形。当事人明确表示不履行合同的义务,即当事人拒绝履行的意思表示;当事人以自己的行为表明不履行合同义务的,是指当事人一方通过自己的行为使对方有确切的证据预见到其在履行期限届满时将不履行或者不能履行合同的主要义务。

(2) 预期违约。预期违约也称先期违约,是指在合同履行期限到来之前,一方无正当理由但明确表示其在履行期到来后将不履行合同,或者其行为表明其在履行期到来后将不可能履行合同。

《合同法》第108条规定:"当事人一方明确表示或者以自己的行为表明不履行合同义务的,对方可以在履行期限届满之前要求其承担违约责任。"预期违约包括两种形态,即明示预期违约和默示预期违约。由于预期违约是合同履行期还未到来时的违约,所以守约一方在行使救济权利时,一定要掌握确切的证据,采取适当的保全手段。

### 三、承担违约责任的主要形式

(一) 继续履行

法律规定,违约人支付违约金后并不当然免除继续履行的义务,权利人要求继续履行而违约人有继续履行能力的,必须继续履行其义务。

继续履行的适用,因债务性质的不同而不同。

金钱债务:无条件适用继续履行。金钱债务只存在迟延履行,不存在履行不能。因此,应无条件适用继续履行的责任形式。

非金钱债务:有条件适用继续履行。对非金钱债务,原则上可以请求继续履行,但下列情形除外:(1) 法律上或者事实上不能履行(履行不能);(2) 债务的标的不适用强制履行或者强制履行费用过高;(3) 债权人在合理期限内未请求履行(如季节性物品之供应)。

(二) 支付违约金

违约金是指由法律规定或合同约定的,在当事人一方不履行合同或履行合同不符合约定时,给付对方当事人的一定数额的货币。《合同法》第114条规定:"当事人可以约定一方违约时应当根据违约情况向对方支付一定数额的违约金,也可以约定因违约产生的损失赔偿额的计算方法。"

违约金是对损害赔偿额的预先约定,既可能高于实际损失,也可能低于实际损失,畸高和畸低均会导致不公平结果。为此,各国法律规定法官对违约金具有变更权,我国《合同法》第114条第2款也作了规定。其特点是:(1) 以约定违约金"低于造成的损失"或"过分高于造成的损失"为条件;(2) 经当事人请求;(3) 由法院或仲裁机构裁量;(4) "予以增加"或"予以适当减少"。

(三) 适用定金罚则

定金,是指合同当事人为了确保合同的履行,依据法律规定或者当事人双方的约定,由当事人一方在合同订立时或者订立后履行前,按照合同标的额的一定比例(不超过20%),预先给付对方当事人的金钱或其替代物。它是作为债权担保的一定数额的货币,它属于一种法律上的担保方式,目的在于促使债务人履行债务,保障债权人的债权得以实现。签合同时,对定金必须以书面形式进行约定,同时还应约定定金的数额和交付期限。给付定金一方如果不履行债务,无权要求另一方返还定金;接受定金的一方如果不履行债务,需向另一方双倍返还定金。债务人履行债务后,依照约定,定金应抵作价款或者收回。

> **☞ 小提示**
> 
> 同一合同中,既有定金条款,又有违约金条款的,只能由非违约方选择行使,不能同时并用。

### (四) 赔偿损失

赔偿损失是指当事人一方不履行合同义务或履行合同义务不符合约定,给对方造成损失时,应向对方支付的一定数额的货币或者约定损失赔偿的计算方法。赔偿损失的确定方式有两种:法定损害赔偿和约定损害赔偿。

### (五) 采取补救措施

采取补救措施是指一方当事人违约后,为防止损失的发生和扩大,另一方要求违约方按照法定或约定采取退货、减少价款等措施以弥补或者减少另一方损失的责任形式。这种责任形式,与继续履行(解决不履行问题)和赔偿损失具有互补性。

关于采取补救措施的具体方式,我国《合同法》第111条规定为:修理、更换、重作、退货、减少价款或者报酬等。

## 四、违约责任的免除

违约责任的免除,是指没有履行或者没有完全履行合同义务的当事人,依法可以免除承担的违约责任。合同法上的免责事由可分为两大类,即法定免责事由和约定免责事由。法定免责事由是指由法律直接规定、不需要当事人约定即可援用的免责事由,主要指不可抗力;约定免责事由是指当事人约定的免责条款。

### (一) 不可抗力的概念

所谓不可抗力,是指不能预见、不能避免并不能克服的客观情况。不可抗力主要包括以下几种情形:(1)自然灾害,如台风、洪水、冰雹;(2)政府行为,如征收、征用;(3)社会异常事件,如罢工、骚乱。

在不可抗力的适用上,有以下问题值得注意:(1)合同中是否约定不可抗力条款,不影响直接援用法律规定;(2)不可抗力条款是法定免责条款,约定不可抗力条款如小于法定范围,当事人仍可援用法律规定主张免责;如大于法定范围,超出部分应视为另外成立了免责条款,依其约定;(3)不可抗力作为免责条款具有强制性。当事人不得约定将不可抗力排除在免责事由之外。

### (二) 不可抗力的法律效力

因不可抗力不能履行合同的,根据不可抗力的影响,违约方可部分或全部免除责任。但有以下例外:(1)金钱债务的迟延责任不得因不可抗力而免除;(2)迟延履行期间发生的不可抗力不具有免责效力。

合同当事人一方因不可抗力不能履行合同时,虽然可以免除履行的责任,但仍负有减少损失、通知对方并提供证明的义务。

【思考 5-8】 违约责任与缔约过失责任有何异同?

【思考 5-9】 中国甲公司与外国乙公司签订了一份货物买卖合同,约定由甲公司向乙公司购买机器设备,价款 500 万元,合同约定违约金 100 万元。

讨论:(1) 如果甲方尚未付款前,发现乙方提供的货物不符合合同的约定,应如何处理?

(2) 如果乙方违约未能及时供货,给甲方造成损失 5 万元,乙方要求减少违约金数额,法律是否允许?

(3) 如果乙方违约给甲方造成损失 80 万元,乙方能否提出减少赔偿金额的要求?

## 第八节 典型有名合同

### 一、买卖合同

买卖合同是出卖人转移标的物所有权于买受人,买受人支付价款的合同。

1. 标的物

出卖的标的物,应当属于出卖人所有或者出卖人有权处分。

一般情况下,标的物的所有权自标的物交付时起转移。

2. 标的物的风险转移

(1) 标的物毁损、灭失的风险,在标的物交付之前由出卖人承担,交付后由买受人承担。

(2) 因买受人的原因使标的物不能按照约定的期限交付的,买受人应当自违反约定之日起承担标的物毁损、灭失的风险。

(3) 出卖人出卖交由承运人运输的在途标的物,除当事人另有约定的外,毁损、灭失的风险自合同成立时起由买受人承担。

(4) 出卖人按照约定或者依照法律的规定将标的物置于交付的地点,买受人违反约定没有收取的,标的物毁损、灭失的风险自违反约定之日起由买受人承担。

3. 标的物的数量

(1) 出卖人多交标的物的,买受人可以接收或者拒绝接收多交的部分。

(2) 买受人接收多交的部分的,按照合同的价格支付价款;买受人拒绝接收多交部分的,应当及时通知出卖人。

(3) 标的物在交付之前产生的孳息,归出卖人所有;交付之后产生的孳息,归买受人所有。

## 二、租赁合同

租赁合同指出租人将租赁物交付给承租人使用、收益,承租人支付租金的合同。

租赁合同的内容包括租赁物的名称、数量、用途、租赁期限、租金及其支付期限和方式、租赁物维修等条款。

1. 租赁期限相关规定

(1) 租赁期限不得超过 20 年,超过 20 年的,超过部分无效。

(2) 租赁期间届满,当事人可以续订租赁合同,但约定的租赁期限自续订之日起不得超过 20 年。

(3) 租赁期限 6 个月以上的,应当采用书面形式。

(4) 当事人未采用书面形式的,视为不定期租赁。

2. 租赁物

出租人应当履行租赁物的维修义务,当事人另有约定的除外。

承租人在租赁物需要维修时可以要求出租人在合理期限内维修。出租人未履行维修义务的,承租人可自行维修,维修费用由出租人负担。

## 引例点评

某超市发出传真的行为是一种要约邀请而不是要约。因为有效要约的内容必须具体确定,即要约的内容必须具有足以确定合同成立的内容,但是从这份传真的内容来看,是不具备一份合同应该具备的主要条款的,其没有标的的数量和价款,也没有履行的期限,因此该传真的内容不是要约,而是要约邀请,即某超市希望他人向自己发出要约的意思表示。所以某超市不受该行为的约束。

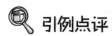

## 能力训练题

一、单项选择题

1. 刘某,12 岁,擅长电脑技术,其父因工作需要买一台电脑,自己对此方面不熟悉且没时间,便让刘某按其父的要求从商场买回了一台笔记本电脑。该商场与刘某的买卖合同(　　)。

　　A. 有效　　　　B. 无效　　　　C. 效力待定　　　D. 可撤销

2. 根据我国《合同法》的规定,违约责任中(　　)。

　　A. 违约金与损害赔偿可以并用　　B. 违约金与定金不能并用

　　C. 继续履行与赔偿损失不能并用　　D. 采取补救与赔偿损失不能并用

3. 一方以欺诈、胁迫的手段订立的损害国家利益的合同,是(　　)。

　　A. 效力待定合同　B. 无效合同　　　C. 可撤销合同　　D. 有效合同

## 第五章 合同法

4. 甲与乙签订一买卖合同。依照约定,甲送货上门。甲遂委托丙履行运输义务。在运输过程中,因另外一辆汽车司机丁违章逆行,将丙驾驶的车辆撞毁,货物灭失。在本案中,应承担违约责任的是( )。

   A. 甲　　　　　　B. 丙　　　　　　C. 甲与丙　　　　　　D. 丙与丁

5. A公司5月1日通过邮局向B公司发去一要约,并要求对方在5月29日前作出答复。该要约于5月6日到达B公司所在地邮局。邮局于5月7日送至B公司传达室,B公司业务人员于5月8日看到该要约。要约的生效时间是( )。

   A. 5月8日　　　　B. 5月7日　　　　C. 5月6日　　　　D. 5月1日

6. 合同的订立必须要经过( )两个法定阶段。

   A. 起草和抄写　　　　　　　　B. 意思和表示
   C. 要约和承诺　　　　　　　　D. 协商和谈判

7. 甲公司出售一批衬衫,每12件装一个箱,乙公司向甲公司发电报订购1200件,甲公司回电告知单价,并说有充足现货,一个月内保证可以到货。乙公司复电:"此价格可以,但请将12件装一纸箱的包装改为10件一箱的包装。"甲公司收到乙公司的电报后没有回电。一个月后,乙公司去甲公司提货,甲公司说,双方意思表示不一致,合同没有成立,故他们没有任何责任。综上所述,下列说法正确的是( )。

   A. 根据合同意思表示真实的要求,此合同没有成立
   B. 乙公司的要求改包装的电报只能是反要约
   C. 只有合同的全部条款完全一致,合同才能成立
   D. 只要合同的主要条款一致,合同就能成立,故此合同成立

8. 撤销权行使的除斥期间情况之一,是在债权人知道或者应当知道撤销事由时,撤销权的行使期间为( )。

   A. 6个月　　　　B. 1年　　　　C. 2年　　　　D. 3年

9. 合同的转让就是合同的( )。

   A. 主体的变更　　　　　　　　B. 客体的变更
   C. 内容的变更　　　　　　　　D. 全部基本条款的变更

10. 无处分权的人处分他人财产的合同属于( )。

    A. 自始无效合同　　　　　　　B. 效力未定合同
    C. 可变更可撤销合同　　　　　D. 以上都不是

11. 合同履行费用的负担不明确的,由( )负担。

    A. 履行义务的一方　　　　　　B. 接受履行的一方
    C. 合同双方当事人　　　　　　D. 双方协商确定

12. 我国《合同法》规定租赁合同的租赁期限不得超过( )。

    A. 1年　　　　B. 5年　　　　C. 10年　　　　D. 20年

二、多项选择题

1. 下列合同属于实践性合同的有（　　）。
   A. 刘某去购物,把手提包交给超市存放处管理
   B. 朱某购买去广州的飞机票
   C. 李某向王某借款 10 万元
   D. 何某赠与赵某一枚戒指

2. 下列要约中,已经失效的是（　　）。
   A. 受要约人回电,同意贵公司的报价,但交货方式为你方要求的送货我方无法满足,请来我处提货
   B. 甲公司电话询问乙公司愿否购买某一处房产,但乙公司未置可否
   C. 受要约人将拒绝要约的通知投入邮箱
   D. 要约中指定的承诺期限届满,受要约人尚未发出承诺

3. 要约邀请不是要约,它是指当事人一方希望他人向自己发出要约的意思表示,下列属于要约邀请的是（　　）。
   A. 寄送的价目表　　　　　　　B. 拍卖公告
   C. 招标公告　　　　　　　　　D. 悬赏广告

4. 下列协议中,可适用《合同法》的有（　　）。
   A. 离婚协议　　　　　　　　　B. 收养协议
   C. 农用土地承包协议　　　　　D. 合伙协议

5. 以下合同中属于效力待定合同的是（　　）。
   A. 11 岁的王某到商店购买电子游戏机
   B. 甲公司的销售代理商在代理期限届满后继续销售甲公司的产品
   C. 甲委托乙保管其电视机,后又将该电视赠给乙,乙随后将电视出售给丙
   D. 15 岁的中学生李某请同学到快餐店吃饭

6. 下列合同中,属于诺成合同的是（　　）。
   A. 买卖合同　　　　　　　　　B. 借用合同
   C. 赠与合同　　　　　　　　　D. 租赁合同

7. 要约可以撤回的条件是,撤回要约的通知应当在（　　）。
   A. 要约到达受要约人之前到达
   B. 与要约同时到达受要约人处
   C. 要约已到达受要约人处
   D. 承诺已发出时

8. 下列合同中,可撤销的情形是（　　）。
   A. 因重大误解订立的
   B. 在订立合同时显失公平的
   C. 受欺诈的损害国家利益的行为

## 第五章　合同法

D. 恶意串通损害第三人利益的

9. 下列情况,属无效合同的有(　　)。
   A. 欺诈
   B. 胁迫
   C. 无行为能力人实施的
   D. 当事人以合法形式掩盖非法目的

10. 合同终止的原因中必然导致合同终止的情况有(　　)。
    A. 清偿　　　　B. 提存　　　　C. 抵销　　　　D. 免除

11. 我国合同法律制度规定当事人承担的违约责任主要有(　　)。
    A. 支付定金
    B. 赔偿损失
    C. 中止履行合同
    D. 继续履行合同
    E. 采取补救措施

12. 买卖合同的特征有(　　)。
    A. 它是转移标的物所有权的合同
    B. 它是标的物所有权与价款对价转移的合同
    C. 它是双务有偿合同
    D. 它是诺成合同
    E. 在一般情况下它是不要式合同

### 三、问答题

1. 什么是合同？我国《合同法》将合同分为哪些类型？
2. 合同的内容包括哪些？
3. 什么是要约？其有效要件有哪些？
4. 什么是承诺？其有效要件有哪些？
5. 在哪些情形下合同无效？
6. 效力待定的合同包括哪些？
7. 哪些合同属于可变更或可撤销的合同？
8. 对合同内容约定不明确时,合同应如何履行？
9. 什么是合同的法定解除？在哪些情形下当事人可以单方解除合同？
10. 什么是违约责任？承担违约责任的形式有哪些？

### 四、案例分析题

1. 案情：2008年3月10日某市食品厂与某市商场订立了一份购销合同。合同规定,食品厂供给商场总价款为5万元的食品,交货期为同年4月14日至20日,合同还约定若双方当事人中的任何一方超过同年5月10日不履行义务的,另一方当事人可以解除合同。双方还在合同中约定了供需双方的违约责任。其中,供方的违约责任为：如果不能交货,应按需方总价款的5％支付违约金。商场还向食品厂现行支付了1万元的定金。至同年5月底,商场始终未见货到,遂即给食品厂发函催其发货。食品厂仍未发货。6月初食品厂发来货物,商场拒收,理由是："合同已经解除,双方的权利义务已经解除。"并要求食品厂双倍返还定金即2万元。食品厂不服,遂向人民法院提起诉讼,要求商场履行合同。

请回答:

(1) 该合同是否已经解除?为什么?

(2) 商场享有哪些权利?

(3) 食品厂应该双倍返还定金吗?

2. 案情:某县食品公司与该县一酒厂签订一份合同,约定由食品公司向酒厂购买10万瓶劣质酒,货款为25万元,交款提货,并约定酒厂须加贴名牌酒的注册商标,以便食品公司假冒出售。合同履行时,食品公司借口一时资金短缺,只付了15万元即提走了全部货物。后酒厂多次催款,食品公司拒不付款。酒厂遂诉至法院。

请回答:

(1) 食品公司与酒厂订立的合同是否有效?为什么?

(2) 该案应如何处理?

3. 案情:甲计算机公司因组装商用计算机急需内存条200条,于是派人到乙电脑器件公司购买,经双方协商约定:乙电脑器件公司供给甲计算机公司内存条200条,每条价格为320元;乙电脑器件公司在3天内将内存条运送到甲计算机公司,货到即付款。双方订立合同后的第二天,因受到国内市场影响,内存条价格上涨,市场价格从每条320元涨到每条400元。乙电脑器件公司认为价格上涨后,继续履行合同会造成损失,于是向甲计算机公司提出解除合同或将价格提升。甲计算机公司坚决不同意。

请回答:

(1) 该合同能否解除?

(2) 能否变更该合同中货物(内存条)的价格?

## 实 训

【目标】

使学生了解订立合同的程序和要求,培养学生依法订立买卖合同和租赁合同的能力;掌握合同的主要条款与履行合同的基本知识和实践技能。

【项目】

以学生为订立合同的当事人,模拟训练订立大宗商品的买卖合同、租赁合同等与专业密切相关的合同。这些合同的订立都要以要约和承诺的方式进行。要通过商务活动的谈判来达成当事人的合意后,签订合同。

1. 起草两份合同书——买卖合同和房屋租赁合同。

2. 修改合同——结合实际的合同条款,依照当事人的意思对房屋租赁合同条款审查修改。

# 第六章　知识产权法

## 学习目标

**知识：**
1. 理解知识产权的概念及范围；
2. 掌握专利权的特征、取得和权利内容；
3. 掌握商标权的取得和保护；
4. 理解著作权的内容和保护途径。

**技能：**
1. 初步具备运用法律知识解决实际问题的能力；
2. 能分清工业产品是否为专利产品、是否有注册商标；
3. 会协助企业申请专利或者商标。

**素养：**
培养日常生活中的知识产权法律意识，尊重他人知识成果，维护自己的权利。

## 案例导入

王定芳诉上海东方商厦有限公司广告语著作权案

原告王定芳诉称：1992年7月，原告阅读了被告在上海《每周广播电视》报上刊登的广告语有奖征集活动启事后，应征投稿。1993年1月，接被告工作人员电话后得知投稿已中奖。同月10日，原告应邀参加了被告的开奖典礼及晚宴，并接受了被告颁发的荣誉证书及奖金500元。事后，原告发现自己应征获奖的"世界风采东方情"广告语已被被告大量使用在企业的广告中，与被告交涉后方知被告已于1992年9月，单方面在上海《解放日报》上刊登的广告语评选结果公告中宣布"获奖作品版权归本公司所有"。因此，原告认为被告的行为已构成侵权，要求确认其所创作的"世界风采东方情"广告语著作权归原告所有，被告应向原告公开赔礼道歉，并赔偿原告损失计10 000元。

被告上海东方商厦有限公司辩称：广告语是商务标语，不属于文字作品，非著作权法保护对象，故原告不享有应征中奖广告语的著作权。

## 问题引入

1. "世界风采东方情"广告语是否属于我国著作权法所保护的文字作品范畴?
2. 原、被告之间所形成的是何种性质的民事法律关系?

# 第一节 认识知识产权及知识产权法

## 一、知识产权的含义

知识产权一词是从英文 Intellectual Property 翻译而来,从广义的角度看,是指人类的一切智力创造成果;传统的知识产权主要是指专利(发明专利)、商标和工业品的外观设计。此外,还包括了文学、艺术、音乐作品中的相关权利。现代法律意义上的知识产权还涉及:字号权(企业名称权)、域名、原产地名称、商业秘密权、地理标识、植物品种权等等。我国的知识产权制度发展相对较晚,但随着时间的流逝,人们对知识世界的认识发生改变,知识产权的范围不断地发生变化,目前我国认可的是两个国际公约(即 WIPO 和 WTO)对知识产权的界定。

依照《世界知识产权组织(WIPO)公约》的规定,知识产权应该包含以下一些权利:(1)文学、艺术和科学作品;(2)表演艺术家的表演以及唱片和广播节目;(3)人类一切活动领域内的发明;(4)科学发现;(5)工业品外观设计;(6)商标、服务标记以及商业名称和标志;(7)制止不正当竞争,以及在工业、科学、文学或艺术领域内由于智力活动而产生的一切其他权利。

世界贸易组织(WTO)有一份重要的协议,即《与贸易有关的知识产权协议》,该协议对知识产权确立的范围是:(1)版权和相关权利;(2)商标;(3)地理标识;(4)工业设计;(5)专利;(6)集成电路布图设计(拓扑图);(7)对未披露信息的保护;(8)对协议许可中限制竞争行为的控制。

通常认为,知识产权主要包括:专利权、商标权、服务标记权、厂商名称权、货源标记权或原产地名称、著作权、计算机软件等等。

## 二、知识产权特征

知识产权有别于传统的财产权,其最重要的特征有以下几点:

### (一) 无形性

知识产权所保护的客体——智力创造成果是无形的,这是知识产权的首要特点,是其与其他财产权利的重要区别。

## （二）专有性

知识产权这种权利一般为权利人所专有，未经权利人许可，其他人不得擅自使用。

## （三）地域性

知识产权具有很强的地域性特点，在一国享有的权利，如果在其他国家或地区没有授权或注册以及参加共同的国际条约或公约，那么它在这些国家或地区是得不到法律保护的。

## （四）时间性

知识产权的保护受到时间的限制，也就是说，它有一定的保护期限。过了法定的保护期将不受法律的保护。

【思考6-1】 结合知识产权的特点，比较分析知识产权与物权（所有权）、人身权的异同。

### 三、知识产权法概述

知识产权法是指因调整知识产权的归属、行使、管理和保护等活动中产生的社会关系的法律规范的总称。知识产权法的综合性和技术性特征十分明显，在知识产权法中，既有私法规范，也有公法规范；既有实体法规范，也有程序法规范。但从法律部门的归属上讲，知识产权法仍属于民法，是民法的特别法。民法的基本原则、制度和法律规范大多适用于知识产权。我国目前的知识产权法主要是指著作权法、专利法和商标法。

# 第二节　著作权法

### 一、著作权的概念

著作权又称版权，是指文学、艺术和科学作品的作者对其所创作的作品依法享有的权利。在我国著作权和版权是同一概念。

### 二、著作权的构成要素

#### （一）主体

著作权的主体又称为著作权人，是指依法对文学、艺术、科学等作品享有著作权的人。在我国，自然人（公民）、法人、其他组织和一定条件下的国家都可以成为著作权人，通常也称作者。

对作者的认定一般有以下几个标准：
(1) 按照法律的规定，创作作品的公民是作者。
(2) 由法人或者其他组织主持，代表法人或者其他组织意志创作，并由法人或者其他组织承担责任的作品，法人或者其他组织视为作者。
(3) 如无相反证明，在作品上署名的公民、法人或者其他组织为作者。

### (二) 作者的权利

享有著作权的作者所享有的权利通常包括人身权和财产权。前者又称著作精神权利，是指作者对其作品所享有的各种与人身相联系或密不可分而又没有直接财产内容的权利，其实质是人身关系在著作权上的具体反映，作者行使人身权利不会直接带来经济利益。后者又称著作经济权利，指作者及传播者通过某种形式使用作品，从而依法获得经济报酬的权利。

(1) 根据我国著作权法的规定，著作权中的人身权包括：
① 发表权，即决定作品是否公之于众的权利；
② 署名权，即表明作者身份，在作品上署名的权利；
③ 修改权，即修改或者授权他人修改作品的权利；
④ 保护作品完整权，即保护作品不受歪曲、篡改的权利。

(2) 著作权中的财产权包括：
① 复制权，即以印刷、复印、拓印、录音、录像、翻录、翻拍等方式将作品制作一份或者多份的权利；
② 发行权，即以出售或者赠与方式向公众提供作品的原件或者复制件的权利；
③ 出租权，即有偿许可他人临时使用电影作品和以类似摄制电影的方法创作的作品、计算机软件的权利，计算机软件不是出租的主要标的的除外；
④ 展览权，即公开陈列美术作品、摄影作品的原件或者复制件的权利；
⑤ 表演权，即公开表演作品，以及用各种手段公开播送作品的表演的权利；
⑥ 放映权，即通过放映机、幻灯机等技术设备公开再现美术、摄影、电影和以类似摄制电影的方法创作的作品等的权利；
⑦ 广播权，即以无线方式公开广播或者传播作品，以有线传播或者转播的方式向公众传播广播的作品，以及通过扩音器或者其他传送符号、声音、图像的类似工具向公众传播广播的作品的权利；
⑧ 信息网络传播权，即以有线或者无线方式向公众提供作品，使公众可以在其个人选定的时间和地点获得作品的权利；
⑨ 摄制权，即以摄制电影或者以类似摄制电影的方法将作品固定在载体上的权利；
⑩ 改编权，即改变作品，创作出具有独创性的新作品的权利；
⑪ 翻译权，即将作品从一种语言文字转换成另一种语言文字的权利；

⑫ 汇编权,即将作品或者作品的片段通过选择或者编排,汇集成新作品的权利;
⑬ 应当由著作权人享有的其他权利。

（三）著作权的客体

著作权的客体即作品。著作权法所称的作品,是指文学、艺术和科学领域内具有独创性并能以某种有形形式复制的智力成果。

(1) 我国著作权法所保护的作品包括:

① 文字作品,是指小说、诗词、散文、论文等以文字形式表现的作品;
② 口述作品,是指即兴的演说、授课、法庭辩论等以口头语言形式表现的作品;
③ 音乐作品,是指歌曲、交响乐等能够演唱或者演奏的带词或者不带词的作品;
④ 戏剧作品,是指话剧、歌剧、地方戏等供舞台演出的作品;
⑤ 曲艺作品,是指相声、快书、大鼓、评书等以说唱为主要形式表演的作品;
⑥ 舞蹈作品,是指通过连续的动作、姿势、表情等表现思想情感的作品;
⑦ 杂技艺术作品,是指杂技、魔术、马戏等通过形体动作和技巧表现的作品;
⑧ 美术作品,是指绘画、书法、雕塑等以线条、色彩或者其他方式构成的有审美意义的平面或者立体的造型艺术作品;
⑨ 建筑作品,是指以建筑物或者构筑物形式表现的有审美意义的作品;
⑩ 摄影作品,是指借助器械在感光材料或者其他介质上记录客观物体形象的艺术作品;
⑪ 电影作品和以类似摄制电影的方法创作的作品,是指摄制在一定介质上,由一系列有伴音或者无伴音的画面组成,并且借助适当装置放映或者以其他方式传播的作品;
⑫ 图形作品,是指为施工、生产绘制的工程设计图、产品设计图,以及反映地理现象、说明事物原理或者结构的地图、示意图等作品;
⑬ 模型作品,是指为展示、试验或者观测等用途,根据物体的形状和结构,按照一定比例制成的立体作品。

此外,我们还需要了解计算机软件、民间艺术作品等也是著作权所保护的作品。

(2) 依法禁止出版、传播的作品,不受著作权法保护。以下作品也不适用著作权法:① 法律、法规,国家机关的决议、决定、命令和其他具有立法、行政、司法性质的文件,及其官方正式译文;② 时事新闻;③ 历法、通用数表、通用表格和公式。

## 三、著作权的产生及作品的保护期

（一）著作权自作品创作完成之日起产生

著作权并不是自发表之日起产生的,而是作品完成之日即享有。所以,作者欲证明自己对某一作品享有著作权,一定要保护好最初的底稿,或到版权部门进行著作权登记,以证明作品的产生时间,取得作品诞生的初步证据。

### (二) 作品的保护期

(1) 作者的署名权、修改权、保护作品完整权的保护期不受限制。

(2) 公民的作品,其发表权、复制权、发行权、展览权等权利的保护期为作者终生及其死亡后50年,截止于作者死亡后第50年的12月31日;如果是合作作品,截止于最后死亡的作者死亡后第50年的12月31日。

(3) 法人或者其他组织的作品、著作权(署名权除外)由法人或者其他组织享有的职务作品,其发表权、复制权、发行权、展览权等权利的保护期为50年,截止于作品首次发表后第50年的12月31日,但作品自创作完成后50年内未发表的,法律不再保护。

(4) 电影作品和以类似摄制电影的方法创作的作品、摄影作品,其发表权、复制权、发行权、展览权等权利的保护期为50年,截止于作品首次发表后第50年的12月31日,但作品自创作完成后50年内未发表的,法律不再保护。

【思考6-2】 从著作权的保护期的角度分析,为什么电视剧中古装片、历史片相对较多,而且虚构改编的较多?

### 四、几种特殊作品的著作权归属

#### (一) 演绎作品

改编、翻译、注释、整理已有作品而产生的作品,其著作权由改编、翻译、注释、整理人享有,但行使著作权时不得侵犯原作品的著作权。

#### (二) 合作作品

两人以上合作创作的作品,著作权由合作作者共同享有。没有参加创作的人,不能成为合作作者。

合作作品可以分割使用的,作者对各自创作的部分可以单独享有著作权,但行使著作权时不得侵犯合作作品整体的著作权。

#### (三) 汇编作品

汇编若干作品、作品的片段或者不构成作品的数据或者其他材料,对其内容的选择或者编排体现独创性的作品,为汇编作品,其著作权由汇编人享有,但行使著作权时,不得侵犯原作品的著作权。

#### (四) 影视作品

电影作品和以类似摄制电影的方法创作的作品的著作权由制片者享有,但编剧、导演、摄影、作词、作曲等作者享有署名权,并有权按照与制片者签订的合同获得报酬。电影作品和以类似摄制电影的方法创作的作品中的剧本、音乐等可以单独使用的作品的作者有权单独行使其著作权。

### （五）委托作品

受委托创作的作品，著作权的归属由委托人和受托人通过合同约定。合同未作明确约定或者没有订立合同的，著作权属于受托人。

### （六）职务作品

公民为完成法人或者其他组织工作任务所创作的作品是职务作品。其著作权由作者享有，但法人或者其他组织有权在其业务范围内优先使用。作品完成两年内，未经单位同意，作者不得许可第三人以与单位使用的相同方式使用该作品。

有下列情形之一的职务作品，作者享有署名权，著作权的其他权利由法人或者其他组织享有，法人或者其他组织可以给予作者奖励：

（1）主要是利用法人或者其他组织的物质技术条件创作，并由法人或者其他组织承担责任的工程设计图、产品设计图、地图、计算机软件等职务作品；

（2）法律、行政法规规定或者合同约定著作权由法人或者其他组织享有的职务作品。

### （七）著作权的继承

著作权属于公民的，公民死亡后，其著作财产权依照继承法的规定转移。

著作权属于法人或者其他组织的，法人或者其他组织变更、终止后，其著作财产权由承受其权利义务的法人或者其他组织享有；没有承受其权利义务的法人或者其他组织的，由国家享有。

### （八）外国著作权人的特殊规定

外国人、无国籍人的作品根据其作者所属国或者经常居住国同中国签订的协议或者共同参加的国际条约享有著作权。

外国人、无国籍人的作品首先在中国境内出版的，享有著作权。

未与中国签订协议或者共同参加国际条约的国家的作者以及无国籍人的作品首次在中国参加的国际条约的成员国出版的，或者在成员国和非成员国同时出版的，受法律保护。

## 五、邻接权及其内容

### （一）邻接权的概念

邻接权也称作品传播者权，是指作品的传播者在传播作品的过程中对其创造性劳动成果依法享有的专有权利。

### （二）邻接权的具体内容

1. 出版者权

（1）专有出版权，是指图书、期刊及电子出版物的出版者与作者签订合同后，在一定期限内享有的权利,他人不得出版该作者的作品。

(2)版式设计权,是指基于对图书、期刊、报刊及电子出版物的装帧设计所享有的一种权利。

2. 表演者权

表演者权是指表演者对其表演活动所享有的一种权利,通常包括:(1)表明表演者身份;(2)保护表演形象不受歪曲;(3)许可他人从现场直播和公开传送其现场表演,并获得报酬;(4)许可他人录音录像,并获得报酬;(5)许可他人复制、发行录有表演者表演的录音录像制品,并获得报酬;(6)许可他人通过信息网络向公众传播其表演并获得报酬。

3. 录音录像制作者权

录音录像制作者权是指录音录像制作者使用他人作品制作录音录像制品所享有的权利。

4. 广播组织权

广播组织权是指电台、电视台等广播组织对其编制的广播电视节目依法享有的权利。

电台、电视台有权禁止未经许可的下列行为:将其播放的广播、电视转播;将其播放的广播、电视录制在音像载体上以及复制音像载体。

### 六、著作权的限制

(一) 合理使用

合理使用是指在特定的条件下,法律允许他人自由使用享有著作权的作品而不必征得著作权人的同意,也不必向著作权人支付报酬的制度,其特点是:(1)必须基于法律的明确规定;(2)通常只能使用已经发表的作品;(3)不得损害著作权人其他合法权利。

合理使用的具体情形主要包括:(1)为个人学习、研究或者欣赏,使用他人已经发表的作品;(2)为介绍、评论某一作品或者说明某一问题,在作品中适当引用已经发表的作品;(3)为报道时事新闻,在报纸、期刊、广播电台、电视台等媒体中不可避免地再现或者引用已经发表的作品;(4)报纸、期刊、广播电台、电视台等媒体刊登或者播放其他报纸、期刊、广播电台、电视台等媒体已经发表的关于政治、经济、宗教问题的时事性文章,但作者声明不许刊登、播放的除外;(5)报纸、期刊、广播电台、电视台等媒体刊登或者播放在公众集会上发表的讲话,但作者声明不许刊登、播放的除外;(6)为学校课堂教学或者科学研究,翻译或者少量复制已经发表的作品,供教学或者科研人员使用,但不得出版发行;(7)国家机关为执行公务在合理范围内使用已经发表的作品;(8)图书馆、档案馆、纪念馆、博物馆、美术馆等为陈列或者保存版本的需要,复制本馆收藏的作品;(9)免费表演已经发表的作品,该表演未向观众收取费用,也未向表演者支付报酬;(10)对设置或者陈列在室外社会公众活动处所的雕塑、绘画、书法等艺术作品进行临摹、绘画、摄影、录像;(11)将中国公民、法人或者已经发表的以汉语言文字创作的作品翻译成少数民族语言文字作品在国内出版发行;(12)将已经发表的作品改成盲文出版。

### (二)法定许可

法定许可是指依照著作权法的规定,使用者在利用他人已经发表的作品时可以不经著作权人的许可,但应向其支付报酬,并尊重著作权人其他权利的制度。

法定许可的具体情形主要包括:(1)作品被报社、期刊社刊登后,除著作权人声明不得转载、摘编的外,其他报刊可以转载或者作为文摘、资料刊登;(2)广播电台、电视台播放已经出版的录音制品;(3)已在报刊上刊登或者网络上传播的作品,除著作权人声明或者上载该作品的网络服务提供者受著作权人的委托声明不得转载、摘编的以外,网站可以转载、摘编;(4)录音制作者使用他人已经合法录制为录音制品的音乐作品制作录音制品,著作权人声明不许使用的除外;(5)广播电台、电视台播放他人已经发表的作品;(6)为实施九年制义务教育和国家教育规划而编写出版教科书,除作者事先声明不许使用外,可以不经著作权人许可,在教科书中汇编已经发表的作品片段或者短小的文字作品、音乐作品或者单幅的美术作品、摄影作品。

## 七、著作权的保护

### (一)侵犯著作权

侵犯著作权是指未经作者或者其他著作权人的同意,又无法律上的根据,擅自对享有著作权的作品进行利用,或以其他非法手段行使著作权人专有权利的行为。

侵犯与著作权有关的其他权利,亦即侵犯邻接权,也是广义上的侵犯著作权行为。

### (二)侵犯著作权的行为

(1)未经著作权人许可,发表其作品的;

(2)未经合作作者许可,将与他人合作创作的作品当作自己单独创作的作品发表的;

(3)没有参加创作,为谋取个人名利,在他人作品上署名的;

(4)歪曲、篡改他人作品的;

(5)剽窃他人作品的;

(6)未经著作权人许可,以展览、摄制电影和以类似摄制电影的方法使用作品,或者以改编、翻译、注释等方式使用作品的;

(7)使用他人作品,应当支付报酬而未支付的;

(8)未经电影作品和以类似摄制电影的方法创作的作品、计算机软件、录音录像制品的著作权人或者与著作权有关的权利人许可,出租其作品或者录音录像制

品的;

(9) 未经出版者许可,使用其出版的图书、期刊的版式设计的;

(10) 未经表演者许可,从现场直播或者公开传送其现场表演,或者录制其表演的;

(11) 其他侵犯著作权以及与著作权有关的权益的行为。

(三) 侵犯著作权的责任

1. 民事责任

有侵犯他人著作权行为的,应当根据情况,承担停止侵害、消除影响、赔礼道歉、赔偿损失等民事责任。

2. 行政责任

对侵犯著作权的行为,著作权行政管理部门可以责令停止侵权、没收违法所得,没收、销毁侵权复制品,并处以罚款。

3. 刑事责任

侵犯他人著作权构成犯罪的,应承担刑事责任。

侵犯著作权罪,是指以营利为目的,违反法律的规定,侵犯他人的著作权,违法所得数额较大或者有其他严重情节的行为。

【思考6-3】《五朵金花》、《廊桥遗梦》、《魂断蓝桥》、《飘》等电影、图书名称等是否属于著作权法意义上的作品?是否享有著作权?

## 第三节 专利法

### 一、专利与专利法

(一) 专利

专利(Patent)一词源于英国,包含了公开和垄断的意思。专利本身有多种理解,但主要在两种含义上使用:(1)专利是指政府授予一定主体在一定期限内对新的发明创造所单独享有的制造、使用、销售的权利;(2)专利是指专利证书所授予的保护,也就是专利权。

(二) 专利法

专利法是指国家制定的涉及有关专利发明制度法律规范的总称,目前我国有专利法及实施细则,它们构成了我国专利法律制度的主要内容。

### 二、专利权客体

专利权的客体是专利所保护的发明创造。这种发明创造在我国是指发明、实用新型和外观设计,即法律规定可以授予专利权的项目。

### (一) 发明

专利法意义上的发明,通常是指一种技术构想或技术解决方案,但并不一定要求这种方案或构想达到已经可以实施的程度。

我国专利法所称的发明,是指对产品、方法或者其改进所提出的新的技术方案。产品发明主要是指以有形形式出现的一切发明,如机器、设备、各种装置、物质等。方法发明是指与某种活动有关的发明,如产品的生产方法、测试、计量方法等。

发明专利权的保护期限为20年,自申请日起计算。

### (二) 实用新型

我国专利法所称的实用新型,是指对产品的形状、构造或者其结合所提出的适于实用的新的技术方案,又称"小发明",其技术含量要低于发明。

申请实用新型专利只要是对产品的形状、构造或者其结合所提出的一种构思就可以了。它只适用于产品,不适用于方法。

实用新型专利权的保护期限为10年,自申请日起计算。

### (三) 外观设计

我国专利法所称的外观设计,是指对产品的形状、图案或者其结合以及色彩与形状、图案的结合所作出的富有美感并适于工业应用的新设计。

外观设计必须以产品为载体;以形状、图案或者其结合为设计对象;必须富有美感;同时还需要适于工业应用的新设计。

外观设计专利权的保护期限为10年,自申请日起计算。

### (四) 对专利权客体的限制

依据法律的规定,下列各项不授予专利权:(1)科学发现;(2)智力活动的规则和方法;(3)疾病的诊断和治疗方法;(4)动物和植物品种;(5)用原子核变换方法获得的物质;(6)对平面印刷品的图案、色彩或两者的结合作出的主要起标识作用的设计。此外,对于第(4)项所列的生产方法,可依照法律规定授予专利权。

## 三、专利权主体

### (一) 发明人或设计人

发明人或者设计人,是指对发明创造的实质性特点作出创造性贡献的人。在完成发明创造过程中,只负责组织工作的人、为物质技术条件的利用提供方便的人或者从事其他辅助工作的人,不是发明人或者设计人。发明人只能是自然人,是具有民事权利能力和行为能力,对发明创造的实质性特点作出创造性贡献的人。

### (二) 发明人或设计人的单位

对于职务发明创造,专利权的主体是该发明创造的发明人或设计人的所在单位,即申请专利的权利属于该单位,申请被批准后,该单位为专利权人。

职务发明创造,是指执行本单位的任务或者主要是利用本单位的物质技术条件所完成的发明创造。本单位的物质技术条件,是指本单位的资金、设备、零部件、原材料或者不对外公开的技术资料等。如果在发明创造过程中,全部或大部分利用本单位的物质技术条件,显然这种利用对发明创造的完成起着决定性的作用,就可以认定为主要是利用本单位的物质技术条件,进而该发明创造属于职务发明创造。当然,我国《专利法》也规定,对于利用本单位的物质技术条件所完成的发明创造,如果单位与发明人或者设计人订有合同,对申请专利的权利和专利权的归属作出约定的,从其约定。

### (三)受让人

受让人是指通过合同或继承而依法取得该专利权的单位或个人。专利申请权、专利权可以依合同约定转让。专利申请权转让之后,如果获得了专利,则受让人就是该专利权的主体;专利权转让后,受让人成为该专利权的新主体。专利申请权和专利权的转让应当在国家知识产权局登记,登记以后才产生转让的效力。

如果专利申请权、专利权是继受取得的,则受让人并不因此而成为发明人、设计人,该发明创造的发明人、设计人也不因发明创造的专利申请权或专利权转让而丧失其特定的人身权利。

从专利实施权的角度,受让人还包括专利实施权的受让人,也就是指通过合同约定,获得专利实施权的法人或个人,包括独占实施许可人、排他实施许可人和一般实施许可人。

### (四)外国人

外国人包括具有外国国籍的自然人、法人和其他组织。外国人在我国可以依法取得专利权,成为专利权的主体。在中国有经常居所或者营业所的外国人,我国专利法给予他们以国民待遇,即他们享有与我国国民同等的专利申请权和专利权。在中国没有经常居所或者营业所的外国人,依我国专利法规定,这部分外国人在中国申请专利的,应当依照其所属国同中国签订的协议或者共同参加的国际条约,或者依照互惠原则,可以申请专利,但应当委托依法设立的专利代理机构办理。

### 四、授予专利权的条件

发明创造必须符合法律规定的条件才能被授权专利权,这些条件包括形式上的条件和实质上的条件。前者是指专利的撰写、申请的方式必须符合一定条件;后者是指专利必须符合"三性",即新颖性、创造性和实用性。

(1)新颖性,是指该发明或者实用新型不属于现有技术,也没有任何单位或者个人就同样的发明或者实用新型在申请日以前向国务院专利行政部门提出过申请,并记载在申请日以后公布的专利申请文件或者公告的专利文件中。所谓现有技术,是指申请日以前在国内外为公众所知的技术。

(2)创造性,是指与现有技术相比,该发明具有突出的实质性特点和显著的进步,该实用新型具有实质性特点和进步。

(3)实用性,是指该发明或者实用新型能够制造或者使用,并且能够产生积极效果。

形式审查时要提供相关的申请文件:申请发明或者实用新型专利的,应当提交请求书、说明书及其摘要和权利要求书等文件。其中:(1)请求书应当写明发明或者实用新型的名称,发明人的姓名,申请人姓名或者名称、地址,以及其他事项。(2)说明书应当对发明或者实用新型作出清楚、完整的说明,以所属技术领域的技术人员能够实现为准;必要的时候,应当有附图。摘要应当简要说明发明或者实用新型的技术要点。(3)权利要求书应当以说明书为依据,清楚、简要地限定要求专利保护的范围。

申请外观设计专利的,应当提交请求书、该外观设计的图片或者照片以及对该外观设计的简要说明等文件。

## 五、专利权的效力及使用

专利权效力一般可以从两个方面来理解:其一,专利权人有权阻止其他任何人实施其已经取得专利权的发明创造。其二,专利权人可以允许他人实施自己的发明创造以获得相应的经济利益。

### (一)发明和实用新型专利权人的权利

(1)禁用权。发明和实用新型专利权被授予后,除法律另有规定的以外,任何单位或者个人未经专利权人许可,都不得实施其专利,即不得为生产经营目的制造、使用、许诺销售、销售、进口其专利产品,或者使用其专利方法以及使用、许诺销售、销售、进口依照该专利方法直接获得的产品。

(2)许可使用权。任何单位或者个人实施他人专利的,应当与专利权人订立实施许可合同,向专利权人支付专利使用费。被许可人无权允许合同规定以外的任何单位或者个人实施该专利。

### (二)外观设计专利权人的权利

外观设计专利权被授予后,任何单位或者个人未经专利权人许可,都不得实施其专利,即不得为生产经营目的制造、许诺销售、销售、进口其外观设计专利产品。

### (三)专利权人的义务

专利权人负有缴纳专利年费的义务。如果不缴纳年费,已经被授权的专利将会被终止。

### (四)强制许可

强制许可是指政府强制给予专利权人以外的第三人实施某项专利的权利。依照专利法的规定,可以给予实施发明专利或者实用新型专利强制许可,其条件如下:

(1)专利权人自专利权被授予之日起满三年,且自提出专利申请之日起满四年,无正当理由未实施或者未充分实施其专利的;

(2)专利权人行使专利权的行为被依法认定为垄断行为,为消除或者减少该行为对竞争产生的不利影响的;

(3)在国家出现紧急状态或者非常情况时,或者为了公共利益的目的,国务院专利行政部门可以给予实施发明专利或者实用新型专利的强制许可;

(4)为了公共健康目的,对取得专利权的药品,国务院专利行政部门可以给予制造并将其出口到符合中华人民共和国参加的有关国际条约规定的国家或者地区的强制许可。

### (五)专利权的终止

专利期限届满,专利权也就终止了。

专利终止的其他原因:(1)没有按照法律规定缴纳专利年费;(2)专利权人以书面形式明确表示放弃专利权的。

### (六)专利权的无效宣告及处理

自国务院专利行政部门公告授予专利权之日起,任何单位或者个人认为该专利权的授予不符合法律有关规定的,可以请求专利复审委员会宣告该专利权无效。专利复审委员会对宣告专利权无效的请求应当及时审查和作出决定,并通知请求人和专利权人。宣告专利权无效的决定,由国务院专利行政部门登记和公告。

对专利复审委员会宣告专利权无效或者维持专利权的决定不服的,可以自收到通知之日起三个月内向人民法院起诉。人民法院应当通知无效宣告请求程序的对方当事人作为第三人参加诉讼。

宣告无效的专利权视为自始即不存在。

## 六、专利权的保护

专利权主要是一种财产权利,对专利权的保护就是在其有效期内,对侵犯专利权的行为,专利权人可以采取的救济措施。

### (一)保护原则

(1)周边限定原则。依照这种原则,专利权的保护应当严格依照权利要求书的文字忠实地进行解释。

(2)中心限定原则。依照这种原则,权利要求书是专利保护的最基本范围,但这种保护不应拘泥于权利要求书的文字内容,还应当以此为内容,对发明创造的目的、性质等进行全面考量,其周边范围内的技术也应予以考虑。

(3) 折衷原则。该种原则是对以上两种原则的折衷。

(二) 专利权的保护范围

发明或者实用新型专利权的保护范围以其权利要求的内容为准,说明书及附图可以用于解释权利要求的内容。

外观设计专利权的保护范围以表示在图片或者照片中的该产品的外观设计为准,简要说明可以用于解释图片或者照片所表示的该产品的外观设计。

(三) 侵犯专利权的处理

(1) 协商解决。未经专利权人许可,实施其专利,即侵犯他人专利权引起纠纷的,当事人可以协商解决。

(2) 请求管理专利的部门处理。管理专利工作的部门处理时,认定侵权行为成立的,可以责令侵权人立即停止侵权行为;当事人不服的,可以自收到处理通知之日起 15 日内依照《中华人民共和国行政诉讼法》向人民法院起诉;侵权人期满不起诉又不停止侵权行为的,管理专利工作的部门可以申请人民法院强制执行,进行处理的管理专利工作的部门应当事人的请求,可以就侵犯专利权的赔偿数额进行调解;调解不成的,当事人可以依照《中华人民共和国民事诉讼法》向人民法院起诉。

(3) 直接向人民法院起诉。当事人不愿协商或者协商不成的,专利权人或者利害关系人可以向人民法院起诉。

【思考 6-4】 以等同替代方式的实用新型专利侵权案。

A 公司申请了一项关于轻型干粉灭火棒的实用新型专利。专利被授权后,该公司得知 B 公司也在生产同类型灭火棒,且其产品结构特征与 A 公司专利完全相同,A 公司遂向 B 公司发出警告信,要求 B 公司停止侵权。B 公司回函称,被指控的侵权产品仅是该公司一个新产品开发计划中的试制产品,目前正在研制中,因此不构成侵权。半年后,A 公司从市场上购得 B 公司销售的干粉灭火棒,将其解析后得知,原来 B 公司声称的新产品实际上是将 A 公司专利的"活塞上的通气孔"改成"活塞边缘与筒壁之间的通气间隙",从产品整体技术方案来看,这种改进无实质性内容,属于等同替代,遂向法院起诉,请求法院判令 B 公司停止侵权,赔偿损失。B 公司辩称,我公司制造的被控侵权产品与 A 公司的专利不同,请求法院判令驳回 A 公司的诉讼请求。

请分析:B 公司的行为构成专利侵权吗?专利侵权中等同特征的含义是什么?

# 第四节 商标法

## 一、商标与商标法

### (一) 商标及商标法的含义

商标是现代经济的产物,俗称牌子,是指能够将不同的经营者所提供的商品或服务区别开来,并可为视觉或听觉所感知的显著标记。商标一般由文字、图形、字母、数字、三维标志、颜色组合和声音等构成,显著而醒目,有助于消费者将一定的商品或服务项目与经营者联系起来,使其与其他经营者的同类商品或服务项目相区别,便于认牌购物,也便于经营者展开竞争。经国家核准注册的商标为注册商标,受法律保护。

商标法是确认商标专用权,规定商标注册、使用、转让、保护和管理的法律规范的总称。它的作用主要是加强商标管理,保护商标专用权,促进生产经营者保证商品和服务的质量,维护商标的信誉,以保护消费者利益,促进社会主义市场经济的健康有序发展。《中华人民共和国商标法》于1982年颁布,后为适应经济发展需要多次修订。最近一次修订是2013年,将于2014年5月1日起施行。

### (二) 商标的分类

商标有很多分类,根据不同的标准可以将商标分为不同的种类。

1. 按照商标的感知方式不同进行分类

(1) 视觉商标,即可以通过视觉感知的商标,通常可以分为:文字商标、图形商标、立体商标、颜色商标以及其组合的商标。

文字商标,是以文字、字母、数字等组成的商标,没有其他图形或符号。例如:Microsoft、红太阳等。

图形商标,是单纯由图形所构成的商标。如壳牌商标的贝壳图形、长城商标的长城形状、上海城隍庙图形商标等。

立体商标,是以三维的立体图形构成的商标。如可口可乐瓶子、劳斯莱斯的小飞人等。

颜色商标,主要是指两种或两种以上的颜色的组合而形成的商标。

(2) 非视觉商标,即可以通过视觉以外的方式感知的商标,如听觉商标(如英特尔)、嗅觉和味觉商标等。

2. 按照商标的权利主体不同进行分类

(1) 单一主体商标,是指商标权人为自然人、法人或其他组织。如"傻子"瓜子创始人年广九所拥有的傻子商标;海尔集团所拥有的 Haier 商标、无锡阳山水蜜桃农协会所拥有的阳山商标等。

(2) 集体主体商标,即商标权的主体是一个集体,所有这个集体的成员都可以使用这个商标。如国际羊毛局所拥有的纯羊毛标志商标、盱眙龙虾协会所拥有的龙虾标志商标等。

3. 按照商标的用途不同进行分类

(1) 商品商标,即用在特定商品上标明商品来源的标志。如"雅戈尔"(西服)、耐克(NIKE)等。

(2) 服务商标,即用于经营者将自己提供的服务与他人提供的服务相区别而使用的标志。如"中国石油"标识、"全球通"标识等。

4. 按照商标法规定进行分类

(1) 注册商标,即经商标局核准注册的商标,包括商品商标、服务商标和集体商标、证明商标,商标注册人享有商标专用权,受法律保护。

(2) 集体商标,是指以团体、协会或者其他组织名义注册,供该组织成员在商事活动中使用,以表明使用者在该组织中的成员资格的标志。

(3) 证明商标,是指由对某种商品或者服务具有监督能力的组织所控制,而由该组织以外的单位或者个人使用于其商品或者服务,用以证明该商品或者服务的原产地、原料、制造方法、质量或者其他特定品质的标志。

## 二、商标注册

商标能否得到法律上的保护主要看是否注册,商标注册是取得商标权的前提。

(一) 商标注册的原则

1. 自愿申请原则

商标的申请采取的是自愿原则,即商标所有人根据自己的需要,决定是否申请商标。通常,不注册的商标也可以使用,但使用人不享有商标专有权,不得和他人合法权利相冲突。

2. 合法性原则

商标注册的合法性原则,是指商标不能违反商标法和其他法律的强制性规定。根据我国《商标法》的规定,下列标志不得作为商标使用:(1) 同中华人民共和国的国家名称、国旗、国徽、国歌、军旗、军徽、军歌、勋章等相同或者近似的,以及同中央国家机关的名称、标志、所在地特定地点的名称或者标志性建筑物的名称、图形相同的;(2) 同外国的国家名称、国旗、国徽、军旗等相同或者近似的,但经该国政府同意的除外;(3) 同政府间国际组织的名称、旗帜、徽记等相同或者近似的,但经该组织同意或者不易误导公众的除外;(4) 与表明实施控制、予以保证的官方标志、检验印记相同或者近似的,但经授权的除外;(5) 同"红十字"、"红新月"的名称、标志相同或者近似的;(6) 带有民族歧视性的;(7) 带有欺骗性,容易使公众对商品的质量等特点或者产地产生误认的;(8)有害于社会主义道德风尚或者有其他不良影响的。

此外,县级以上行政区划的地名或者公众知晓的外国地名,不得作为商标。但是,地名具有其他含义或者作为集体商标、证明商标组成部分的除外;已经注册的使用地名的商标继续有效。

不得作为商标注册的标志:(1)仅有本商品的通用名称、图形、型号的;(2)仅直接表示商品的质量、主要原料、功能、用途、重量、数量及其他特点的;(3)其他缺乏显著特征的。

3. 在先性原则

商标权的取得以是否在先申请为原则;我国《商标法》规定,注册商标实行申请在先原则,同时又以使用在先原则为补充。

4. 优先权原则

我国《商标法》规定,商标注册申请人自其商标在外国第一次提出商标注册申请之日起6个月内,又在中国就相同商品以同一商标提出商标注册申请的,依照该外国同中国签订的协议或者共同参加的国际条约,或者按照相互承认优先权的原则,可以享有优先权。只要是在外国第一次提出商标注册申请,又符合享有优先权的条件,不论该申请人是中国人还是外国人、是中国企业还是外国企业,均可以平等地享有优先权。一旦取得优先权,那么在优先权期间内对其他人的同样申请不能授予商标权,该权利属于优先权人。

(二) 商标注册的程序

1. 申请

申请商标注册的,应当按规定的商品分类表填报使用商标的商品类别和商品名称,提出注册申请。商标注册申请人可以通过一份申请就多个类别的商品申请注册同一商标。

商标注册申请等有关文件,可以以书面方式或者数据电文方式提出。

2. 审查

(1)形式审查的审查范围:申请人的资格是否符合商标法的规定,申请人的地址是否正确,申请人的名称、公章等是否规范;申请人核定使用的商品或服务是否具体;委托代理书是否合法,是否缴纳申请费,书写是否规范等。

(2)实质审查的审查范围:商标是否具备法定的构成要素,是否具有显著特征,是否违反商标法禁用条款,是否侵犯他人在先权利等等。

3. 异议与核准

对初步审定的商标,自公告之日起三个月内,在先权利人、利害关系人或者其他任何人均可依法向商标局提出异议。

公告期满无异议的,予以核准注册,发给商标注册证,并予公告。

## 三、商标权的使用

商标一经注册,就受到法律保护,权利人可以在有效期内行使商标权。这些权利包括:独占使用权、使用许可权、转让权、续展权等各种权利。

### (一)注册商标的使用许可权

商标注册人可以通过签订商标使用许可合同,许可他人使用其注册商标。许可人应当监督被许可人使用其注册商标的商品质量。被许可人应当保证使用该注册商标的商品质量。许可的种类如下:(1)独占使用许可,是指商标注册人在约定的期间、地域和以约定的方式,将该注册商标仅许可一个被许可人使用,商标注册人依约定不得使用该注册商标。(2)排他使用许可,是指商标注册人在约定的期间、地域和以约定的方式,将该注册商标仅许可一个被许可人使用,商标注册人依约定可以使用该注册商标但不得另行许可他人使用该注册商标。(3)普通使用许可,是指商标注册人在约定的期间、地域和以约定的方式,许可他人使用其注册商标,并可自行使用该注册商标和许可他人使用其注册商标。

经许可使用他人注册商标的,必须在使用该注册商标的商品上标明被许可人的名称和商品产地。商标使用许可合同应当报商标局备案,未经备案不得对抗善意第三人。

### (二)商标的转让

转让注册商标的,转让人和受让人应当签订转让协议,并共同向商标局提出申请。受让人应当保证使用该注册商标的商品质量。

### (三)注册商标的期限、续展及终止

注册商标的期限,注册商标的有效期为10年,自核准注册之日起计算。注册商标的变更,商标注册申请人或者注册人发现商标申请文件或者注册文件有明显错误的,可以申请更正。商标局依法在其职权范围内作出更正,并通知当事人。

注册商标有效期满,需要继续使用的,商标注册人应当在期满前12个月内按照规定办理续展手续;在此期间未能办理的,可以给予6个月的宽展期。每次续展注册的有效期为10年,自该商标上一届有效期满次日起计算。期满未办理续展手续的,注销其注册商标。

注册商标的终止是指由于出现法律上规定的原因,商标权归于消失,具体是指商标的注销和撤销:(1)商标的注销,是指商标注册人由于自愿放弃商标权,而由商标局以注销的形式终止其商标权;(2)商标的撤销,是指商标注册人由于违反法律规定使用商标或者不使用商标,而由商标局采取强制措施终止其商标权。依照商标法,商标的撤销主要包括:自行改变注册商标、注册人名义、地址或者其他注册事项的;注册商标成为其核定使用的商品的通用名称或者没有正当理由连续三年不使用的。

【思考6-5】 广东某电冰箱厂在其生产的电冰箱上注册了"A牌"商标,并于1992年3月取得了该商标的专用权。1993年10月,该厂与湖南某电冰箱厂签订了一项商标使用许可合同。根据合同规定,湖南电冰箱厂可以在三年内使用"A牌"商标。合同签订后不久,广东电冰箱厂发现市场上销售的湖南电冰箱厂生产的"A牌"电冰箱大多未达到广东电冰箱厂的质量要求,许多顾客要求退货,"A牌"电冰箱的信誉大跌,广东电冰箱厂于是向法院起诉湖南电冰箱厂违约。

请回答:(1) 我国《商标法》对于商标使用许可是如何规定的?

(2) 湖南电冰箱厂是否应承担违约责任? 你认为如何处理比较妥当?

### 四、注册商标的保护

注册商标专用权保护范围,以核准注册的商标和核定使用的商品为限。

商标侵权行为的主要表现:(1) 未经商标注册人的许可,在同一种商品上使用与其注册商标相同的商标的;(2) 未经商标注册人的许可,在同一种商品上使用与其注册商标近似的商标,或者在类似商品上使用与其注册商标相同或者近似的商标,容易导致混淆的;(3) 销售侵犯注册商标专用权的商品的;(4) 伪造、擅自制造他人注册商标标识或者销售伪造、擅自制造的注册商标标识的;(5) 未经商标注册人同意,更换其注册商标并将该更换商标的商品又投入市场的;(6) 故意为侵犯他人商标专用权行为提供便利条件,帮助他人实施侵犯商标专用权行为的;(7) 给他人的注册商标专用权造成其他损害的。

商标侵权行为应承担以下法律责任:

(1) 行政责任。工商行政管理部门处理时,认定侵权行为成立的,责令立即停止侵权行为,没收、销毁侵权商品和主要用于制造侵权商品、伪造注册商标标识的工具,违法经营额五万元以上的,可以处违法经营额五倍以下的罚款,没有违法经营额或者违法经营额不足五万元的,可以处二十五万元以下的罚款。对五年内实施两次以上商标侵权行为或者有其他严重情节的,应当从重处罚。销售不知道是侵犯注册商标专用权的商品,能证明该商品是自己合法取得并说明提供者的,由工商行政管理部门责令停止销售。

(2) 民事责任。侵犯商标专用权的赔偿数额,按照权利人因被侵权所受到的实际损失确定;实际损失难以确定的,可以按照侵权人因侵权所获得的利益确定;权利人的损失或者侵权人获得的利益难以确定的,参照该商标许可使用费的倍数合理确定。对恶意侵犯商标专用权,情节严重的,可以在按照上述方法确定数额的一倍以上三倍以下确定赔偿数额。赔偿数额应当包括权利人为制止侵权行为所支付的合理开支。人民法院为确定赔偿数额,在权利人已经尽力举证,而与侵权行为相关的账簿、资料主要由侵权人掌握的情况下,可以责令侵权人提供与侵权行为相关的账簿、资料;侵权人不提供或者提供虚假的账簿、资料的,人民法院可以参考权利人的主张和提供的证据判定赔偿数额。权利人因被侵权所受到的实际损失、侵权人因侵权所获得的利益、注册商标许可使用费难以确定的,由人民法院根据侵权行为的情节判决给予三百万元以下的赔偿。

(3) 刑事责任。侵犯商标权罪是指我国《刑法》所规定的,违反《商标法》的规定,侵犯他人注册商标专用权,破坏商标管理制度,危害社会主义市场经济秩序,情节严重的行为。《刑法》第213、214和215条规定了三种侵犯商标权的犯罪及其刑事责任:① 假冒注册商标罪;② 销售假冒注册商标商品罪;③ 伪造、擅自伪造他人注册商标标识罪。

### 五、驰名商标的特殊保护

驰名商标,是指信誉卓著,在一定领域内为相关公众所熟悉的商标。商标法所称的相关公众,是指与商标所标识的某类商品或者服务有关的消费者和与前述商品或者服务的营销有密切关系的其他经营者。

认定驰名商标应当考虑下列因素:(1) 相关公众对该商标的知晓程度;(2) 该商标使用的持续时间;(3) 该商标的任何宣传工作的持续时间、程度和地理范围;(4) 该商标作为驰名商标受保护的记录;(5) 该商标驰名的其他因素。

驰名商标的特殊保护:(1) 对未注册驰名商标可以按照"使用原则"予以保护;(2) 对已经注册的驰名商标与他人先注册商标发生冲突时,驰名商标所有人有权继续使用;(3) 放宽对驰名商标显著性的认定条件;(4) 扩大对已经注册驰名商标的保护范围。

当然,驰名商标在获得特殊保护的同时,其使用必须符合我国《商标法》的禁止性规定,即"生产、经营者不得将'驰名商标'字样用于商品、商品包装或者容器上,或者用于广告宣传、展览以及其他商业活动中。"

【思考6-6】 "枫叶"诉"鳄鱼"商标侵权案

原告服装一厂诉称:1994年4月,原告发现,百盛购物中心鳄鱼服装专卖店出售的"鳄鱼"西裤是经过改装了的原告的"枫叶"西裤。1994年5月3日,原告从该专卖店购得西裤两条。经检验发现,该"鳄鱼"西裤系原告的产品,只是其"枫叶"商标替换成了"鳄鱼"商标,而且其销售价格远远超过了原告产品的销售价格。

被告百盛购物中心辩称:为了(在该中心)设立鳄鱼服装专卖店,曾与同益公司签订合同。其中约定:该公司陈列或销售的商品,不得有侵害他人商标权等不法事宜。如有违反,除承担法律责任之外,亦须赔偿百盛购物中心因此所产生的费用及损失。故即使原告诉称属实,亦与其无关,其责任应由同益公司承担。

被告同益公司辩称:在取得鳄鱼公司合法授权后,在百盛购物中心销售鳄鱼公司"鳄鱼"和"卡帝乐"产品。至于更换商标的行为,服装一厂是知道的,但是并未表示反对。故同益公司未侵犯原告的权利。

被告鳄鱼公司辩称:该公司产品所用的"鳄鱼"、"卡帝乐"等商标具有极高的知名度。同益公司于1993年12月取得该公司的授权,成为该公司的销售商,负有不得出售假冒鳄鱼牌、卡帝乐牌商品的义务。作为独立法人的同益公司仅为该公司的销售商,其更换商标的行为不应代表鳄鱼公司,鳄鱼公司对同益公司的行为不负任何责任,鳄鱼公司不应成为本案被告。

请分析:(1)本案中,百盛购物中心、同益公司、鳄鱼公司的行为是否构成了商标侵权?

(2)什么是商标的反向假冒?

## 引例点评

原告向被告投稿,被告接受并采用,从法律意义上讲这是一种悬赏广告行为。王定芳把自己创作的广告语交给东方商厦,后者决定采用与否,法理上是一种射幸合同的关系。对于广告语的性质,著作权法实施细则的文字作品中并没有明确释义,但我们不能因此就推定其不属于文字作品。笔者认为,广告语虽然简单或简短,但只要其具备了著作权法意义上的独创性,就应该属于法律所保护的作品。就本案讼争的"世界风采东方情"广告语来看,它不仅具有独创性,而且能以有形形式复制,完全符合法律所规定的要件,该广告语应属著作权法所保护的文字作品。

由于原被告之间存在法律意义上的合同关系。《著作权法》第17条规定:受委托创作的作品,著作权的归属由委托人和受托人通过合同约定。合同未作明确约定或者没有订立合同的,著作权属于受托人。由于原、被告对著作权的归属没有约定,故广告语的著作权应属于原告王定芳。

提示:企业通过报刊向社会征集的广告语,应属受著作权法保护的文字作品范畴,如在征集广告中未对版权归属作出约定的情况下,其著作权应归创作者所有。

## 能力训练题

**一、单项选择题**

1. 画家甲完成一美术作品后同意杂志社乙将其作品刊登在杂志上,后甲将该作品原件出售给丙。该作品的展览权归(　　)。
　　A. 甲　　　　B. 乙　　　　C. 丙　　　　D. 公有

2. 记者受报社指派前去采访某先进人物。采访结束后记者完成一长篇报道,并在报社发表。该报道(　　)。
　　A. 是单位作品,全部著作权归报社
　　B. 是职务作品,著作财产权归报社,记者享有署名权
　　C. 是职务作品,著作权归记者,报社在一定期限内有优先使用权
　　D. 是自由作品,全部著作权归记者

3. 自专利局公告授予专利权(　　)任何单位和个人都可以请求专利复审委员会宣告该专利权无效。

# 第六章 知识产权法

A. 之日起            B. 之日起 1 个月后
C. 之日起 3 个月后    D. 之日起 6 个月后

4. 杭州娃哈哈(集团)股份有限公司注册了"娃哈哈"、"娃娃哈"、"娃哈娃"和"哈哈娃"等商标,这有利于其驰名商标"娃哈哈"得到有效保护,此四件商标构成( )。

    A. 防御商标      B. 集体商标      C. 联合商标      D. 组合商标

5. 根据《中华人民共和国著作权法》,著作权的产生是从( )。

    A. 国家版权局审查批准之日起

    B. 作品发表之日起

    C. 国家知识产权局颁发著作权证书之日起

    D. 作品创作完成时起

6. 李某购买了一支"英雄"牌高级钢笔,而且该钢笔中还包含有一项实用新型专利,那么李某享有( )。

    A. "英雄"商标专用权           B. 该钢笔的所有权
    C. 该实用新型专利权           D. 前三项权利之全部

## 二、多项选择题

1. 甲设计了一"嫦娥奔月"图案。乙在征得甲同意后将该图案用在自己生产的三轮车上,并在该图案小有名气之后申请注册了商标。丙在未经同意的情况下,擅自在自己生产的自行车铃上标注了与乙的"嫦娥奔月"商标相同的图案。丙的这种行为属于( )。

    A. 不正当竞争行为            B. 侵犯著作权的行为
    C. 侵犯专利权的行为          D. 侵犯商标权的行为
    E. 合理使用行为

2. 不能作为商标注册的标志有( )。

    A. 国旗                    B. 联合国教科文组织的旗帜
    C. 红十字标志             D. 外国地名
    E. 商品通用名称

3. 甲将乙写给他的信以乙的名义发表在自己主编的杂志上,并将稿酬如数寄给了乙。甲的行为( )。

    A. 侵犯了乙的发行权          B. 侵犯了乙的复制权
    C. 侵犯了乙的发表权          D. 侵犯了乙的署名权
    E. 不侵犯乙的权利

4. 不受著作权法保护的对象有( )。

    A. 中国的法律条文            B. 外国法律的译文
    C. 政府工作报告               D. 法院的判决书
    E. 中国法律的官方译文

5. 不能被授予专利的项目有（　　）。
A. 科学发现　　　　　　　　　　B. 动物新品种
C. 用化学方法获得的物质　　　　D. 疾病诊断方法
E. 动物、植物产品的生产方法

### 三、问答题

1. 知识产权的法律特征？
2. 何为职务作品，法律对职务作品是如何规定的？
3. 简述专利的保护范围？
4. 商标侵权的认定？

### 四、案例分析题

1. 案情：张某和李某是好朋友，张某常去李某家做客。茶余饭后，张某总是乘兴创作书法作品相赠。积年累月，李某收藏了张某赠书法作品多幅。其后，李某精选其中的一些作品，以《张某书法作品选》命名出版。张某得知后，认为李某未取得自己的同意，便将相赠之书法作品出版，侵犯了自己的著作权，遂提出交涉。李某认为，书法作品既已赠送给自己，自己便取得包括处分权在内的所有权。而且，书法作品选原封不动地以张某名义出版，不发生侵犯著作权问题。二人相持不下，遂向著作权仲裁机构申请仲裁。

请回答：李某是否侵犯了张某的著作权？理由是什么？

2. 案情：A厂于1998年6月1日，向中国专利局申请了一种"能随意折叠的椅子"的实用新型专利，该专利申请得到批准，1998年12月26日，获得了实用新型专利权。B公司在上述专利申请日前也独立研制出了相同的产品，并于1998年8月试生产该产品。因产品销路不错，B公司从1999年4月起扩大生产规模开始大量生产。A厂发觉后，向人民法院提起诉讼，要求B公司承担专利侵权的法律责任。

请回答：B公司的行为是否侵犯了A厂的专利权？并说明理由。

3. 案情：钱钟书、人民文学出版社诉胥智芬、四川文艺出版社著作权纠纷案

原告钱钟书诉称：本人是《围城》一书的著作权人。两被告未经原告同意，对《围城》进行汇校并予以出版，侵害了原告对《围城》一书的演绎权和出版使用权。为此，要求两被告停止侵权，在全国性报纸上公开向原告赔礼道歉，并按侵权出版物总码洋的12%赔偿损失人民币88 320元。

原告人民文学出版社诉称：本社自1980年至现在，一直享有《围城》一书的专有出版权。这包括同种文字的原版和其后的各种修订版及缩编本。未经许可翻印或改头换面出版其中任何一种版本，即构成对原告专有出版权的侵害。

被告胥智芬、四川文艺出版社辩称：由被告汇校、出版的《围城》汇校本一书客观上造成了侵害原告钱钟书的作品使用权，愿意向钱钟书公开赔礼道歉并赔偿由此而造成的损失。《围城》汇校本体现了作者的创造性劳动，具有文献价值和学术

价值,是与原作品《围城》不同类型的演绎作品。

请回答:(1)原告的请求权基础是什么?(2)专有出版权是一种什么权利?

 实 训

【目标】

通过实训,强化学生对商标法律知识的认识与理解。

【项目】

商标权案例模拟法庭辩论

**案情**

甲公司是一家诞生于1939年的南京老字号企业,该企业2000年完成改制,2002年取得与企业字号一致的产品和服务商标。甲公司还被商务部认定为中华老字号企业。2006年,甲公司发现坐落于A地的乙公司的企业字号和他们的商标以及字号相同。乙公司不仅突出使用了其字号,而且在其宣传中也自称中华老字号企业。甲公司遂起诉乙公司。

**角色分配**

根据自愿原则把学生分为两组,一组支持本案甲公司立场;另一组支持乙公司立场。

**分析**

(1)该案中存在几种法律关系;(2)作为原告一方的甲公司如果提起诉讼应该准备哪些证据;(3)从案情的介绍看,本案是否存在乙公司侵犯甲公司权利的证据,这些证据如何取得;(4)本案应由何地法院进行管辖;(5)作为乙公司的代理人应从哪几个方面进行答辩。

**法庭模拟**

从两组学生中分别选出3名代表,作为甲公司和乙公司的代理人及律师,再选出3名同学作为法官,模拟法院开庭的方式对本案进行审理。开庭前由原被告双方各自准备相应的材料,由任课老师对材料进行初步审核。除代理人及法官外,其他同学应该参与旁听,对案件审理过程中发现的问题可以进行提问。

**点评**

由任课教师对本案所涉及的法律关系及相关问题进行介绍,对学生模拟开庭的情况进行点评。教师还可以介绍一下,法院审理民事案件的调解程序在具体审理过程中的运用。

# 第七章 市场规制法

## 学习目标

**知识：**
1. 了解市场规制的重要性；
2. 理解垄断的概念和种类；
3. 分清不正当竞争的类型；
4. 掌握产品质量纠纷中消费者的保护机制。

**技能：**
1. 能够运用市场规制法律知识分析不正当的市场行为；
2. 能够识别不正当竞争和垄断行为；
3. 能够学会依法维护消费者的权益。

**素养：**
1. 培养公平竞争、人人平等、效率优先观念；
2. 增强依法维护权利、解决纠纷的意识。

## 案例导入

2011年5月四大日化品牌宝洁、联合利华、立白、纳爱斯"联手"提价，掀起日化行业最大规模涨价潮。国家发改委表示企业涨价是正常的市场行为，老百姓可根据价格不同自主选择商品。

## 问题引入

1. 联手涨价为什么会引起不满？
2. 自由市场要不要干预？什么时候干预？

# 第七章　市场规制法

## 第一节　认识市场规制

### 一、经济自由与市场规制

市场规制法来源于西方,是对经济自由的一种制约。就经济活动的规制方法而言,东西方存在很大的差别。中国历史上是国家强于社会的格局,国家对一切经济活动都给予各方面的规制,从士农工商的划分,到盐铁等物资的专卖,都是将经济生活和政治生活一样纳入到政府的管制中。西方国家则不同,它是一种社会强于国家的形态,社会生活中国家的位置并不显赫,早期服膺于宗教集团,后来受制于议会人民。其对经济的干预,基本上是放任自流的。所以20世纪之前,在西方人的观念中,国家存在的目的,不是建立一个衣食无忧的大同社会,而仅仅是维护一个和平安定的社会秩序,国家就是一个警察组织,这种理念后来被称作"警察国"。

但进入20世纪之后资本主义矛盾日益突出,财富分配严重不公、下层人民生活困顿、社会冲突此起彼伏,经济危机接连不断。当资本主义步履维艰之时,要求改革国家制度、更新国家观念的言论就出现了。福利国家、凯恩斯主义、规制理论纷至沓来,大家开始认为,国家除了维护基本秩序之外,还应该确保社会经济的发展和公民基本的生活,防止贫富差距过大,遏制大财团垄断经济、限制竞争。在这种思想影响下,资本主义国家纷纷立法干预经济发展,规制市场行为。

市场规制理论虽然来自西方,但在实践上我们早有独特的经验。自古以来,中国思想家对国家的理解,就没有西方那样公私分明。国家在我们的理解中,对国民的生老病死、衣食起居都负有责任。为了调节国民收入,很多经济领域,如盐、铁,都由国家垄断。虽然有人认为这是国家与民争利,但从这项制度设立的初衷而言,官营制度是以保障市场供给、平衡国民收入为目的的。

西方思想涌入中国以后,调节经济的国家行为又有了另一番论证、解释。20世纪30年代,国民党政府引入西方理论,制定了很多经济法规。新中国成立后,国家实行计划经济,法制建设一度停滞。改革开放之后,市场经济蓬勃发展,但与此同时,社会上出现了一种游移、投机、欺骗的风气,由于缺乏法律制约,各种假冒伪劣、不正当竞争、欺骗消费者的现象屡见不鲜。为扭转这一股逆流,我国政府出台了多部规制市场的法律。

### 二、市场规制法

规制市场的法律简称市场规制法,它是经济法的核心内容。"规制"在英语中是regulate,指控制、引导。汉语中的"规制"是监管、管理之义。市场规制法是调整国家权力干预市场、调节市场结构、规范市场行为、维护市场秩序、保护和促进公平竞争的过程中产生的各种经济关系的法律规范的总称。

市场规制法是多个法律规范的总称,包括《反垄断法》、《反不正当竞争法》、《产品质量法》、《消费者权益保护法》、《价格法》和《广告法》等,前四部法本章于以下各节详细介绍,在此先对《价格法》和《广告法》作简单说明。《中华人民共和国价格法》于1997年12月29日通过,其目的是规范价格行为,发挥价格合理配置资源的作用,稳定市场价格总水平,保护消费者和经营者的合法权益,促进社会主义市场经济健康发展。该法规定价格的制定应当符合价值规律,大多数商品和服务价格实行市场调节价,极少数商品和服务价格实行政府指导价或者政府定价。《中华人民共和国广告法》1994年10月27日通过,调整的对象是从事广告活动的广告主、广告经营者、广告发布者,以规范广告活动,促进广告业的健康发展,保护消费者的合法权益,维护社会经济秩序,发挥广告在社会主义市场经济中的积极作用。法律要求广告应当真实、合法,符合社会主义精神文明建设的要求,不得含有虚假的内容,不得欺骗和误导消费者;广告主、广告经营者、广告发布者从事广告活动,应当遵守法律、行政法规,遵循公平、诚实信用的原则。

## 第二节 反垄断法

### 一、反垄断法概述

市场规制法中最重要的是反垄断法。因为垄断是自由市场最大的敌人,它导致市场失灵、经济停滞、贫富悬殊。此外妨碍竞争的行为还有限制竞争和不正当竞争。在我国对这三种行为没有统一的一部法律规定,而是分别由两部法律调节,即反垄断法和反不正当竞争法。

以两部法律分别调节垄断行为和不正当竞争行为,是因为《反垄断法》与《反不正当竞争法》具有不同理念、任务和方法。垄断行为和不正当竞争行为都有倚强凌弱、限制竞争的特征,存在相互转化和互为因果的关系。但是,垄断和不正当竞争区别还是很明显的。

"垄断"一词源于孟子的"必求垄断而登之,以左右望而网市利",原指站在市集的高地上操纵贸易,后来泛指把持和独占。在现代意义上,垄断指少数大企业,为了获得高额利润,通过相互协议或联合,对一个或几个部门商品的生产、销售和价格进行操纵和控制。《反垄断法》称垄断行为为排除、限制竞争以及可能排除、限制竞争的行为。不正当竞争行为与此不同,它不以排除竞争、限制竞争为目的,而是以欺骗的、卑劣的、不道德的手段参与竞争,获得超额利润的行为。

《反垄断法》与《反不正当竞争法》最大的不同之处在于立法理念的差异。《反

## 第七章　市场规制法

不正当竞争法》是反对企业以假冒、虚假广告、窃取商业秘密等不正当手段攫取他人的竞争优势,其前提条件是市场上有竞争,其目的是维护公平的竞争秩序,保护合法经营者和消费者的利益。《反不正当竞争法》追求的是公平竞争,又可以称为公平竞争法。反垄断法则是通过反垄断和反对限制竞争,使市场保持一种竞争的态势,保证市场上有足够的竞争者,保证消费者有选择商品的权利。《反垄断法》追求的是自由竞争,其目的是保障企业在市场上自由参与竞争的权利,提高经济效率,扩大社会福利,也可以称为自由竞争法。因为《反垄断法》是规范整个市场的竞争,涉及的问题是全局性的,它在推动和保护竞争方面所起的作用就远远大于《反不正当竞争法》。我国目前《反垄断法》是制定于2007年的《中华人民共和国反垄断法》(以下简称《反垄断法》)。该法第一条规定了反垄断立法的目的:预防和制止垄断行为,保护市场公平竞争,提高经济运行效率,维护消费者利益和社会公共利益,促进社会主义市场经济健康发展。

### 二、《反垄断法》规定的垄断类型

《反垄断法》重点打击四类垄断行为:滥用市场支配地位、垄断协议、企业兼并和行政性垄断。

#### (一)对滥用市场支配地位的规制

市场上经营者有大有小,大的富可敌国,小的沿街叫卖,这是市场竞争的结果,法律不必干预。法律要干预的是,利用经济实力排除、限制中小经营者参与竞争,因为竞争才有发展,竞争才有活力。具有独占的、压倒性地位的经营者限制竞争的行为,《反垄断法》称其为滥用市场支配地位。经营者一旦在同行业占据绝对优势,不仅会阻止其他经营者竞争,也会损害消费者的自由选择权,提高价格、降低服务、搭售商品、附加不合理条件等种种行为都是独占地位的衍生品。至于怎样认定经营者市场支配地位,以下几个因素需要考虑:(1)该经营者在相关市场的市场份额,以及相关市场的竞争状况;(2)该经营者控制销售市场或者原材料采购市场的能力;(3)该经营者的财力和技术条件;(4)其他经营者对该经营者在交易上的依赖程度;(5)其他经营者进入相关市场的难易程度;(6)与认定该经营者市场支配地位有关的其他因素。如果满足下面三种情形,可以推定经营者具有市场支配地位:(1)一个经营者在相关市场的市场份额达到二分之一的;(2)两个经营者在相关市场的市场份额合计达到三分之二的;(3)三个经营者在相关市场的市场份额合计达到四分之三的。对于前款第2项、第3项的情形有一个例外,即其中有的经营者市场份额不足十分之一的,不应当推定该经营者具有市场支配地位。

企业具有支配地位,并不当然违法,只有当滥用了支配地位,才构成违法。《反垄断法》第17条规定,禁止具有市场支配地位的经营者从事下列滥用市场支配地位的行为:(1)以不公平的高价销售商品或者以不公平的低价购买商品;

(2)没有正当理由,以低于成本的价格销售商品;(3)没有正当理由,拒绝与交易相对人进行交易;(4)没有正当理由,限定交易相对人只能与其进行交易或者只能与其指定的经营者进行交易;(5)没有正当理由搭售商品,或者在交易时附加其他不合理的交易条件;(6)没有正当理由,对条件相同的交易相对人在交易价格等交易条件上实行差别待遇;(7)国务院反垄断执法机构认定的其他滥用市场支配地位的行为。《反不正当竞争法》第12条也规定:"经营者销售商品,不得违背购买者的意愿搭售商品或者附加其他不合理的条件。"

【思考7-1】 经过5年多的调查取证,微软公司案尘埃落定。欧盟委员会在2004年3月的一个通告中认定微软公司违反了欧共体条约第82条。作为惩罚性措施,欧盟委员会对微软处以4.97亿欧元的罚款。针对微软公司阻止竞争产品与其"视窗"相兼容的违法行为,欧盟委员会勒令微软公司与其竞争者"共享秘密编程资料",并且必须向个人电脑生产商提供没有捆绑媒体播放软件的"视窗"版本。请问微软公司受到惩罚的原因是什么?

(二)对垄断协议的规制

亚当·斯密曾经说过:"生产同类产品的企业很少聚集在一起,如果他们聚集在一起,其目的便是商讨如何对付消费者。"一般来说,横向垄断协议一律被禁止,纵向垄断协议则根据情况而定,美国采取合理原则,欧盟则采取成批或个别豁免原则。一个企业若不具有上述的支配地位,当然就不可能滥用这种地位。但是,它仍然可以和其他经营者联合,共同实施某种限制竞争的行为,这也是各国反垄断法所禁止。《反垄断法》第13条规定了具有竞争关系的经营者六种垄断协议,必须禁止:(1)固定或者变更商品价格;(2)限制商品的生产数量或者销售数量;(3)分割销售市场或者原材料采购市场;(4)限制购买新技术、新设备或者限制开发新技术、新产品;(5)联合抵制交易;(6)国务院反垄断执法机构认定的其他垄断协议。不仅如此,经营者还可以与交易对手达成协议,阻碍其他人参与竞争。《反垄断法》第14条列举了经营者与交易相对人之间的三种垄断协议,必须禁止:(1)固定向第三人转售商品的价格;(2)限定向第三人转售商品的最低价格;(3)国务院反垄断执法机构认定的其他垄断协议。

《反垄断法》之所以禁止这类协议,是因为它们大多是以限制竞争为目的的。如果协议有利于整体经济发展与社会公共利益,不损害实质上的竞争,并经国家反垄断主管机关许可,可不在被禁止之列。《反垄断法》第15条明确排除为下列目的制定的协议:(1)为改进技术、研究开发新产品的;(2)为提高产品质量、降低成本、增进效率,统一产品规格、标准或者实行专业化分工的;(3)为提高中小经营者经营效率,增强中小经营者竞争力的;(4)为实现节约能源、保护环境、救灾救助等社会公共利益的;(5)因经济不景气,为缓解销售量严重下降或者生产明显过剩的;(6)为保障对外贸易和对外经济合作中的正当利益的;(7)法律和国务院规定的其他情形。考虑到消费者利益保护,该条最后还要求,属于前款第1项至第5项情形,经营者还应当证明所达成的协议不会严重限制相关市场的竞争,并且能够使消费者分享由此产生的利益。

【思考7-2】 上海开心人大药房2003年5月以超低价位登陆上海滩后,以比别的药房低45%价格,受到社会的密切关注和广大市民的认可。但是开业之初各大药厂便纷纷封杀,停止供货。这是哪一种垄断形式?2006年方便面协会以CPI上涨为由通知下属企业涨价,这可能涉嫌哪一种垄断?

### (三)对企业兼并的规制

企业兼并是市场经济中广泛存在的现象,指的是几个企业通过企业合并、购买股份、签订合同等方式组合成一个企业的行为。它是市场主体相互竞争的结果,有盘活资产、整合资源、提高效率的功能,然而过度的兼并会带来一家独大、竞争减少、效率下降的负面效应,所以《反垄断法》将其作为垄断行为的一种。在《反垄断法》中,企业兼并被称为经营者集中,主要包括三种情形:(1)经营者合并;(2)经营者通过取得股权或者资产的方式取得对其他经营者的控制权;(3)经营者通过合同等方式取得对其他经营者的控制权或者能够对其他经营者施加决定性影响。

2009年3月18日,商务部发布了2009年第22号公告,决定禁止可口可乐公司收购汇源果汁集团有限公司的交易。为什么可口可乐并购汇源需要接受审查呢?《反垄断法》第27条规定审查经营者集中,应当考虑:(1)参与集中的经营者在相关市场的市场份额及其对市场的控制力;(2)相关市场的市场集中度;(3)经营者集中对市场进入、技术进步的影响;(4)经营者集中对消费者和其他有关经营者的影响;(5)经营者集中对国民经济发展的影响;(6)国务院反垄断执法机构认为应当考虑的影响市场竞争的其他因素。商务部从市场份额及市场控制力、市场集中度(汇源的销售量占国内市场总额的43.8%,可口可乐吃下汇源,两家果汁市场占有率势必超过50%)、对市场进入和技术进步、消费者和其他经营者产生的影响等方面进行审查,并最终作出禁止收购的规制决策。

【思考7-3】 1998年美国两大办公家具连锁店(STAPLES与OFFICE DEPOT)筹备合并,联邦贸易委员会的经济学家通过对这两个销售商的每一种商品的销售价格和销售数量进行非常细致的观测,发现在同一城市中,STAPLES的价格要比OFFICE DEPOT的价格低,但是在没有OFFICE DEPOT的城市里,STAPLES的价格要贵一些。经济学家由此得出:STAPLES与OFFICE DEPOT并购后,很可能提高价格。因此,法院没有批准这个合并案。请问这两大家具连锁企业的合并为什么没获批准?

### (四)对行政性垄断的规制

与经济性垄断相比,行政性垄断利用行政权力干预市场竞争,对于处在制度转型时期的国家而言,危害性更为严重。一般来说,行政性垄断表现有强制购买、地区垄断、强制联合限制竞争等。

《反垄断法》第 32 条规定了强制购买行为:行政机关和法律、法规授权的具有管理公共事务职能的组织不得滥用行政权力,限定或者变相限定单位或者个人经营、购买、使用其指定的经营者提供的商品。第 33 条禁止地区垄断和行业垄断:行政机关和法律、法规授权的具有管理公共事务职能的组织不得滥用行政权力,实施下列行为,妨碍商品在地区之间的自由流通:(1)对外地商品设定歧视性收费项目、实行歧视性收费标准,或者规定歧视性价格;(2)对外地商品规定与本地同类商品不同的技术要求、检验标准,或者对外地商品采取重复检验、重复认证等歧视性技术措施,限制外地商品进入本地市场;(3)采取专门针对外地商品的行政许可,限制外地商品进入本地市场;(4)设置关卡或者采取其他手段,阻碍外地商品进入或者本地商品运出;(5)妨碍商品在地区之间自由流通的其他行为。第 36 条禁止行政机关强制联合限制竞争:行政机关和法律、法规授权的具有管理公共事务职能的组织不得滥用行政权力,强制经营者从事本法规定的垄断行为。《反不正当竞争法》也规定了政府及其所属部门不得滥用行政权力,限定他人购买其指定的经营者的商品,限制其他经营者正当的经营活动。政府及其所属部门不得滥用行政权力,限制外地商品进入本地市场,或者本地商品流向外地市场。

【思考 7-4】 2004 年,辽宁锦州市公安局强制企事业单位和个体工商户到其指定的公司更换刻制印章。省工商局向公安厅发出行政建议书,通过公安厅干预,制止了上述行为。请问工商局制止更换印章的理由是什么?

除了直接的行政垄断之外,公用企业和依法具有独占地位的经营者强制交易的行为也是利用优势地位限制其他竞争者的行为。《反不正当竞争法》第 6 条规定:"公用企业或者其他依法具有独占地位的经营者,不得限定他人购买其指定的经营者的商品,以排挤其他经营者的公平竞争。"公用企业,如供水、供电、电讯、交通等行业,在我国一直以来都是由国有资产独占经营的企业,经过多少次的改制,其独占属性并没有动摇。不仅是中国,国外很多国家曾经进行过公用事业市场化、民营化改革,但最终还是选择独占经营方式。一则是公用事业关系着国计民生,不容丝毫闪失,过度竞争可能影响产品和服务的质量,一则是公用事业企业肩负着提供社会福利的责任,每个公民不论贫富,都可以享受到基本的公共产品,这不是市场机制可以解决的。但公用事业在发挥其公共服务的前提下,不能强买强卖,过度限制竞争。

【思考 7-5】 2001 年,辽宁省大洼县专卖事业管理局在发放酒类经营许可证时,按照盘锦市专卖事业管理局的统一要求,公然把经营范围限定为"地产啤酒"。在换发酒类经营许可证时,对经营本地产啤酒的业户放松管理,一些不够条件的经营业户虽然未能取得批发许可证,但因其经销地产"辽河"啤酒,仍可从事批发业务。请问:这是不是不正当竞争行为?为什么?

### 三、垄断行为的法律责任

（一）违法经营者的法律责任

（1）垄断协议的法律责任。经营者达成并实施垄断协议的，由反垄断执法机构责令停止违法行为，没收违法所得，并处罚款。

（2）滥用市场支配地位的法律责任。经营者滥用市场支配地位的，由反垄断执法机构责令停止违法行为，没收违法所得，并处罚款。

（3）经营者集中的法律责任。经营者实施集中的，由国务院反垄断执法机构责令停止实施集中，限期处分股份或者资产，限期转让营业以及恢复到集中前状态，可并处罚款。

（4）经营者实施垄断行为，给他人造成损失的，依法承担民事责任。

（二）行业协会的法律责任

行业协会组织本行业的经营者达成垄断协议的，反垄断执法机构可处以罚款；情节严重的，社会团体登记管理机关可以依法撤销登记。

（三）对滥用行政权力的行政主体的处罚

行政机关和公共组织滥用行政权力，实施排除、限制竞争行为的，由上级机关责令改正；对直接负责的主管人员和其他直接责任人员依法给予处分。反垄断执法机构可以向有关上级机关提出处理建议。

（四）对有关主体违反配合义务行为的处罚

对反垄断执法机构实施的审查和调查，拒绝提供有关材料、信息，提供虚假材料、信息，隐匿、销毁、转移证据，由反垄断执法机构责令改正，对个人和单位处以罚款；构成犯罪的，依法追究刑事责任。

（五）对反垄断执法机构工作人员的处分

反垄断执法机构工作人员滥用职权、玩忽职守、徇私舞弊或者泄露执法过程中知悉的商业秘密，依法给予行政处分或追究刑事责任。

## 第三节 反不正当竞争法

20世纪90年代，假货的泛滥成为一件让老百姓和很多企业都非常头疼的事。相当多的名牌产品被仿制、假冒，伪劣商品在社会上的流通，给名牌产品带来了不良影响，也打击了消费者的信心。治理假冒伪劣需要多方协同努力，才能最终产生效果。在法治社会，严刑峻法是解决这一问题的关键举措。首先需要加快立法进程，制定《反不正当竞争法》，其次就是加大检查力度，严防死守。1993年9月2日，全国人大通过了《中华人民共和国反不正当竞争法》(以下简称《反不正当竞争法》),法律共5章33条,分别对10种行为进行了规定,为社会主义市场规制法制化奠定了基础。

## 一、不正当竞争和《反不正当竞争法》

公平竞争是市场发挥调节作用的最主要杠杆,只有竞争,才会出现优胜劣汰,才能促进技术进步、产品更新、服务优化、经济繁荣。一旦竞争失范,以大欺小,坑蒙拐骗,经济发展就会背道而驰。不正当竞争是指主观上不遵守诚实信用原则,违反等价有偿原则,扰乱市场秩序,严重侵害其他经营者、消费者利益的行为。

《管子》云:"利出一孔者,其国无敌;出二孔者,其兵半屈;出三孔者,不可以举兵;出四孔者,其国必亡。先王知其然,故塞民之羡(多余的钱财),隘(限制)其利途,故予之在君,夺之在君,贫之在君,富之在君。故民之戴上如日月,亲君若父母。"意思是利益由一家独占的时候,这一家必然操纵生杀予夺的权力,没有竞争,没有公平,结果是可怕的。《反不正当竞争法》就是反对不正当竞争的法律,是规范市场秩序的基本法律,素有"经济宪法"之称。参与市场经营的每个成员都应该遵守,生产者、销售者、提供服务者都包括在内。

## 二、不正当竞争行为的种类

经营者进入市场,便开始和其他人进行竞争。《反不正当竞争法》不反对正当的竞争,只针对不正当的竞争,那么区别正当与不正当就是是否适用《反不正当竞争法》的前提了。按照《反不正当竞争法》,不正当竞争行为分为两个大类,限制竞争的行为和不正当竞争行为。前者在垄断法中已经做出过介绍,这里不做铺陈。我们主要对不正当竞争行为做出分析。

限制竞争行为的侵害对象是其他竞争者,以直接限制他人参与竞争为手段,不正当竞争行为固然也侵害其他竞争者,但它主要以损害消费者为目标,它并非要消除竞争,而是以不正当手段参与竞争。《反不正当竞争法》规定了八种不正当竞争行为。

1. 混淆行为

《反不正当竞争法》第5条规定四种行为必须禁止:(1)假冒他人的注册商标;(2)擅自使用知名商品特有的名称、包装、装潢或者使用与知名商品近似的名称、包装、装潢造成和他人的知名商品相混淆,使购买者误认为是该知名商品;(3)擅自使用他人的企业名称或者姓名,引人误认为是他人的商品;(4)在商品上伪造或者冒用认证标志、名优标志等质量标志,伪造产地,对商品质量作引人误解的虚假表示。假冒、擅自使用他人的商标、名称、姓名、装潢等,一方面欺骗了消费者,使消费者误认为该产品的生产者拥有很高声誉,另一方面损害了其他经营者,攫取本应属于被仿冒的经营者的机会。知名品牌企业经过多少年的经营才获得这样的声誉,如果被人仿冒,非但销售利益受到损失,也会使自身商品的信誉因为假冒商品的质量问题不断下降。

**【思考 7-6】** 甲欲买"全聚德"牌的快餐包装烤鸭,临上火车前误购了商标不同而外包装十分近似的显著标明名称为"仝聚德"的烤鸭,遂向"全聚德"公司投诉。"全聚德"公司发现"仝聚德"烤鸭的价格仅为"全聚德"的1/3。请问这种行为属于哪一种不正当的竞争行为?

2. 引人误解的虚假宣传

冒用商标、名称、装潢会混淆消费者对商品的认知,通过虚假宣传也可以混淆视听。《反不正当竞争法》第9条规定:"经营者不得利用广告或者其他方法,对商品的质量、制作成分、性能、用途、生产者、有效期限、产地等作引人误解的虚假宣传。广告的经营者不得在明知或者应知的情况下,代理、设计、制作、发布虚假广告。"在一定的程度上,通过媒体进行的宣传比冒用商标危害更大,更具有隐蔽性。现代媒体已经成为立法、执法、司法之外的第四种权力,它是公众利益的代表,具有较强的公信力。媒体若被利用作为虚假宣传的工具,其危害的范围就远远大于其他欺骗方式。

3. 商业贿赂行为

混淆行为是以欺骗消费者本人为手段,商业贿赂行为则是以收买客户的负责人、雇员、合伙人、代理人来影响市场交易。经营者在交易过程中,秘密给付上述人员财物或者其他报偿,以争取交易机会,这就是商业贿赂。商业贿赂既侵害了客户的利益,推销了质次价高的商品,也侵害了竞争对手的公平竞争权,获取市场上的优势地位;不仅阻碍市场机能的正常发挥,影响社会资源的合理配置和技术进步,而且是滋生腐败的温床。

《反不正当竞争法》第8条规定:"在账外暗中给予对方单位或者个人回扣的,以行贿论处;对方单位或者个人在账外暗中收受回扣的,以受贿论处。"这里的回扣不同于折扣,折扣亦称让利,是经营者在所成交的价款上给对方以一定比例的减让而返还给对方的一种交易上的优惠。财政部颁布的《企业财务通则》第29条第2款规定:"企业发生的销售退回、销售折让、销售折扣,冲减当年营业收入。"折扣要以明示的方式给付对方,折扣的给付方和收受方都要如实入账,这是折扣和非法回扣的显著不同。

回扣也要与佣金区分,佣金是指中间人为他人提供服务、介绍、撮合交易或代买、代卖商品而得到的报酬。佣金的给付也须以明示方式进行,给付方和收受方都要如实入账,这也是佣金和商业贿赂的差别。《反不正当竞争法》第8条规定:"经营者销售或者购买商品,可以以明示方式给对方折扣,可以给中间人佣金。经营者给对方折扣、给中间人佣金的必须如实入账。接受折扣、佣金的经营者必须如实入账。"

**【思考 7-7】** 某新华书店为了多推销教辅,与教育局签订了一份协议,约定书店每年支付教育局"宣传推广费"18万元,教育局保证当年征订的教学用书不低于上年同期水平。教育局在每年度教学用书征订工作中,指示各学校均按教材、教辅人手一册。对此,工商局应该如何处理?

4. 侵犯商业秘密的行为

为了和其他企业竞争,可以动用的不道德手段很多,贿赂交易对手的代表人,能够拿下某一宗生意,挖走竞争对手的员工、获取竞争对手的商业秘密,更是获得竞争优势的有效途径,特别是通过挖墙脚的方式获得商业秘密甚至一度被认为是正常的竞争策略,为扭转这种错误的风向,《反不正当竞争法》专门立法予以禁止。所谓商业秘密,根据《反不正当竞争法》第10条第3款的规定,是指不为公众所知悉、能为权利人带来经济利益、具有实用性并经权利人采取保密措施的技术信息和经营信息。商业秘密不仅包括那些凭技能或经验产生的,在实际中尤其是工业生产中适用的技术信息,如工艺流程、技术秘诀、设计图纸、化学配方等,而且包括那些具有秘密性质的经营管理方法以及与经营管理方法密切相关的经营信息,如管理方法、产销策略、货源情报、客户名单等。侵犯商业秘密的不正当竞争行为有以下几种情形:

(1) 以盗窃、利诱、胁迫或者其他不正当手段获取权利人的商业秘密。

(2) 披露、使用或者允许他人使用以前项手段获取的权利人的商业秘密。

(3) 违反约定或者违反权利人有关保守商业秘密的要求,披露、使用或者允许他人使用其所掌握的商业秘密。

(4) 第三人明知或者应知以上违法行为,获取、使用或者披露他人的商业秘密,视为侵犯商业秘密。

**【思考7-8】** 张某是某电脑公司销售部员工,一直负责客户名单。聘用合同到期后,罗某离开了该电脑公司,到了同地区的另一家软件公司,并将电脑公司的客户名单带到了软件公司,然后与这些客户联系,压低报价,将原来的客户挖过来,给电脑公司造成了不少的损失。电脑公司得知这一情况后,立即将软件公司及张某起诉到法院。请问法院应如何认定案件的性质?

5. 低价倾销

竞争者依据自己的实力,以低价销售策略获得市场份额,是市场竞争中最常用的取胜之道,然而,为了保护一个行业的充分竞争,各国立法都对低于成本价格的恶意挤占市场的行为严厉禁止。我国《反不正当竞争法》第11条规定:"经营者不得以排挤竞争对手为目的,以低于成本的价格销售商品。"但同时规定:"有下列情形之一的,不属于不正当竞争行为:(1) 销售鲜活商品;(2) 处理有效期限即将到期的商品或者其他积压的商品;(3) 季节性降价;(4) 因清偿债务、转产、歇业降价销售商品。"

6. 不正当有奖销售行为

一般说来,有奖销售这种促销手段对市场竞争秩序有着双重的影响。符合公认的商业道德的有奖销售,可以起到活跃市场、促进公平竞争的积极作用;违背公认的商业道德、采取不正当竞争手段的有奖销售,不仅会损害其他经营者的合法权益,损害消费者的利益,而且会扰乱社会经济秩序。因此,我国《反不正当竞争法》并没有简单地否定有奖销售,而是通过禁止以下三种形式的有奖销售而对这一促销手段进行调整。

(1) 采用谎称有奖或者故意让内定人员中奖的欺骗方式进行有奖销售;

(2) 利用有奖销售的手段推销质次价高的商品;

(3) 抽奖式的有奖销售,最高奖的金额超过5 000元。

7. 诋毁商誉行为

经营者捏造事实、诋毁其他经营者的名誉也是非常严重的不正当竞争行为。这种行为会给竞争对手正常经营活动造成不利影响,损害其应有的市场竞争优势地位,甚至导致严重的经济损失。《反不正当竞争法》第14条规定:"经营者不得捏造、散布虚伪事实,损害竞争对手的商业信誉、商品声誉。"经营者捏造、散布虚伪事实,损害竞争对手的商业信誉、商品声誉,即商业诽谤,是侵害公民或法人名誉权和荣誉权行为的一种商业化表现形式。因此,商业诽谤是一种典型的不正当竞争行为,为许多国家的反不正当竞争法所禁止。

8. 投标招标中的串通行为

利用行政权力或经济实力,可以限制他人参与竞争,借助信息上的优势,同样可以做到。在投标招标中,纵然没有一个企业可以拥有绝对的优势拿到某个项目,某些投标人还是可以通过与招标人或者其他投标人串通,排挤其他竞争者、迷惑招标者。

《反不正当竞争法》第15条规定:"投标者不得串通投标,抬高标价或者压低标价。投标者和招标者不得相互勾结,以排挤竞争对手的公平竞争。"从以上规定可以看出,我国《反不正当竞争法》规定了投标招标中常见的两种类型的不正当竞争行为:第一、投标者串通投标,抬高标价或压低标价的行为;第二、投标者和招标者之间相互勾结,以排挤竞争对手的行为。这些限制竞争的行为以排除竞争、谋求独占为目的,与上一节的《反垄断法》有着更大的关联性。

### 三、不正当竞争行为的法律责任

违反《反不正当竞争法》的规定,实施了不正当竞争行为必须承担一定的法律责任。

(一) 民事责任

经营者实施了不正当竞争行为,给被侵害的经营者造成损害的,应当承担其行为引起的民事责任,即侵权的民事责任。民事责任的责任形式主要有:停止侵权、赔礼道歉、恢复原状、赔偿损失等。

## （二）行政责任

行政责任是指违反《反不正当竞争法》的行为人承担的行政法律后果。行政责任的责任形式主要有：责令停止违法行为、罚款、没收违法所得、取消经营者资格等。

## （三）刑事责任

刑事责任是指依照刑事法律规定，行为人实施刑事法律禁止的行为所必须承担的后果。我国《反不正当竞争法》对刑事责任的规定，主要有以贿赂手段销售或者购买商品，构成犯罪；擅自使用知名商品特有的或者与知名商品近似的名称、包装、装潢，销售伪劣商品，构成犯罪；假冒他人注册商标，构成犯罪；侵犯商业秘密，构成犯罪；虚假广告行为，构成犯罪；侵犯他人商誉，构成犯罪。

# 第四节 产品质量法

垄断、不正当竞争是处于优势地位的经营者排除竞争、限制竞争的行为，与市场经济的基本规律不合、法理难容。说经营者具有优势地位，通常是就其他经营者而言的，倘若从普通消费者角度来看，其优势就更明显了。不管是在经济上，还是在信息上，甚至在政治上，工商企业都比一般消费者拥有更大的影响力。改革开放以后，我国工商业日渐繁荣，企业实力也与日俱增，与此同时，一些不良的现象不断滋生，如假冒伪劣、欺行霸市，严重侵害了消费者的权益，损害了整个市场的信誉，成为制约我国经济发展，影响企业经济效益的一个突出问题。

商品买卖是交易双方的自愿行为，产品质量问题固然可以通过民事手段得以解决，只是民事手段常常是产品质量纠纷发生之后才得以应用，不能起到防患于未然的作用。为此，我国于1993年制定了《中华人民共和国产品质量法》（以下简称《产品质量法》），以从源头上治理产品质量低下的问题，该法经过2000年的修改，进一步明确了各级政府的责任，完善了执法机关的执法手段，加大了处罚力度。

## 一、《产品质量法》的立法目的和适用范围

具体来说，制定《产品质量法》，其目的在于加强产品质量监督管理，提高产品质量水平，明确产品质量责任，保护消费者权益，维护社会主义经济秩序。

《产品质量法》的初衷是提高产品质量，但该法调整的产品不是在市场上流通的所有物品，必须是经过加工、制作，用于销售的产品。需要同时具备两个条件：一是，该产品是经过加工、制作的；二是，该产品是用于销售的。因此，种植业、畜牧业、渔业等所生产初级农产品、狩猎品和原始矿产品等未经过加工、制作的，不属于本法的调整范围。自产自用的产品，虽然经过加工、制作，但不是用于销售的，也不

属于本法的调整范围。另外,本法还将建设工程排除在适用范围之外。这是因为建筑工程加工、制作的过程也与一般的产品有很大的不同,其质量要求也与一般产品的质量要求有区别。

## 二、产品质量监督管理

要提高产品质量,可以靠市场竞争、优胜劣汰,可以靠受害消费者主动诉讼,还可以由政府主管部门事先监督管理。产品质量监督管理是指各级人民政府质量监督部门依据法定权限对产品质量进行监督管理的活动。我国产品质量监督体制是,国家质量技术监督局是国务院产品质量监督部门,主管全国产品质量监督工作,国务院有关部门在各自的职责范围内负责产品质量监督工作。县级以上地方产品质量监督部门主管本行政区域内的产品质量监督工作,县级以上地方政府有关部门在各自职责范围内负责产品质量监督工作。产品质量监督按照以下几项制度进行。

(一)产品质量标准制度

根据我国《产品质量法》的规定,我国实行产品质量标准制度。其主要内容是:(1)产品质量应符合一定的标准;(2)产品均应检验合格,不得以不合格产品冒充合格产品;(3)可能危及人体健康和人身、财产安全的工业产品,必须符合保障人体健康和人身财产安全的国家标准、行业标准,未制定国家标准或行业标准的,必须符合保障人体健康和人身、财产安全的要求。

(二)企业质量体系认证制度

企业质量体系认证是指国务院质量监督部门或其授权的认证机构,依据国际通用的"质量管理和质量保证"系列标准,对企业的质量体系和质量保证能力进行审核,通过颁发企业质量体系认证书,证明企业的质量体系和质量保证能力符合相应要求的制度。目前,国家质量技术监督局颁布了"GB/TI9000—ISO9000"系列国家标准,该标准等同于国际标准化组织(ISO)推荐采用的"ISO9000 质量管理和质量保证"系列国际标准。

(三)产品质量认证制度

产品质量认证是指依据具有国际水平的产品标准和技术要求,经过认证机构确认并通过颁发认证证书和产品质量认证标志的形式,证明产品符合相应标准和技术要求的活动。认证产品的标准有国际标准、国家标准、行业标准。我国实行强制性认证和自愿性认证相结合的制度。《强制性产品认证管理规定》发布后,对符合国家标准的,贴上"3C"标志。"3C"是"中国强制认证"(英文名称为 China Compulsory Certification)的缩写,它由原来的"CCIB"(中国商检)认证和"长城 CCEE 认证"合并而成。

### (四) 产品质量监督检查制度

产品质量监督检查制度分为国家监督和社会监督。国家监督是指国家对产品质量以抽查为主要方式的监督检查制度。社会监督有消费者监督和社会团体监督。

## 三、生产者、销售者的产品质量责任和义务

产品质量监督的主体是各级政府主管部门，其对象是生产者、销售者。规定生产者和销售者的义务是产品质量监督的前提，是提高产品质量的必要举措。

### (一) 生产者的产品质量责任和义务

1. 生产者有保证产品内在质量的义务

(1) 不存在危及人身、财产安全的不合理的危险，有保障人体健康，人身、财产安全的国家标准、行业标准的，应当符合该标准。(2) 具备产品应当具备的使用性能，除非对产品的瑕疵已作出说明。(3) 符合在产品或其包装上注明采用的产品标准，符合以产品说明、实物样品等方式表明的质量状况。

2. 产品标识应当符合法律要求

(1) 应有产品质量检验合格证明。(2) 应有中文标明的产品名称、生产厂家和厂址。(3) 根据产品的特点和使用要求，需要标明产品规格、等级、所含主要成分的名称和含量的，应用中文相应予以标明；需要事先让消费者知晓的，应当在外包装上标明，或者预先向消费者提供有关资料。(4) 限期使用的产品，应当在显著位置清晰地标明生产日期和安全使用期或失效日期。(5) 使用不当，容易造成产品本身损坏或者可能危及人身、财产安全的产品，应有警示标志或者中文警示说明。(6) 裸装的食品和其他根据产品的特点难以附加标识的裸装产品，可以不附加产品标识。有关标识的具体标注方法，应当按照《产品标识标注规定》执行。

3. 生产者对某些特殊产品的包装应当履行的义务

(1) 在产品运输、储存、销售过程中保护产品，方便运输，促进销售，按一定技术方法而采用的容器、材料及辅助物并在包装上附加有关标识的总称。(2) 对易碎、易燃、易爆、有毒、有腐蚀性、有放射性等危险物品以及储运中不能倒置和其他有特殊要求的产品，其包装质量必须符合相应要求，依照国家有关规定作出警示标识或中文警示说明，标明储运注意事项。

4. 法律禁止生产者假冒伪劣产品

(1) 生产者不得生产国家明令淘汰的产品。国家明令淘汰的产品是指国务院有关行政部门依据其行政职能，对消耗能源、污染环境、疗效不确、毒副作用大、技术明显落后的产品，按照一定的程序，采用行政措施，通过发布行政文件的形式，向社会公布自某日起禁止生产、销售的产品。(2) 生产者不得伪造产地、不得伪造或者冒用他人的厂名、厂址。(3) 生产者不得伪造或冒用认证标志等质量标志。

(4) 生产者生产产品,不得掺杂、掺假,不得以假充真,以次充好,不得以不合格产品冒充合格产品。

## (二) 销售者的产品质量责任和义务

(1) 销售者应当建立并执行进货检查验收制度,验明产品合格证明和其他标识。如果在验收中发现产品的质量、品种、规格、产品标识不符合规定,销售者应当提出书面异议,要求供货方予以解决;如果销售方不提出异议的,责任由其自负。

(2) 销售者应当采取措施,保持销售产品的质量。销售者应当根据产品的特点,采取必要的防雨、防晒、防霉变措施,对某些特殊产品采取控制温度、湿度等措施,确保其销售的产品不失效、不变质。

(3) 销售者不得销售国家明令淘汰并停止销售的产品和失效、变质的产品;产品的标识应当符合法律对生产产品或其包装上的标识的规定。

(4) 销售者不得伪造产地,不得伪造或冒用他人的厂名、厂址;不得伪造或冒用认证标志等质量标志;不得掺杂、掺假,不得以假充真,以次充好,不得以不合格产品冒充合格产品。

## (三) 生产者、销售者的行政和刑事责任

生产者、销售者违反上述规定,生产不合格、掺杂掺假、以次充好、明令淘汰、失效变质产品的,可以根据情节,责令停止生产、销售,没收违法生产、销售的产品,处以罚款,没收违法所得,吊销营业执照,依法追究刑事责任等。

## 四、产品损害赔偿责任

生产者、销售者违反《产品质量法》,要受到行政处罚、刑事制裁,这是分配正义的要求;如果他们在违法的同时,还侵犯了消费者的权益,仍然还要予以赔偿,这是交换正义的表现。《产品质量法》将生产者、销售者对消费者的侵权责任称为产品损害赔偿责任。

### (一) 产品损害赔偿责任

产品损害赔偿责任是指生产者和销售者因生产或销售的产品有缺陷,造成用户、消费者或第三者人身和财产损害而应承担的民事赔偿责任。

按理说,产品有缺陷造成他人损害,产品生产者、销售者都应该负责。可是,当销售者不知道产品的质量问题,让其承担责任似乎过于苛刻。为了公平起见,《产品质量法》对生产者和销售者承担责任的原则进行了区分:(1) 对生产者实行严格责任原则,即无论生产者有无过错,只要因产品存在缺陷致使他人人身、财产发生损害,生产者就应当承担赔偿责任。(2) 对销售者实行过错责任原则,即销售者由于过错使产品存在缺陷,造成他人人身、财产损害的,才承担赔偿责任;销售者不能指明缺陷产品的生产者,也不能指明缺陷产品的供货者的,销售者应当承担赔偿责任。除此之外,消费者向销售者要求赔偿的,销售者赔偿后仍

可向生产者追偿。

### (二) 损害赔偿责任的构成要件

除了归责原则上的不同,生产者和销售者在承担责任的条件上是一样的,这些条件在法律上称为"构成要件"。

(1) 产品存在缺陷。产品缺陷包括产品存在危及人身、财产安全的不合理危险及不符合保障人体健康和人身、财产安全的国家标准、行业标准。

(2) 存在人身伤害、财产损害的事实。"无损害,无责任"。

(3) 产品缺陷与损害事实之间有因果关系。这意味着:第一,损害事实是由产品缺陷造成的,而不是由其他原因造成的,如外力的破坏、受害人的故意等;第二,损害赔偿责任不以生产者、销售者主观上是否有过错作为前提条件,即只要生产、销售的产品有缺陷,并且因此造成了人身、财产损害的,就应承担损害赔偿责任。

(4) 生产者能够证明有下列情形之一的,不承担赔偿责任:① 未将产品投入流通的;② 产品投入流通时,引起损害的缺陷尚不存在;③ 生产者将产品投入流通时的科学技术水平尚不能发现缺陷存在的。

(5) 对于修理、更换、退货或赔偿损失等问题,如果生产者和各销售者之间订立的产品购销、加工承揽合同有不同约定的,合同当事人应按照合同约定执行。

### (三) 损害赔偿的范围

#### 1. 人身伤害赔偿范围

产品缺陷造成他人人身伤害的,应赔偿医疗费、治疗期间的护理费、因误工减少的收入等费用;造成残疾的还应当支付残疾者生活自助器具费、生活补助费、残疾赔偿金以及由其扶养的人所必需的生活费等费用;造成受害人死亡的,应当支付丧葬费、死亡赔偿金以及由死者生前扶养的人所必需的生活费等费用。

#### 2. 财产损害赔偿范围

产品缺陷造成他人财产损害的,侵害人应当恢复原状或折价赔偿;受害人遭受其他重大损失的,侵害人应当赔偿损失。

### (四) 时效和争议的解决

#### 1. 时效

《产品质量法》第45条规定,因产品存在缺陷造成损害要求赔偿的诉讼时效期限为2年,自当事人知道或者应当知道其权益受到侵害时起计算。因产品存在缺陷造成损害要求赔偿的请求权,自造成损害的缺陷产品交付最初消费者满10年丧失;但是,尚未超过明示的安全使用期的除外。

#### 2. 争议的解决

因产品质量发生纠纷,当事人可以通过协商、调解解决,当事人不愿通过协商、调解解决或者协商、调解不成的,可以根据当事人的协议向仲裁机构申请仲裁;当事人没有仲裁协议或者仲裁协议无效的,可以直接向法院起诉。

【思考7-9】 1999年8月,王某在某超市购买了几瓶"酿泉"牌啤酒在家饮用,突然桌上一瓶啤酒发生爆炸,玻璃碎片击中了王某的左眼球。经医院诊断为角膜巩膜破裂,眼球穿透孔,共花去费用近2万元。王某向超市要求赔偿,而超市认为自己只销售啤酒,应当由啤酒厂来进行赔偿。2000年9月,他又向啤酒厂索赔,而啤酒厂认为,根据《民法通则》规定,对身体造成伤害的诉讼时效为1年,现在诉讼时效已过,因此拒绝赔偿。王某无奈之下向法院起诉。问:

(1) 什么是产品缺陷?本案的产品缺陷是什么?

(2) 王某可以向谁索赔?

(3) 王某可以要求哪些赔偿?

(4) 本案的诉讼时效是否已过?为什么?

## 第五节 消费者权益保护法

### 一、《消费者权益保护法》概述

#### (一) 消费者权益特殊保护的背景

消费者,是指为生活消费需要,购买、使用商品或接受服务的人。本来消费者和经营者在一个自由市场上相互协商,相互选择,只需按照个人自愿订立的交易契约,来确定双方的权利义务关系。这种关系根据合同法或民法原理来处理纠纷就可以了,并没有必要再单独进行消费者权益保护法的立法。然而实际上与经营者相比,消费者处在一种被研究、被劝诱、被影响、被掌控的地位,信息上明显不对称,知识上不对等,很难或者根本无法真正独立自由地形成和表达自己的意志。正因为这种不对等,各式各样损害消费者权益的事例才不断涌现,比如近些年臭名昭著的"阜阳毒奶粉案"、"三鹿奶粉事件"。

这不单单是中国社会的问题,世界各国都曾经经受过伪劣商品的危害。为此20世纪50年代西方国家爆发了轰轰烈烈的"消费者权利运动"。1950年代的日本到处充斥着质次价高的伪劣商品,含镉稻米、含汞鱼贝、毒奶粉……比比皆是。于是居民自己组织各种社会团体,如"主妇联合会"、"消费者协会"等,开展"有机农业实践"、"生活者运动"、"消费者与生产者经济合作运动"等活动,解决环境污染、食品安全问题。1968年,日本颁布了第一部《消费者保护基本法》,将社会进步的重心从发展主义转移到对消费者的保护上。1962年3月15日美国总统肯尼迪在向国会提交的"消费者权利咨文"中明确提出消费者四大基本权利,即"安全权、知情权、选择权和意见被听取权"。从这些经验中,我们可以看出为改变消费者天然的易被侵害的劣势地位,一方面消费者应该联合起来,一方面政府必须对消费者的权益做倾向性的保护,比如为消费者提供更多的教育、培训和表达意见、集体结社的自由,尽量达到双方知识和地位的对等。

### (二) 消费者权益保护立法

正因为此,世界各国都不约而同地在民法、合同法的基础上,又制定了许多消费者权益特殊保护的法律制度。我国改革开放以后,工商业高度发展,商品市场泥沙俱下,侵犯消费者权益的现象屡禁不止,于是1993年10月31日,第八届全国人大常委会第四次会议通过了《中华人民共和国消费者权益保护法》。该法实施以来,在打击消费欺诈,保护消费者权益方面起到了重要的作用。但近年来,食品安全、消费欺诈、群体性事件时有发生,产生了严重的社会影响。为解决这些问题,全国人大于2013年10月25日对该法做出了重大修改。修订后的《消费者权益保护法》是在平等交易的基础上,通过组织、联合、帮助、教育、补偿和惩罚等手段,对消费者在消费生活中遇到的问题,给予更有力的保护。以下以我国消费者权益保护法为基础,结合国外消费者保护实践经验,介绍现代法律制度对消费者利益的特殊保护。该法主要分为消费者权利、经营者义务、争议解决和法律责任几个部分。

## 二、消费者的权利

### (一) 安全保障权

安全保障权是任何一个公民的基本权利,除了公安司法机关,任何人都不得侵犯他人的安全,当然包括生产者和经营者。《消费者权益保护法》第7条规定,消费者在购买、使用商品和接受服务时享有人身、财产安全不受损害的权利,消费者有权要求经营者提供的商品和服务,符合保障人身、财产安全的要求。

【思考7-10】 2007年11月20日上午,年届七旬的王老太在易初莲花超市购物。正当她步行至二楼出口处时,因地面有未干的水渍而不慎滑倒。经鉴定,王老太因滑倒致T12椎体压缩性骨折,已构成十级伤残,王老太经过一段时间的治疗后,于2008年2月28日出院,诉请法院勒令超市承担医疗费用。请问:超市有没有责任?超市应不应该承担一定的赔偿责任?

### (二) 知悉真情权

知悉真情权或称获取信息权、了解权、知情权,即消费者享有知悉其商品或者服务真实情况的权利。《消费者权益保护法》第8条规定,消费者有权要求经营者提供商品的价格、产地、生产者、用途、性能、规格、生产日期、有效期限、检验合格证明、使用方法说明书,或者服务的内容、规格、费用等有关情况。消费者知悉商品、服务的相关信息不需要任何条件,了解信息并不以购买商品和服务为条件,说明商品和服务的相关信息是经营者的义务。

### (三) 自主选择权

自主选择权是指消费者享有的自主选择商品或者服务的权利,《消费者权益保护法》第 9 条规定了几个方面：(1) 自主选择提供商品或者服务的经营者的权利；(2) 自主选择商品品种或者服务方式的权利；(3) 自主决定购买或者不购买任何一种商品、接受或者不接受任何一项服务的权利；(4) 在自主选择商品或服务时所享有的进行比较、鉴别和挑选的权利。

【思考 7-11】 某市繁华商品区的某时装店内，一位女士让营业员拿出一双价值 370 元的女鞋试穿，试穿后觉得不理想，准备离开。这时营业员将她拦住说，不能只试穿，要么将这双鞋买了，要么得给 20 元的试穿费。营业员态度蛮横，口出污言，扣住那名女士不放长达 1 个多小时。请问：时装店侵害了消费者的哪些权利？

### (四) 公平交易权

《消费者权益保护法》第 10 条规定了公平交易权：消费者享有公平交易的权利，消费者在购买商品或者接受服务时，有权获得质量保障、价格合理、计量正确等公平交易条件，有权拒绝经营者的强制交易行为。据此，假冒伪劣、价格欺诈、计量不公、欺行霸市等不公平交易行为应加以禁止。

【思考 7-12】 李某到农贸市场一卖肉摊位上买猪脚。摊主让李某挑选了 4 只猪脚后，往台秤上一放，说 8 斤 1 两，做 8 斤算了，5 元 1 斤，共 40 元。李某付款后把猪脚放在公平秤上一称，只有 6 斤 2 两。于是找到市场的工商管理人员请求处理，工商管理员对秤仔细检查，结果发现该秤的秤盘底下吸附着一块磁铁。工商管理员收缴了该摊主的台秤，让摊主赔偿了谢某的损失，对摊主处以 200 元的罚款。请问：本案涉及侵害消费者的什么权利？

### (五) 依法求偿权

依法求偿权是弥补消费者所受损害的必不可少的救济性权利。《消费者权益保护法》第 11 条规定，消费者因购买、使用商品或者接受服务受到人身、财产损害的，享有依法获得赔偿的权利。

### (六) 依法结社权

《消费者权益保护法》第 12 条规定，消费者享有依法成立维护自身合法权益的社会组织的权利。消费者只有从分散、弱小走向集中和强大，发挥集体的力量，才能改变自己的弱者地位，与实力雄厚的经营者相抗衡。政府对合法的消费者团体不应加以限制，在制定相关政策和法律时，还应向消费者团体征求意见，以求更好地保护消费者权利。

### (七) 受教育权

受教育权又称获取知识权，这是从知悉真情权中引申出来的一种消费者权利，它指的是消费者所享有的获得有关消费和消费者权益保护方面的知识的权利。在这一点上，政府有责任通过学校、地区、家庭、工作单位以及其他各种各样的场合，对消费者普及消费知识、提供消费信息、进行必要的教育。

### (八) 维护尊严权和信息自决权

《消费者权益保护法》第 14 条规定,消费者在购买、使用商品和接受服务时,享有人格尊严、民族风俗习惯得到尊重的权利,享有个人信息依法得到保护的权利。维护尊严权,是指消费者在购买、使用商品和接受服务时所享有的其人格尊严、个人隐私得到尊重的权利。信息自决权是指消费者对自身信息的控制与选择权,即由公民决定自身信息何时、何地、以何种方式被收集、储存、处理以及利用的权利。《消费者权益保护法》第 29 条规定,经营者收集、使用消费者个人信息,应当遵循合法、正当、必要的原则,明示收集、使用信息的目的、方式和范围,并经消费者同意。经营者收集、使用消费者个人信息,应当公开其收集、使用规则,不得违反法律、法规的规定和双方的约定收集、使用信息。经营者及其工作人员对收集的消费者个人信息必须严格保密,不得泄露、出售或者非法向他人提供。经营者未经消费者同意或者请求,或者消费者明确表示拒绝的,不得向其发送商业性信息。

【思考 7-13】 李某去某超市购物。当他出来时,营业员张某怀疑他拿了本店首饰,要求搜查他的身体。李某断然拒绝,张某遂叫保安人员,将李某强拉到保卫室,由超市的女工作人员对李某的大衣口袋及裤兜进行检查,没有发现首饰。李某很气愤,向法院起诉。请问:法院应该如何处理?

### (九) 监督批评权

《消费者权益保护法》第 15 条规定,消费者享有对商品和服务以及保护消费者权益工作进行监督的权利。消费者有权检举、控告侵害消费者权益的行为,有权检举、控告国家机关工作人员侵害消费者权益的违法失职行为,有权对保护消费者权益工作提出批评、建议。

上述九项消费者权利是《消费者权益保护法》的主要保护对象,为了保障消费者权利的实现,经营者、国家和社会都要履行相应的义务,否则就要承担相应的法律责任。

## 三、经营者的义务

### (一) 保障人身和财产安全的义务

《消费者权益保护法》第 18 条规定了经营者保障人身和财产安全的义务,主要内容包括:(1) 确保商品或服务符合安全要求。(2) 对可能危及人身、财产安全的商品和服务,应当向消费者作出真实的说明和明确的警示,并说明和标明正确使用商品或者接受服务以及防止危害的方法。(3) 保障宾馆、商场、餐馆、银行、机场、车站、港口、影剧院等经营场所对消费者的安全。

### (二) 缺陷商品或服务的紧急处置义务

《消费者权益保护法》第 19 条规定,经营者发现其提供的商品或者服务存在缺陷,有危及人身、财产安全危险的,应当立即向有关行政部门报告和告知消费者,并采取停止销售、警示、召回、无害化处理、销毁、停止生产或者服务等措施。采取召回措施的,经营者应当承担消费者因商品被召回支出的必要费用。这一条款的目的是防止商品和服务危害消费者的人身和财产安全,针对情况不同采取相应的措施,特别是警示、召回,是在商品已经销售出去的情况下确保消费者安全的最好办法。

（三）提供真实信息、出具相应凭证的义务

《消费者权益保护法》第20条规定以下几点：(1)经营者向消费者提供有关商品或者服务的质量、性能、用途、有效期限等信息,应当真实、全面,不得作虚假或者引人误解的宣传。(2)经营者对消费者就其提供的商品或者服务的质量和使用方法等问题提出的询问,应当作出真实、明确的答复。(3)经营者提供商品或者服务应当明码标价。

《消费者权益保护法》第22条规定了三种情况,经营者负有出具发票等购货凭证或者服务单据的义务：(1)依照国家有关规定应当出具。包括有关法律、法规、规章等的规定。(2)依照商业惯例应当出具的。(3)消费者索要的。

（四）质量保证义务中的举证责任倒置

《消费者权益保护法》第23条规定,经营者的质量保证义务包括：(1)经营者应保证商品或服务应当具有的质量、性能、用途和有效期限。(2)消费者已经知道其存在瑕疵,且该瑕疵不违反法律强制性规定的,经营者不受上述质量义务的约束。这里的瑕疵,是指商品或者服务存在非根本性的缺点,在质量、性能、用途上不能完全达到应有的质量要求,如果商品的使用或服务的接受会导致人体健康和财产安全的危害,就不是瑕疵所能涵盖了。(3)经营者以广告、产品说明、实物样品或其他方式表明商品或者服务的质量状况的,应当保证其提供的商品或服务的实际质量与表明的质量状况相符。(4)经营者提供的机动车、计算机、电视机、电冰箱、空调器、洗衣机等耐用商品或者装饰装修等服务,消费者自接受商品或者服务之日起六个月内发现瑕疵,发生争议的,由经营者承担有关瑕疵的举证责任。

按照法律的一般原则,谁主张谁举证,消费者在维权时要承担举证责任。但由于一些商品和服务技术含量高,消费者维权起来相当困难。部分省市的消费者权益保护条例和实施消法的办法已经规定,对难以检测、鉴定的瑕疵由经营者举证。这次《消费者权益保护法》修订,总结地方立法经验,借鉴国际有关制度,作出了这种有利于消费者的特殊情形下的举证分配规则。今后,对于一些耐用的、技术含量高的商品和服务,在六个月内出现质量瑕疵产生争议的,举证责任由经营者承担。

（五）无理由退货制度

《消费者权益保护法》第25条规定,经营者采用网络、电视、电话、邮购等方式销售商品,消费者有权自收到商品之日起七日内退货,且无需说明理由,但下列商品除外:(一)消费者定作的;(二)鲜活易腐的;(三)在线下载或者消费者拆封的音像制品、计算机软件等数字化商品;(四)交付的报纸、期刊。除前款所列商品外,其他根据商品性质并经消费者在购买时确认不宜退货的商品,不适用无理由退货。消费者退货的商品应当完好。经营者应当自收到退回商品之日起七日内返还消费者支付的商品价款。退回商品的运费由消费者承担;经营者和消费者另有约定的,按照约定。

这一条可以解读为以下几点:首先,对于部分商品,可以无条件退货,主要指的是网购、邮购、电视购物、电话购物四种方式购买的商品,因为这些购物方式,消费者并没有见到实物,容易造成欺诈、误解。实物到达消费者手中后,如果消费者能够证明物品与经营者描述的情形不同,根据合同法原理,经营者当然可以退货。但是商品的描述与商品的实际的不符合,又难以清楚地证明,所以为了更好地保护消费者的利益,消费者权益保护法又一次对消费者作出倾向性保护。当然这里的退货也必须除去易腐烂的商品,因为这时候退货会造成较大的损失,消费者可以按照合同法,采取其他较小损失的方式解决纠纷。另外消费者定做或根据产品性质并且经消费者确认不宜退货的产品,因为有消费者真实意思的同意,可以豁免经营者的退货义务。最后电子音像产品因为复制简单、报纸杂志因为实效性较强也不宜退货。

【思考 7-14】 2007 年 4 月 20 日,刘某在某农机销售有限公司购买载货汽车一辆。2007 年 5 月 16 日晚该车突发仪表不走不亮现象,次日农机公司安排其到江北汽车修理厂修理该车,6 月 13 日修理完毕。12 月 21 日,刘某某以其购买的汽车存在质量问题为由,向徐州市云龙区法院起诉,请求判决农机公司赔偿超期维修期间的营运损失 9 000 元。请问三包维修有没有期限?超期修理可以得到赔偿吗?

### (六) 格式合同的特殊保护

我国《消费者权益保护法》26 条规定,经营者在经营活动中使用格式条款的,应当以显著方式提请消费者注意商品或者服务的数量和质量、价款或者费用、履行期限和方式、安全注意事项和风险警示、售后服务、民事责任等与消费者有重大利害关系的内容,并按照消费者的要求予以说明。经营者不得以格式条款、通知、声明、店堂告示等方式,作出排除或者限制消费者权利、减轻或者免除经营者责任、加重消费者责任等对消费者不公平、不合理的规定,不得利用格式条款并借助技术手段强制交易。格式条款、通知、声明、店堂告示等含有前款所列内容的,其内容无效。

格式条款是当事人为了重复使用而预先拟定,并在订立合同时未与对方协商的条款。仔细分析,这一条对经营者拟定的格式条款的特殊保护,其一,是提醒义务。意思是当经营者适用格式条款时,对重要的合同条款必须明确地提醒,并依照消费者请求予以说明。其二,不得有排除权利或加重责任的规定。也就是说,在类似的格式条款中不得设定对消费者不公平、不合理的规定,即使经营者事前尽到了说明义务,消费者同意了,该内容也同样无效。这一规定打消了消费者购物时的诸多顾虑,减轻了消费者详细阅读格式条款的负担。其三,不得利用格式条款并借助技术手段强制交易。

### 四、争议的解决

#### (一) 解决纠纷的方式

《消费者权益保护法》第 34 条规定,消费者权益争议可以通过协商和解、消费者协会调解、申诉、仲裁、诉讼等方式解决。

#### (二) 承担责任的主体

一般情况下,消费者权益受到伤害,既可以向生产者,也可以向销售者主张权利。特殊情形下,按照《消费者权益保护法》规定,使用他人营业执照违法经营的,可以向经营者,也可以向营业执照的持有人要求赔偿;消费者在展销会、租赁柜台购买商品或者接受服务,展销会结束或者柜台租赁期满后,可以向展销会的举办者、柜台的出租者要求赔偿;消费者因虚假广告受到权益损害时,广告的经营者不能提供经营者的真实名称、地址的,应当承担赔偿责任。

### 五、法律责任

产品质量纠纷引起的赔偿责任问题,上一节《产品质量法》已有介绍,此不赘述。这里只就《消费者权益保护法》的特殊规定予以说明,主要包括:

#### (一) "三包"责任

《消费者权益保护法》第 24 条规定了三包制度,该条规定,经营者提供的商品或者服务不符合质量要求的,消费者可以依照国家规定、当事人约定退货,或者要求经营者履行更换、修理等义务。没有国家规定和当事人约定的,消费者可以自收到商品之日起七日内退货;七日后符合法定解除合同条件的,消费者可以及时退货,不符合法定解除合同条件的,可以要求经营者履行更换、修理等义务。依照前款规定进行退货、更换、修理的,经营者应当承担运输等必要费用。这是对不符合质量要求的产品的退货、换货和修理可以采取的措施,可以分三个方面来理解:

第一,首先看交易双方有无约定什么情况可以退货,有约定按约定。

第二,双方没有约定按国家规定退货。《产品质量法》第 40 条提出了三项可以修理、更换和退货的情形:不具备产品应当具备的使用性能而事先未作说明的;不符合在产品或者其包装上注明采用的产品标准的;不符合以产品说明、实物样品等方式表明的质量状况的,在这三种情形下消费者可以要求退货。而且特别注意的是,这三种情形没有前面提到的 7 天的时间限制,但不要超过 2 年的诉讼时效。

第三,没有国家规定和当事人约定的,消费者可以自收到商品之日起七日内退货。这一条是扩大了以往的三包规定。1995 年《部分商品修理更换退货责任规定》

第9条,规定纳入国家"三包"范围的商品自售出之日起7日内,发生性能故障,消费者可以选择退货。这类商品有自行车、彩电、家用摄像机、家用电冰箱、洗衣机、微波炉、家用空调器、摩托车等18种。修改后的《消费者权益保护法》规定,只要存在不符合质量要求的,不论是不是上述的18种产品,都可以要求经营者予以退货。当然这两者也有些区别,三包规定只要求发生性能故障,《消费者权益保护法》则需要证明不符合质量要求。这二者的区别,还需法律解释者进一步确定。

第四,对于不能退货的情况,消费者也可以要求经营者进行更换、修理。其条件也是产品不符合质量要求,这一点上述《产品质量法》第40条也有规定。但消费者权益保护法这一条,其实也扩大了《产品质量法》的范围,因为它不局限于不具备产品应当具备的使用性能、不符合经营者自己标注的产品标准、不符合产品说明和实物表明的质量状况等几种比较严重的情形。另外它又扩大了《部分商品修理更换退货责任规定》第10条(产品自售出之日起15日内,发生性能故障,消费者可选择换货或者修理)规定的时间限制。当然两者适用条件上的差异,也需要进一步明确。

(二) 惩罚性赔偿

《消费者权益保护法》第55条规定,经营者提供商品或者服务有欺诈行为的,应当按照消费者的要求增加赔偿其受到的损失,增加赔偿的金额为消费者购买商品的价款或者接受服务的费用的3倍;增加赔偿的金额不足500元的,为500元。法律另有规定的,依照其规定。经营者明知商品或者服务存在缺陷,仍然向消费者提供,造成消费者或者其他受害人死亡或者健康严重损害的,受害人有权要求经营者依照本法第49条、第51条等法律规定赔偿损失,并有权要求所受损失二倍以下的惩罚性赔偿。

修订前的立法只规定了两倍赔偿,这次增加为三倍,而且还提出不低于五百元的标准。赔偿的前提是欺诈行为,国家工商行政管理局《欺诈消费者行为处罚办法》将欺诈消费者行为界定为,经营者在提供商品或者服务中采取虚假或者其他不正当手段欺骗、误导消费者,使消费者的合法权益受到损害的行为。欺诈行为种类很多,具体包括销售掺杂、掺假、以假充真、以次充好的商品,分量不足等等。与美国相比,我国惩罚性赔偿的适用范围只涉及故意欺诈,美国法上可以获得赔偿的恶意不作为、重大过失、极端轻视他人的情况,即使在这次修改后,也不能得到惩罚性赔偿,未来消费者权益保护法的修订是否需要吸收这一做法,还可进一步讨论。同时,如果经营者明知商品或者服务存在缺陷,还故意销售商品,造成人身损害的,还可以将赔偿的金额扩大到损害赔偿金的两倍左右,这更是加强了经营者承担赔偿责任的力度。

## 引例点评

1. 联合涨价行为,是几个具有垄断地位的经营者的协同行为,联合行为排除了经营者之间的价格竞争,消费者没有选择的可能性,只有任人宰割。它是一种典型的垄断行为,是《反垄断法》打击的重点对象。

2. 市场经济的最大特点就是优胜劣汰。相互竞争,只有在少数经营者运用自己的经济和政治实力独家垄断,排除竞争,损害其他经营者和大多数消费者利益的情况下,才需要制定法律予以禁止。联合涨价行为若没有提出足够的理由,未征求任何消费者的意见,属于《反垄断法》第17条规定的具有市场支配地位的经营者滥用市场支配地位的行为之一,以不公平的高价销售商品的行为,故有垄断的嫌疑。消费者可以向国家有关部门提起反垄断调查。

 能力训练题

### 一、选择题

1. 我国《反垄断法》规定了哪几类垄断行为?请判断依《反垄断法》规定,下列属于垄断行为的是(　　)。

　　A. 经营者利用市场支配地位　　B. 经营者达成垄断协议
　　C. 经营者集中　　D. 政府利用行政权力宏观调控

2. 下列不是垄断协议的(　　)。

　　A. 家乐福和沃尔玛约定:前者占领北京市场,后者占领天津市场
　　B. 因为价格问题,甲乙两家汽车厂口头约定都不购买丙钢铁公司的钢材
　　C. 甲药厂和乙医药连锁超市约定:后者出售前者的某种专利药品只能按某价格出售
　　D. 甲药厂和乙医药连锁超市约定:后者出售前者的某种专利药品最高按某价格出售

3. 某酒厂生产的"涌泉"牌白酒销路不好,为扭转销售局面,该厂在该酒标签上加印了一枚金质奖章的图案。下列说法中正确的是哪项?(　　)

　　A. 该厂的行为违反商业道德,但并不违法
　　B. 该厂并没有对奖章图案作出说明,该图案可认为是一种装潢,该厂的行为不构成不正当竞争行为
　　C. 该厂的行为构成《反不正当竞争法》中的虚假宣传行为
　　D. 该厂的行为构成《反不正当竞争法》中的虚假表示行为

4. 下列属于商业贿赂行为的有(　　)。

　　A. 经营者在账外暗中给对方单位回扣
　　B. 经营者为销售商品为对方个人免费进行房屋装修
　　C. 经营者为销售商品为对方个人提供免费旅游
　　D. 经营者以明示方式给对方折扣并如实入账

5. 经营者以排挤竞争对手为目的,以低于成本的价格销售商品是不正当竞争

行为,但下列情形除外(　　)。

A. 销售鲜活商品

B. 处理有效期即将到期的商品或者其他积压商品

C. 季节性降价

D. 因清偿债务、转产、歇业降价销售商品

6. 下列哪些产品的包装不符合《产品质量法》的要求?(　　)

A. 某商场销售的"三星"彩电只有韩文和英文的说明书

B. 某厂生产的火腿肠没有标明厂址

C. 某厂生产的香烟上没有标明"吸烟有害身体健康"

D. 某厂生产的瓶装葡萄酒没有标明酒精度

7. 消费者李某在购物中心购买了一台音响设备,依法经有关行政部门认定为不合格商品,李某找到购物中心要求退货。下列何种处理方法是正确的?(　　)

A. 该购物中心认为可以通过更换使李某得到合格产品,因而拒绝退货

B. 该购物中心认为该产品经过修理能达到合格,因而拒绝退货

C. 该购物中心应按照消费者的要求无条件负责退货

D. 该购物中心可以依法选择修理、更换、退货中的任一方式

8. 张某到一家美容院美容,美容院使用甲厂生产的"水洁"牌护肤液为其做脸部护理,因护肤液是劣质产品,致张某脸部皮肤严重灼伤,张某为此去医院治疗,花去近5 000元医药费。关于此事例,下列哪些选项是正确的?(　　)

A. 张某有权要求美容院赔偿医药费

B. 张某有权要求甲厂赔偿医药费

C. 张某若向美容院索赔,可同时请求精神损害赔偿

D. 美容院若向张某承担了责任,则其可以向甲厂追偿

## 二、问答题

1. 哪些市场行为构成垄断?

2. 不正当竞争行为的种类有哪些?

3. 产品质量应该符合什么标准或要求?

4. 消费者有哪些法定的权利?

5. 发生消费者权益争议时,消费者可以采取哪些救济手段?

## 三、案例分析题

1. 案情:2007年5月28日,气候炎热异常,于某为招待来访的朋友,从某商场买了几瓶冰镇的啤酒来喝。于某在打开一瓶啤酒时,"砰"的一声,瓶体爆炸了,泡沫及玻璃碎片满地都是。于某的双手被划破,脸部刺了一道很深的切口,送医院缝了八针,花掉医药费2 000元。之后,于某向法院起诉,要求维护其合法权益。经过法院调查。于某开瓶没有过错,而是厂家的啤酒瓶质量不合格,因气温高而发生爆炸。

# 第七章 市场规制法

请回答：于某的损失应由谁来赔偿？

2. 案情：某百货商场正在销售一种"玉绦"牌皮带，某甲得知后从该商场购买了一条，零售价为每条399元。在使用过程中，某甲发现该皮带是假货。同时，某甲又收集了一些证据，证明该商场销售的"玉绦"牌皮带确实是假货。随后，某甲再次来到该商场，购走了500条皮带，付价款199 500元，并向该百货商场索要了发票、合格证、信誉证、保修单等凭证。次日，某甲便向某区人民法院起诉该商场，要求该商场赔偿其199 899元。法院经过审理，驳回了原告的诉讼请求。

请回答：
(1) 如何理解"消费者"这个概念？
(2) 什么是欺诈消费者行为？该行为要承担什么样的民事责任？
(3) 试分析为什么法院不支持某甲的诉讼请求？

## 实 训

【目标】

通过实训，使学生加深对市场规制法的理解，明确生产者、销售者的产品质量义务，提高运用法律维护社会公平、正义以及解决产品质量纠纷的能力，增强正当竞争方面的市场意识。

【项目】

结合所学，利用业余时间进行产品质量、不正当竞争等法律问题的调研。将学生以班级为单位分若干小组，每一组拟定一个具体的题目进行调研，在规定时间内完成，并形成调研报告，老师可选择做得比较好的小组在班级进行汇报交流。

# 第八章 银行法

## 学习目标

**知识:**
1. 了解银行的产生和发展过程,理解银行的分类,了解我国银行法的体系;
2. 理解中国人民银行的性质、法律地位,掌握其职责、职能;
3. 理解商业银行的地位、性质和功能,了解商业银行的业务范围。

**技能:**
1. 识别中国人民银行的职责;
2. 识别商业银行的业务范围。

**素养:**
应用所学银行法律知识依法开展简单咨询业务和维权活动。

## 案例导入

A装修公司是一家注册资本为50万元、有10多名职工的小型私营企业。2000年,公司因资金周转困难,向当地的工商银行申请100万元的流动资金贷款,但是该银行表示只能为其办理担保贷款。该公司欲以公司的办公用房作为抵押,但该银行经过评估后认为无足额变现价值,欲拒绝其贷款申请。于是A装修公司找到在当地中国人民银行工作的刘某,请求其为该公司出具一份担保书,刘某在其拟写的"愿担保A装修公司归还贷款"的书面函件上加盖了当地中国人民银行的行政公章,A公司凭此到工商银行取得了100万元的贷款,期限为6个月。等贷款到期后,因为A装修公司一时无力归还贷款,贷款行在多次催要未果的情况下,向当地的人民法院提起诉讼,并要求当地中国人民银行履行担保责任。法院经审理查明后,依法判决该中国人民银行出具的担保函违法,应属于无效文件,该中国人民银行不承担担保责任。故判令该中国人民银行按相应的过错责任,对A装修公司不能清偿的贷款本息承担部分责任。

# 第八章 银行法

## 问题引入

1. 案例中的当地人民银行为企业提供担保的行为为什么是无效的?
2. 人民法院的判决有何道理?

## 第一节 认识银行及银行法

银行是通过存款、贷款、汇兑、储蓄等业务,承担信用中介的金融机构。银行是金融机构之一,而且是最主要的金融机构,它主要的业务范围有吸收公众存款、发放贷款以及办理票据贴现等。

银行一词,源于意大利语 Banca,其原意是长凳、椅子,是最早的市场上货币兑换商的营业用具。英语转化为 Bank,意为"存钱"的柜子。早期的银行家被称为"坐长板凳的人"。在我国,之所以有"银行"之称,则与我国经济发展的历史相关。在我国历史上,白银一直是主要的货币材料之一。"银"往往代表的就是货币,而"行"则是对大商业机构的称谓。把办理与银钱有关的大金融机构称为银行,最早见于太平天国洪仁轩所著的《资政新篇》。

### 一、银行的产生与发展

银行是商品货币经济发展到一定阶段的产物。它的产生大体分为三个阶段:第一阶段,出现了货币兑换业和兑换商;第二阶段,增加了货币保管和收付业务,即由货币兑换业演变成货币经营业;第三阶段,兼营货币保管、收付、结算、放贷等业务,这时货币兑换业便发展为银行业。

银行的产生和发展是同货币商品经济的发展相联系的,前资本主义社会的货币兑换业是银行业形成的基础。最初货币兑换商只是为商人兑换货币,后来发展到为商人保管货币、收付现金、办理结算和汇款,但不支付利息,而且收取保管费和手续费。随着工商业的发展,货币兑换商的业务进一步发展,他们手中聚集了大量资金。货币兑换商为了谋取更多的利润,利用手中聚集的货币发放贷款以取得利息时,货币兑换业就发展成为银行业了。

近代最早的银行是 1580 年建于意大利的威尼斯银行。最早出现的按资本主义原则组织起来的股份制银行是 1694 年成立的英格兰银行。到 18 世纪末 19 世纪初,规模巨大的股份制银行纷纷建立,成为资本主义银行的主要形式。随着信用经济的进一步发展和国家对社会经济生活干预的不断加强,又产生了建立中央银行的客观要求。1844 年改组后的英格兰银行可视为资本主义国家中央银行的鼻祖。到 19 世纪后半期,西方各国都相继设立了中央银行。早期的银行以办理工商企业存款、短期抵押贷款和贴现等为主要业务。现在,西方国家银行的业务已扩展到证券投资、黄金买卖、中长期贷款、租赁、信托、保险、咨询、信息服务以及电子计算机服务等各个方面。

在我国,明朝中叶就形成了具有银行性质的钱庄,到清代又出现了票号。第一次使用银行名称的国内银行是"中国通商银行",成立于1897年5月27日,最早的国家银行是1905年创办的"户部银行",后称"大清银行",1911年辛亥革命后,大清银行改组为"中国银行",一直沿用至今。

> **☞ 小知识:我国银行发展的历史回顾**
>
> 中国在7到10世纪初期的唐朝,已经出现了办理金融业务的独立机构,但经营范围比较单一。明朝中叶出现的钱庄和清朝出现的票号,实际都具有银行的性质。这类采取封建式组织管理形式的金融机构,都是独资或合资经营的,很少有分支机构,资金力量薄弱,业务范围小,与股份银行在业务经营和管理方式等方面有着很大的差别。中国的第一家民族资本银行是1897年成立的中国通商银行。1905年清政府成立的户部银行是中国最早的国家银行。1911年辛亥革命以后,中国的银行业有了进一步发展。但是,由于中国的资本主义商品经济不发达和帝国主义的侵略,中国的银行业畸形发展。在国民党统治的后期,以中央银行、中国银行、交通银行、中国农民银行以及中央信托局、中央合作金库等官僚资本金融垄断体系,控制了国民经济的命脉。
>
> 在国民党统治时期的革命根据地,人民金融事业逐步发展壮大。1932年成立的苏维埃国家银行,后改组为陕甘宁边区银行。1948年成立了中国人民银行。
>
> 1949年以后,在没收官僚资本银行的基础上,结合组织各革命根据地的银行,在中国人民银行的领导下,将原来的官僚资本银行改组为新的中国银行、交通银行和农业合作银行。之后,又新建和改组了中国人民建设银行、中国农业银行、中国投资银行、中国工商银行等。1953到1955年,经过清产核资、调整业务和实行储蓄专业化、公私合营银行的机构和业务并入中国人民银行,从而建立了新的集中统一的金融体制。1983年9月国务院发布了关于中国人民银行专门行使中央银行职能的决定,中国人民银行成为国家统一管理金融的机构,其他专业银行成为经济实体。此后还建立了股份制的、按经济区域设置的多功能的交通银行和其他银行以及许多非银行金融机构,形成了以中央银行为领导、以国家专业银行为主体、多种金融机构并存的新的金融体系。在这种体系下,银行既是经营货币、办理信贷、结算业务的经济组织,又是国家调节经济、管理经济的重要机构。

## 二、银行的分类和作用

### (一)银行的分类

20世纪以来,随着国际贸易和国际金融的迅速发展,在世界各地陆续建立起一批世界性的或地区性的银行组织,如1930年成立的国际清算银行、1945年成立的国际复兴开发银行(即世界银行)、1956年成立的国际金融公司、1964年成立的非洲开发银行、1966年成立的亚洲开发银行等,银行在跨越国界和更广泛的领域里发挥作用。国际上通用的分类方法是将银行分为以下四类。

(1) 中央银行:如中国人民银行、美联储、英格兰银行。

(2) 监管机构:如银行业监督管理委员会(银监会)。

(3) 自律组织:如中国银行业协会。

(4) 银行业金融机构:包括政策性银行、大型商业银行(工、农、建、中、交)、全国性股份制中小型商业银行(招商、中信、浦发、民生、兴业、光大、华夏、广发、深发、浙商、渤海、晋商、恒丰等)、城市商业银行、农村金融机构(信用社)、中国邮政储蓄银行、外资银行、非银行类金融机构(小额贷款公司)、村镇银行等。

### (二)银行的作用

银行是经营货币和基金、股票的企业,它的存在方便了社会资金的筹措与融通,它是金融机构里面非常重要的一员。

银行的业务主要有:一方面,它以吸收存款的方式,把社会上闲置的货币资金和小额货币节余集中起来,然后以贷款的形式借给需要补充货币的人去使用,在这里,银行充当贷款人和借款人的中介;另一方面,银行为商品生产者和商人办理货币的收付、结算等业务,它又充当支付中介。总之,银行起到了信用中介的作用。商业银行的基本职能包括:信用中介、支付中介、信用创造、金融服务。

## 三、银行法的概念及体系

### (一)银行法的概念

银行法是调整银行和其他金融机构在金融组织管理各项业务活动中形成的各种法律关系的法律规范的总称。银行法规定了银行和其他金融机构的性质、法律地位、组织形式、管理体制;规定了它们的申请、设立、变更、撤销的条件及程序;规定了它们的职责权限、经营范围和业务活动的原则。银行法是金融法体系的基本法,在金融法律体系中起主导作用。

### (二)银行法的体系

从世界各国立法状况来看,由于其立法上采取的形式不同,因而形成了各自不同的银行法体系。比如,大陆法系国家在立法形式上采用的是系统的法典形式,而英美法系国家则是以单一法案组成。但是不管怎样,银行法基本上由下列法构成。

1. 中央银行法

中央银行法是调整中央银行在行使国家赋予的金融管理职权时所形成的权利义务关系的法律规范的总称。中央银行法的主要内容包括:确立中央银行的性质、法律地位,规定其职责范围和职能作用。它是银行法体系的核心。

2. 普通银行法

普通银行法是调整商业银行、专业银行在组织、经营货币信用业务的金融活动中所形成的权利义务关系的法律规范的总称。相对中央银行来说,它的内容主要是确立各专业银行、商业银行的性质、法律地位、职权及义务范围;规定设立、变更、终止的法定条件及相应程序以及国家对这两类银行的监督管理。

3. 非银行金融机构法

非银行金融机构法是调整各类非银行金融机构在进行组织管理和经营活动中所形成的权利义务关系的法律规范的总称。

4. 涉外银行法

涉外银行法是调整本国银行和非银行金融机构在境外设立银行或非银行金融机构,以及境外银行和非银行金融机构在东道国设立银行和非银行金融机构,在从事金融业务活动中所形成的权利义务关系的法律规范的总称。从严格意义上讲,涉外银行法的调整对象应属于普通银行法和非银行金融机构法的范畴,但由于具有涉外因素这一特殊性,因而一般各国都作了专门的立法加以规范。

> ☞ **世界银行简介**
>
> 世界银行(WBG)是世界银行集团的俗称,"世界银行"这个名称一直是用于指国际复兴开发银行(IBRD)和国际开发协会(IDA)。这些机构联合向发展中国家提供低息贷款、无息信贷和赠款。它是一个国际组织。
>
> 一开始世界银行的目的是帮助欧洲国家和日本在二战后的重建,此外它应该辅助非洲、亚洲和拉丁美洲国家的经济发展。一开始世界银行的贷款主要集中于大规模的基础建设如高速公路、飞机场和发电厂等。日本和西欧国家"毕业"(达到一定的人均收入水平)后世界银行完全集中于发展中国家。从20世纪90年代初开始世界银行也开始向东欧国家和原苏联国家贷款。
>
> 今天世界银行的主要帮助对象是发展中国家,帮助它们建设教育、农业和工业设施。它向成员国提供优惠贷款,同时世界银行向受贷国提出一定的要求,比如减少贪污或建立民主等。

【思考 8-1】 2002 年,为了适应中国对外开放、市场经济发展的需要,同时也为了丰富商业银行的盈利手段和加快与国际接轨的需要,交通银行、上海浦东发展银行、招商银行、深圳发展银行等 4 家银行向中国人民银行申请在上海和深圳从事开办离岸银行业务。中国人民银行经审查后,对这项申请进行了审批。经批准,这4家银行可从事的离岸银行业务包括:外汇存款、外汇贷款、国际结算、同行拆借、外汇担保、外汇买卖、咨询、顾问业务及经中国人民银行批准的其他业务。由于离岸金融业务是一项新型的金融业务,只有经过中国人民银行批准的商业银行才有权开展此业务。

然而,随着《中国人民银行法》的重新修改,对商业银行经营业务范围的审批权,已经不再由中国人民银行来承担了。对金融机构的一部分监管职能已经从中国人民银行中分离出来,交由国务院银行业监督管理机构来行使,其中,对商业银行业务范围的审批权就已经由其行使。

请思考:我国对金融机构审批的具体规定是什么?

## 第二节 中国人民银行法

### 一、中国人民银行法概述

(一)中国人民银行法的概念

中国人民银行是我国的中央银行,中国人民银行法就是关于中央银行的组织和活动的法律规范的总称。中央银行面对三种社会经济关系:一是与中央政府的关系(甚至还有与最高权力机关的关系);二是与同级其他政府部门(如财政部门、专门金融监管机构等)的关系;三是与商业银行及其他银行金融机构的关系。中央银行法的规范包含主体、行为、责任,是主体法、行为法、责任法的整体,而不仅仅是组织法。中央银行法充分体现了经济法协调国民经济运行、维护国家整体利益的特色。

(二)中国人民银行法的制定及作用

新中国成立以后,系统性的中国人民银行法的制定是伴随着经济体制改革出现的,相关法律、法规的颁行走过了比较清晰的历程,中国人民银行法的制定及作用如下表所示。

| 颁布时间 | 法律名称 | 作 用 |
| --- | --- | --- |
| 1983年9月 | 《关于中国人民银行专门行使中央银行职能的决定》 | 规定中国人民银行从1984年1月1日起,不再对企业和个人办理金融业务 |
| 1984年2月6日 | 《关于中国人民银行专门行使中央银行职能的若干具体问题的暂行规定》 | 规定信贷和现金计划管理、信贷资金集中管理、联行制度、发行库管理等问题 |

续　表

| 颁布时间 | 法律名称 | 作　用 |
|---|---|---|
| 1986年1月7日 | 《中华人民共和国银行管理暂行条例》 | 以行政法的形式规定"中国人民银行是国务院领导和管理全国金融事业的国家机关,是国家的中央银行" |
| 1993年12月 | 《关于金融体制改革的决定》 | 提出了我国金融体制改革的总体目标 |
| 1995年3月18日 | 《中华人民共和国中国人民银行法》 | 以基本法律的形式明确规定了中国人民银行作为我国中央银行的地位 |
| 2003年12月27日 | 《中华人民共和国中国人民银行法(修正案)》 | 进一步明确中国人民银行执行货币政策这一中央银行职能 |

## 二、中国人民银行

（一）中国人民银行的性质

中国人民银行是中华人民共和国的中央银行。中国人民银行在国务院领导下,制定和执行货币政策,防范和化解金融风险,维护金融稳定。

(1) 中国人民银行是在国务院领导下的管理金融事业的职能部门。尽管修订后的《中国人民银行法》将中国人民银行原先承担的银行业监管职能交由新成立的银行业监督管理委员会行使,但其依然要负责金融宏观调控,防范和化解金融危机,维护金融稳定。

(2) 中国人民银行是政府的银行、发行的银行和银行的银行。所谓政府的银行,是指它由政府设立,成为政府主管金融业的职能机关,代表政府从事国内、国际有关金融活动。所谓发行的银行,是指它作为国家唯一的货币发行机关。所谓银行的银行,是指它与商业银行之间的特殊业务关系,它成为商业银行的最后贷款人。由此可以看出,中央银行具有双重属性：一方面,它是国家机关之一,依法行使管理金融业的行政职权；另一方面,它拥有资本,可以依法经营某些业务。故此有的国家将中央银行称作是公法意义的法人。

（二）中国人民银行的法律地位

我国现行的政治体制结构及人民银行的性质决定了中国人民银行的法律地位是在国务院领导下具有相对独立性的国家金融调控与监管机关。

(1) 对中央政府的行政隶属性。《中国人民银行法》规定,中国人民银行在国务院领导下,制定和执行货币政策,防范和化解金融风险,维护金融稳定,明确表明了中国人民银行作为国务院的职能部门,在其领导下对金融业实施调控与监管。

## 第八章 银行法

人民银行就年度货币供应量、利率汇率和国务院规定的其他重要事项作出的决定,报国务院批准后执行;人民银行在国务院领导下依法独立执行货币政策,履行职责,开展业务;全部资本由国家出资,属于国家所有;中国人民银行行长的人选,根据国务院总理的提名,由全国人大决定;全国人大闭会期间,由全国人大常委会决定,由中华人民共和国国家主席任免。可见,中国人民银行隶属于中央人民政府——国务院。

(2) 依法享有相对独立性。一方面,中国人民银行可以就某些货币政策事项拥有独立的决定权。例如,中国人民银行就年度货币供应量、利率、汇率和国务院规定的其他事项作出的决定,需报国务院批准后执行;对其他有关货币政策事项作出决定后,即予执行,并报国务院备案。另一方面,中国人民银行独立于国务院以外的其他政府部门和地方各级人民政府,不受地方政府、各级政府部门、社会团体和个人的干涉。

(三) 中国人民银行的职能、职责及资本结构

人民银行的基本职能是在国务院的领导下,制定货币政策、防范和化解金融风险,维护金融稳定。人民银行具有中央银行应当具有的一切职能,是政府的银行,银行的银行和发行的银行。综合来说,中国人民银行具有三大职能:金融宏观调控职能、金融服务职能及一般金融监管职能。

依照《中国人民银行法》第4条的规定,中国人民银行履行下列13项职责:发布与履行其职责有关的命令和规章;依法制定和执行货币政策;发行人民币,管理人民币流通;监督管理银行间同业拆借市场和银行间债券市场;实施外汇管理,监督管理银行间外汇市场;监督管理黄金市场;持有、管理、经营国家外汇储备、黄金储备;经理国库;维护支付、清算系统的正常运行;指导、部署金融业反洗钱工作,负责反洗钱的资金监测;负责金融业的统计、调查、分析和预测;作为国家的中央银行,从事有关的国际金融活动;国务院规定的其他职责。

中央银行的资本结构实质上是指中央银行的资本所有制,即中央银行的资本来源。中国人民银行是国有制的中央银行,即中国人民银行的全部资本由国家出资,归国家所有。首先,中国人民银行是由国家独资设立的特殊的金融机构,排斥了其他资本,保证了国家对中央银行的绝对控制,避免了中央银行因其所有权的分散而产生的对货币政策制定和实施的不利影响。其次,中国人民银行拥有资本,依法可以经营业务,能够独立承担民事权利和义务,具有法人资格。

(四) 中国人民银行的货币政策

1. 货币政策目标

(1) 人民银行首要和直接的货币政策目标是保持货币币值的稳定,这是人民银行制定和执行货币政策的出发点和归宿。

(2) 人民银行制定和执行货币政策,并不是为稳定币值而稳定币值,而是为了

促进经济增长而稳定币值。

(3) 稳定币值目标和经济增长目标在货币政策目标序列中并不是并列的,而是有层次和主次之分的。稳定币值是货币政策目标的第一层次,而促进经济增长是货币政策目标的第二层次。当稳定币值与经济增长发生矛盾时,应把稳定币值放在首位。

2. 货币政策工具

为了执行货币政策,《中国人民银行法》规定了6种货币政策工具:

(1) 要求银行业金融机构按照规定的比例交存存款准备金;
(2) 确定中央银行基准利率;
(3) 为在中国人民银行开立账户的银行业金融机构办理再贴现;
(4) 向商业银行提供贷款;
(5) 在公开市场上买卖国债、其他政府债券和金融债券及外汇;
(6) 国务院确定的其他货币政策工具。

其中,第(1)(3)(5)项俗称中央银行的"三大法宝"。

### (五) 中国人民银行的业务范围

1. 中国人民银行的法定业务

(1) 中国人民银行统一印制、发行人民币;
(2) 要求银行业金融机构按照规定的比例交存存款准备金;
(3) 确定中央银行基准利率;
(4) 为在中国人民银行开立账户的银行业金融机构办理再贴现;
(5) 向商业银行提供贷款;
(6) 在公开市场上买卖国债、其他政府债券和金融债券及外汇;
(7) 依照法律、行政法规的规定经理国库;
(8) 代理国务院财政部门向各金融机构组织发行、兑付国债和其他政府债券;
(9) 组织或者协助组织银行业金融机构相互之间的清算系统,协调银行业金融机构相互之间的清算事项,提供清算服务。

2. 中国人民银行禁止从事的业务

(1) 不得对商业银行发放超过一年期限的贷款;
(2) 不得对政府财政透支,不得直接认购、包销国债及其他政府债券;
(3) 不得向地方政府、各级政府部门提供贷款,不得向非银行金融机构以及其他单位和个人提供贷款,但国务院决定中国人民银行可以向特定的非银行金融机构提供贷款的除外;
(4) 不得向任何单位和个人提供担保。

## 三、人民币

中华人民共和国的法定货币是人民币。以人民币支付中国境内的一切公共的和私人的债务,任何单位和个人不得拒收。

人民币的发行决定权在中央政府,即国务院。人民币由中国人民银行统一印刷、发行。中国人民银行发行新版人民币,应当将发行时间、面额、图案、式样、规格予以公告。

禁止伪造、变造人民币。禁止出售、购买伪造、变造的人民币。禁止运输、持有、使用伪造、变造的人民币。禁止故意毁损人民币。禁止在宣传品、出版物或者其他商品上非法使用人民币图样。任何单位和个人不得印制、发售代币票券,以代替人民币在市场上流通。根据政府有关部门通知,1998年12月20日之后,各种代币票券一律作废,此举解决了多年来商业领域代币票券流通的问题。2003年修改的《中国人民银行法》第20条进一步确定了禁止代币票券代替人民币流通的原则。

人民币虽然还不是国际上自由流通的货币,但由于它的信誉,使得它在香港地区、澳门地区和一些国外地区逐步允许用以进行市场结算。与此相适应,从2005年1月1日起,中国公民出入境、外国人入出境每人每次携带的人民币限额由原来的6000元调整为2万元,这也预示着人民币逐步走向国际化。

【思考8-2】 新年来临之际,某印刷厂为了使其设计的台历具有新意,使用了扩大的新版50元人民币图案作为背景。该台历上市以后,广大的消费者为了图吉利,纷纷购买该种台历,该印刷厂的台历销量直线上升。而中国人民银行设在当地的支行会同该地的公安局,经过调查核实,对该厂进行了查处。

该印刷厂在销售的台历上印制人民币图案的行为会受到什么样的处罚?

## 四、违反中国人民银行法的法律责任

### (一)违法行为

1. 货币方面

属于违法行为的有:伪造、变造人民币,出售伪造、变造的人民币,或者明知是伪造、变造的人民币而运输的;购买伪造、变造的人民币或者明知是伪造、变造的人民币而持有、使用的;在宣传品、出版物或者其他商品上非法使用人民币图样的;印刷、发售代币票券,以代替人民币在市场上流通的。

2. 金融监管方面

现实生活中存在的许多违反金融监督管理规定的行为,主要表现在违反了《中国人民银行法》第32条的有关规定。

3. 贷款、担保方面

属于违法的行为有:中国人民银行违反规定向地方政府、各级政府部门提供贷款,向非银行金融机构以及其他单位和个人提供贷款(但国务院决定中国人民银行可以向特定的非银行金融机构提供贷款的除外);对单位和个人提供担保以及擅自动用发行基金的;地方政府、各级政府部门、社会团体和个人强令中国人民银行及其工作人员违法提供贷款或者担保的。

(二) 对违法行为的处理

1. 行政责任

根据不同的情况,依法给予罚款、没收违法所得、拘留等行政处罚。对负有直接责任的主管人员和其他直接责任人员,依法给予行政处分。在追究行政责任时,必须责令纠正违法行为。

2. 刑事责任

凡构成犯罪的,必须依法追究刑事责任。

3. 经济赔偿责任

在有关贷款、担保等违法行为中,造成损失的,负有直接责任的主管人员和其他直接责任人员应当承担部分或者全部赔偿责任。

## 第三节 商业银行法律制度

### 一、商业银行法概述

商业银行法是关于商业银行的组织和活动的法律规范的总称。各国对商业银行大多有相应的规定,或与中央银行一起立法,或单独立法。商业银行面对三种社会经济关系:一是与政府主管当局的关系;二是与存款人、借款人及其他客户的关系;三是银行同行业之间的关系。商业银行法亦是主体法、行为法、责任法构成的整体。

由于各国发展进程和民族特点的不同,对商业银行采取了不尽一致的称谓。如美国称国民银行,英国称存款银行,法国称信贷机构或存款银行,德国称信贷机构或信用机构,日本称普通银行。我国原称专业银行,现称商业银行。不论何种称谓,都是将这类银行定位为经营货币的营利性组织。

### 二、商业银行

(一) 商业银行的概念

我国《商业银行法》第2条规定:本法所称的商业银行是指依照本法和《中华人民共和国公司法》设立的吸收公众存款、发放贷款、办理结算等业务的企业法人。

(二) 商业银行的法律地位

《商业银行法》第4条规定:商业银行以安全性、流动性、效益性为经营原则,实行自主经营,自担风险,自负盈亏,自我约束。商业银行依法开展业务,不受任何单位和个人的干涉。商业银行以其全部法人财产独立承担民事责任,明确规定了商业银行的企业法人地位,商业银行以其全部法人财产独立承担民事责任。

商业银行根据业务需要可以在中国境内外设立分支机构。商业银行对其分支机构实行全国统一核算,统一调度资金,分级管理的财务制度。商业银行分支机构不具有法人资格,在总行授权范围内依法开展业务,其民事责任由总行承担。

(三)商业银行的性质与职能

1. 商业银行的性质

(1)商业银行是企业。商业银行具有企业的一般特征,即以营利为目的。例如:必须具备业务经营所需的自有资本,并达到管理部门所规定的最低资本要求;必须照章纳税;实行自主经营,自担风险,自负盈亏,自我约束。

(2)商业银行是特殊的企业——金融企业。商业银行的经营对象不是普通商品,而是货币、资金;商业银行业务活动范围不是生产流通领域,而是货币信贷领域;商业银行不是直接从事商品生产和流通的企业,而是为从事商品生产和流通的企业提供金融服务的企业。

(3)商业银行是特殊的金融企业。首先在经营性质和经营目标上,商业银行与中央银行和政策性银行金融机构不同。商业银行以营利为目的,在经营过程中讲求营利性、安全性和流动性原则,不受政府行政干预。其次商业银行与各类专业银行和非银行金融机构也不同。商业银行的业务范围广泛,功能齐全、综合性强,尤其是商业银行能够经营活期存款业务,它可以借助于支票及转账结算制度创造存款货币,使其具有信用创造的功能。

2. 商业银行的职能

(1)信用中介职能。信用中介是商业银行最基本、最能反映其经营活动特征的职能。这一职能的实质是通过银行的负债业务(主要是吸收存款),把社会上的各种闲散货币集中到银行里来,再通过资产业务(放款和投资等),把它投向经济各部门;商业银行作为货币资本的贷出者与借入者的中介人或者代表来实现资本的融通,并从吸收资金的成本与发放贷款利息收入、投资收益的差额中获取利益收入,形成银行利润。商业银行被称为买卖"资本商品"的"大商人"。商业银行通过信用中介的职能实现资本盈余和短缺之间的融通,并不改变货币资本的所有权,改变的只是货币资本的使用权。

(2)支付中介职能。商业银行通过存款在账户上的转移,代理客户支付,在存款的基础上,为客户兑付现款等,成为工商企业、团体和个人的货币保管者、出纳者和支付代理人。以商业银行为中心,形成经济过程中无始无终的支付链条和债权债务关系。商业银行支付中介职能的发挥是以活期存款账户为基础的。

(3)信用创造职能。商业银行是能够吸收各种存款的银行,它用其所吸收的各种存款发放贷款,在支票流通和转账结算的基础上,贷款又转化为存款,在这种存款不提取现金或不完全提现的基础上,就增加了商业银行的资金来源,最后在整个银行体系,形成数倍于原始存款的派生存款。

(4) 金融服务职能。商业银行利用其在国民经济活动中的特殊地位及其在提供信用中介和支付中介业务过程中获得大量信息的优势,运用先进手段和工具,为客户提供投资理财、代发工资等服务。在现代经济生活中,金融服务已成为商业银行的重要职能。

### (四) 商业银行的业务范围及经营原则

根据《商业银行法》的规定,商业银行可以经营下列部分或全部业务:吸收公众存款;发放短期、中期和长期贷款;办理国内外结算;办理票据承兑与贴现;发行金融债券;代理发行、代理兑付、承销政府债券;买卖政府债券、金融债券;从事同业拆借;买卖、代理买卖外汇;从事信用卡业务;提供信用证服务及担保;代理收付款项及代理保险业务;提供保管箱服务;经国务院银行业监督管理机构批准的其他业务。

改革之后,我国各家商业银行逐步走上依法自主经营的轨道。对此,1995 年制定的《商业银行法》第 4 条规定:"商业银行以效益性、安全性、流动性为经营原则,实行自主经营,自担风险,自负盈亏,自我约束。"2003 年修改时,将第 4 条"三性"原则的顺序修改为:"安全性、流动性、效益性"。

在"三性"原则中,效益是目标,安全是前提,流动是条件。商业银行必须获得利润,信贷资金既要保障安全,又要不断循环。有了安全与流动,才能保证效益。所以,"三性"原则是统一的,应当全面执行。把"安全性"置前,主要考虑到防范和化解金融风险。

【思考 8-3】 下列关于商业银行贷款法律制度的说法,哪项是错误的?(　　)
A. 应当实行审贷分离、分级审批的制度
B. 商业银行可以根据贷款数额以及贷款期限,自行确定贷款利率
C. 应当遵守资本充足率不得低于 8% 的规定
D. 应当对借款人的借款用途、偿还能力、还款方式等情况进行严格审查

## 三、违反商业银行法的法律责任

### (一) 违法行为

(1) 商业银行对存款人或者其他客户造成财产损害的行为。主要情形有:无故拖延、拒绝支付存款本金和利息的;违反票据承兑等结算业务规定,不予兑现,不予收付入账,压单、压票或者违反规定退票的;非法查询、冻结、扣划个人储蓄存款或者单位存款的等。

(2) 商业银行违法从事业务活动的行为。主要情形有:未经批准设立分支机构的;未经批准分立、合并或者违反规定对变更事项不报批的;违反规定提高或者降低利率以及采用其他不正当手段,吸收存款,发放贷款的;出租、出借经营许可证的;未经批准买卖、代理买卖外汇的;未经批准买卖政府债券或者发行、买卖金融债

券的;违反国家规定从事信托投资和证券经营业务、向非自用不动产投资或者向非银行金融机构和企业投资的;向关系人发放信用贷款或者发放担保贷款的条件的等。

(3) 商业银行违法进行操作的行为。主要情形有:未按中国人民银行规定的比例交存存款准备金的;未遵守资本充足率、存贷比例、资产流动性比例、同一借款人借款比例和国务院银行业监督管理机构有关资产负债比例管理的其他规定的等。

(4) 商业银行拒绝主管当局监督管理及其他违法行为。

(5) 借款人采取诈骗手段骗取贷款的行为。

(6) 商业银行工作人员利用职务上的便利所发生的违法乃至犯罪的行为。

## (二) 对违法行为的处理

(1) 民事责任或经济赔偿责任。商业银行对存款人或者其他客户造成损失的,应当承担支付迟延履行的利息以及其他民事责任。商业银行工作人员违法发放贷款或者提供担保造成损失的,应当依法承担全部或者部分赔偿责任。

(2) 行政责任。对商业银行的违法行为,由中国人民银行和国务院银行业监督管理机构按其职权划分责令纠正;有违法所得的,没收违法所得,并处以违法所得一定比例的罚款;没有违法所得的,处以一定数量的罚款;还可以依法责令停业整顿或者吊销其经营许可证。对商业银行违法行为负有直接责任的主管人员,应当给予行政处分。

(3) 刑事责任。凡构成犯罪的,必须依法追究刑事责任。

【思考8-4】 王某是某企业的会计,张某是某银行营业部储蓄专柜负责人,二人关系较密。张某因吸收存款任务尚未完成,请王某帮忙,王某满口答应。一日,王某从单位账户中取出公款10万元,以个人名义存在张某所在的储蓄专柜。张某为感激王某,给王某按正常利率5%开具存单一份,另按7.1%的利率开具了一张差额利息单,金额为9 000多元,1年以后即可归王某个人所有。

事隔一年,王某所在的企业破产,在财务审计中,王某因涉嫌其他经济问题被人举报,其公款私存一事也被查出。

请问:王某的行为如何认定?

 引例点评

本案涉及中央银行的禁止经营业务。本案中,某人民银行为A装修公司向当地工商银行贷款出具担保函的行为,违反了《中国人民银行法》中关于人民银行不得向任何单位和个人提供担保的禁止性规定,因此,该担保因违法而无效。造成这种行为无效的原因既有该当地人民银行违法的过错,也有某工商银行在发放贷款时,未遵守法律的有关规定,没有认真审查保证人的主体资格,所以其也要承担部分过错。因而人民法院按照过错原则,判令人民银行对贷款银行承担相应的赔偿责任是有道理的。

## 能力训练题

### 一、单项选择题

1. 在我国的银行体系中居于主导地位的是（　　）。
   A. 商业银行　　　B. 政策性银行　　C. 外资银行　　　D. 中国人民银行
2. 商业银行所具有的与央行的货币政策关系密切的功能是（　　）。
   A. 支付中介功能　　　　　　　　B. 金融服务功能
   C. 信用中介功能　　　　　　　　D. 信用创造功能
3. 央行对外汇市场进行宏观调控的一项重要业务是（　　）。
   A. 最后贷款　　　　　　　　　　B. 审批设立
   C. 再贴现　　　　　　　　　　　D. 公开市场业务
4. 中国人民银行行长的决定权在于（　　）。
   A. 国务院总理　　　　　　　　　B. 国家主席
   C. 全国人大常委会　　　　　　　D. 财政部长
5. 不以营利为目的,但讲求核算效益,通过自身业务弥补金融市场不足的金融机构是（　　）。
   A. 证券交易所　　　　　　　　　B. 政策性银行
   C. 信用合作社　　　　　　　　　D. 社会保险机构
6. 商业银行解散时,有权依法成立清算组的是（　　）。
   A. 该商业银行
   B. 中国人民银行
   C. 在 15 日内不能自行组成的,由中国人民银行指定
   D. 由中国人民银行会同法院指定

### 二、多项选择题

1. 商业银行的下列哪些事项变更,须经中国人民银行批准？（　　）
   A. 变更注册资本
   B. 变更总行或者分支行所在地
   C. 变更持有资本总额或者股份总额 10% 以上的股东
   D. 变更董事长、总经理
2. 下列表述正确的有（　　）。
   A. 法律有权规定对个人储蓄存款的查询、冻结、扣划
   B. 法律有权规定对单位存款的查询、冻结、扣划
   C. 行政法规有权规定对单位存款的查询

D. 行政法规无权规定对单位存款的冻结、扣划

3. 中国人民银行法定业务有（　　）。

A. 代理发行、兑付、承销政府债券

B. 买卖政府债券

C. 经理国库

D. 作为国家央行从事国际金融活动

4. 以下表述正确的有（　　）。

A. 政策性银行不得向商业银行投资

B. 外资、合资金融机构和企业不得向中国金融机构投资

C. 信用合作社不得向金融机构投资

D. 保险公司投资金融机构资金的数额不得超过其资本金的25％

### 三、问答题

1. 请举例说明中央银行与其他银行的区别。

2. 请举例说明在应对全球性金融危机过程中，中国人民银行的职能是如何体现的。

### 四、案例分析题

1. 案情：甲企业因流动资金不足出现经营困难，于是向乙银行申请流动资金贷款，以满足生产经营的需要，贷款协议中约定：乙银行向甲企业提供50万元贷款，期限为3个月，并约定贷款到期时甲企业应无条件偿还贷款本金及利息。贷款到期后，因为资金尚未回笼，甲企业无力返还贷款。乙银行多次讨要未果。3个月后，甲企业的客户向其在乙银行的账户转账支付了70万元的货款。

请回答：在这种情况下，乙银行如何维护自己的权益？

2. 案情：2007年3月，甲银行向乙银行拆入资金2 000万元人民币，此时股票市场和地产市场都十分火爆，甲银行见有利可图，遂将拆入资金的一半投资股票市场，另一半借贷给某房地产公司用以房地产开发。直到2008年10月甲银行才向乙银行归还该笔拆入款。

请回答：

(1) 甲银行在拆入资金的使用上有哪些违法之处？

(2) 我国《商业银行法》对拆入资金的用途有哪些特别规定？

3. 案情：张某系某市下岗职工，为生计于2005年7月向工商局申请领取营业执照，摆起了蔬菜摊点，两年下来已经小有积蓄。王某系张某的表弟，与张某住在同一城市，在某机关工作。2007年11月，王某所在机关集资建房，凡申请住房的职工需交纳7万元集资款。王某为筹集款项便找到其在本市农业银行工作的同学李某，提出借用银行公款的要求，遭到李某的拒绝。为了不驳同学的情面，李某建议王某找其表哥张某借钱。这时王某提出查询张某存款的要求，李某略加考虑后同意将张某的存款情况抄下来交给王某。王某了解张某的存款情况后便去找张某借

钱,不小心把张某在银行的存款情况说了出来。张某非常气愤,咨询了有关人员后,以银行为被告起诉到了县法院,请求银行赔偿其在诉讼期间的损失,并赔礼道歉,同时反映给其主管机关要求其作出处罚。

请回答:
(1) 银行违反了《商业银行法》的哪些规定?
(2) 银行是否应赔偿张某诉讼期间的损失?

## 实　训

【目标】

建议组织学生去银行进行业务参观作为实践课程的内容之一,增加认识、强化本章知识的理解和运用。同时,广泛研习相关的法律、法规和司法解释、深入思考和领会银行法的要义;尽可能多的接触相关工作,在实践中不断深化对本章知识的理解。

【项目】

1. 学生自愿组成若干小组,每一小组选取一个实例来说明中国人民银行在防范和化解金融危机中的作用,请金融从业人员评判是否正确。

2. 组织学生去银行进行业务参观。

# 第九章 票据法

## 学习目标

**知识：**
1. 了解票据的概念、法律特征和功能；
2. 理解出票、背书、承兑、保证、付款这几种票据行为的法律规定；
3. 了解票据权利的概念和种类，理解行使票据权利的程序；
4. 了解汇票、本票、支票的概念，理解这三种票据的特点，了解它们的办理程序和使用范围。

**技能：**
1. 学会填制汇票、本票和支票；
2. 提高运用票据法律知识分析、处理票据纠纷的能力。

**素养：**
规范票据行为，培养防范票据风险的执业素养。

## 案例导入

2012年4月1日，张某冒充为某食品公司的法定代表人，从某面粉厂购买价值10万元的高质量面粉，双方约定采用汇票的方式结账。4月13日，张某向面粉厂出具了一张已加盖某食品公司印章、面额为10万元、付款期限为2个月的汇票。该汇票在出票人处记载为某食品公司，并在票据上签了某食品公司法定代表人张某的名字。面粉厂信以为真，接受了张某签发的汇票。2012年4月28日，面粉厂由于购买优质小麦又将该汇票背书转让给某粮油公司。粮油公司于2012年5月7日向付款银行提示承兑。付款银行经审查认为，该汇票上的印鉴与某食品公司预留银行印鉴不一致，拒绝承兑。5月9日粮油公司遂向人民法院起诉，要求法院判决付款银行、某食品公司与面粉厂连带承担承兑汇票责任。

## 问题引入

1. 粮油公司能否向食品公司和付款银行主张权利？

2. 粮油公司向面粉厂主张权利能否得到法院的支持？

## 第一节 认识票据及票据法

### 一、票据的概述

（一）票据的概念

票据一词有广义和狭义之分。

广义的票据是指以证明或设定权利为目的而做成的各种凭据，包括债券、股票、发票、仓单、提单、车票、船票、借据、汇票、本票、支票等各种有价证券和商业凭证。

狭义的票据仅指以支付金钱为目的的有价证券，即出票人根据票据法签发的，由自己无条件支付确定金额或委托他人无条件支付确定金额给收款人或持票人的有价证券。

根据我国《票据法》的规定，票据包括汇票、本票和支票。票据法上所规定的票据是狭义的票据。

（二）票据的法律特征

(1) 票据是有价证券。票据具有一定的价值，票面必须记载一定的货币金额，以记载数额的金钱给付为标的，不能用实物来支付。

(2) 票据是设权证券。设立票据即确立票据上的权利义务，票据与权利义务不可分离。

(3) 票据是要式证券。票据的产生、转让等都必须符合法律规定，否则不产生法律效力。

(4) 票据是无因证券。票据权利义务关系的产生与转让独立于其他原因关系，票据债务人除明知票据持票人恶意取得（如诈骗、盗窃等）外，应无条件按票据内容支付款项，无权要求持票人说明取得票据的原因。

(5) 票据是文义证券。票据权利严格依照票据上记载的文字意义决定，不能以票据记载以外的任何理由改变票据的效力。

(6) 票据是提示证券。票据权利的行使以向义务人出事票据为前提。

(7) 票据是缴回证券。权利人实现票据权利后，必须将票据交与义务人。

(8) 票据是流通证券。票据与普通债券不同，在一定范围内可以代替货币使用，可以以背书或单纯交付的方式直接转让其权利，不需要通知债务人就可以对债务人发生效力。

### （三）票据的功能

（1）支付功能。票据可以充当支付工具，代替现金使用。

（2）结算功能。简单的结算是互有债务的双方当事人各签发一张本票，待两张本票都到到期日即可以抵消债务。所以，结算功能叫做债务抵消功能。

（3）信用功能。票据当事人可以凭借自己的信誉，将未来才能获得的金钱作为现在的金钱来使用。

（4）汇兑功能。票据可以代替货币在不同地方之间运送，方便异地之间的支付，该支付既安全又方便。

（5）融资功能，即融通资金或调度资金，票据的融资功能是通过票据的贴现、转贴现和再贴现实现的。

**【思考 9-1】**

A 企业购买 B 企业的货物，A 企业暂时款项不足，便凭借自己的信誉签发了一张以 B 企业为收款人、以自己的开户银行为付款人、约 3 个月后付款的票据给 B 企业。此时，A 企业实际上是将 3 个月后才能筹足的款项于现在使用。

以上体现了票据的哪些功能？

### （四）票据法律关系

票据法律关系是指票据当事人之间在票据的签发和转让过程中发生的权利义务关系。包括票据本身所产生的法律关系和与票据相关的非票据关系。

#### 1. 票据关系

票据关系是指当事人基于票据行为而发生的债权债务关系，由主体、客体和内容三方面组成。

票据关系主体是享有票据权利、承担票据义务的票据当事人，如出票人、付款人、收款人、背书人、被背书人、承兑人、票据保证人等。票据关系主体依在票据关系中的不同地位分为债权人和债务人，有权请求支付票载金额的责任人为债务人。

票据关系客体是指票据当事人之间权利义务所指向的对象，即确定数额的货币。因为签发票据的目的就是为支付或者清偿一定数额的金钱，所以客体只能是货币。

票据关系内容是指票据当事人依法享有的票据权利和承担的票据义务，主要有付款请求权和付款义务、追索权和偿付义务。

#### 2. 票据上的非票据关系

票据上的非票据关系是直接根据票据法的规定发生的，不是根据当事人的票据行为发生的，主要是为了保障票据权利的实现。票据法上的非票据关系主要包括两种情形——票据返还关系和利益返还关系。如持票人非法获得票据时与合法持票人之间发生的就是票据返还关系，再比如票据已付款时，付款人或付款代理人与持票人之间发生的关系也是票据返还关系。而《票据法》第 18 条规定的"持票人因超过票据权利时效或者因票据记载事项欠缺而丧失票据权利的,仍享有民事权利,可以请求出票人或者承兑人返还其与未支付的票据金额相当的利益",出票人或承兑人与持票人之间发生的就是利益返还关系。

## 二、票据法概述

### (一)票据法的概念

票据法是调整票据当事人之间的权利义务关系的法律规范的总称,有广义和狭义之分。广义的票据法是涉及票据关系调整的各种法律规范,既包括专门的票据法法律、法规,也包括其他法律、法规中有关票据的规范。狭义的票据法是指专门的票据法律规范,是规定票据的种类、形式和内容,明确票据当事人之间的权利义务,调整因票据而发生的各种社会关系的法律规范。一般来说,票据法指的是狭义的票据法。

《中华人民共和国票据法》(以下简称《票据法》)于 1995 年 5 月 10 日由第八届全国人民代表大会常务委员会第十三次会议通过,自 1996 年 1 月 1 日起开始施行,2004 年 8 月 28 日第十届全国人民代表大会第十一次会议进行了修改。

### (二)票据法的特征

1. 强制性

票据关系虽然是一种债的关系,但是票据法律规范大多数是强制性规范。从票据的种类、票据的格式、票据行为的款式,直至票据权利的享有和票据义务的承担,大多数属于强制性规定,当事人无权自行选择。

2. 技术性

汇票的制作、背书、承兑等都有具体专门的操作规则,必须严格按照技术规则进行,否则就要承担相应的法律责任。

3. 国际统一性

我国在制定《票据法》时就注重吸收国际上普遍适用的票据规则,力求遵循统一的票据规范,以促进国际经济的发展。

## 三、票据行为

### (一)票据行为的含义

票据行为的概念有狭义和广义之分。狭义的票据行为仅指能产生票据债权债务关系的法律行为,有出票、背书、承兑、保证、参加承兑、保付六种。而广义的票据行为是指能产生、变更或消灭票据关系的各种行为,除了以上六种狭义的票据行为之外,还包括提示、付款、参加付款、追索、见票、画线、涂销等行为。

我国《票据法》没有规定参加承兑、保付、参加付款、涂销等票据行为。逐步确立这些票据行为制度,是完善我国票据法律制度的关键所在。

## （二）具体票据行为

**1. 出票**

出票是指出票人签发票据并将其交付给收款人的票据行为。出票包括创设票据与交付票据。签发时应将法定内容记载于票据上，交付后，票据上的权利义务产生。

出票是汇票、本票和支票的基本票据行为，票据上的权利义务都因出票而产生。其他票据行为也都是以出票为前提发生的，因此又叫附属票据行为。

（1）汇票的出票人必须与付款人具有真实的委托付款关系，并且具有支付汇票金额的可靠资金来源。同时，不得签发无对价的汇票用以骗取银行或者其他票据当事人的资金。

（2）本票的出票人必须具有支付本票金额的可靠资金来源，并保证支付。

（3）支票的出票人所签发的支票金额不得超过其付款时在付款人处实有的存款金额，否则为空头支票，法律禁止签发空头支票。支票的出票人不得签发与其预留本名的签名式样或者印鉴不符的支票。支票上的金额、收款人名称可以由出票人授权补记，未补记前的支票不得使用。

**2. 背书**

背书是指在票据背面或者粘单上记载有关事项并签章的票据行为。持票人通过背书可以将汇票（本票、支票）权利转让给他人或者将一定的汇票（本票、支票）权利授予他人行使。签名转让的为背书人，接受该背书票据的为被背书人，他们之间产生票据法律关系，被背书人是债权人。背书应当连续。

《票据法》规定：背书由背书人签章并记载背书日期（背书未记载日期的，视为在汇票到期日前背书）；背书必须记载被背书人名称；背书人在汇票上记载"不得转让"字样的汇票不得转让，若其后手再背书转让，原背书人对其后手的被背书人不承担保证责任。

汇票可以设定质押，质押时应当以背书记载"质押"字样。被背书人依法实现其质权时，可以行使汇票权利。以背书转让的汇票，背书应当连续。持票人以背书的连续，证明其汇票权利；非经背书转让，而以其他合法方式取得汇票的，依法举证，证明其汇票权利。背书连续是指在票据转让中，转让汇票的背书人与受让汇票的被背书人在汇票上的签章依次前后衔接，不可间断。

**3. 承兑**

承兑是商业汇票特有的制度，是指汇票付款人承诺在汇票到期日支付汇票金额的票据行为。这里的付款人是指记载于汇票之上并根据出票人的指令承担支付汇票款项的责任的行为人。见票即付的汇票无须承兑。承兑前出票人是主债务人，经付款人签字承兑后，付款人（承兑人）成为负绝对付款责任的汇票主债务人。

定日付款或者出票后定期付款的汇票，持票人应当在汇票到期日前向付款人提示承兑;见票后定期付款的汇票,持票人应当自出票日起一个月内向付款人提示承兑。付款人对向其提示承兑的汇票,应当自收到提示承兑的汇票之日起3日内承兑或者拒绝承兑。付款人收到持票人提示承兑的汇票时,应当向持票人签发收到汇票的回单。回单上应当记明汇票提示承兑日期并签章。付款人承兑汇票的,应当在汇票正面记载"承兑"字样和承兑日期并签章;见票后定期付款的汇票,应当在承兑时记载付款日期。汇票上未记载承兑日期的,以承兑人收到汇票之日起的第3日为承兑日期。

4. 保证

保证是指票据债务人以外的第三人在票据上记载有关保证的事项以担保债务履行的票据行为,票据的保证是汇票和本票都可以适用的制度。

《票据法》规定,保证人必须在汇票或者粘单上记载下列事项:表明"保证"的字样;保证人名称和住所;被保证人的名称;保证日期;保证人签章。未记载保证人名称的,已承兑的汇票,承兑人为被保证人;未承兑的汇票,出票人为被保证人。未记载保证日期的,出票日期为保证日期。保证不得附有条件;附有条件的,不影响对汇票的保证责任。

被保证的汇票,保证人应当与被保证人对持票人承担连带责任。汇票到期后得不到付款的,持票人有权向保证人请求付款,保证人应当足额付款。

保证人为两人以上的,保证人之间承担连带责任。保证人清偿汇票债务后,可以行使持票人对被保证人及其前手的追索权。

5. 付款

付款是指票据的付款人(承兑人)向持票人支付票据金额,以消灭票据权利义务的行为。根据《票据法》的规定,持票人应按规定期限提示付款。提示付款是指持票人或其代理人向付款人或代理付款人出示票据并请求其支付票据金额的行为。见票即付的汇票,自出票日起一个月内向付款人提示付款;定日付款、出票后定期付款或者见票后定期付款的汇票,自到期日起10日内向承兑人提示付款。

【思考9-2】 甲公司与乙公司签订了一份标的额为100万元的买卖合同,乙公司向甲公司发货,甲公司是债务人,乙公司是债权人,甲公司向乙公司签发了一张以某银行为付款人的汇票。

请分析本案中的票据关系,并指出票据关系中的票据基本当事人有哪些?

### 四、票据权利及其保护

#### (一) 票据权利的概念及种类

票据权利,指票据持票人向票据债务人请求支付票据金额的权利,包括付款请求权和追索权。

票据付款请求权,是指持票人向汇票的承兑人、本票的出票人、支票的付款人出示票据要求付款的权利,是第一次权利,又称主票据权利。行使付款请求权的持票人可以是票载收款人或最后的被背书人;担负付款请求权付款义务的主要是主债务人。

票据追索权,是指票据当事人行使付款请求权遭到拒绝或有其他法定原因存在时,向其前手请求偿还票据金额及其他法定费用的权利,是第二次权利,又称付款追索权、偿还请求权利。行使追索权的当事人除票载收款人和最后被背书人外,还可能是代为清偿票据债务的保证人、背书人。

### (二) 票据权利取得的原则

(1) 持票人是票据收款人,收款人享有出票人给予的票据权利,任何人不得对此提出异议。

(2) 凡是通过连续背书取得票据的,在票据上有名的持票人就合法地取得票据权利。

(3) 凡是取得票据时是善意或无重大过失的,就合法地取得票据权利。但是,对以欺诈、偷盗或者胁迫等手段出于恶意取得票据的,不得享有票据权利。持票人因重大过失取得不符合《票据法》规定的票据的,也不享有票据权利。

(4) 凡是无对价或不以相当对价取得的票据,不得享有优于前手的权利。

### (三) 票据权利的行使

票据权利的行使,是指持票人请求票据的付款人支付票据金额的行为,依据不同的票据种类,其权利的行使可能有不同的程序,可包括票据的提示承兑、提示付款、行使追索权等程序。

(1) 提示承兑。是指持票人向付款人出示汇票,并要求付款人承诺付款的行为。定日付款或出票后定期付款的汇票持票人,要行使票据权利时,首先要在汇票到期之日前向付款人提示承兑;见票后定期付款的汇票,持票人应当自出票日起一个月内向付款人提示承兑,是远期汇票持票人行使票据权利的一个必经程序,省略此程序就不能请求付款。

(2) 提示付款。是指持票人在法定期限内向付款人请求付款的行为。其中支票自出票日起10日内向付款人提示付款;本票自出票日起两个月内向付款人提示付款;银行汇票,自出票日起一个月内向付款人提示付款;定日付款、出票后定期付款或者见票后定期付款的商业汇票,自到期日起10天内向承兑人提示付款。

(3) 行使追索权。票据到期被拒绝付款的,持票人可以对背书人、出票人以及票据的其他债务人行使追索权;在票据到期日前,如有汇票被拒绝承兑或被拒绝付款的,承兑人或者付款人死亡、逃匿的,承兑人或者付款人被依法宣告破产或因违法被责令终止业务活动的,持票人也可以行使追索权。

(4) 票据权利行使的时间和地点。由于票据具有流通性,法律对票据责任的兑现场所和时间有所规定,以便持票人行使票据权利。票据权利的行使场所一般是银行营业点,行使时间就是银行营业的时间,即票据时效的最后期限是以银行的营业结束时间为限,而不能以当日的 24 点为限。

(5) 票据权利的保全。是指持票人为了防止票据权利的丧失,依据《票据法》的规定进行提示票据、要求承兑人或付款人提供拒绝承兑或拒绝付款的证明,这是一种中断时效的行为。

(6) 票据权利的消失。是指当法律规定的事实出现时,持票人所享有的票据权利上的付款请求权和追索权失去法律保护的情况。

【思考 9-3】 甲由于保管不善,致使一张金额为 1 000 万人民币的支票被乙窃取。乙将该支票背书转让给丙,丙不知道乙无权处分该支票,向乙支付了相应的对价后取得该支票。

请分析丙是否取得了票据权利?甲能否要求丙返还支票?法律依据是什么?

【思考 9-4】 关于票据丧失时的法律救济方式,下列哪一说法是错误的?
A. 通知票据付款人挂失支付
B. 申请法院公示催告
C. 向法院提起诉讼
D. 不经挂失支付不能申请公示催告或提起诉讼

# 第二节 汇 票

## 一、银行汇票

### (一) 银行汇票的概念和特点

银行汇票是出票银行签发的,由其在见票时按照实际结算金额无条件支付给收款人或者持票人的票据。出票银行为银行汇票的付款人。银行汇票可以用于转账,填明"现金"字样的银行汇票也可以用于支付现金。汇票具有如下特点:

(1) 汇票具有三个基本票据当事人。伴随汇票的出票产生三方票据基本当事人,即出票人、付款人和收款人,而本票只有两个票据基本当事人。

(2) 汇票是委托他人支付的票据。汇票的出票人仅仅是签发票据的人,而不是汇票的付款人,付款人需要由出票人另行委托。因此,汇票是一种委付证券,区别于自付证券的本票。

(3) 汇票是见票时或者在指定日期支付的票据。我国汇票原则上多是远期汇票,体现了汇票的信用功能。而我国的支票、本票均采用即期票据,体现票据的支付功能。

(4) 票据必须是无条件的支付。汇票作为一种支付工具在支付时是不能附加条件的,否则将影响票据的支付功能。我国《票据法》也明确规定,附条件的汇票是无效的。

(5) 汇票上应是确定的金额。票据是一种文义性、金钱债券的证券,票据权利义务集中体现在票据金额上,因此票据金额必须是确定的,否则票据无效。

(二) 汇票的种类

依照不同的标准可以对汇票作出不同的划分。

(1) 根据汇票当事人的不同,汇票可以分为银行汇票和商业汇票。

银行汇票是以银行为出票人,同时以银行为付款人的汇票。一般来说,银行汇票中的出票人和付款人为同一银行,特殊情况下也可以不是一家银行。

商业汇票是以银行以外的其他公司、企业或者个人为出票人,以银行或者其他公司、企业等为付款人的汇票。其中,根据承兑人的不同,商业汇票又可以划分为银行承兑汇票和商业承兑汇票。前者是指付款人是银行并进行了承兑的汇票,后者是指以银行以外的公司、企业等为付款人并进行了承兑的汇票。

(2) 依照汇票付款时间的不同,汇票可以分为即期汇票和远期汇票。

即期汇票是指汇票上没有到期日的记载或者明确记载见票即付,收款人或持票人一经向付款人提示付款,该汇票即为到期,付款人就应当承担付款责任的汇票。

(3) 依照汇票上权利人的记载方式不同,汇票可分为记名汇票、指示汇票和无记名汇票。

记名汇票是指出票人在汇票上记载收款人的姓名或名称的汇票。这种汇票必须以背书的方式进行转让。

指示汇票是指出票人在汇票上记载收款人的姓名或名称,而且附加"或其指定的人"字样的汇票。此种汇票也必须依背书方式进行转让。

无记名汇票是指出票人在汇票上没有记载收款人的姓名或名称,或在汇票上记载将票据金额"交来人"或者"交持票人"字样的汇票。这种汇票仅依交付就可以进行转让。我国《票据法》禁止无记名的汇票。

在实际中,汇票还有很多不同的分类。如根据是否需要附加其他票据,分为光单汇票和跟单汇票;根据一人能否兼容两个以上的当事人,分为一般汇票与变式汇票等等,这里不再一一叙述。

(三) 办理银行汇票的程序

(1) 申请。申请人使用银行汇票,应向出票银行填写银行汇票申请书,填明收款人名称、汇票金额、申请人名称、申请人日期等事项并签章,签章为其预留银行的签章。

(2) 签发并支付。出票银行受理银行汇票申请书,收妥款项后签发银行汇票。签发银行汇票必须记载下列事项:表明"银行汇票"的字样;无条件支付的承诺;出票金额;付款人名称;收款人名称;出票日期;出票人签章。欠缺记载上列事项之一的,银行汇票无效。

(3) 流通转让。申请人应将银行汇票和解讫通知一并交付给汇票上记明的收款人。收款人受理申请人交付的银行汇票时,应在出票金额以内,根据实际需要的款项办理结算,并将实际结算金额和多余金额准确、清晰地填入银行汇票和解讫通知的有关栏内。银行汇票的实际结算金额低于出票金额的,其多余金额由出票银行退交申请人。收款人可以将银行汇票背书转让给被背书人。银行汇票的背书转让以不超过出票金额的实际结算金额为准。

(4) 提示付款。银行汇票的提示付款期为出票日起1个月。持票人超过提示付款期限提示付款的,代理付款人不予受理。持票人向银行提示付款时,必须同时提交银行汇票和解讫通知。

### (四) 银行汇票退款和丧失

申请人因银行汇票超过付款提示期限或其他原因要求退款时,应将银行汇票和解讫通知同时提交出票银行。申请人为单位的,应出具该单位的证明;申请人为个人的,应出具本人的身份证件。申请人缺少解讫通知要求退款的,出票银行应于银行汇票提示付款期满1个月办理。银行汇票丧失,失票人可以凭人民法院出具的其享有票据权利的证明,向出票银行请求付款或退款。

【思考9-5】 甲签发汇票一张,汇票上记载收款人为乙,保证人为丙、丁,某银行为付款人,金额为20万元,汇票到期日为2007年11月1日,乙持票后将其背书转让给戊,戊没有进行承兑提示,于2007年11月1日向付款银行提示付款,某银行拒绝付款。

请问戊能否向甲、乙、丙、丁进行追索?为什么?

## 二、商业汇票

### (一) 商业汇票的概念、种类和使用范围

商业汇票是出票人签发的,委托付款人在指定日期无条件支付确定的金额给收款人或者持票人的票据。商业汇票分为商业承兑汇票和银行承兑汇票。商业承兑汇票由银行以外的付款人承兑,银行承兑汇票由银行承兑。商业汇票的付款人为承兑人。

商业承兑汇票的出票人为在银行开立存款账户的法人以及其他组织,并与付款人具有真实的委托付款关系,具有支付汇票金额的可靠资金来源。银行承兑汇票的出票人必须是在承兑银行开立存款账户的法人以及其他组织,并与承兑银行具有真实的委托付款关系,资信状况良好,具有支付汇票金额的可靠资金来源。

在银行开立存款账户的法人以及其他组织之间,必须具有真实的交易关系或债权债务关系,才能使用商业汇票。

## (二)办理商业汇票的程序

**1. 签发并支付**

签发商业汇票必须记载下列事项：表明"商业承兑汇票"或"银行承兑汇票"的字样；无条件支付的委托；确定的金额；付款人名称；收款人名称；出票日期；出票人签章。出票人签章为该单位的财务专用章或者公章加其法定代表人或其授权代理人的签名或者盖章。

**2. 承兑**

商业汇票可以在出票时向付款人提示承兑后使用，也可以在出票后先使用再向付款人提示承兑。提示承兑是指持票人向付款人出示汇票并要求付款人承诺付款的行为。定日付款或者出票后定期付款的商业汇票，持票人应当在汇票到期日前向付款人提示承兑。见票后定期付款的汇票。持票人应当自出票日起1个月内向付款人提示承兑。商业汇票未按照规定期提示承兑的，持票人丧失对其前手的追索权。

商业汇票的付款人接到出票人或持票人向其提示承兑的汇票时，应当向出票人或持票人签发收到汇票的回单，记明汇票提示承兑日期并签章。付款人应当在自收到提示承兑的汇票之日起3日内承兑或者拒绝承兑。付款人拒绝承兑的，必须出具拒绝承兑的证明。付款人承兑汇票后，应当承担到期付款的责任。

**3. 提示付款**

商业汇票的提示付款期限为自汇票到期日起10日内。持票人应在提示付款期限内通过开户银行委托收款或直接向付款人提示付款。持票人未按规定期限提示付款的，在作出说明后，承兑人或者付款人仍应当继续对持票人承担付款责任。商业汇票的付款期限，最长不得超过6个月。

**4. 付款**

(1) 商业承兑汇票的付款。商业承兑汇票的付款人开户银行收到通过委托收款寄来的商业承兑汇票，将商业承兑汇票留存，并及时通知付款人。付款人收到开户银行的付款通知，应该在当日通知银行付款。付款人在接到通知日的次日起3日内（遇法定休假日顺延，下同）未通知银行付款的，视同付款人承诺付款。付款人提前收到由其承兑的商业汇票，应通知银行于汇票到期日付款。银行应于汇票到期日将票款划给持票人。

(2) 银行承兑汇票的付款。银行承兑汇票的出票人应于汇票到期日前将票款足额交存其开户银行。承兑银行应在汇票到期日或到期日后的见票当日支付票款。承兑银行存在合法抗辩事由拒绝支付的，应自接到银行承兑汇票的次日起3日内，作成拒绝付款证明，连同银行承兑汇票邮寄持票人开户银行转交持票人。

## (三)商业汇票贴现

贴现是指票据持票人在票据未到期之前为获得现金向银行贴付一定利息而发

生的票据转让行为。通过贴现,贴现银行获得票据的所有权。

商业汇票贴现的基本规定如下:

(1) 贴现条件。商业汇票的持票人向银行办理贴现必须具备下列条件:在银行开立存款账户的企业法人以及其他组织;与出票人或者直接前手之间具有真实的商品交易关系;提供与其直接前手之间的增值税发票和商品发运单据复印件。

(2) 贴现利息的计算。贴现的期限从贴现之日起至汇票期日止,实付贴现金额按票面金额扣除贴现日至汇票到期前一日的利息计算。承兑人在异地的,贴现的期限以及贴现利率的计算应另加3天的划款日期。

(3) 贴现的收款。贴现到期,贴现银行应向付款人收取票款。不获付款的,贴现银行应向其前手追索票款。贴现银行追索票款时可从申请人的存款账户收取票款。

【思考9-6】 甲签发汇票一张,汇票上记载乙为收款人,某商业银行为付款人,金额为50万元,汇票到期日为2008年4月10日。乙持票后将汇票背书给丙,丙没有背书直接交给丁,丁又背书给戊,戊再背书给戌,戌在票据到期日去某商业银行提示付款遭拒绝。

请问,某商业银行的做法有无法律依据?

## 第三节 本票与支票

### 一、本票及相关法律规定概述

本票是一个人向另一个人签发的,保证即期或定期或在可以确定的将来的时间,对某人或其指定人或持票人支付一定金额的无条件书面承诺。我国《票据法》第73条规定:本票是由出票人签发的,承诺自己在见票时无条件支付确定的金额给收款人或持票人的票据。同时还规定:本法所指的本票是指银行本票,不包括商业本票,更不包括个人本票。

(一) 银行本票的概念、种类和使用范围

银行本票是银行机构签发的,承诺自己在见票时无条件支付确定的金额给收款人或者持票人的票据。银行本票分为不定额本票和定额本票两种。定额本票分别为1 000元、5 000元、10 000元和50 000元四种。银行本票可以用于转账,注明"现金"字样的银行本票可以用于支取现金。单位和个人在同一票据交换区域的各种款项支付,均可以使用银行本票。

(二) 办理银行本票的程序

(1) 申请。申请人使用银行本票,应向银行填写本票申请书。

(2) 签发并交付。出票银行受理银行本票申请书,收妥款项后签发银行本票。签发银行本票必须记载下列事项:表明"银行本票"的字样;无条件支付的承诺;确定的金额;收款人名称;出票日期;出票人签章。出票人必须具有支付本票金额的可靠资金来源,并保证支付。出票银行在银行本票上签章后交给申请人。

(3) 流通转让。申请人应将银行本票交付给本票上记明的收款人。收款人可以将银行本票背书转让给被背书人。

(4) 提示付款。银行本票的提示付款期限自出票日起最长不得超过2个月。持票人超过提示付款期限不获付款的,在票据权利失效前向出票银行作出说明,并提供本人身份证件或单位证明,可持银行本票向出票银行请求付款。

(5) 银行本票见票即付。本票的出票人在持票人提示见票时,必须承担付款的责任。

(三) 本票退款和丧失

申请人因银行本票超过提示付款期限或其他原因要求退款时,应将银行本票提交到出票银行,申请人为单位的,应出具单位的证明,申请人为个人的,应出具本人的身份证件。

银行本票丧失,失票人可以凭人民法院出具的其享有票据权利的证明,向出票银行请求付款或退款。

## 二、支票及相关法律规定概述

(一) 支票的概念、种类和使用范围

支票是指出票人签发的、委托办理支票存款业务的银行在见票时无条件支付确定金额给收款人或者持票人的票据。支票的基本当事人包括出票人、付款人和收款人。出票人即存款人,是在批准办理支票业务的银行机构开立可以使用支票的存款账户的单位和个人;付款人是出票人的开户银行;持票人是票面上填明的收款人,也可以是经背书转让的被背书人。

支票分为现金支票、转账支票和普通支票三种。支票上印有"转账"字样的为转账支票,转账支票只能用于转账。支票上未印有"现金"或"转账"字样的为普通支票,普通支票既可以用于支取现金,也可以用于转账。在普通支票左上角划两条平行线的,为划线支票,划线支票只能用于转账,不得支取现金。单位和个人在同一支票交换区域的各种款项结算,均可以使用支票。

(二) 办理支票的程序

(1) 签发。签发支票必须记载下列事项:表明"支票"的字样;无条件支付的委托;确定的金额;付款人名称;出票日期;出票人签章。支票的付款人为支票上记载的出票人开户银行。支票的金额、收款人名称,可以由出票人授权补记,未补记前不得背书转让和提示付款。出票人可以在支票上记载自己为收款人。支票的出票人签发支票的金额不得超过付款时付款人实有的存款金额。

支票上的出票人的签章,出票人为单位的,为与该单位在银行预留签章一致的财务专用公章或者盖章。支票的出票人预留银行签章是银行审核支票付款的依据。

(2) 提示付款。支票的提示付款期限为自出票日起 10 日。持票人可以委托开户银行收款或直接向付款人提示付款。用于支取现金的支票仅限于收款人向付款人提示付款。

(3) 付款。出票人必须按照签发的支票金额承担保证向持票人付款的责任。出票人在付款人处的存款足以支付支票金额时,付款人应当在见票当日足额付款。

支票的其他票据行为,诸如背书、付款行为和追索权的行使,除支票的规定外,适用《票据法》中有关汇票的规定。

### (三) 支票出票的效力

出票人作成支票并交付之后,对出票人产生相应的法律效力。出票人必须按照签发的支票金额承担保证向持票人付款的责任。支票是见票即付的票据,持票人应当自出票日起 10 日内提示付款,异地使用的支票,其提示付款的期限由中国人民银行另行规定。超过提示付款期限的,付款人可以不予付款。付款人对支票不予付款时,出票人应该对持票人承担票据责任。

【思考 9-7】 A 公司向 B 公司签发了一张 100 万元的支票,出票人 A 公司在支票上未加盖与该单位的银行预留签章一致的财务专用章而加盖了 A 公司的公章。A 公司是否应承担票据责任?为什么?

【思考 9-8】 甲公司与乙公司交易中获得由乙签发的 50 万元的汇票一张,付款人为丙银行。甲向丁某购买了一批货物,将汇票背书转让给丁以支付货款,并记载"不得转让"字样。后来丁又将此汇票背书给戊。如戊在向丙银行提示承兑时遭拒绝,戊可向谁行使追索权?

## 引例点评

由于票据不是食品公司签发,食品公司不是汇票法律关系的主体,故食品公司不承担责任。付款银行拒绝承兑的理由合法,且银行本身就没有承兑的义务,因此银行不负票据责任。由于面粉厂是票据上的真实签章人,按照票据行为的独立理论,面粉厂应承担票据责任。

## 能力训练题

一、单项选择题

1. 我国《票据法》规定持票人对定期汇票的出票人和承兑人的票据权利时效,为自汇票到期日起( )。

A. 2年　　　　　B. 6个月　　　　C. 3个月　　　　D. 1年

2. 下列关于空白票据转让的表述中,正确的是(　　)。
   A. 空白票据只能依背书方式转让
   B. 空白票据只能依直接交付方式转让
   C. 空白票据转让时不受特别限制
   D. 空白票据不可以转让

3. 在涉外票据中,汇票和本票出票行为的记载事项,应当适用(　　)。
   A. 出票人所属国的法律　　　　B. 付款人所属国的法律
   C. 出票地的法律　　　　　　　D. 付款地的法律

4. 一般背书的相对必要记载事项是(　　)。
   A. 背书人　　　　　　　　　　B. 被背书人
   C. "不得转让"字样　　　　　　D. 背书日期

5. 支票出票人的主要票据义务是(　　)。
   A. 直接付款义务　　　　　　　B. 担保义务
   C. 背书义务　　　　　　　　　D. 承兑义务

6. 背书转让与一般债权转让的主要不同在于(　　)。
   A. 背书转让无须通知票据债务人,一般债权转让应当通知债务人
   B. 背书人转让票据后退出票据关系,一般债权人转让债权后不退出债权债务关系
   C. 背书转让属于不要式行为,一般的债权转让都是要式行为
   D. 背书转让的只能是财产权,一般债权转让的既可以是财产权也可以是人身权

7. 张某伪造了甲公司的签章签发了一张支票并交付给乙公司,乙公司背书转让给丙公司。应当对丙公司负票据责任的是(　　)。
   A. 张某　　　　　　　　　　　B. 甲公司
   C. 乙公司　　　　　　　　　　D. 张某、甲公司、乙公司

8. 票据的善意取得是指(　　)。
   A. 当事人通过继承的方式,善意地从有处分权人手中取得有效票据
   B. 当事人通过继承的方式,善意地从无处分权人手中取得有效票据
   C. 当事人通过票据法规定的方式,善意地从有处分权人手中取得有效票据
   D. 当事人通过票据法规定的方式,善意地从无处分权人手中取得有效票据

二、多项选择题

1. 形式背书包括(　　)。
   A. 一般背书　　　　　　　　　B. 委托收款背书
   C. 设定质押背书　　　　　　　D. 特别背书
   E. 转让背书

2. 票据伪造人应承担的法律责任包括(　　)。
   A. 票据责任
   B. 侵权的民事责任
   C. 不当得利的民事责任
   D. 相应的刑事责任
   E. 违约责任

3. 一般承兑的效力主要有(　　)。
   A. 一经完成承兑行为,承兑人即应承担到期付款责任
   B. 承兑人的票据责任不受持票人是否依法提示付款的影响
   C. 承兑人必须承担最终的追索义务
   D. 一经完成承兑行为,出票人无须再对票据负责任
   E. 一经完成承兑行为,背书人无须再对票据负责任

4. 根据票据法的一般原理,票据保证人的责任具有多重属性,主要包括(　　)。
   A. 票据保证人的责任是同一责任
   B. 票据保证人的责任是刑事责任
   C. 票据保证人的责任是行政责任
   D. 票据保证人的责任是独立责任
   E. 票据保证人的责任是连带责任

5. 在我国《票据法》上,可以成为被追索人的有(　　)。
   A. 出票人
   B. 承兑人
   C. 保证人
   D. 背书人
   E. 付款人

### 三、案例分析题

1. 案情:2003年5月20日,A公司向B公司订购了一批花木。为此,A公司签发了一张票面金额为8万元的现金支票,交付给B公司。B公司的工作人员在去银行提款的过程中,不慎遗失了该支票。B公司随即电话通知了A公司此事,请其协助防范。A公司接到通知后,随即以申请人的身份向法院申请公示催告,要求宣告遗失票据无效,方知所遗失的转账支票被他人冒用,故起诉至法院。

请回答:
(1) 人民法院是否应该受理A公司的申请?
(2) 如果申请公示催告,应该向哪个法院申请?由谁申请?

2. 案情:1998年3月22日,煤矿供应完与纺织厂约定的1 000吨煤,同日,纺织厂签发了一张以纺织厂的开户银行为付款人、煤矿为收款人、票面金额为38万元、出票后3个月内付款的汇票,经签章后交给了煤矿。4月18日,煤矿向机械厂购买了价值38万元的机械。于是,煤矿便将由纺织厂签发的汇票依法背书转让给机械厂。4月28日,机械厂持该汇票向纺织厂开户银行提示承兑,而该开户银行则以纺织厂账户存款余额不足为由拒绝承兑该汇票。

## 第九章　票据法

请回答：

(1) 机械厂应该如何维护其权益？

(2) 若机械厂向煤矿追索到 38 万元的票据金额，那么煤矿能否向纺织厂追偿？为什么？

3. 案情：甲企业向乙企业购进一批设备，价款为 80 万元。甲企业开出一张付款期限为 6 个月的已承兑的商业承兑汇票给乙企业，丙企业在该汇票的正面记载了保证事项。乙企业取得汇票以后，将该汇票背书转让给了丁企业。汇票到期，丁企业委托银行收款时才得知甲企业的银行存款账户不足支付。银行将付款人未付票据款通知书和该商业承兑汇票一同交给了丁企业。丁企业遂向乙企业要求付款。

请回答：

(1) 丁企业在票据未获付款的情况下是否有权向乙企业要求付款？为什么？

(2) 丁企业在乙企业拒绝付款的情况下是否可向甲企业、丙企业要求付款？为什么？

(3) 如果丙企业代为履行票据付款义务，则丙企业可向谁进行追索？为什么？

4. 案情：2000 年 7 月 15 日，A 公司为购买优质面包面粉，派采购员张某到外地采购，交给其转账支票一张，其收款人公司和金额未填写，A 公司授权张某根据采购原料的实际交易对象和金额填写（最多可填写 30 万元），A 公司为张某出具了明确的法定代表人授权委托书和公司营业执照副本。同年 7 月 17 日，张某从某电脑公司购买了一批价值 200 万元的电脑，张某在支票收款人栏填了电脑公司商号，支票金额填写了 200 万元，交给电脑公司。待所购电脑成功转手之后，全部款项被张某卷逃。电脑公司委托开户银行办理提示付款，但支票付款行以"A 公司存款账户金额不足 200 万元"予以退票。电脑公司于是以 A 公司为被告提起诉讼，请求支付全部票款 200 万元。

A 公司辩称，该支票系采购员张某违背公司授权的限额和用途而签发的，电脑公司应该向张某追偿，自己对该支票不负任何票据责任。

请回答：

对于张某滥用填充权而填充的空白支票，出票人 A 公司可否拒绝付款？

## 实　训

【目标】

通过实训，使学生能够识别有效的票据行为，增强实务操作能力。

【项目】

1. 请学生练习填制汇票、本票和支票。

2. 组织学生到银行参观学习，了解我国银行系统常用的各种票据。

# 第十章 证券法

## 学习目标

**知识：**
1. 理解证券的概念和种类、证券法的概念；
2. 了解证券发行、证券上市、证券交易的条件；
3. 理解信息公开的目的和范围。

**技能：**
1. 能够运用证券法律知识分析金融现象；
2. 能够处理公司证券发行、证券上市的法律问题；
3. 能够依法维护投资者的权利。

**素养：**
1. 培养公平、正义、权利观念；
2. 增强依法维护权利、解决纠纷的意识。

 案例导入

2001年3月12日，环球公司总裁李先生打电话给公司董事艾先生，通知他两天之内将召开一次特别董事会。这时，李先生已经获悉了有关公司合并的传闻。他给他的儿子迟先生、大学里的同学施先生以及其他亲朋好友打了电话，暗示他们应该买进该公司的股票。迟、施等六人都在2001年3月13日和14日，大量买进了环球公司的股票。这一变化立即引起股票交易监察员的注意，股票交易监察员认为环球公司股票成交量的短暂异动背后，极有可能潜伏着非法交易行为。2001年3月21日，环球公司向证券市场公布了其与太平洋公司合并的消息，初步证实了股票交易监察员的猜测，于是证券监管部门立即开展了对此案的调查工作。2003年4月，在数百万个电话记录和成堆的证词中埋头苦干了两年之后，证监会对艾先生进行处理，要求艾和迟、施等六人一道接受每人30万元的罚款，并将这些人通过交易获取的总计440万元的非法所得全部没收。艾先生感到非常委屈。

# 第十章 证券法

## 问题引入

1. 艾先生的行为违法了吗？为什么？
2. 《证券法》是何时产生的？它的目的是什么？

## 第一节 认识证券及证券法

### 一、证券的概念

说到证券和证券法，通常会想到股市。是的，股票是最典型的证券，也是证券法首先要规制的对象。但股票只是证券的一种，广义上讲，证券是各类财产所有权或债权凭证的通称，是用来证明证券持有人有权依票面所载内容，取得相关权益的凭证。根据票面所载内容不同，广义的证券又分为三种：第一种票面所载内容是一件商品，叫做"商品证券"；第二种票面所载内容是货币，称为"货币证券"；第三种票面所载内容是资本，叫做"资本证券"。最后一种被称为狭义的证券，包括股票和债券。股票是股份公司向出资人公开或私下发行的、用以证明出资人的股本身份和权利，并根据持有人所持有的股份数享有权益和承担义务的凭证。债券是政府、金融机构、工商企业等直接向社会借债筹措资金时，向投资者发行，承诺按一定利率支付利息并按约定条件偿还本金的债权债务凭证。根据利润获取的方式不同，投资证券又可分为股票和债券。如果你将一部分资金投给某个公司，从而成为公司的老板或股东，公司盈利了，你参与分红，公司亏本，你承担损失，这时候公司交付你的证券就是"股票"。如果你将一部分资金借给某公司，不管公司经营好坏，都会按年给你支付利息，这时公司颁发给你的就是"债券"。

证券发行上市以后的交易过程分为：开户、委托、竞价、成交、结算。现行证券交易采用集中竞价形式，投资者不是相互之间面对面、一对一地商讨价格，而是先委托一个经纪公司（也就是下面讲的证券公司）进行股票交易，证券公司将股票买卖信息发送到证券交易所的自动交易系统，这个系统把全部卖家和全部买家的报价联系在一起，按照"价格优先，时间优先"的原则，确定一个交易价格，交易即获成功。交易成功后，最后完成股票和资金的交割，也就是通过证券登记结算机构将双方应当交付的资金和股票进行计算和交收。到此，一个完整的交易过程才圆满结束。

### 二、证券法的出现

证券这种金融工具，最早起源于16世纪的欧洲，为了发展海上贸易，欧洲各国开始寻找新大陆。英国经济企业家协会250个伦敦商人每个人出了25英镑买了3艘船出海从事海外贸易,在俄罗斯英国人拿羽毛笔、玻璃瓶等和俄国人换了貂皮,返回时沿途贩卖赚取了巨额利润,回国后给这些商人分得了丰厚的红利。于是人们踊跃给舰队投资,以获取未来的回报。投资过后每个人发放一张借条,答应舰队返回之后按比例分红,这就是我们今天所谓的股票。所以股票就是股东对一个企业的投资,买了一个企业的股票就成了这个公司所有者的一员,既可以分红,也可以参与管理公司。同时股票最大的特点,是可以通过股票市场向任何人转让,这也是许多人炒买炒卖的原因。

股票市场发展早期,政府根本不予管理。由市场自行调节。但是发展到后来,官商勾结、内幕交易、操纵股价比比皆是,终于在16世纪后期发生了三次金融危机,为遏制这样的现象,英国甚至在1720年推出了一个《泡沫法案》,完全禁绝了股份公司。这种禁令虽然在19世纪初期得到解禁,但因为20世纪初发生了世界范围的经济大萧条,许多政府开始对证券市场进行监管,证券法就开始出现了。

中国股票市场的发展是十一届三中全会以后的事,农村土地改革以后面临的工业化、城市化都需要解决融资问题,从开始依赖国家拨款,发展到向银行贷款,最后才出现了向普通民众的直接融资,也就是发行股票。中国第一个股份制公司北京天桥股份公司是1984年成立的,但直到1990年深圳证券交易所和上海证券交易所才宣布成立。股票出现之初,政府对于股票市场是不管不问的,从1993年起国务院相继发布了《禁止证券欺诈行为暂行办法》、《证券从业人员资格管理暂行规定》,对虚假陈述、内部交易、欺诈客户、地下交易等问题进行规制。1998年国国第一部《证券法》颁布,该法在2005年进行了修订。

### 三、证券法的目的

证券法的目的不外乎三个:第一是维护投资者利益,保证金融业稳定;第二是保障重要信息公开;第三是禁止欺诈行为。为了实现上述目标,《证券法》主要从下述正反两方面对证券市场进行调控。正面是落实两大制度——市场准入制度和信息披露制度,反面是打击四大违规行为。市场准入制度对证券市场进行的前置性监管,通过提高入市门槛的方式,从源头上控制进入证券市场的主体资格,谨防损害投资者利益的情况发生。信息披露制度是对进入证券市场的经营者采取的实时性监管,股份制是一种所有权与经营权分离的企业形式,投资人不是管理人,管理人也不拥有公司所有的股份,那么如何能防止管理人滥用管理权,监守自盗,非得有完善的公开制度不可。股份有限公司的投资人或潜在的投资人,往往是中小投资者,对于瞬息变化的股票市场,只能凭借企业发布的信息来认识、评估企业的盈利能力,决定是否向其输入资金,如果公司公布的信息是虚假的,或者是捏造的,投资人的决定就会出现偏差。因此,信息除了公开以外,还得准确、及时、完整。

# 第十章 证券法

## 第二节 证券市场主体

### 一、证券投资者

证券业发展的初衷是让每个劳动者都成为企业的主人,成为资本家,让资本家和工人的对立逐渐消失。没有个别投资者,就没有证券市场。在这样的系统中,要想进行投资,必须开立账户,进行公开竞价,不能私下进行证券交易,只有这种交易形式才能够最大限度地保障投资者的利益。

对投资者的调控主要体现在投资者个人身份的确认上,禁止某些主体进入证券市场。《证券法》规定:证券交易所、证券公司、证券登记结算机构从业人员、证券监督管理机构工作人员和法律、行政法规禁止参与股票交易的其他人员,在任期或者法定限制内,不得直接或者以化名、借他人名义持有、买卖股票,也不得收受他人赠送的股票;禁止法人以个人名义开立账户,买卖证券;国有企业和国有资产控股的企业,不得炒作上市交易的股票。

### 二、证券公司

个人不能直接进入市场,必须委托经纪公司代为买卖股票、参与竞价,这种经纪公司又称证券公司。证券公司是指依照《公司法》规定设立的并经国务院证券监督管理机构审查批准可以从事证券经营业务的有限责任公司或股份有限公司。证券公司不仅可以代理个人从事证券买卖,还可以以自己名义进行投资,更重要的是它还可以代理企业销售股票,所以证券公司的业务可以分为三类:自营、经纪和承销。

(1) 综合类证券公司:注册资本最低限额为5亿元;主要管理人员和业务人员必须具有证券从业资格;有固定的经营场所和合格的交易设施;有健全的管理制度和规范的自营业务与经纪业务分业管理的体系。

(2) 经纪类证券公司:注册资本最低限额为人民币5 000万元;主要管理人员和业务人员必须具有证券从业资格;有固定的经营场所和合格的交易设施;有健全的管理制度。

### 三、证券登记结算机构

证券登记结算机构是指经国务院证券监督管理机构批准设立的,为证券交易提供集中的登记、托管与结算服务的机构,是不以营利为目的的法人。证券登记结算机构应当履行的职能包括:证券账户、结算账户的设立;证券的托管和过户;证券持有人名册登记;证券交易所上市证券交易的清算和交收;受发行人的委托派发证券权益;办理与上述业务有关的查询;国务院证券监督管理机构批准的其他业务。

为保证业务的正常进行,证券登记结算机构应当具有必备的服务设备和完善的数据安全保护措施,建立健全业务、财务和安全防范等管理制度,建立完善的风险管理系统。为了防范可能发生的各种风险,保证证券市场的稳健运行,证券登记结算机构应当设立结算风险基金,并存入指定银行的专门账户。结算风险基金用于因技术故障、操作失误、不可抗力造成的证券登记结算机构的损失。

### 四、证券交易服务机构

证券交易的服务机构是指根据证券投资和证券交易业务的需要,依法设立的从事证券投资咨询、财务顾问、资信评估等证券交易服务业务的专业机构。专业的证券投资咨询机构、财务顾问机构和资信评估机构,应当按照国务院有关管理部门规定的标准或者收费办法收取服务费用。

根据《证券法》第 170、171 条规定,投资咨询机构、财务顾问机构、资信评级机构从事证券服务业务的人员,必须具备证券专业知识和从事证券业务或者证券服务业务两年以上经验。证券投资咨询机构的从业人员不得从事下列行为:代理委托人从事证券投资;与委托人约定分享证券投资收益或者分担证券投资损失;买卖本咨询机构提供服务的上市公司股票;利用传播媒介或者通过其他方式提供、传播虚假或者误导投资者的信息;法律、行政法规禁止的其他行为。

### 五、证券交易所

在证券交易过程中,公平高效的集中竞价交易至关重要,证券交易所就是从事这种活动的场所。在世界范围内,证券交易所有公司制交易所和会员制交易所之分。前者是以营利为目的的,而后者不以营利为目的。我国的证券交易所可以界定为会员制的交易所,《证券法》第 102 条规定,证券交易所是为证券集中交易提供场所和设施,组织和监督证券交易,实行自律管理的法人。

为了保障证券交易所的正常运行和维护交易所会员的正当权益,《证券法》第 105 条规定,证券交易所可以自行支配的各项费用收入,应当首先用于保证其证券交易场所和设施的正常运行并逐步改善。实行会员制的证券交易所的财产积累归会员所有,其权益由会员共同享有,在其存续期间,不得将其财产积累分配给会员。

证券交易所应当为组织公平的集中竞价交易提供保障,及时公布证券交易行情,并按交易日制作证券市场行情表,予以公布。证券交易所依照法律、行政法规的规定,办理股票、公司债券的暂停上市、恢复上市或者终止上市的事务。证券交易所对在交易所进行的证券交易实行实时监控,并按照国务院证券监督管理机构的要求,对异常的交易情况提出报告。证券交易所应当对上市公司披露信息进行监督,督促上市公司依法及时、准确地披露信息。因突发性事件而影响证券交易的正常进行时,证券交易所可以采取技术性停牌的措施;因不可抗力的突发性事件或者为维护证券交易的正常秩序,证券交易所可以决定临时停市。证券交易所采取技术性停牌或者决定临时停市,必须及时报告国务院证券监督管理机构。

## 第三节 证券发行

### 一、证券发行概述

通常认为,提高证券市场参与者的资金要求,从业资格要求和经营场地的要求,可以保证企业在证券市场融资过程中恪职尽守,不损害投资者利益,或者在损害投资者利益情况下,投资者也可以获得相当的赔偿。这种从业资格的要求根据强弱的不同,分为三类,分别是注册制、核准制和审批制。注册制条件最宽,股份制公司只需向政府管理部门登记即可发行股票;核准制要求稍严,除了必须注册外,还得符合一定的资金、场所、人员等实质性条件,才能申请注册;审批制最严,即使具备上述的条件,公司也不见得可以获得股票发行的条件,政府主管部门还得从中予以挑选,做出批准后方能获得发行资格。具体而言,我国 2000 年以前采取审批制,实行"额度控制",2000 年之后采行核准制,发行人在发行股票时,不需要各级政府批准,只要符合《证券法》和《公司法》的要求即可申请上市。注册制是我国证券管理体制改革的方向,它只需向证券主管机关准确、完全地申报各种资料并申请注册即可。根据我国目前采取的核准制,公司发行股票,无论是发起设立发行股票,还是募集设立发行股票都必须满足一定的条件。

### 二、股票的发行

(一)股票发行的概念

要想募集资金组建公司或者扩大生产,有多种方式,可以向银行贷款,可以向私人借贷,也可以发行股票、发行债券。股票的发行是指股份有限公司(包括经批准拟成立的股份有限公司)以募集资本为目的,分配或出售自己的股份,由投资人认购的行为。按股票发行时间的不同,股票发行可分为设立发行和新股发行。

(二)股票的发行条件

1. 设立发行

公司设立发行分为发起设立和募集设立,所以股票的设立发行就有了发起设立发行和募集设立发行两种。发起设立是由有限的、特定的股东认购全部股份,不涉及社会公众,只要符合《公司法》规定的股份有限公司的成立条件,由发起人认购公司发行的股票即可。在发起人认购的股份缴足前,不得向他人募集股份。

募集设立涉及社会不特定的公众,还要符合更严格的要求,根据《公司法》和

《证券法》的规定主要有：(1) 发起人认购的股份不得少于公司股份总数的35%；(2) 应当由依法设立的证券公司承销，签订承销协议；(3) 向社会公开发行的证券票面总值超过人民币5 000万元的，应当由承销团承销。承销团应当由主承销商和参与承销的证券公司组成。

证券公司承销证券，应当对公开发行募集文件的真实性、准确性、完整性进行核查；发现含有虚假记载、误导性陈述或者重大遗漏的，不得进行销售活动；已经销售的，必须立即停止销售活动，并采取纠正措施。证券公司在代销、包销期内，对所代销、包销的证券应当保证先行出售给认购人，证券公司不得为本公司事先预留所代销的证券和预先购入并留存所包销的证券。

2. 新股发行

上市公司发行新股，可以向社会公开募集，也可以向原股东配售。《证券法》第13条规定，公司公开发行新股，应当符合下列条件：(1) 具备健全且运行良好的组织机构；(2) 具有持续盈利能力，财务状况良好；(3) 最近三年财务会计文件无虚假记载，无其他重大违法行为；(4) 经国务院批准的国务院证券监督管理机构规定的其他条件。上市公司非公开发行新股，应当符合经国务院批准的国务院证券监督管理机构规定的条件，并报国务院证券监督管理机构核准。《证券法》第15条规定，公司对公开发行股票所募集资金，必须按照招股说明书所列资金用途使用。改变招股说明书所列资金用途，必须经股东大会作出决议。擅自改变用途而未作纠正的，或者未经股东大会认可的，不得公开发行新股。

【思考10-1】 某造纸厂是某公司下属最大的企业，占公司总资产30%。1997年6月，附近居民因污染问题向法院起诉，要求造纸厂迁出本地并赔偿相关损失。1997年10月，该公司向数家公司发出定向募集法人股通知书，并附招股说明书等公司文件，其中写明募集资金1亿元，主要用于扩大造纸厂的规模，但对所涉及诉讼事项并未提及。12月，公司募集法人股已达5 000万元，入股公司得知造纸厂诉讼事项，遂向法院起诉。请问法院应该如何处理？

### 三、债券的发行

发行债券也是企业募集资金的一种方式。与股票不同的是，债券需要按时还本付息的，不论企业经营状况如何，投资者都可以得到约定的收益。因此债券的风险明显小于股票，但是其收益也可能小于股票。企业发行债券又分为首次发行债券和再次发行债券。对于首次发行债券，《证券法》第16条规定公开发行公司债券，应当符合下列条件：(1) 股份有限公司的净资产不低于人民币3 000万元，有限责任公司的净资产不低于人民币6 000万元；(2) 累计债券余额不超过公司净资产的40%；(3) 最近三年平均可分配利润足以支付公司债券1年的利息；(4) 筹集的资金投向符合国家产业政策；(5) 债券的利率不超过国务院限定的利率水平；(6) 国务院规定的其他条件。公开发行公司债券筹集的资金，必须用于核准的用途,不得用于弥补亏损和非生产性支出。上市公司发行可转换为股票的公司债券,除应当符合第1款规定的条件外,还应当符合本法关于公开发行股票的条件,并报国务院证券监督管理机构核准。

再次发行债券,除了具备上述条件之外,还需要排除《证券法》第18条的情形:(1)前一次公开发行的公司债券尚未募足;(2)对已公开发行的公司债券或者其他债务有违约或者延迟支付本息的事实,仍处于继续状态;(3)违反本法规定,改变公开发行公司债券所募资金的用途。

## 第四节 证券上市

证券发行以后,一般来说就可以在投资者之间流通、交易,但还不一定能够在证券交易所挂牌销售,还不能上市交易。也就是说一个公司的股票要想上市交易,必须拥有更强的实力,满足更高的要求,因为一旦上市,融资的范围更大,影响的人群更广。

### 一、股票的上市

股票的上市,是指已经发行的股票按照法律规定的条件和程序,在依法设立的证券交易所挂牌供投资者公开进行买卖。

根据《证券法》第50条规定,股票上市的条件有:(1)股票经国务院证券监督管理机构核准已公开发行;(2)公司股本总额不少于人民币3 000万元;(3)公开发行的股份达到公司股份总数的25%以上,公司股本总额超过人民币4亿元的,公开发行股份的比例为70%以上;(4)公司最近三年无重大违法行为,财务会计报告无虚假记载。

如果上述条件发生变化,股票就需要暂停上市或终止上市。《证券法》第55条规定,上市公司有下列情形之一的,由证券交易所决定暂停其股票上市交易:(1)公司股本总额、股权分布等发生变化不再具备上市条件;(2)公司不按照规定公开其财务状况,或者对财务会计报告作虚假记载,可能误导投资者;(3)公司有重大违法行为;(4)公司最近三年连续亏损;(5)证券交易所上市规则规定的其他情形。

《证券法》第56条规定,上市公司有下列情形之一的,由证券交易所决定终止其股票上市交易:(1)公司股本总额、股权分布等发生变化不再具备上市条件,在证券交易所规定的期限内仍不能达到上市条件;(2)公司不按照规定公开其财务状况,或者对财务会计报告作虚假记载,且拒绝纠正;(3)公司最近三年连续亏损,在其后一个年度内未能恢复盈利;(4)公司解散或者被宣告破产;(5)证券交易所上市规则规定的其他情形。

## 二、债券的上市

债券的上市,是指已经发行的债券按照法律规定的条件和程序,在依法设立的证券交易所挂牌供投资者公开进行买卖。

《证券法》第 57 条规定,公司申请公司债券上市交易,应当符合下列条件:(1) 公司债券的期限为一年以上;(2) 公司债券实际发行额不少于人民币 5 000 万元;(3) 公司申请债券上市时仍符合法定的公司债券发行条件。

同样,债券在一定的条件下也需要暂停上市或终止上市。《证券法》第 60 条规定,公司债券上市交易后,公司有下列情形之一的,由证券交易所决定暂停其公司债券上市交易:(1) 公司有重大违法行为;(2) 公司情况发生重大变化不符合公司债券上市条件;(3) 发行公司债券所募集的资金不按照核准的用途使用;(4) 未按照公司债券募集办法履行义务;(5) 公司最近两年连续亏损。《证券法》第 61 条规定,公司有前条第(1)项、第(4)项所列情形之一经查实后果严重的,或者有前条第(2)项、第(3)项、第(5)项所列情形之一,在限期内未能消除的,由证券交易所决定终止其公司债券上市交易。公司解散或者被宣告破产的,由证券交易所终止其公司债券上市交易。

## 第五节 证券交易

### 一、证券交易及交易场所

证券上市以后,投资者不仅可以从证券交易所买到该种证券,更重要的是,投资者还可以通过电子交易系统相互交易,这就是证券交易。证券交易又称证券买卖,是指已经发行的证券在不同的证券投资者之间进行的有偿转让的行为。经依法核准的上市交易的股票、公司债券及其他证券,应当在证券交易场所挂牌交易。进行证券交易而形成的市场是证券交易市场,又称二级市场。依据证券交易场所的不同,证券交易可分为证券交易所交易和非集中竞价交易。前者又称场内交易,后者又称场外交易。

场内交易,是指在证券交易所进行的证券交易。场内交易具有以下特征:一是场内交易是集中的、有形的市场,其交易都要集中于证券交易所营业厅进行;二是只有经过批准依法取得证券交易所会员资格的证券经营机构才能直接参与场内交易,没有取得会员资格的投资者需要委托会员来买卖证券;三是交易的证券是经过法定程序的严格核准允许上市的证券;四是采取集中竞价的交易方式,成交顺序坚持价格优先、时间优先。通常说的证券上市交易就是场内交易。

场外交易,是指在非集中竞价的证券交易场所进行的证券交易。场外交易具

## 第十章 证券法

有以下特征：一是场外交易是分散的、无形的市场；二是场外交易的参加者资格无特殊限制；三是交易证券的种类复杂；四是交易方式灵活,由交易当事人协议确定或者按照国务院证券管理部门规定的其他方式确定证券交易价格。

### 二、禁止的证券交易行为及其法律责任

由于证券交易以中小投资者为主,中小投资者资金薄弱,信息不足,缺乏专业知识,其利益极易受到损害。另外,证券交易参与人数众多,投入资金巨大,对国家经济健康发展影响深远,股市常被称为一国"经济的晴雨表"。所以为了保护投资者的利益,维护金融业的稳定和经济的健康发展,《证券法》对证券交易活动进行了严格的规制。沃伦·巴菲特曾说过一句名言："要在别人贪婪的时候恐惧,而在别人恐惧的时候贪婪。"这是讲投资者特立独行、逆潮流而行的经营策略,但不管哪种策略,都必须在法律的框架内行事。以下几种证券违规操作,表面上是投资的运作,深层次却是以权谋私、假公济私的行为。为保护证券交易各方的平等,《证券法》严厉打击此类行为。

（一）内幕交易

内幕交易,是指内幕人员和以不正当手段获取内幕信息的其他人员违反法律规定,泄露内幕信息、根据内幕信息买卖证券或者建议他人买卖证券的行为。证券市场非常敏感,常会受到各种事件的影响,如果某个重要事件公开之前,某些提前获悉该信息的人进行股票交易,便会很容易赚取高额利润。所以我国《证券法》明确规定,禁止证券交易内幕信息的知情人员利用内幕信息进行证券交易活动。

证券交易活动中,涉及公司的经营、财务或者对该公司证券的市场价格有重大影响且尚未公开的信息称为内幕信息。《证券法》第75条规定下列信息皆属内幕信息：公司的经营方针和经营范围的重大变化；公司的重大投资行为和重大的购置财产的决定；公司订立重要合同,可能对公司的资产、负债、权益和经营成果产生重要影响；公司发生重大债务和未能清偿到期重大债务的违约情况；公司发生重大亏损或者重大损失；公司生产经营的外部条件发生的重大变化；公司的董事、三分之一以上监事或者经理发生变动；持有公司百分之五以上股份的股东或者实际控制人,其持有股份或者控制公司的情况发生较大变化；公司减资、合并、分立、解散及申请破产的决定；涉及公司的重大诉讼,股东大会、董事会决议被依法撤销或者宣告无效；公司涉嫌犯罪被司法机关立案调查,公司董事、监事、高级管理人员涉嫌犯罪被司法机关采取强制措施；国务院证券监督管理机构规定的其他事项；公司分配股利或者增资的计划；公司股权结构的重大变化；公司债务担保的重大变更；公司营业用主要资产的抵押、出售或者报废一次超过该资产的百分之三十；公司的董事、监事、高级管理人员的行为可能依法承担重大损害赔偿责任；上市公司收购的有关方案；国务院证券监督管理机构认定的对证券交易价格有显著影响的其他重

要信息。

证券交易内幕信息的知情人,根据法律规定主要有:(1)发行人的董事、监事、高级管理人员;(2)持有公司百分之五以上股份的股东及其董事、监事、高级管理人员,公司的实际控制人及其董事、监事、高级管理人员;(3)发行人控股的公司及其董事、监事、高级管理人员;(4)由于所任公司职务可以获取公司有关内幕信息的人员;(5)证券监督管理机构工作人员以及由于法定职责对证券的发行、交易进行管理的其他人员;(6)保荐人、承销的证券公司、证券交易所、证券登记结算机构、证券服务机构的有关人员;(7)国务院证券监督管理机构规定的其他人。

《证券法》第76条规定禁止的内幕交易,是指证券交易内幕信息的知情人和非法获取内幕信息的人,在内幕信息公开前,买卖该公司的证券,或者泄露该信息,或者建议他人买卖该证券。持有或者通过协议、其他安排与他人共同持有公司百分之五以上股份的自然人、法人、其他组织收购上市公司的股份,证券法另有规定的,适用其规定。内幕交易行为给投资者造成损失的,行为人应当依法承担赔偿责任。

【思考10-2】 2006年3月,唐建利用担任上投摩根研究员兼阿尔法基金经理助理之便,在建议基金买入新疆众和股票时,使用自己控制的"唐金龙"证券账户先于基金买入,后又借基金连续买入新疆众和,在该股股价不断上升之机卖出,非法获利约153万元。而王黎敏在2006年8月至2007年3月任南方基金旗下基金金元、基金宝元基金经理期间,使用自己控制的"王法林"证券账户,买卖自己所管理基金重仓持有的太钢不锈、柳钢股份股票,非法获利约150万元。2008年4月21日,证监会公布对基金管理公司从业人员唐建、王黎敏"老鼠仓"案进行了调查。请问该案应该如何处理?

## (二) 操纵市场

另一种证券交易违法行为是操纵市场。操纵市场是指单位或个人以获取利益或者减少损失为目的,利用手中掌握的资金、信息等优势或者滥用职权影响证券市场价格,制造证券市场假象,诱导或者致使投资者在不了解事实真相的情况下作出证券投资决定,扰乱证券市场秩序的行为。

《证券法》第77条规定,禁止任何人以下列手段操纵证券市场:(1)单独或者通过合谋,集中资金优势、持股优势或者利用信息优势联合或者连续买卖,操纵证券交易价格或者证券交易量;(2)与他人串通,以事先约定的时间、价格和方式相互进行证券交易,影响证券交易价格或者证券交易量;(3)在自己实际控制的账户之间进行证券交易,影响证券交易价格或者证券交易量;(4)以其他手段操纵证券市场。操纵证券市场行为给投资者造成损失的,行为人应当依法承担赔偿责任。

【思考10-3】 申银万国公司于1996年9月至10月,集中巨额资金以3个股票账户连续大量买卖陆家嘴股票。9月8日至14日4个交易日买入陆家嘴股票超过300万股,买入的日成交量超过该股票市场成交量的80%,买入价由9月7日的

## 第十章 证券法

42.18元提高到16日的45.33元。此后,该公司从10月17日至23日7个交易日中,连续抛出陆家嘴股票,其中17、21、22日的卖出量超过该种股票市场日成交量的50%,17日达60%;24、25日连续以平均47.04元至47.72元的价格,分别买进292.9万股、258.2万股,分别占当日市场成交量的77%、87%;28日至31日又连续抛出。在这一阶段内,该公司累计买进陆家嘴股票2 684.5万股,卖出1 387.7万股。从10月3日起,该公司不但持有量一直高于市场成交量,而且仍在持续大量买入。期间该公司曾连续数日以自己不同的账户对陆家嘴股票作价格与数量相近,方向相反的交易,通过集中巨额资金大量买卖陆家嘴股票非法获利达2 343.8万元。请问证监会对该案应该如何处理?

### (三)虚假陈述

第三种证券交易违法行为是虚假陈述。虚假陈述是指任何单位或者个人对证券发行、交易及其相关活动的事实、性质、前景、法律等事项作出不实、严重误导或者含有重大遗漏的和其他任何形式的虚假陈述或者诱导,致使投资者在不了解事实真相的情况下作出证券投资决定的行为。

《证券法》第78条规定,禁止国家工作人员、传播媒介从业人员和有关人员编造、传播虚假信息,扰乱证券市场;禁止证券交易所、证券公司、证券登记结算机构、证券服务机构及其从业人员,证券业协会、证券监督管理机构及其工作人员,在证券交易活动中作出虚假陈述或者信息误导;各种传播媒介传播证券市场信息必须真实、客观,禁止误导。

【思考10-4】 2009年9月23日,中国证监会公布了对五粮液进行调查发现的三项违规行为:其一,未按照规定披露重大证券投资行为;其二,未如实披露重大证券投资损失,五粮液曾经以1.3亿元投资证券,后来证券公司破产,仅获得破产清算后的资金458万元;其三,披露的主营业务收入数据存在差错,2007年,五粮液子公司五粮液供销有限公司销售收入72.5亿元,但五粮液2007年年报披露的主营业务收入却为82.5亿元,二者相差了10个亿。消息公布后数日内,五粮液股价依然呈现跌势,抛盘明显,9月9日的开盘价为24.10元,至9月30日的收盘价则为20.91元。请问这些行为分别属于什么性质?

### (四)欺诈客户

欺诈客户也是证券法禁止的证券交易违法行为。《证券法》第79条规定,禁止证券公司及其从业人员从事下列损害客户利益的欺诈行为:(1)违背客户的委托为其买卖证券;(2)不在规定时间内向客户提供交易的书面确认文件;(3)挪用客户所委托买卖的证券或者客户账户上的资金;(4)未经客户的委托,擅自为客户买卖证券,或者假借客户的名义买卖证券;(5)为牟取佣金收入,诱使客户进行不必要的证券买卖;(6)利用传播媒介或者通过其他方式提供、传播虚假或者误导投资者的信息;(7)其他违背客户真实意思表示,损害客户利益的行为。欺诈客户行为给客户造成损失的,行为人应当依法承担赔偿责任。

## 第六节　上市公司收购

### 一、上市公司收购的概念及意义

证券交易,如果涉及某种股票数量不多、数额不大,只是一般的投资或炒作行为。如果一个股东购买了同种股票达到一定的比例,如百分之三十、百分之四十或更多,就可能形成对某公司的收购了。因为拥有股票达到一定数额,就拥有了对该公司的控制权,成为控股股东,相当于接管整个公司。为了规范上市公司的收购及相关股份权益变动活动,保护上市公司和投资者的合法权益,维护证券市场秩序和社会公共利益,促进证券市场资源的优化配置,《证券法》、《上市公司收购管理办法》等相关法律对上市公司收购活动进行规制。

上市公司收购,是指投资者为达到对股份有限公司控股或者兼并的目的,而依法购买其已发行上市股份的行为。根据我国《证券法》的规定,上市公司收购可以采取要约收购或者协议收购两种方式。要约收购,是指收购方通过向被收购方的股东发出收购请求的方式进行的收购;协议收购,是指收购方依照法律、行政法规的规定同被收购公司的特定股东以协议方式进行的收购。

由于上市公司收购是公司购并的一种重要形式,因此法律对上市公司收购进行规范具有重大意义:一方面有利于优化资源配置,加速资本聚集,促进规模经济的形成;另一方面有利于证券市场的稳定和有序运作,维护投资公众特别是被收购公司小股东的合法权益。

### 二、我国上市公司收购的条件和程序

(一)要约收购的程序

要约收购一个公司的股份,有以下几个步骤:

(1) 报送收购报告书。准备收购前,需向国务院证券监督管理机构和证券交易所报送收购报告,公开进行收购。

(2) 公告收购要约。开始收购之时,需向所有上市公司的股东公布收购要约,希望该公司的股东出售其持有的股票。收购要约要确定一个收购期限,不少于 30 日,并不得超过 60 日,在此期间,收购人不得撤销收购要约。

(3) 按要求收购股份。在收购要约约定的期间内,被收购公司的所有股东都可以按照收购方提出的条件出售所持股份。被收购公司股东享有社会公平待遇,收购要约中提出的各项收购条件,适用于被收购公司所有的股东。

(4) 持股披露。投资者持有一个上市公司已发行的股份的 5% 时,应当在该事实发生之日起 3 日内,向国务院证券监督管理机构、证券交易所作出书面报告,通知该上市公司,并予以公告,在上述规定的期限内,不得再行买卖该上市公司的股票。其后,投资者所持该上市公司已发行的股份比例每增加或者减少 5%,应当依照上述规定进行报告和公告。在报告期限内和作出报告、公告后 2 日内,不得再行买卖该上市公司的股票。

【思考 10-5】 1993 年 9 月 13 日,深圳宝安集团旗下宝安上海、宝安华东保健品公司和深圳龙岗宝灵电子灯饰公司在二级市场上悄悄收购延中实业的股票。9 月 29 日,上述 3 家公司已经分别持有延中实业 4.56%、4.52% 和 1.657% 的股份,合计持有 10.6%。由此,延中实业的股票价格从 9 月 13 日的 8.83 元涨至 12.05 元。9 月 30 日,宝安继续增持延中实业的股票,持股比例达到 15.98%。至此宝安才发布举牌公告宣称持有延中 5% 以上的股票,深圳宝安集团通过二级市场购买延中股票达 19.8%,而成为公司第一大股东。请问:按照现行《证券法》,宝安收购延中的程序有无违法?

### (二) 协议收购的程序

采取协议收购方式的,收购人可以依照法律、行政法规的规定同被收购公司的股东以协议方式进行股权转让。具体程序包括:

(1) 收购人与被收购公司的股东达成股票转让协议。
(2) 向国务院证券监督管理机构及证券交易所做书面报告,并予以公告。
(3) 履行收购协议。
(4) 强制要约收购。

《证券法》第 96 条规定,采取协议收购方式的,收购人收购或者通过协议、其他安排与他人共同收购一个上市公司已发行的股份达到百分之三十时,继续进行收购的,收购人必须事先向国务院证券监督管理机构报送上市公司收购报告书,并在报送上市公司收购报告书之日起 15 日后,公告其收购要约。收购要约的期限不得少于 30 日,并不得超过 60 日。

### (三) 上市公司收购的法律后果

《证券法》第 97 条规定,收购期限届满,被收购公司股权分布不符合上市条件的,该上市公司的股票应当由证券交易所依法终止上市交易;其余仍持有被收购公司股票的股东,有权向收购人以收购要约的同等条件出售其股票,收购人应当收购。本条规定的不符合上市条件,是指根据《证券法》第 50 条规定,如果公开发行的股份未达到公司股份总数的 25% 以上,或者公司股本总额超过人民币四亿元的,公开发行股份的比例未达到 10% 以上的,公司股票便不能上市。另外,《证券法》第 98 条规定,在上市公司收购中,收购人持有的被收购的上市公司的股票,在收购行为完成后的 12 个月内不得转让。收购行为完成后,收购人与被收购公司合并,并将该公司解散的,被解散公司的原有股票由收购人依法更换。

## 引例点评

1. 本案例中的艾先生和迟先生、施先生三人的行为构成内幕交易。内幕交易又叫知情者交易,是指内幕信息的知情人员利用尚未公开的信息,以获利或者减少损失为目的,自己或者建议他人买卖证券的行为。根据上述法律规定,内幕交易可分为三种情况:其一,内幕信息的知情人员利用内幕信息自己买卖证券;其二,内幕信息的知情人员泄露内幕信息或者建议他人买卖证券;其三,非法获取内幕信息的人员利用内幕信息买卖证券。这里,内幕信息的知情人员包括实际知晓内幕信息的人员和《证券法》规定的虽不一定实际知晓但以身份被"视为"内幕信息知情人员的人。内幕信息的知情人员不一定自己买卖证券,泄露内幕信息致使他人据此买卖证券也一样构成内幕交易。非法获取内幕信息并据此买卖证券也属内幕交易。所谓非法获取信息,是指信息的获悉并非通过合法信息披露的渠道。见《证券法》第75条、第76条。

2. 《中华人民共和国证券法》是1999年7月1日施行,于2004年、2005年做了两次修订。制定《证券法》的目的有以下几项:(1)维护投资者的利益,保证金融业稳定发展,防止经济动荡;(2)保障证券的相关重要信息的公开;(3)禁止证券发行和交易中的欺诈行为。

## 能力训练题

### 一、选择题

1. 在我国,证券交易所的设立是由(　　)决定的。
   A. 国务院　　　　　　　　　　B. 中国人民银行
   C. 国务院证券监督管理机构　　D. 财政部

2. 设立经纪类证券公司,其注册资本的最低限额是(　　)。
   A. 人民币5 000万元　　　　　B. 人民币1亿元
   C. 人民币5亿元　　　　　　　D. 人民币10亿元

3. 甲证券公司为谋取利益,使用自有资金以客户张某的名义买入某公司股票2 000股,该行为是(　　)。
   A. 操纵市场　　B. 内幕交易　　C. 欺诈客户　　D. 误导行为

4. 股票不得采用哪种形式发行?(　　)
   A. 溢价发行　　B. 折价发行　　C. 平价发行　　D. 中间价发行

5. 下面各项中不属于内幕信息的是(　　)。
   A. 证券发行人与他人订立重要合同
   B. 股票的二次发行

## 第十章 证券法

C. 发行人发生重大债务

D. 发行人营业用主要资产的抵押、出售或报废一次超过该公司资产的20%

6. 综合类证券公司可以进行（　　）等业务。

A. 为发行人代销证券

B. 为自身的利益到证券交易所买卖股票

C. 向其客户办理以证券做抵押的贷款

D. 受客户的委托到证券交易所买卖证券

7. 以下情况中，（　　）违反我国的《证券法》。

A. 证券公司未完全执行投资者的委托而以更为有利的价格为投资者成交

B. 证券公司与客户刘某关系极为密切，刘某最近公务繁忙，证券公司接受了刘某的全权委托，结果给刘某带来了客观的收益

C. 证券公司接受客户王某的市价委托后，与自身进行交易

D. 公司使用银行贷款入市交易

8. （　　）等属于损害客户利益的欺诈交易行为。

A. 证券公司没有在规定的时间内向客户冯某提供交易的书面确认文件，冯某也没有索要

B. 证券公司因操作失误将郑某的买入指令输入成了卖出指令

C. 证券公司为隐蔽其行为，利用客户王某的名义卖出证券

D. 证券公司从业人员劝说客户进行证券买卖

二、问答题

1. 股票上市的条件有哪些？
2. 我国《证券法》禁止的交易行为有哪些？
3. 证券交易所的法律特征是什么？
4. 股票交易的程序有哪些？

三、案例分析题

1. 案情：某证券公司是依法设立的专业证券公司、具有从事证券业务的资格。2000年10月，该证券公司开始利用自营账户对在深圳证券交易所挂牌交易的"天海物业"股票进行买卖。从2000年10月11日至11月29日，该证券公司对"天海物业"股票作价格相同、数量相近、方向相反的交易，拉高该股票股价，使其价格由每股8.55元上升至每股20.49元。此行为引起了市场监督管理部门的注意，经过大量调查以后，证监会确认该证券公司的行为系操纵证券市场价格的行为，并于2001年6月，对该证券公司上述行为作出处罚。

请回答：该证券公司违反哪项法律规定？

2. 案情：被告人赵某曾受过电子专业的高等教育，且具有多年从事证券交易的经历，谙熟证券交易的电脑操作程序。2001年4月16日中午股市休市时，赵某在三亚营业部的营业厅里通过操作电脑终端，对三亚营业部准备向证券交易所发

送的委托报盘数据内容进行了修改,将周某等 5 位股民买卖其他股票的数据均修改成以当日涨停价委托买入"兴业房产"198.95 万股。当日下午股市复盘时,上述修改过的数据被三亚营业部发送到证券交易所后,立即引起"兴业房产"股票的价格大幅度上扬。赵某乘机以涨停价格抛售了其在天津市国际投资公司上海证券业务部账户上的 7 800 股"兴业房产"股票,获利约 8.4 万元。由于拥有这种股票的股民都乘机抛售,使发出买入信息的三亚营业部不得不以涨停或接近涨停价的价格买入,为此需支付超过 6 000 万元的资金。三亚营业部一时无法支付此巨额资金,最后被迫平仓,遭受经济损失达 295 万元。案发后,公安机关为三亚营业部追回经济损失 40 余万元。

请回答:赵某的行为违反了哪项法律规定?

3. 案情:1993 年 9 月,李某利用本单位的承包经营款共计近 200 万元从事炒股,分别于 9 月 7 日和 8 日以 9.85 元的价格买入 15 万股"苏三山"股票。不久,该股票价格连续下跌。为挽回损失,李某即起欺诈之心。

10 月 18 日,李某以虚构的"北海正大置业有限公司"的名义多次向《深圳特区报》、《特区证券报》通报所谓收购"苏三山"的虚假信息。11 月 6 日,《特区证券报》原文刊登了李某制造的谎言。11 月 8 日"苏三山"股价迅速上涨,李某随即在当日以 11.4 元的价格抛出 9 500 股。8 日下午,深圳证券交易所召开新闻发布会,向社会解释没有所谓"北海正大置业有限公司"的交易登记,不排除有欺诈行为。次日,股价下跌,李某仍以 9.45 元的价格抛出剩余股票。

由于李某的欺诈行为及《特区证券报》的刊登行为,造成"苏三山"股价出现异常波动,8 日个股成交额达 22 亿元,创深圳股市个股交易额最高纪录。许多投资者盲目跟进,结果损失惨重。事件发生后,公安机关于 11 月 24 日对李某依法采取了强制措施。

请回答:李某行为性质如何认定?李某和《特区证券报》如何对各自的行为承担责任?

## 实 训

【目标】

结合所学,使学生明确证券管理原则和上市公司信息披露制度的目的和意义。

【项目】

以班级为单位,分成若干小组,每一小组选择一家上市公司,利用互联网等手段,调查、了解该上市公司近 3 年来的信息披露情况,并进行法律分析,写出分析报告。

# 第十一章 会计法

## 学习目标

**知识：**
1. 掌握会计核算、会计监督的内容；
2. 明确会计机构和会计人员应承担的职责；
3. 理解会计人员违反会计法的法律责任。

**技能：**
1. 能够运用会计法律知识分析简单的案例；
2. 为会计从业作法律上的准备。

**素养：**
1. 学法守法与用法并重；
2. 增强依法记账的意识。

## 案例导入

在 2010 年度的财务工作大检查中，某市财政局发现某单位财务工作混乱，会计人员更换频繁。经进一步检查证实该单位的会计主管是一名 2010 年刚毕业的取得会计从业资格证书的大学生，其下面的工作人员均未取得会计从业资格证书。由于没有工作经验，因此导致了财务工作混乱的局面，多次出现错报、漏报、漏记等严重错误。

## 问题引入

根据《会计法》的规定，该市财政局实对该单位进行财务工作检查，是在行使什么职权？该单位在财务工作中有哪些违法之处？应如何处理？

# 第一节 认识会计及会计法

## 一、会计的概念、种类和职能

### (一) 会计的概念

会计是以货币为主要计量单位,采用一系列专门的方法和程序,对经济交易或事项进行连续、系统、综合地核算和监督,提供经济信息,参与预测决策的一种管理活动。

### (二) 会计的分类

(1) 会计按其报告的对象不同可分为财务会计和管理会计。

财务会计是指通过对企业已经完成的资金运动全面系统地核算与监督,以为外部与企业有经济利害关系的投资人、债权人和政府有关部门提供企业的财务状况与盈利能力等经济信息为主要目标而进行的经济管理活动。财务会计是现代企业的一项重要的基础性工作,通过一系列会计程序,提供决策有用的信息,并积极参与经营管理决策,提高企业经济效益。

管理会计是指以企业现在和未来的资金运动为对象,以提高经济效益为目的,为企业内部管理者提供经营管理决策的科学依据为目标而进行的经济管理活动。管理会计能为企业的管理层提供信息,作为企业内部各部门进行决策的依据。没有标准的模式、不受会计准则的控制。

(2) 按工作内容分为:总账会计、往来会计、成本会计、材料会计等。

### (三) 会计的职能

会计的职能主要是反映和控制经济活动过程,保证会计信息的合法、真实、准确和完整,为管理经济提供必要的财务资料,并参与决策,谋求最佳的经济效益。会计的基本职能包括进行会计核算和实施会计监督两个方面。

(1) 会计核算职能,是指主要运用货币计量形式,通过确认、计量、记录和报告,从数量上连续、系统和完整地反映各个单位的经济活动情况,为加强经济管理和提高经济效益提供会计信息。

(2) 会计监督职能,是指对特定主体经济活动和相关会计核算的合法性、合理性进行审查。

## 二、会计法概述

会计法是以处理会计事务的各种经济关系为调整对象的法律规范的总称。会计事务是国家对各种社会组织的经济活动和财务收支进行分析、检查的经济管理活动。会计法有广义和狭义之分。狭义的会计法即《中华人民共和国会计法》(以下简称《会计法》)。广义的会计法是指国家权力机关和行政机关制定的各种会计法规性文件的总称,包括会计法律、会计行政法规、国家统一的会计制度等,其基本构成如下:

(1)《会计法》。《会计法》是会计法律制度中层次最高的法律规范,是制定其他会计法规的依据,也是指导会计工作的最高准则。我国现行的《会计法》于1999年10月31日第九届全国人大常委会第十二次会议修订,自2000年7月1起施行。

(2)会计行政法规。会计行政法规是由国务院制定或经国务院批准发布的规范性文件。如1990年12月31日国务院发布的《总会计师条例》,2000年6月21日国务院发布的《企业财务会计报告条例》等。

(3)会计规章。会计规章是根据法定的程序,由财政部制定,并由部门首长签署命令予以公布的制度办法。如2001年2月20日以财政部第10号令形式发布的《财政部门实施会计监督办法》,就属于会计规章。

## 第二节 会计核算与会计监督

### 一、会计核算的法律规定

(一)会计核算概念

会计核算,是指以货币为主要计量单位,通过专门的程序和方法,对单位的经济活动进行连续、系统、全面、综合地记录和计算,以反映单位的资金运动及其结果,为经济管理活动提供数据资料的工作。

会计核算是会计工作的基础,是《会计法》的核心。在我国,会计核算必须遵守《会计法》和有关财务制度的规定,符合有关会计准则和会计制度的要求,力求会计资料真实、正确、完整,保证会计信息的质量。

(二)会计核算特点

由于会计核算是会计的基本环节,会计的特点主要体现在会计核算方面,具有三个基本特点。

1. 以货币为主要计量尺度,具有综合性

会计核算要反映和监督会计内容,需要运用多种计量尺度,包括实物尺度(如千克、吨、件等)、劳动尺度(如工时、工日等)和货币尺度,且以货币尺度为主。实物尺度和劳动尺度能够具体反映各项财产、物资的增减变动和生产过程中的劳动消耗,对核算和经济管理都是必要的,但这两种尺度都不能综合反映会计的内容,而综合是会计的一个主要特点。会计以货币作为综合计量尺度,通过会计的记录就可以全面地、系统地反映和监督企业、行政单位和事业单位的财产物资财务收支、生产过程中的劳动消耗和成果,并计算出最终财务成果。所以,在会计核算过程中不仅要运用实物尺度和劳动尺度进行记录,还必须以货币尺度综合地加以反映。

2. 会计核算具有完整性、连续性和系统性

会计对经济业务的核算必须是完整、连续和系统的。所谓完整是指会计核算对属于会计内容的全部经济业务都必须加以记录,不允许遗漏其中的任何一项。所谓连续是指对各种经济业务应按其发生的时间,顺序地、不间断地进行记录和核算。所谓系统是指对各种经济业务要进行分类核算和综合核算,并对会计资料进行加工整理,以取得系统的会计信息。

3. 会计核算要以凭证为依据,并严格遵循会计规范

会计记录和会计信息讲求真实性和可靠性,这就要求企业、行政单位和事业单位发生的一切经济业务,都必须取得或填制合法的凭证,以凭证为依据进行核算。在会计核算的各个阶段都必须严格遵循会计规范,包括会计准则和会计制度,以保证会计记录和会计信息的真实性、可靠性和一致性。

(三) 会计核算的内容

会计核算的内容是指应当及时办理会计手续、进行会计核算的会计事项。《会计法》对会计核算的基本内容规定,要求对下列会计事项,必须及时办理会计手续、进行会计核算。

1. 款项和有价证券的收付

款项是作为支付手段的货币资金。可以作为款项收付的货币资金,包括现金、银行存款和其他货币资金,如外埠存款、银行汇票存款、银行本票存款、在途货币资金、信用证存款、保函押金和各种备用金等。有价证券是具有一定财产权利或者支配权利的票证,如股票、国库券、其他企业债券等。

2. 财物的收发、增减和使用

财物是一个单位用来进行或维持经营管理活动的具有实物形态的经济资源,包括原材料、燃料、包装物、低值易耗品、在产品、自制半成品、产成品、商品等流动资产和机器、机械、设备、设施、运输工具、家具等固定资产。

3. 债权债务的发生和结算

债权是一个单位收取款项的权利,包括各种应收和预付的款项。债务则是一个单位需要以其货币资金等资产或者劳务清偿的义务,包括各项借款、应付和预收款项以及应交款项等。

4. 资本、基金的增减

资本一般是企业单位的所有者对企业的净资产的所有权,因此亦称所有者权益,具体包括实收资本、资本公积、盈余公积和未分配利润。基金主要是指机关、事业单位某些特定用途的资金,如事业发展基金、集体福利基金、后备基金等。

## 第十一章 会 计 法

5. 收入、支出、费用、成本的计算

收入是一个单位在经营活动中由于销售产品、商品,提供劳务、服务或提供资产的使用权等取得的款项或收取款项的权利。支出从狭义上理解,仅指行政事业单位和社会团体在履行法定职能或发挥特定的功能时所发生的各项开支,以及企业和企业化的事业单位在正常经营活动以外的支出或损失。从广义上理解,支出是一个单位实际发生的各项开支或损失。费用的含义比支出窄,通常使用范围也小一些,仅指企业和企业化的事业单位因生产、经营和管理活动而发生的各项耗费和支出。成本一般仅限于企业和企业化的事业单位在生产产品、购置商品和提供劳务或服务中所发生的各项直接耗费,如直接材料、直接工资、直接费用、商品进价以及燃料、动力等其他直接费用。

6. 财务成果的计算和处理

财务成果主要是企业和企业化的事业单位在一定的时期内通过从事经营活动而在财务上所取得的结果,具体表现为盈利或是亏损。

7. 其他会计事项

其他会计事项是指在上述六项会计核算内容中未能包括的、按有关法律法规或会计制度的规定或根据单位的具体情况需要办理会计手续和进行会计核算的事项。单位在有这类事项时,应当按照法律、法规或者会计制度的规定,认真、严格办理有关会计手续,进行会计核算。

(四)会计核算期间与记账本位币

会计核算应当划分会计期间,分期结算账目和编制会计报表。会计期间分为年度、季度和月份。年度、季度和月份的起讫日期采用公历。例如,会计年度自公历1月1日起至12月31日止。

会计核算以人民币为记账本位币。业务收支以外国货币为主的单位,也可以选定某种外国货币作为记账本位币,但是财务会计报告应当折算为人民币反映。

## 二、会计监督的法律规定

(一)会计监督的概念和作用

会计监督,是指单位内部的会计机构和会计人员,依法享有经济监督检查职权的政府有关部门,依法批准成立的社会审计中介组织,对国家机关、社会团体、企业事业单位经济活动的合法性、合理性和会计资料的真实性、完善性以及本单位内部预算执行情况所进行的监督。

实行会计监督的主要作用有:

(1)有利于维护国家财经法规。财经法规是一切经济单位从事经济活动必须遵循的基本准绳和依据。会计监督正是依据国家财经法规,对各单位经济活动的真实性、合法性、可行性等进行检查,从而促使各单位严格遵守国家财经法规。会计工作是财政经济工作的基础,一切财务收支都要通过会计这个关口。因此,有效地发挥会计监督职能,对于防范和制止违反财经法规的行为,保护国家和集体财产的安全完整具有非常重要的意义。

(2) 有利于强化单位内部的经营管理。会计监督是经济管理的一种手段,其最终目的是促进各单位改善经营管理,提高经济效益。通过对单位经济活动的真实性、合法性、合理性等方面的监督,保证各单位的经济活动在遵守国家财经法规的同时,符合本单位的计划、预算和经营管理要求,以便提高经济效益,或避免不必要的经济损失。

(二) 会计监督的内容

会计监督是会计基本职能之一,是我国经济监督体系的重要组成部分。会计监督可分为单位内部监督、政府监督和社会监督。《会计法》、《财政部门实施会计监督办法》、《会计工作规范》和财政部于2001年6月22日印发的《内部会计控制规范(试行)》等法律、行政法规、规章对单位内部会计监督以及会计工作国家监督和社会监督都作出了相应的规定。

1. 单位内部会计监督

单位内部会计监督制度,是指为了保护其资产的安全完整,保证其经营活动符合国家法律、法规和内部有关管理制度,提高经营管理水平和效率,而在单位内部采取的一系列相互制约、相互监督的制度与方法。单位内部会计监督是贯彻执行会计法律、法规,保证会计核算真实有序进行的首要措施。

内部会计监督的主体是各单位的会计机构、会计人员;内部会计监督的对象是单位的经济活动。内部会计监督制度应当符合以下要求:(1)记账人员与经济业务事项或会计事项的审批人员、经办人员、财物保管人员的职责权限应当明确,并相互分离、相互制约;(2)重大对外投资、资产处置、资金调度和其他重要经济业务事项的决策和执行的相互监督、相互制约的程序应当明确;(3)财产清查的范围、期限和组织程序应当明确;(4)对会计资料定期进行内部审计的办法和程序应当明确。

单位内部会计监督的方法主要有:(1)不相容职务相互分离控制;(2)授权批准控制;(3)会计系统控制;(4)预算控制;(5)财产保全控制;(6)风险控制;(7)内部报告控制;(8)电子信息技术控制。

会计机构和会计人员在单位内部会计监督中具有以下职权:(1)会计机构、会计人员对违反《会计法》和国家统一的会计制度规定的会计事项,有权拒绝办理或者按照职权予以纠正。(2)会计机构、会计人员发现会计账簿记录与实物、款项及有关资料不相符的,按照国家统一的会计制度规定,有权自行处理的,应当及时处理;无权处理的,应当立即向单位负责人报告,请求查明原因,作出处理。

【思考11-1】 2004年5月8日,宏达公司召开董事会,形成如下决议:(1) 加

## 第十一章 会计法

快货款回收,允许公司销售部门、销售人员直接收取货款;(2)加大货款回收的力度,充实货款回收工作的人员,抽调有经验的出纳小汪负责货款回收的督促工作,小汪的工作暂时交会计小柳代理。

请思考:宏达公司的董事会决议的内容是否符合法律规定?说明理由。

2. 会计工作的政府监督

会计工作的政府监督,是一种外部监督,是指政府有关部门依据法律、行政法规的规定和部门的职责权限,对有关单位的会计行为、会计资料所进行的监督检查。这是我国经济监督体系的一个重要方面,它与单位内部会计机构、会计人员实行的会计监督是相辅相成的。

(1)监督的权力主体。根据《会计法》的规定,县级以上人民政府财政部门是本地方会计工作的监督主体,对各单位会计工作行使监督权,对违法会计行为实施行政处罚。此外,《会计法》规定,除财政部门外,审计、税务、人民银行、证券监管、保险监管等部门依照有关法律、行政法规规定的职责和权限,可以对有关单位的会计资料实施监督检查。

(2)监督对象。根据《财政部门实施会计监督办法》的规定,财政部门实施会计监督检查的对象是会计行为,有权对发现的有违法会计行为的单位和个人实施行政处罚。违法会计行为是指公民、法人和其他组织违反《会计法》和其他有关法律、行政法规、国家统一的会计制度的行为。

根据《会计法》的规定,各单位必须按照有关法律、行政法规的规定,接受有关监督检查部门依法实施的监督检查,如实提供会计凭证、会计账簿、财务会计报告和其他会计资料以及有关情况,不得拒绝、隐匿、谎报。依法对有关单位的会计资料实施监督检查的部门及其工作人员,应当依照法定的权限和程序进行,对在监督检查中知悉的国家秘密和商业秘密负有保密义务。

(3)财政部门实施会计监督的内容。根据《会计法》的规定,财政部门有权对各单位的下列情况进行监督:是否依法设置会计账簿;会计账簿、会计凭证、财务会计报告和其他会计资料是否真实、完整;会计核算是否符合"会计法"和国家统一的会计制度的规定;从事会计工作的人员是否具备从业资格和任职资格。除此之外,国务院及省、自治区、直辖市人民政府财政部门有权会计师事务所出具的审计报告的程序和内容进行检查。

3. 会计工作的社会监督

会计工作的社会监督主要是指由注册会计师及其所在的会计师事务所依法对受托单位的经济活动进行的审计、鉴证的一种监督制度。

注册会计师是依法取得注册会计师证书并接受委托从事审计和会计咨询、会计服务业务的执业人员,根据《中华人民共和国注册会计师法》的规定,注册会计师所在的会计师事务所依法承办下列审计业务:(1)审查企业财务会计报告,出具审计报告;(2)验证企业资本,出具验资报告;(3)从事企业合并、分立、清算事宜中的审计业务,出具有关的报告;(4)法律、行政法规规定的其他审计业务。

注册会计师接受委托对财务会计报告进行审计,既要对委托人负责,也要对财务会计报告使用者负责,更要对国家法律负责。因此,注册会计师从事财务会计报告审计,在一定意义上讲,也是对有关单位的财务会计报告和会计工作所进行的监督,通过注册会计师的审计,发现并纠正财务会计报告中的问题,从而促进委托人不断改进会计工作,提高会计资料质量。

根据《会计法》的规定,财政部门有权对会计师事务所出具审计报告的程序和内容进行监督。也就是说,财政部门对注册会计师及其会计师事务所的审计质量进行再监督。此外,为了发挥社会各方面的力量,鼓励任何单位和个人检举违法会计行为,《会计法》规定,任何单位和个人对违反《会计法》和国家统一的会计制度规定的行为,有权检举。这也是会计工作社会监督的范畴。

【思考 11-2】 会计监督分为哪几种监督形式?各种监督形式分别由哪些部门和单位来进行?

【思考 11-3】 广州海岭公司是一家国有企业。2010 年 12 月,公司董事长针对公司效益下滑、面临亏损、无法完成年度盈利计划的情况,指示公司总会计师把利润做高些,总会计师尽管有所顾虑,但最终还是按董事长的意图,虚构了若干笔无交易的销售收入,使公司利润大幅增加,财务报表由亏变盈。报表经恒信威德会计师事务所审计后,出具了无保留审计意见。2011 年 4 月,当地财政局发现了该公司存在的重大会计作假行为,对该公司董事长、总会计师等相关人员进行行政处罚,并分别下达了行政处罚告知书。但公司相关人员却认为自己无须承担责任,因为公司财务报表经会计师事务所进行了审计,财务报表存在问题,应由会计师事务所承担责任。

请根据会计法律制度的相关规定,回答下列问题:
(1)上述案例资料中出现监督主体分别进行的是什么会计监督行为?
(2)董事长、总会计师是否需要承担责任?

# 第三节 会计机构和会计人员

## 一、会计机构和会计人员的设置

依据《会计法》的规定,各单位根据会计业务的需要设置会计机构,或者在有关机构中设置会计人员并指定会计主管人员。不具备条件的,可以委托经批准设立的会计咨询、服务机构进行代理记账。大中型企业、事业单位和业务主管部门可以设置总会计师,总会计师由具有会计师以上专业技术任职资格的人担任。

会计机构内部应当建立稽核制度。会计机构要设置出纳人员,出纳人员不得

# 第十一章 会 计 法

兼管稽核、会计档案保管和收入、费用、债权、债务账目的登记工作。

## 二、会计机构、会计人员的职责

会计机构、会计人员的主要职责是：
(1) 按照《会计法》、会计准则的规定，进行会计核算；
(2) 按照《会计法》规定，实行会计监督；
(3) 拟定本单位办理会计事务的具体办法；
(4) 参与拟定经济计划、业务计划，考核、分析预算和财务计划的执行情况；
(5) 办理其他会计事务。

## 三、会计人员的条件和任免

会计人员必须具备必要的专业知识，忠于职守，坚持原则。从事会计工作的人员，必须取得会计从业资格证书。

担任单位会计机构负责人（会计主管人员）的，除取得会计从业资格证书外，还应当具备会计师以上专业技术职务资格或者从事会计工作3年以上经历。

按干部管理权限规定任免会计人员。企事业单位会计机构负责人和会计主管人员的任免要经主管单位的同意。会计人员的调动要先征得本单位会计主管人员和上级财会部门的同意；上级主管单位对所属部门会计人员受到错误处理的，应当责成所在单位予以纠正；对不宜担任会计工作的人员，应当责成所在单位予以撤职或免职。会计人员调动工作或离职，必须与接管人员办清交接手续，并有规定人员参加监督和交接。

因有提供虚假财务会计报告，做假账，隐匿或者故意销毁会计凭证、会计账簿、财务会计报告，贪污、挪用公款，职务侵占等与会计职务有关的违法行为被依法追究刑事责任的人员，不得取得或者重新取得会计从业资格证书。

除前款规定的人员外，因违法违纪行为被吊销会计从业资格证书的人员，自被吊销会计从业资格证书之日起5年内，不得重新取得会计从业资格证书。

【思考11-4】 某甲公司是一家大型国有工业企业。2003年6月3日，甲公司会计机构负责人张某因工作调动需办理会计工作交接手续，负责监交的是单位审计负责人刘某。接管会计机构负责人的孙某具有会计从业资格证书，虽不具备会计师以上的专业技术职务资格，但从事会计工作已满2年。同年7月8日，甲公司聘用李某作为本单位的出纳，李某虽然未取得会计从业资格证书，但已从事会计工作3年有余。由于单位会计事务繁多，会计机构负责人安排另一出纳兼管收入、费用、债权债务账目的登记工作。

思考：(1) 甲公司会计机构负责人张某办理会计工作交接的手续是否符合法律规定？孙某能否担任负责人？

(2) 甲公司聘用李某作为本单位的出纳是否符合规定？会计机构的负责人能

否安排出纳兼管收入、费用、债权债务账目登记工作？说明理由。

## 第四节 违反会计法的法律责任

违反会计法律制度的违法行为应当承担的法律责任,《会计法》及相关法律、行政法规、规定作出了相应的规定。

### 一、会计人员（及单位）违反会计法的法律责任

依据会计法的规定,有下列行为之一的,由县级以上人民政府财政部门责令限期改正,可以对单位并处3 000元以上5万元以下的罚款；对其直接负责的主管人员和其他直接责任人员,可以处2 000元以上2万元以下的罚款；属于国家工作人员的,还应当由其所在单位或者有关单位依法给予行政处分。

(1) 不依法设置会计账簿的；
(2) 私设会计账簿的；
(3) 未按照规定填制、取得原始凭证或者填制、取得的原始凭证不符合规定的；
(4) 以未经审核的会计凭证为依据登记会计账簿或者登记会计账簿不符合规定的；
(5) 随意变更会计处理方法的；
(6) 向不同的会计资料使用者提供的财务会计报告编制依据不一致的；
(7) 未按照规定使用会计记录文字或者记账本位币的；
(8) 未按照规定保管会计资料,致使会计资料毁损、灭失的；
(9) 未按照规定建立并实施单位内部会计监督制度或者拒绝依法实施的监督或者不如实提供有关会计资料及有关情况的；
(10) 任用会计人员不符合本法规定的。

有前款所列行为之一,构成犯罪的,依法追究刑事责任。

会计人员有第1款所列行为之一,情节严重的,由县级以上人民政府财政部门吊销会计从业资格证书。

有关法律对第1款所列行为的处罚另有规定的,依照有关法律的规定办理。

### 二、做假账行为的法律责任

伪造、变造会计凭证、会计账簿,编制虚假财务会计报告,构成犯罪的,依法追究刑事责任。

有前款行为,尚不构成犯罪的,由县级以上人民政府财政部门予以通报,可以对单位并处5 000元以上10万元以下的罚款；对其直接负责的主管人员和其他直接责任人员,可以处3 000元以上5万元以下的罚款；属于国家工作人员的,还应当

# 第十一章 会计法

由其所在单位或者有关单位依法给予撤职直至开除的行政处分;对其中的会计人员,还应当由县级以上人民政府财政部门吊销会计从业资格证书。

### 三、隐匿、故意销毁会计资料行为的法律责任

隐匿或者故意销毁依法应当保存的会计凭证、会计账簿、财务会计报告,构成犯罪的,依法追究刑事责任。

有前款行为,尚不构成犯罪的,由县级以上人民政府财政部门予以通报,可以对单位并处五千元以上十万元以下的罚款;对其直接负责的主管人员和其他直接责任人员,可以处三千元以上五万元以下的罚款;属于国家工作人员的,还应当由其所在单位或者有关单位依法给予撤职直至开除的行政处分;对其中的会计人员,还应当由县级以上人民政府财政部门吊销会计从业资格证书。

【思考 11-5】 2007 年,某服装厂发生如下事情:1 月 7 日,该厂会计人员王某脱产学习一个星期,会计科长指定出纳人员李某临时兼管王某负责的债权债务账目的登记工作,未办理会计工作的交接手续。1 月 10 日,该厂档案科会同会计科销毁了一批保管期限已满的会计档案,未报经厂领导批准,也未编造会计档案销毁清册,销毁后未履行任何手续。

请分析:

(1) 出纳人员李某临时兼管王某负责的债权债务账目登记工作是否符合规定?

(2) 会计人员王某脱产学习一个星期,是否需要办理会计工作的交接手续?

(3) 该厂档案科会同会计科销毁保管期限已满的会计档案在程序上是否符合规定?

### 四、授意、指使、强令会计机构或有关人员从事有关会计违法行为的法律责任

授意、指使、强令会计机构、会计人员及其他人员伪造、变造会计凭证、会计账簿,编制虚假财务会计报告或者隐匿、故意销毁依法应当保存的会计凭证、会计账簿、财务会计报告,构成犯罪的,依法追究刑事责任;尚不构成犯罪的,可以处 5 000 元以上 5 万元以下的罚款;属于国家工作人员的,还应当由其所在单位或者有关单位依法给予降级、撤职、开除的行政处分。

### 五、对会计人员依法履行职责进行打击报复行为的法律责任

单位负责人对依法履行职责、抵制违反《会计法》规定行为的会计人员以降级、撤职、调离工作岗位、解聘或者开除等方式实行打击报复,构成犯罪的,依法追究刑事责任;尚不构成犯罪的,由其所在单位或者有关单位依法给予行政处分。对受打击报复的会计人员,应当恢复其名誉和原有职务、级别。

另外,财政部门及有关行政部门的工作人员在实施监督管理中滥用职权、玩忽

职守、徇私舞弊或者泄露国家秘密、商业秘密,构成犯罪的,依法追究刑事责任;尚不构成犯罪的,依法给予行政处分。

【思考11-6】 据报道,浙江省江山造纸厂是当地一家小有名气的国有企业,1991年后,该厂领导将下设的厂劳动服务公司财务变成了厂里的小金库,并于每年初对小金库的账册进行销毁。1996年,杨云法成了江山造纸厂新一任厂长,沿袭了火烧小金库账册的做法,即使在1999年12月25日实施的《中华人民共和国刑法修正案》明确规定对销毁会计资料进行惩罚后,杨云法仍我行我素。后经鉴定,仅2000年和2001年两年被销毁的会计资料载明的账务收入金额就达人民币56万余元。浙江省江山市法院日前以销毁会计资料罪判处江山造纸厂原厂长杨云法有期徒刑一年,缓刑一年,并处罚金5万元。这在当地引起了强烈的震动:销毁账册原来也会构成犯罪!

请分析:严重违反《会计法》的行为要承担刑事责任,可能构成哪些犯罪?

 引例点评

第一,该市财政局对该单位进行财政工作检查,是在依法行使其政府监督职能,即财政依据法律、行政法规的规定和部门的职责权限,对有关单位的会计行为、会计资料所进行的监督检查。第二,根据《会计法》第38条的规定,从事会计工作的人员,必须取得会计从业资格证书。担任单位会计机构负责人(会计主管人员)的,除取得会计从业资格证书外,还应当具备会计师以上专业技术职务资格或者从事会计工作3年以上经历。从这一规定可以看出,在本案中,某单位所有的会计人员都不是合格的会计人员。因此,该单位的会计主管人员必须调离会计主管工作岗位,其他会计人员必须调离会计工作岗位。另外,《会计法》第42条规定,对任用会计人员不符合会计法规定的行为,应予以行政处罚或行政处分;构成犯罪的,依法追究刑事责任。据此规定,在本案中,可以视情节严重情况对该单位的负责人进行处理。

 能力训练题

一、单项选择题

1. 内部会计监督的对象是( )。
   A. 单位的负责人          B. 单位的经济活动
   C. 单位的会计机构        D. 单位的会计人员

2. 下列属于狭义的会计法的是( )。
   A. 《总会计师条例》       B. 《中华人民共和国会计法》
   C. 《企业财务会计报告条例》 D. 《财政部门实施会计监督办法》

3. 财政部门实施会计监督检查的对象是( )。

## 第十一章 会计法

A. 单位的经济活动　　　　　　B. 会计法律的实施情况
C. 会计人员的任免情况　　　　D. 会计行为

4.《会计法》调整的对象是（　　）。
A. 会计核算　　B. 会计监督　　C. 会计工作　　D. 会计关系

### 二、多项选择题

1. 我国的会计法律制度包括（　　）。
A. 会计制度　　B. 会计行政法规　　C. 会计法律　　D. 会计规章

2. 会计核算的内容有（　　）。
A. 款项和有价证券　　　　　　B. 财务成果的计算和处理
C. 债权债务的发生和结算　　　D. 财物的收支、增减和使用

3. 会计机构、会计人员的主要职责有（　　）。
A. 进行会计核算
B. 实行会计监督
C. 参与拟定经济计划、业务计划
D. 拟定本单位办理会计事务的具体办法

4. 财政部门对各单位的下列（　　）情况实施监督。
A. 会计凭证、会计账簿、财务会计报告和其他会计资料是否真实、完整
B. 财务会计报告和其他会计资料是否真实、完整
C. 会计核算是否统一
D. 从事会计工作的人员是否具备从业资格

### 三、问答题

1. 会计核算的内容是什么？
2. 会计监督的内容有何法律规定？
3. 会计机构和会计人员的职责有哪些？

### 四、案例分析题

1. 案情：万达公司是一家国有企业，近几年连续亏损。三年前，公司董事长王某上任时曾表示：两年扭亏，三年盈利。2004 年是王某担任公司董事长的第三年，但公司仍处于亏损状态。2004 年 12 月，王某指示财务部门：今年一定要盈利，尤其在财务报表中，要有盈利体现。为此，公司会计虚拟了若干笔销售收入，从而使万达公司的财务报表由亏转盈，经立信会计师事务所审计并出具无保留意见的审计报告后报出。

请回答：根据《会计法》的规定，哪些行为违反了会计法律制度？应承担什么责任？

2. 案情：许某是一家集体企业的会计主管人员。在工作中因为抵制该厂厂长违反国家财经纪律而被厂长首先调到一车间，继而调到门卫，工资下调两级，厂长将没有会计专业知识、没有会计证的一名亲戚安排为会计主管人员。

249

请问:该厂长的做法有无违法之处?如何纠正其违法行为?

 实 训

【目标】

通过实训,使学生了解和掌握我国《会计法》中关于会计核算、会计监督和会计人员的职责等主要法律规定,培养学生运用法律解决实际问题的思路和能力。

【项目】

组织学生走访调查本学院(学校)会计室或者某公司的会计部门,了解组成人员职责及分工,分析理解会计监督主体。

# 第十二章 税 法

## 学习目标

**知识：**
1. 理解税收的特征，税法的构成；
2. 掌握增值税、消费税、营业税、企业所得税、个人所得税等几个税种的纳税主体、纳税范围、税率及减税、免税的相关规定。

**技能：**
1. 能够运用税收法律知识分析简单的案例；
2. 能为企业合理规避高税负。

**素养：**
1. 学法、守法与用法并重；
2. 树立良好的爱国护税意识。

## 案例导入

某大酒店在 2005 年至 2007 年期间，设置了两套账簿，一套用来核算酒店的全部收支和经营成果，据此向主管部门报送会计报表；另一套账簿则隐匿了大部分的收入，仅记载其中的一部分，平时即根据此账簿所记收入来申报纳税。经查实，该酒店合计少缴税款及附加费 7 万元。

## 问题引入

根据税法的有关规定，该酒店的行为是否违法？如果违法，应如何处理？

# 第一节 认识税收及税法

## 一、税收的概念与特征

### (一) 税收的概念

税收是国家为实现其公共管理职能和其他特定目的的需要,授权政府专门机构凭借政治权力,按照法律的规定,向居民、非居民就其所得、财产或者行为实施的强制、非罚与不直接偿还的课征,是基于法律规定产生的特定之债。税收的实质,从宏观上讲是国家对国民收入的再分配,从微观的征纳过程而言是私人财产权的强制、无偿地转移为国家所有。

### (二) 税收的特征

税收与其他财政收入形式相比,具有强制性、无偿性和固定性三个特征。

(1) 强制性。是指国家以社会管理者的身份,凭借政权力量,用法律、法规等形式对征税加以规定,并依照法律强制征税。

(2) 无偿性。是指国家征税后,税款即成为财政收入,依法无偿归国家占有不再归还纳税人,也不支付任何报酬。

(3) 固定性。是指国家在征税前,以法律形式预先规定征税范围、征税比例和征收方法等,便于征纳双方共同遵守。

## 二、税法的概念及构成要素

### (一) 税法的概念

税法是国家法律的重要组成部分,是调整税收关系的法律规范的总称。税收关系是因国家组织税收收入所发生的社会关系。税收关系是一种性质复杂的特殊形式的经济关系。具体而言,税收关系可以分为以下三大类:

(1) 税收经济关系。税收经济关系就微观领域亦即具体的征纳税过程来讲,是私人资财强制无偿地转移为国家所有的关系;而就宏观领域亦即全国范围来看,是国家对国民收入和社会产品的分配关系。

(2) 税收征纳程序关系。是指代表国家行使具体税收征收管理权的征税机关与纳税人及其他税务当事人之间就税收债权、债务的具体履行和实现而发生的程序性关系。在我国一般称之为税收征收管理关系。

(3) 税收监督保障关系。是指围绕国家组织税收收入活动的开展而在各有关主体之间发生的监督制约与程序保障关系。

税收与税法是内容与形式的关系:税收是税法的实质内容,是税法产生、存在

## 第十二章 税 法

和发展的基础;税法是税收的法律形式,是确保税收收入规范、稳定、及时实现的制度保障。

税法具有经济性、成文性(即法定性)、强制性、政策性、技术性五大特征。

### (二) 税法的构成要素

税法的构成要素,也称税法结构,即构成各种税法的基本要素。一般来说,各种税收法律虽然内容各不相同,但在结构上都包括以下基本要素:

1. 税法主体

税法主体是指税法规定享有权利并承担义务的当事人,包括纳税主体和征税主体。所谓纳税主体(或称纳税人),是指依照税法规定直接负有纳税义务的单位和个人。任何一个税种都必须有纳税人。纳税人包括自然人、法人和非法人单位等。所谓征税主体是指依法行使税收征管权,进行税款征收行为的当事人。在我国,税收征收管理分别由税务机关、海关和财政机关等征税机关具体负责。

2. 征税对象

征税对象或称征税客体,是指征纳税主体权利义务指向的对象,即征税标的物,具体指明对什么东西征税,是区别不同税种的主要标志。

3. 税目

税目是征税对象的具体化,反映了具体的征税范围,代表了征税的广度。规定税目的目的是为了明确征税范围,便于制定不同税率。

4. 税率

税率是指应纳税额与征税对象数额之间的比例,是计算应纳税额的尺度,体现了国家对纳税人征税的深度,是税收法律制度的中心环节。目前我国的税率主要有:比例税率、累进税率和固定税率。

比例税率是指对同一征税对象不论数额大小,按同一比例征税的税率。

累进税率是指根据征税对象款额的大小不同,划分为不同等级,每一等级规定逐级上升的征税比例的税率。累进税率又分为全额累进税率和超额累进税率。

固定税率是指对单位征税对象直接规定一个固定的税额,而不采用百分比的形式。

5. 纳税环节

纳税环节是指税法规定的应税商品在流转过程中应当缴纳税款的环节。按纳税环节的多少可分为一次征收制、两次征收制、多次征收制。

6. 纳税期限

纳税期限是指税法规定的纳税人应纳税款的期限。一般来说,税法对各种税种都明文规定了纳税期限,纳税人必须依法如期纳税,逾期纳税者要按规定缴纳滞纳金。

7. 减免税及地方附加和加成

减免税是国家对某些纳税人或征税对象给予支持和鼓励的一种特殊规定。其中,减税是指对某一纳税人或征税对象少征一部分税款;免税是指对某一纳税人或征税对象全部免征税款。减免税的内容包括直接减免、规定起征点、规定免征额、加速折旧、出口退税等。

地方附加和加成与减免税正好相反,是加重税负的方法。地方附加是指地方政府依照税法的规定在正税以外附加征收的税款。加成即加成征税,是指在按照税法规定的税率计征应纳税额的基础上,再加征一定成数的税款。

减免规定及加成征收是税法灵活性的体现,目的是体现国家的奖限政策。

8. 违法处理

违法处理是税法规定的对违反税法的行为采取的处罚措施,是税法强制性的集中表现。违反税法的行为主要包括偷税、漏税、逃税、抗税、骗取出口退税等。处罚措施包括加收滞纳金、罚款、给予行政处分,构成犯罪的由司法机关依法追究刑事责任。

### 三、我国现行的税收法律制度

我国的税收制度在新中国成立 60 年来,随着社会政治经济条件的变化,曾作过多次调整和改革。1994 年开始的全面税制改革,在我国建立了以流转税和所得税为主体、以其他税种为辅助的复合税制体系。

现阶段我国的税种比较齐全,从法律规定的内容上划分,可以分为实体税法和程序税法,其中实体税法按征税对象性质的不同,可以分为:(1)流转税法,是以商品流转额和非商品的劳务额为征税对象的税法,包括增值税法、消费税法、营业税法、关税法。(2)收益税法,是以纳税人的所得额或利润额为征税对象的税法,包括企业所得税法、个人所得税法。(3)行为税法,是对纳税人的特定行为课征税收的税法,包括印花税法、城市维护建设税法、船舶吨税法。(4)财产税法,是以纳税人拥有或支配的某些财产作为征税对象的税法,包括车辆购置税法、房产税法、城市房地产税法、契税法、土地增值税法、车船使用税法、车船使用牌照税法。(5)资源税法,是对某些特定的自然资源,就其级差收入征收税收的一类税法,包括资源税法、耕地占用税法、土地使用税法。目前我国的程序税法主要是 1992 年 9 月七届全国人大常委会第二十七次会议通过并于 1995 年 2 月、2001 年 4 月两度修正的《税收征收管理法》及 2002 年 10 月国务院颁布实施的《税收征收管理法实施细则》。下面第二、三、四节介绍几种主要的税收法律制度。

## 第二节 流转税法律制度

流转税,是以商品生产、商品交换过程中发生的流转额和非商品的劳务额为课税对象的一类税收。流转额包括:(1)商品流转额,指商品交换的金额。对销售方来说,是销售收入额。对购买方来说,是商品的采购金额。(2)非商品流转额,即各种劳务收入和服务性业务收入的金额。我国现行税制中属于流转税的税种主要有:增值税、消费税、营业税、关税四个税种。

## 一、增值税

### (一)增值税的概念

增值税是我国的第一大税,是以法定增值额为征税对象而在生产、流通环节普遍征收的一种流转税。增值税的征收依据主要是国务院发布的《增值税暂行条例》(2008年11月5日修订)和财政部、国家税务总局发布的《增值税暂行条例实施细则》。

### (二)增值税的纳税人

1. 增值税的纳税人和扣缴义务人

增值税的纳税人是在中国境内进口、销售货物(有形动产)或提供加工、修理修配劳务的单位和个人。

增值税扣缴义务人,是指境外的单位或个人在境内销售应税劳务而境内未设有经营机构的,其应纳税款以代理人为扣缴义务人;没有代理人的,以购买者为扣缴义务人。

2. 小规模纳税人和一般纳税人

《增值税暂行条例》参照国际惯例,将纳税人按其经营规模及会计核算健全与否划分为小规模纳税人(年销售额较少且会计核算不健全)和一般纳税人。

### (三)增值税的税率

增值税采用比例税率,在生产和批发环节实行以不含税价计税方式,即税款不是商品价格的组成部分,而是在价格之外另行收取,亦称价外税。

我国现行增值税税率基本上是按照国际通行的做法,遵循中性和简便原则,结合本国实际加以设计,包括:

(1)基本税率。纳税人销售或者进口货物,提供加工、修理修配劳务的,税率为17%,这就是通常所说的基本税率。

(2)低税率。纳税人销售或进口特定的货物,按低税率13%计征增值税。

(3)零税率。纳税人出口货物(国家另有规定的除外)税率为零。

### (四)增值税的起征点

为了贯彻合理负担的政策,照顾低收入的个人,增值税规定了起征点政策。现行增值税起征点的幅度为:(1)销售货物的起征点为月销售额2 000～5 000元;(2)销售应税劳务的起征点为月销售额1 500～3 000元;(3)按次纳税的起征点为每次(日)销售额150～200元。其具体起征点由省级税务局在规定幅度内确定。

个人销售额没有达到起征点的,免征增值税;超过起征点的,应按其全部销售额依法计算缴纳增值税。

（五）增值税纳税期限

增值税纳税期限分别为 1 日、3 日、5 日、10 日、15 日或 1 个月;不能按期限纳税的,可以按次纳税,具体方式由主管税务机关根据纳税人应纳税额的大小分别核定。

## 二、消费税

（一）消费税的概念

消费税是国家为体现消费政策,有选择地对在中国境内生产、委托加工和进口特定消费品的单位和个人征收的一种流转税。其最大的特点是对消费品在普遍征收增值税的基础上,再选择某一特定环节征收一次消费税,而非道道征税,是一种发挥特殊调节作用的税种。

该税的征收依据是国务院发布的《消费税暂行条例》(2008 年 11 月 5 日修订),自 2009 年 1 月 1 日起施行。财政部、国家税务总局相应地修订《消费税暂行条例实施细则》,对消费税的税目、税率等进行了重大调整。

（二）消费税的纳税人

消费税的纳税人是指在我国境内从事生产、委托加工和进口《消费税暂行条例》列举的应税消费品（不包括金银首饰）的单位和个人。具体纳税人为：

（1）生产销售的应税消费品,以生产销售的单位和个人为纳税人,由生产者直接纳税。

（2）委托加工的应税产品,以委托加工的单位和个人为纳税人,由受托方代收代缴税款。

（3）进口的应税消费品,以进口的单位和个人为纳税人,由海关代征税款。

（三）消费税的征税范围与税率

《消费税暂行条例》选择了 11 类消费品列举征税,具体可归纳为以下 5 个类别：(1) 过度消费会对人类健康、社会秩序、生态环境方面造成危害的特殊消费品,如烟、酒、鞭炮和焰火等;(2) 奢侈品和非生活必需品,如贵重首饰及珠宝等;(3) 高能耗及高档消费品,如摩托车、小汽车;(4) 不能再生和替代的石油类消费品,如汽油、柴油等;(5) 具有一定财政意义的产品,如护肤护发品、酒精、汽车轮胎等。

消费品的征税范围可以根据国家经济发展变化和消费结构的变化情况适当调整。

现行的消费税税率有比例税率和固定税额两种。具体税率、税额参见财政部、国家税务总局颁布的《消费税税目税率表》。

### 三、营业税

**(一) 营业税的概念**

营业税是对在中国境内提供应税劳务、转让无形资产和销售不动产的单位和个人就其营业额征收的一种流转税。我国现行的营业税法律制度的基本规范是国务院发布的《营业税暂行条例》(2008年11月5日修订),自2009年1月1日起施行。财政部、国家税务总局相应地修订《营业税暂行条例实施细则》,作为配套。

**(二) 营业税的纳税人**

营业税纳税人的一般规定:在我国境内提供应税劳务、转让无形资产或者销售不动产的单位和个人。

**(三) 营业税的征税范围**

依据《营业税暂行条例》规定,我国营业税的征税范围包括:(1) 交通运输业;(2) 建筑业;(3) 文化体育业;(4) 邮电通信业;(5) 娱乐业;(6) 金融保险业;(7) 服务业;(8) 转让无形资产;(9) 销售不动产等。

**(四) 营业税的税率**

营业税按行业实行差别的比例税率,具体为四档税率:
(1) 交通运输业、建筑业、邮电通信业、文化体育业税率为3%。
(2) 服务业、转让无形资产、销售不动产税率5%。
(3) 金融保险业税率5%。
(4) 娱乐业的税率为5%~20%。具体适用税率,由各省、自治区、直辖市人民政府根据当地的实际情况在税法规定的幅度内决定。

### 四、关税

**(一) 关税的概念**

关税是对进出国境或关境的货物、物品征收的一种税。关税一般分为进口关税、出口关税和过境关税。我国目前对进出境货物征收的关税分为进口关税和出口关税两类。关税由海关负责征收。

我国现行关税的相关法律法规以2000年7月修正颁布的《中华人民共和国海关法》为法律依据,以2003年11月发布的《中华人民共和国进出口关税条例》以及作为条例组成部分的《中华人民共和国海关进出口税则》和《中华人民共和国海关入境旅客行李物品和个人邮递物品征收进口税办法》为基本法规,以负责关税政策制定和征收管理的主管部门依据基本法规拟定的管理办法和实施细则为主要内容。

## （二）关税的纳税人

进口货物的收货人、出口货物的发货人、进境物品的所有人，是关税的纳税义务人。

进境物品的纳税人包括：(1)携带物品进境的入境人员；(2)进境邮递物品的收件人；(3)其他方式进口物品的收件人。

## （三）关税的征税范围

关税的课税对象是国家准许进出口的货物、进境物品，除法律、行政法规另有规定外，均应由海关依法征收进口关税或出口关税。对从境外采购进口的原产于中国境内的货物，海关也要依照《海关进出口税则》征收进口关税。具体地说，除国家规定享受减免的货物可以免征或减征关税外，所有进口货物和少数出口货物均属于关税的征收范围。

## （四）关税的税率

关税的税率分为进口税率和出口税率两部分。

(1)进口税率规定了最惠国税率、协定税率、特惠税率、普通税率、关税配额税率等五种税率形式。不同的税率的运用是以进口货物的原产地为标准的。对进口货物在一定时期内可以实行暂定税率。

(2)出口税率。出口关税税率是对出口货物征收关税而规定的税率。目前我国仅对少数资源性产品及易于竞相杀价，需要规范出口秩序的半制成品征收出口关税。

与进口税率一样，出口税率也规定有暂定税率。适用出口税率的出口货物有暂定税率的，应当适用暂定税率。

# 第三节 所得税法律制度

## 一、所得税的概念及种类

所得税是以纳税人的所得额为课税对象的税收。所谓所得额，是指纳税人在一定期间内由于生产、经营等取得的可用货币计量的收入，扣除为取得这些收入所需各种耗费后的净额。

我国现行所得税主要包括企业所得税和个人所得税。

## 二、企业所得税

《企业所得税法》和《企业所得税法实施条例》自2008年1月1日起施行，原《外商投资企业和外国企业所得税法》和《企业所得税暂行条例》同时废止。

## 第十二章 税 法

### (一) 企业所得税的纳税人

企业所得税是对企业每一纳税年度的生产经营所得和其他所得在依法扣除必要的成本、费用、税金等项目后的净额所征收的一种税。根据《企业所得税法》的规定,在中华人民共和国境内,企业和其他取得收入的组织(以下统称企业)为企业所得税的纳税人,依法缴纳企业所得税。个人独资企业、合伙企业不适用《企业所得税法》。

(1) 居民企业。是指依法在中国境内成立,或者依照外国(地区)法律成立但实际管理机构在中国境内的企业。居民企业应当就其来源于中国境内、境外的所得缴纳企业所得税。

(2) 非居民企业。是指依照外国(地区)法律成立且实际管理机构不在中国境内,但在中国境内设立机构、场所的,或者在中国境内未设立机构、场所,但有来源于中国境内所得的企业。非居民企业在中国境内设立机构、场所的,应当就其所设机构、场所取得的来源于中国境内的所得,以及发生在中国境外但与其所设机构、场所有实际联系的所得,缴纳企业所得税。非居民企业在中国境内未设立机构、场所的,或者虽设立机构、场所但取得的所得与其所设机构、场所没有实际联系的,应当就其来源于中国境内的所得缴纳企业所得税。

### (二) 企业所得税税率

企业所得税税率是对纳税人应纳税所得额征税的比率,即应纳税额与应纳税所得额的比率。按新的《企业所得税法》的规定,企业所得税实行25%的比例税率(原规定为33%)。非居民企业在中国境内未设立机构、场所的,或者虽设立机构、场所但取得的所得与其所设机构、场所没有实际联系的,应当就其来源于中国境内的所得缴纳企业所得税,此时的企业所得税税率为20%。

根据法律规定,符合条件的小型微利企业,减按20%的税率征收企业所得税。国家需要重点扶持的高新技术企业,减按15%的税率征收企业所得税。

**【思考12-1】** 结合本节内容思考新的《企业所得税法》在税率方面有何改变?现在中国的公司企业采用的是统一的税率吗?在中国的外商投资企业税收方面还有很多优惠吗?为什么?

### (三) 企业应纳税额的计算

1. 应纳税所得额的计算

企业所得税的计税依据是应纳税所得额。应纳税所得额是指纳税人每一纳税年度的收入总额减去准予扣除项目金额后的余额。其计算公式为:

应纳税所得额=每一纳税年度的收入总额-准予扣除项目金额

2. 每一纳税年度的收入总额的确定

纳税人的收入总额是指企业在生产经营活动及其他活动中各项收入的总和,包括纳税人来源于中国境内、境外的生产经营收入和其他收入。具体包括:(1) 销售货物收入;(2)提供劳务收入;(3)转让财产收入;(4)股息、红利等权益性投资收益;(5)利息收入;(6)租金收入;(7)特许权使用费收入;(8)接受捐赠收入;(9)其他收入。

收入总额中的下列收入为不征税收入:(1)财政拨款;(2)依法收取并纳入财政管理的行政事业性收费、政府性基金;(3)国务院规定的其他不征税收入。

3. 准予扣除项目

计算应纳税所得额时准予扣除的项目,是纳税人每一纳税年度发生的与取得应纳税收入有关的所有必要和正常的成本、费用、税金、损失和其他支出。企业发生的公益性捐赠支出,在年度利润总额12%以内的部分,准予在计算应纳税所得额时扣除。在计算应纳税所得额时,企业按照规定计算的固定资产折旧,准予扣除。企业按照规定计算的无形资产摊销费用,准予扣除。

企业发生的下列支出作为长期待摊费用,按照规定摊销的,准予扣除:(1)已足额提取折旧的固定资产的改建支出;(2)租入固定资产的改建支出;(3)固定资产的大修理支出;(4)其他应当作为长期待摊费用的支出。

企业使用或者销售存货,按照规定计算的存货成本,准予在计算应纳税所得额时扣除。企业转让资产,该项资产的净值,准予在计算应纳税所得额时扣除。

法律也规定了一些不予扣除的项目,见《企业所得税法》第10、11、12和14条。

### (四)企业所得税的纳税期限

企业所得税按纳税年度计算。纳税年度自公历1月1日起至12月31日止。企业在一个纳税年度中间开业,或者终止经营活动,使该纳税年度的实际经营期不足12个月的,应当以其实际经营期为一个纳税年度。企业依法清算时,应当以清算期间作为一个纳税年度。

企业所得税按年计算,分月或分季预缴,年度终了后汇算清缴,多退少补。

## 三、个人所得税

个人所得税是对个人取得的应税所得征收的一种税。其纳税人分为居民纳税人和非居民纳税人,具体包括中国公民、个体工商户、外籍人员及合伙企业、个人独资企业的投资人等。《中华人民共和国个人所得税法》(以下简称《个人所得税法》)于1980年9月10日第五届全国人民代表大会第三次会议通过,根据2007年12月29日第十届全国人民代表大会常务委员会第三十一次会议《关于修改〈中华人民共和国个人所得税法〉的决定》第五次修正,自2008年3月1日起施行。《中华人民共和国个人所得税法实施条例》于1994年1月28日中华人民共和国国务院令第142号发布,根据2005年12月19日《国务院关于修改〈中华人民共和国个人所得税法实施条例〉的决定》第一次修订,根据2008年2月18日《国务院关于修改〈中华人民共和国个人所得税法实施条例〉的决定》第二次修订同日公布生效。

## 第十二章 税 法

### (一) 个人所得税的纳税人

在中国境内有住所,或者无住所而在境内居住满一年的个人,从中国境内和境外取得的所得,依照《个人所得税法》规定缴纳个人所得税。在中国境内无住所又不居住或者无住所而在境内居住不满一年的个人,从中国境内取得的所得,依照《个人所得税法》规定缴纳个人所得税。

### (二) 个人所得税税目和税率

现行个人所得税共有 11 个应税项目:(1) 工资、薪金所得;(2) 个体工商户的生产、经营所得;(3) 对企事业单位的承包经营、承租经营所得;(4) 劳务报酬所得;(5) 稿酬所得;(6) 特许权使用费所得;(7) 利息、股息、红利所得;(8) 财产租赁所得;(9) 财产转让所得;(10) 偶然所得;(11) 经国务院财政部门确定征税的其他所得。除上述列举的各项个人应税所得外,其他确有必要征税的个人所得,由国务院财政部门确定。个人取得的所得难以界定应纳税所得项目的,由主管税务机关确定。

个人所得税税率。根据法律规定,个人所得税的税率可分为以下 5 类:(1) 工资、薪金所得,适用超额累进税率,税率为 3% 至 45%(税率表附后)。(2) 个体工商户的生产、经营所得和对企事业单位的承包经营、承租经营所得,适用 5% 至 35% 的超额累进税率(税率表附后)。(3) 稿酬所得,适用比例税率,税率为 20%,并按应纳税额减征 30%。(4) 劳务报酬所得,适用比例税率,税率为 20%。对劳务报酬所得一次收入畸高的,可以实行加成征收,具体办法由国务院规定。(5) 特许权使用费所得,利息、股息、红利所得,财产租赁所得,财产转让所得,偶然所得和其他所得,适用比例税率,税率为 20%。

**工资、薪金所得适用个人所得税累进税率表**

| 级数 | 全月应纳税所得额(含税级距) | 税率(%) | 速算扣除数(元) |
|---|---|---|---|
| 一 | 不超过 1 500 元 | 3 | 0 |
| 二 | 超过 1 500 元至 4 500 元的部分 | 10 | 105 |
| 三 | 超过 4 500 元至 9 000 元的部分 | 20 | 555 |
| 四 | 超过 9 000 元至 35 000 元的部分 | 25 | 1 005 |
| 五 | 超过 35 000 元至 55 000 元的部分 | 30 | 2 755 |
| 六 | 超过 55 000 元至 80 000 元的部分 | 35 | 5 505 |
| 七 | 超过 80 000 元的部分 | 45 | 13 505 |

注:本表所称全月应纳税所得额是指依照《中华人民共和国个人所得税法》第 6 条的规定,以每月收入额减除费用 3 500 元以及附加减除费用后的余额。

**个人所得税税率表二**

（个体工商户的生产、经营所得和对企事业单位的承包经营、承租经营所得适用）

| 级数 | 全年应纳税所得额 | 税率(%) |
| --- | --- | --- |
| 1 | 不超过 5 000 元的 | 5 |
| 2 | 超过 5 000 元至 10 000 元的部分 | 10 |
| 3 | 超过 10 000 元至 30 000 元的部分 | 20 |
| 4 | 超过 30 000 元至 50 000 元的部分 | 30 |
| 5 | 超过 50 000 元的部分 | 35 |

注：本表所称全年应纳税所得额是指依照《个人所得税法》第 6 条的规定，以每一纳税年度的收入总额，减除成本、费用以及损失后的余额。

### （三）个人应纳税额的计算

根据《个人所得税法》第 6 条规定应纳税所得额的计算：(1) 工资、薪金所得，以每月收入额减除费用 2 000 元后的余额，为应纳税所得额。(2) 个体工商户的生产、经营所得，以每一纳税年度的收入总额，减除成本、费用以及损失后的余额，为应纳税所得额。(3) 对企事业单位的承包经营、承租经营所得，以每一纳税年度的收入总额，减除必要费用后的余额，为应纳税所得额。(4) 劳务报酬所得、稿酬所得、特许权使用费所得、财产租赁所得，每次收入不超过 4 000 元的，减除费用 800 元；4 000 元以上的，减除 20% 的费用，其余额为应纳税所得额。(5) 财产转让所得，以转让财产的收入额减除财产原值和合理费用后的余额，为应纳税所得额。(6) 利息、股息、红利所得，偶然所得和其他所得，以每次收入额为应纳税所得额。

个人将其所得对教育事业和其他公益事业捐赠的部分，按照国务院有关规定从应纳税所得中扣除。

对在中国境内无住所而在中国境内取得工资、薪金所得的纳税义务人和在中国境内有住所而在中国境外取得工资、薪金所得的纳税义务人，可以根据其平均收入水平、生活水平以及汇率变化情况确定附加减除费用，附加减除费用适用的范围和标准由国务院规定。

纳税义务人从中国境外取得的所得，准予其在应纳税额中扣除已在境外缴纳的个人所得税税额。但扣除额不得超过该纳税义务人境外所得依照本法规定计算的应纳税额。

个人所得的减免政策规定，依据法律规定下列各项个人所得，免纳个人所得税：(1) 省级人民政府、国务院部委和中国人民解放军军以上单位，以及外国组织、国际组织颁发的科学、教育、技术、文化、卫生、体育、环境保护等方面的奖金；(2) 国债和国家发行的金融债券利息；(3) 按照国家统一规定发给的补贴、津贴；(4) 福利费、抚恤金、救济金；(5) 保险赔款；(6) 军人的转业费、复员费；(7) 按照国家统一规定发给干部、职工的安家费、退职费、退休工资、离休工资、离休生活补助费;(8)依照我国有关法律规定应予免税的各国驻华使馆、领事馆的外交代表、领事官员和其他人员的所得;(9)中国政府参加的国际公约、签订的协议中规定免税的所得;(10)经国务院财政部门批准免税的所得。

有下列情形之一的,经批准可以减征个人所得税:(1)残疾、孤老人员和烈属的所得;(2)因严重自然灾害造成重大损失的;(3)其他经国务院财政部门批准减税的。

### (四)个人所得税的纳税申报及期限

根据《个人所得税法实施细则》第36条规定纳税义务人有下列情形之一的,应当按照规定到主管税务机关办理纳税申报:(1)年所得12万元以上的;(2)从中国境内两处或者两处以上取得工资、薪金所得的;(3)从中国境外取得所得的;(4)取得应纳税所得,没有扣缴义务人的;(5)国务院规定的其他情形。年所得12万元以上的纳税义务人,在年度终了后3个月内到主管税务机关办理纳税申报。

扣缴义务人每月所扣的税款,自行申报纳税人每月应纳的税款,都应当在次月7日内缴入国库,并向税务机关报送纳税申报表。

工资、薪金所得应纳的税款,按月计征,由扣缴义务人或者纳税义务人在次月7日内缴入国库,并向税务机关报送纳税申报表。特定行业的工资、薪金所得应纳的税款,可以实行按年计算、分月预缴的方式计征,具体办法由国务院规定。

个体工商户的生产、经营所得应纳的税款,按年计算,分月预缴,由纳税义务人在次月7日内预缴,年度终了后3个月内汇算清缴,多退少补。

对企事业单位的承包经营、承租经营所得应纳的税款,按年计算,由纳税义务人在年度终了后30日内缴入国库,并向税务机关报送纳税申报表。纳税义务人在一年内分次取得承包经营、承租经营所得的,应当在取得每次所得后的7日内预缴,年度终了后3个月内汇算清缴,多退少补。

从中国境外取得所得的纳税义务人,应当在年度终了后30日内,将应纳的税款缴入国库,并向税务机关报送纳税申报表。

【思考12-2】 查找相关资料,分析我国个人所得税的税率采用哪种形式?起征点的数额是多少?与以前比较有何现实意义?

【思考12-3】 某青年作家某月取得工资所得1 785元,投资股息收入850元。当月又出版了一篇长篇小说和一部短篇小说集,分别获得稿酬收入7 000元和3 500元,其他劳务所得1 000元。作家将劳务所得1 000元全部捐给希望小学。

试分析:该月该青年作家应缴纳多少个人所得税?

# 第四节　财产、行为和资源税法律制度

## 一、财产税

财产税是以法人和自然人拥有和归其支配的财产为对象所征收的一类税收。目前我国立法开征的财产税主要有房产税、城市房地产税、契税、土地增值税、车船使用税、车船使用牌照税等。另外,遗产和赠与税在体现鼓励勤劳致富、反对不劳而获方面有着独特的作用,是世界各国通用的税种,我国虽然列入了立法计划,但至今仍未开征。财产税的特点有:

(1) 土地、房产等不动产的位置固定,标志明显,作为课税对象具有收入上的稳定性,税收不易逃漏。

(2) 征收财产税可以防止财产过于集中于社会少数人,调节财富的分配,体现社会分配的公正性。

(3) 纳税人的财产分布地不尽一致,当地政府易于了解,便于地方因地制宜地进行征收管理。

## 二、行为税

行为税是国家为了对某些特定行为进行限制或开辟某些财源而课征的一类税收。如针对一些奢侈性的社会消费行为,征收娱乐税、宴席税;针对牲畜交易和屠宰等行为,征收交易税、屠宰税;针对财产和商事凭证贴花行为,征收印花税,等等。中国现行税制中属于行为课税的有印花税、车辆购置税、城市维护建设税等。

行为税有以下几个主要特点:

(1) 具有较强的灵活性。当某种行为的调节已达到预定的目的时即可取消。

(2) 收入的不稳定性。往往具有临时性和偶然性,收入不稳定。

(3) 征收管理难度大。由于征收面比较分散,征收标准也较难掌握,征收管理较复杂。

(4) 调节及时。能有效地配合国家的政治经济政策,"寓禁于征",有利于引导人们的行为方向,针对性强,可弥补其他税种调节的不足。

## 三、资源税

资源税是以各种应税自然资源为课税对象、为了调节资源级差收入并体现国有资源有偿使用而征收的一种税。

资源税的纳税主体是依照税法规定负有缴纳资源税义务的单位和个人。具体包括在中国境内开采规定的矿产品或者生产盐的国有企业、集体企业、私营企业、股份制企业、外商投资企业和外国企业、其他企业,行政单位、事业单位、军事单位、社会团体及其他单位,个体经营者及其他个人。纳税人的这一规定充分体现了资源税的普遍征收原则。

资源税征税范围为原油、天然气、煤炭、其他非金属矿原矿、黑色金属矿原矿、有色金属矿原矿、盐这7类。

【思考12-4】 最新的《车船税法(草案)》第4条规定:对节约能源、使用新能源的车船可以减征或者免征车船税,对高能耗、高污染的车船可以加收车船税。对受严重自然灾害影响纳税困难以及有其他特殊原因确需减税、免税的,可以减征或者免征车船税。

请评析该立法条款的积极意义。

## 第五节 税收征收管理法律制度

税收征收管理是税务机关根据税收法规对征税活动所实施的组织、指挥、控制和监督,是对纳税人履行纳税义务采用的一种管理、征收和检查行为,是税务管理的重要组成部分。税收征收管理法律制度的基本规范是于1992年9月七届全国人大常委会第二十七次会议通过并于1995年2月、2001年4月两度修正的《中华人民共和国税收征收管理法》(以下简称《税收征收管理法》)及2002年10月国务院颁布实施的《中华人民共和国税收征收管理法实施细则》(以下简称《税收征收管理法实施细则》)。

### 一、税务管理

税收管理主要包括税务登记管理、财簿、凭证管理和纳税申报等内容。

(一)税务登记管理

税务登记又称纳税登记,是税务机关对纳税人的开业、变动、歇业以及生产经营范围变化实行法定登记的一项制度,是确定纳税人履行纳税义务的法定手续,也是税务机关切实控制税源和对纳税人进行纳税监督的一种手段。

税务登记包括:开业登记,变更登记,停业、复业登记,注销登记,外出经营报验登记等。

(二)账簿、凭证管理

账簿、凭证是记录和反映纳税人经营活动的基本材料之一,也是税务机关对纳税人、扣缴义务人计征税款以及确认其是否正确履行纳税义务的重要依据。

根据法律的规定,从事生产经营的纳税人、扣缴义务人应自领取营业执照之日起15日内,按财政部门的规定设置账簿,根据合法、有效的凭证记账,进行核算。

从事生产经营的纳税人的财务会计制度或财务会计处理办法,应当报送税务机关备案。

从事生产经营的纳税人、扣缴义务人必须依法保管账簿、记账凭证、完税凭证及其他有关资料。

(三) 纳税申报

纳税人、扣缴义务人办理纳税申报时,可以直接到税务机关办理纳税申报或报送代扣代缴、代收代缴税款报告表,也可以按照规定采取邮寄、数据电文或其他方式办理纳税申报、报送事项。

## 二、税款征收

税款征收是税务机关依照税收法律、法规规定,将纳税人依法应纳的税款以及扣缴义务人代扣代缴、代收代缴的税款通过不同的方式组织征收入库的活动。税款征收是税收征收管理的核心内容和中心环节,是实现税收职能的最关键环节,在整个税收征收管理工作中有极其重要的地位。

(一) 税款征收方式

(1) 查账征收。即税务机关按照纳税人提供的账表所反映的经营情况,依照适用税率计算缴纳税款的方式。此方式适用于掌握税收法律法规、账簿、凭证、财务会计制度比较健全、能如实反映生产经营成果,正确计算应纳税款的纳税人。

(2) 查定征收。指由税务机关根据纳税人的从业人员、生产设备、原材料消耗等因素,在正常生产经营条件下,对其生产的应税产品,查实核定产量、销售额并据以征收税款的一种方式。这种方式适用于生产规模较小、账册不健全、产品零星、税源分散的小型厂矿和作坊。

(3) 查验征收。指税务机关对纳税人的应税商品,通过查验数量,按市场一般销售单价计算其销售收入并据以征税的方式。这种方式适用于对城乡集贸市场中的临时经营者和机场、码头等场所的经销商的课税。

(4) 定期定额征收。指对一些营业额、所得额不能准确计算的小型工商户,经过自报评议,由税务机关核定一定时期的营业额和所得税附征率,实行多税种合并征收方式。

(5) 其他征收方式。主要包括代扣代缴、代收代缴、委托代征。

(二) 税款征收措施

(1) 加收滞纳金。纳税人未按照规定期限缴纳税款的,扣缴义务人未按照规定期限解缴税款的,税务机关除责令限期缴纳外,从滞纳税款之日起,按日加收滞纳税款万分之五的滞纳金。加收滞纳金的起止时间,为法律、行政法规规定或者税务机关依照法律、行政法规的规定确定的税款缴纳期限届满次日起至纳税人、扣缴义务人实际缴纳或者解缴税款之日止。经税务机关批准延期缴纳税款的,在批准期限内不加收滞纳金。

(2) 税收保全措施。税务机关有根据认为从事生产、经营的纳税人有逃避纳税义务行为的,可以在规定的纳税期之前,责令限期缴纳应纳税款;在限期内发现纳税人有明显的转移、隐匿其应纳税的商品、货物以及其他财产或者应纳税的收入的迹象的,税务机关可以责成纳税人提供纳税担保。

如果纳税人不能提供纳税担保,经县以上税务局(分局)局长批准,税务机关可以采取下列税收保全措施:① 书面通知纳税人开户银行或者其他金融机构冻结纳税人的金额相当于应纳税款的存款;② 扣押、查封纳税人的价值相当于应纳税款的商品、货物或者其他财产。上述的纳税担保,包括由纳税人提供并经税务机关认可的纳税担保人,以及纳税人所拥有的未设置抵押权的财产,国家机关不得作纳税担保人。

(3) 强制执行措施。从事生产、经营的纳税人、扣缴义务人未按照规定的期限缴纳或者解缴税款,纳税担保人未按照规定的期限缴纳所担保的税款,由税务机关责令限期缴纳,逾期仍未缴纳的,经县以上税务局(分局)局长批准,税务机关可以采取下列强制执行措施:① 书面通知其开户银行或者其他金融机构从其存款中扣缴税款;② 扣押、查封、依法拍卖或者变卖其价值相当于应纳税款的商品、货物或者其他财产,以拍卖或者变卖所得抵缴税款。

税务机关采取强制执行措施时,对纳税人、扣缴义务人、纳税担保人未缴纳的滞纳金同时强制执行。个人及其所扶养家属维持生活必需的住房和用品,不在强制执行措施的范围之内。

【思考12-5】 某托运站无证经营两年,未申报纳税,后经税务机关核查,责令该托运站限期缴清所欠税款,但托运站却逾期未缴清税款,税务机关遂依法定程序对其采用强制执行措施,扣押了其托运的部分货物,并查封了该托运站的一个仓库。托运站对此措施不服,以税务机关扣押的货物不属于托运站所有,且一个仓库的价值要超过其应缴纳的税款为由,向法院提出诉讼,要求撤销税务机关的不当执行措施。

请分析:税务机关的强制执行措施有无不当?法院应如何处理?

### 三、违反税收征收管理的法律责任

违反税收征收管理的法律责任,是指行为人违反《税收征收管理法》规定时依法应承担的法律后果,包括经济责任、行政责任和刑事责任。

(1) 纳税人、扣缴义务人等违反税法的规定,有偷税、漏税、骗取出口退税、抗税和其他税收违法行为的,要根据行为性质、情节轻重、危害大小、依法承担相应的经济责任、行政责任、刑事责任。

(2) 税务机关及其工作人员违反税法行为的法律责任,主要有责令限期改正,对主管人员、直接责任人员依法给予降级或撤职的行政处分;构成犯罪的,依法追究刑事责任。

**【思考 12-6】** 某基层税务所 2004 年 8 月 15 日在实施税务检查中发现,辖区内平价饭店(系私营企业)自 2004 年 5 月 10 日办理工商营业执照以来,一直没有办理税务登记证,也没有申报纳税。根据检查情况,该饭店应纳未纳税款 1 500 元。

思考:税务所对本案应如何处理?

## 引例点评

本案中该酒店采取设两套账簿的手法,隐匿应税收入,进行虚假的纳税申报,其行为属于较典型的偷税行为,应依法予以行政处罚。根据《税收征收管理法》第 40 条的规定,税务机关应追缴其所偷税款 7 万元及滞纳金,并应处以罚款。

## 能力训练题

### 一、单项选择题

1. 下列税种不属于流转税的是(　　)。
   A. 增值税　　　B. 资源税　　　C. 消费税　　　D. 营业税

2. 纳税人在账簿上多列支出或者不列、少列收入,或者进行虚假的纳税申报,不缴或者少缴应纳税款的是(　　)。
   A. 偷税　　　B. 漏税　　　C. 抗税　　　D. 骗税

3. 作家辛某得稿酬应纳税所得额为 8 700 元,其交纳个人所得税适用的税率为(　　)。
   A. 20%
   B. 20%;并按应纳税额减征 20%
   C. 30%;并按应纳税额减征 20%
   D. 50%

4. 税款征收方式不包括(　　)。
   A. 查账征收　　　B. 查定征收　　　C. 适当征收　　　D. 定期定额征收

### 二、多项选择题

1. 依照《个人所得税法》规定,下列哪些个人所得应当纳税?(　　)
   A. 国家发行的金融债券利息　　　B. 企业债券利息
   C. 储蓄存款利息　　　D. 国库券利息

2. 根据法律规定,下列何种收入免纳个人所得税?(　　)
   A. 王某退休后所得工资收入
   B. 张某进行法律咨询而获 500 元劳务报酬
   C. 李某因翻译某一名著为少数民族文字而接受自治区政府发给的 50 000 元奖金
   D. 刘某购买国库券而获 3 000 元的利息

3. 我国现行的税法采用的税率有(　　)。

A. 累进税率 B. 定额税率 C. 比例税率 D. 边际税率

4. 某外国人受雇于北京某外资企业,于1995年8月至1996年10月在华工作居住。在此期间,该外国人的下列哪些收入应当依据中国《个人所得税法》向我国税务机关缴纳个人所得税?（　　）

A. 外资企业向其支付的月薪3万元人民币
B. 其本国出版社向其支付的稿酬1 000美元
C. 从国外取得的房租收入800美元
D. 从我国某高校取得的授课报酬3 000元人民币

5. 下列属于流转税的是（　　）。

A. 契税 B. 营业税 C. 个人所得税 D. 消费税

6. 根据我国《税收征收管理法》的规定,税务管理包括以下哪几个方面?（　　）

A. 税务登记 B. 账簿、凭证管理
C. 纳税申报 D. 税款征收

7. 我国税务机关征收税款的方式主要有（　　）以及代征、代扣、代缴等。

A. 查点征收 B. 查定征收
C. 查验征收 D. 定期定额征收

### 三、思考题

1. 简述税收的特征。
2. 现行的税种主要有哪些?
3. 增值税、营业税、企业所得税、个人所得税这几个税种的税率分别是多少?
4. 简述税法的构成要素。
5. 纳税人、扣缴义务人违反税法应承担哪些法律责任?

### 四、案例分析题

1. 案情:2002年5月,某化肥厂厂长王某超额完成利税指标,对该县经济作出了突出贡献。县政府奖励王某人民币4万元,并明确宣布此项奖励免予缴税,此事在该县引起很大反响。而该县地税局却通知王某于6月25日前纳税。

请回答:县政府作出的免税决定是否合适?王某应否纳税?纳什么税?在什么期限纳税?税率为多少?

2. 案情:1993年7月1日,广西恭城县平安乡个体屠宰户陈某从外地采购猪肉回本地集贸市场贩卖,上午平安税务所专管员在市场巡视时,发现陈某销售的猪肉未完税,便通告他到税务所缴纳5.10元营业税,陈置之不理。下午4点当两名专管员再次到市场通告陈某到税务所办理纳税手续时,陈则恶语相加,两名税务干部耐心启发教育,陈某却冲出来殴打税务干部,并扬言打死他们。

请回答:陈某的行为违反了哪些法律规定?应如何处罚?

实 训

【目标】

通过实训,使学生了解和掌握我国《企业所得税法》、《个人所得法》中关于企业所得税、个人所得税这几个税种的主要法律规定,培养学生运用法律解决实际问题的思路和能力。

【项目】

1. 利用网络查找有关违反税法的案例,组织学生讨论违反税法可能的后果,讨论企业偷税、逃税与合理避税的界限。

2. 根据税法的规定,计算个人所得税、企业所得税等。

# 第十三章 保险法

## 学习目标

**知识：**
1. 了解保险、保险法的定义，理解保险的要素、保险法的基本原则；
2. 了解保险合同的概念、掌握保险合同的主要特征；
3. 了解财产保险及人身保险合同的概念，理解其法律特征；
4. 了解人身保险合同的条款及适用，理解适用于财产保险合同的代位求偿制度。

**技能：**
1. 能够正确认识保险在市场经济中的作用；
2. 能够识别财产保险及人身保险合同的条款，并能正确运用；
3. 能够结合所学，分析和解决实务中的保险纠纷，提供正确的保险咨询建议。

**素养：**
培养保险意识，依法规避风险。

## 案例导入

孙某与王某于2012年5月共同出资购得东风牌大卡车一辆。其中孙某出资3万元，王某出资5万元。二人约定，孙某负责卡车驾驶，王某负责联系业务，所得利润按双方出资的比例分配。赵某（某保险公司的业务员）在得知孙某购车跑运输后，多次上门推销车辆保险，并表示可以先帮孙某垫付第一年的保险费。在赵某多次的劝说下，孙某碍于情面，表示同意投保车损险和第三者责任险，但保险费先由赵某垫付。随后，赵某为孙某填写了投保单并垫付了保险费，某保险公司也向孙某签发了保险单，保险单中孙某被列为投保人和被保险人，保险金额8万。2012年10月，孙某驾驶的卡车与他人的车辆发生碰撞，卡车全部毁损，孙某也当场死亡。

王某在事故发生后，从赵某处了解到孙某曾向保险公司投保，于是与孙某的妻子何某一起向某保险公司提出索赔。保险公司认为，根据保单记载，孙某是投保人与被保险人,保险公司只能向孙某进行赔付。王某并非保险合同当事人,无权要求保险公司赔偿。并且,因投保车辆属孙某与王某共有,孙某仅对其应得的份额部分有保险利益,所以保险公司不能全额赔付,而只能按照孙某的应得份额进行部分赔付。

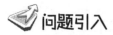

1. 孙某与保险公司订立的保险合同是否有效?
2. 王某在保险理赔案件中是否具有当事人资格?
3. 本案主要体现了保险合同的哪项原则?

## 第一节 认识保险及保险法

### 一、对保险的初步认识

（一）保险的定义

汉语中"保险"一词的基本含义是指"事物存在的安全状态或者运行的安全系数"。日常生活用语中所谓的"保险",则有"稳妥可靠、安全无恙"的意思。作为保险法专业术语的"保险",专指"保险商行为",与人们日常意义上所使用的保险含义相去甚远。保险作为一个科学的专业术语,最初是14世纪意大利的商业用语,后来传到英国,并经英国而传至其他国家,为各国所用。

从经济学的视角来看,保险是一种分担危险、分摊损失的经济补偿制度;从法律的视角看,保险是一种合同法律关系。所以,我们可以将保险的法律含义界定为:保险是投保人和保险人约定,投保人向保险人支付保险费,在保险事故发生时,保险人支付保险金给被保险人或者受益人的商事法律行为。

（二）保险的要素

保险制度源于人们应付危险的客观需要,即"无危险无保险"。在生产生活中,人们无时无刻不面临着各种各样的危险,如洪水、地震、疾病等。

保险作为一种分担危险、分摊损失的制度,必须具备一定的成立条件,理论上通称为保险的要素或保险的构成要件。本书将保险的要素归纳为以下四个方面。

1. 团体性

保险的基本功能在于分担危险、分摊损失。分担危险、分摊损失就必须以多数人(团体)的存在为前提,如果只有一个人,也就无所谓分担危险,无法分摊损失。保险通过集合多数人的资金,建立保险基金,形成共同团体。当团体中某个人因保险事故遭受损失时,就从保险基金中拿出一部分资金,补偿给遭受损失的人,从而将其所遭受的损失分摊于团体中的所有人。团体中所有人分摊的损失表现为投保人所缴纳的保险费,而遭受损失的人得到的补偿则表现为保险人所给付的保险金。从功能上来分析,保险的团体性实际上是多数人之间的一种互助共济,"我为人人,人人为我"。

2. 可保危险

保险是人们处理危险的一种制度安排,要以特定危险的客观存在为前提,"无危险无保险"。保险法中所指的危险,是指将来可能发生并使特定主体遭受财产损失或人身伤亡的意外事故或自然灾害。造成特定主体财产损失或人身伤亡的意外事故或自然灾害,只有具备一定条件,才可以成为可保危险。从性质上来说,可保危险有三类:(1) 人身危险。人身危险是指与人的生命和身体有关的危险,包括死亡、疾病、伤害、残废、丧失劳动能力以及失业等。(2) 财产危险。财产危险是指财产遭受损害的可能性。(3) 责任危险。责任危险是指因对他人财产或人身造成损害而应依法承担赔偿责任的危险。

3. 同一性

保险必须有众多人参加形成团体,才能实现分担危险、分摊损失的目的。众多人之所以愿意集合在一起组成保险团体,是因为团体中的每一成员皆可能遭受某种同类危险。如果某个人根本就不可能遭受某类危险,他就不可能加入承保该类危险的保险团体。

强调保险的同一性,对于保险险种的设计而言,具有非常重要的意义。如果某类危险的发生概率无法凭数理原理测定,则以保险的方法分摊损失的目的就无法实现。因此,可能遭受某种同一危险的人越多,就越容易形成保险团体,来达到分摊损失的目的。火灾是大多数人可能遭受的危险,因此火灾保险在世界各国保险实践中是最常见的保险险种。

4. 补偿性

保险的机能不在于消灭危险,而是对受害人所遭受的损失进行补偿。保险的补偿性因财产保险和人身保险而不同。在财产保险中,被保险人所受到的损失可以用货币予以衡量,从理论上来讲,被保险人所受到的损失完全可以得到全部补偿,损失多少补偿多少。

### (三) 保险的作用

保险的作用,也就是保险的功能对社会所产生的影响,可以区分为积极作用和消极作用两个方面。

1. 积极作用

保险在现代社会中所发挥的积极作用主要体现如下几个方面:

(1) 就整个社会而言,保险是维护社会安定的重要保障。社会的安定必须以个人、家庭的安定为前提,而个人、家庭的安定又以其收入来源稳定、生活没有重大困难为条件。历史经验一再证明,重大灾难往往是导致社会动荡不安的重要因素。保险制度能够有效地分散损失,从而确保遭受意外事故蒙受损失的个人、家庭不会因此而大幅度降低生活质量或陷于贫困,并使其生活有了可靠的物质保障。就企业而言,保险也保证了企业不会因意外事故而中断生产和经营,从而为企业的顺利运转、持续发展提供了保障。企业的顺利运转、持续发展又为企业职工的就业提供了可靠保障,职工生活来源有了保证。个人、家庭和企业的安定实际上也就保证了整个社会的安定。

(2) 就经济发展而言,保险是一种重要的融资手段。保险业作为现代金融业的重要组成部分,是现代商业社会中投资资本的主要来源之一。在一些发达国家,保险公司大量吸收投保人的保费,拥有雄厚的金融资产,保险公司将这些资产注入资本市场,有力地推动了经济的发展。现代社会是一个信用经济社会,人们从事各种经济活动,比如购房买车,往往需要从银行等金融机构贷款融资,这就需要担保。无论是实物担保还是信用担保均存在风险,有风险就要分散风险,保险正是人们分散风险的理想选择。

(3) 就个人而言,保险不仅具有转移风险、分散损失的作用,而且还具有储蓄和投资收益的功能。投保人购买保险实际上就是把自己将来可能遭受的损失通过保险人提前转移给其他被保险人。保险人通过收取保险费用和支付赔款的形式,将少数人的巨额损失分散给众多的被保险人,使个人难以承受的损失变成多数人可以承担的损失,从而有效地降低了参保人损失承担的程度。保险的储蓄和投资功能详见本章第四节"贷款条款"的阐述。

2. 消极作用

任何事物都有两面性,保险制度也不例外,它在为社会带来积极作用的同时,也会对社会产生一些消极影响。第一,保险可能会引发道德风险。保险受益人为了获取巨额的保险赔付,可能会人为地制造保险事故。第二,保险可能会降低人们的责任心,从而增加危险实际发生的概率。当人们将财产投保以后,就可能会产生麻痹大意心理,认为反正损失有保险人顶着,因此放松警惕,导致保险事故发生。第三,保险提高了社会成本。保险只能将本来由个人承担的损失分散给社会大众,其本身并不能消灭风险,减少损失。而保险业的运营需要众多的人员参与,需要支付巨大的运营成本(如果保险公司内部人员出现腐败、挪用保险储备资金从事其他活动则更加增大了保险的运营成本),因此,对整个社会来说,保险的运营成本是一个巨大负担。新中国成立后曾经出现过一段保险空白期,原因固然很多,但保险业的巨大运行成本恐怕也是重要因素。第四,保险的保障作用有限。保险人是商人,要以营利为目的,对于社会需要而无营利价值的事项,就不会开展保险业务,同时,作为商人,保险人也会破产,一旦保险人破产,被保险人的预期就会落空。

## 第十三章 保险法

### ☞ 小资料：伦敦大火催保险

　　1666年9月2日凌晨，位于英国伦敦旧城市中心的约翰·法理诺的面包房起火，火苗引燃了附近的斯塔客栈的干草堆，熊熊大火冲上天空。这场大火引来了周围数千名居民的围观，却极少有人帮助救火。大火不断地向周围的木结构建筑物四散燃烧着，直到次日的午后，大火已经蔓延到了泰晤士河畔，引起了河岸边储满木材、油料、煤炭的仓库发生爆炸。此时，猛烈的西风助长着大火掠过了泰晤士河，烧着了对岸的房屋。不好的消息不时在人们之间传播着，作为伦敦金融中心的皇家交易所已化为灰烬、圣保罗大教堂被烧毁……当伦敦市民试图扑灭大火的时候，已经无济于事。于是，恐怖的景象如同大火一样迅速地笼罩了整个伦敦城，人们争先恐后地纷纷夺路逃命。

　　大火整整燃烧了五天，使伦敦这座堆满沥青浸泡过的木头、到处是木结构建筑的城市毁于一旦，损失惨重。据统计，伦敦市区448亩的地区，有373亩化为瓦砾，占伦敦面积的83.26%，13 200户的住宅被焚毁，财产损失达1 200多万英镑，20多万人流离失所、无家可归。

　　灾后余生的伦敦人在对大火仍然心有余悸的同时，基于他们对保险功能的了解自然而然地产生了寻求一种针对火灾造成的损失提供保险保障的渴望。1667年，一位名叫尼古拉斯·巴蓬的医师以房屋火灾为内容推出了火灾保险，开创了近代火灾保险业的先河。1680年，巴蓬医生与三位好友，集资四万英镑，成立了经营火灾保险的"火灾营业所"，发明了形似凌空欲飞的凤凰的火险标志作为识别投保房屋的标记，并成立了第一支专门从事救火的消防队。1705年，为了与继其之后诸多火险公司相区别，改为凤凰火险公司。凤凰火险公司在火险经营上，根据房屋的租金计算保险费，并将木结构房屋较砖墙结构房屋的保险费增加一倍，首创按照保险标的的危险情况适用的差别费率。

　　自此以后，不仅有专门经营火险的保险公司，即使是原先专营水险业务的也纷纷兼营火险业务。火险业务成为与水险业务并存的新保险领域。

### 二、保险法概述

#### （一）保险法的概念

　　保险法有广义和狭义之分。广义的保险法，是指调整保险关系的一切法律规范的总称，包括保险公法和保险私法。狭义的保险法只指保险私法。保险私法是调整自然人、法人和其他经济组织之间保险关系的法律规范，主要包括保险合同法和保险特别法。保险公法是指调整保险业监督管理关系和社会公共保险关系的法律规范，主要包括保险业法和社会保险法。

　　本书所称的保险法，既指广义的保险法，又指实质意义上的保险法，还指形式意义上的保险法,但不包括社会保险法。

### (二) 保险法的特征

作为民商法特别法的保险法,除具有民商法的一般特点外,还具有一些与民商法其他内容不同的特性。

1. 极强的技术性

保险运作的基本模式为：保险人收取保费,建立保险基金,用以对被保险人的损失进行赔偿。总体上,保险人收取保费与对被保险人的损失赔偿之间必须有一种平衡关系。换言之,保险人收取的保费的数额大小是由其将来可能承担的赔偿责任的数额大小决定的。两者之间的数额关系必须以概率论为基础,由专业人士计算得出。保险法由此表现出极强的技术性,存在很多具有较强技术性的法律规范。这些技术性法律规范非常专业,对于非保险专业的外行人来说,理解起来存在困难。保险法的专业技术性一方面强化了保险法的科学性,但另一方面也增加了人们了解、学习和适用保险法的难度。

2. 至善的伦理性

保险与赌博具有相似性,两者都有射幸成分,因此容易诱发道德风险。为预防可能发生的道德风险,保险法对保险合同当事人提出了很高的道德要求,要求善意订立和履行保险合同。保险法的这种善意要求,使保险法表现出较强的伦理性。保险法中有很多制度都体现了保险法的伦理性要求,如投保人的告知义务,保险利益原则,等等。保险法的至善伦理性,既是保护被保险人的需要,也是确保保险制度持续良性发展的必然要求。

3. 形式的不对等性

形式的不对等性主要是针对保险合同法而言的。保险合同是射幸合同,在保险合同义务的履行中,投保人的缴纳保险费的义务是必然的、确定的,投保人必须履行;而保险合同约定的保险事故发生则具有偶然性,甚至可以说在一般情况下是不会发生的。因此,保险人赔付义务的履行具有不确定性,在一般情况下根本就不需要履行。这种一方必然履行义务而另一方偶然履行义务,容易给人造成一种错觉,觉得双方之间的权利义务具有不对等性。特别是在强制商业保险合同中,人们容易形成是保险公司在强制收钱的不正确认识。

### (三) 我国的保险立法情况

新中国成立以后至1995年我国第一部保险基本法颁行的四十几年的时间里,随着保险事业的发展,国家也先后颁布了一系列的保险法规,本书不作详细介绍。

1995年,第八届全国人大常委会第十四次会议通过了《中华人民共和国保险法》,这是自新中国成立以来第一部保险基本法。这部保险基本法采用保险合同法、保险业法合一的立法体例,是一部完整、系统的保险法律,共八章152条。2002年10月28日第九届全国人民代表大会常务委员会第三十次会议对《中华人民共和国保险法》进行了修订,2009年2月28日第十一届全国人民代表大会常务委员会第七次会议再次对《中华人民共和国保险法》进行了修订,修订后的《中华人民共和国保险法》共八章187条。

## 第二节 保险法的基本原则

### 一、最大诚信原则

由于保险合同具有明显的信息不对称性:一方面,保险人可能利用自己的专业知识优势,在合同缔约或履约时给投保人或被保险人不公平的对待,损害其合法权益;另一方面,投保人也可能利用自己更了解保险标的的危险情况,在缔约时影响保险人的风险估算,在保险标的危险增加时不及时通知保险人。可见,保险合同的约束力,完全依靠当事人双方有高于普通合同的诚信态度。因此,保险合同法中对诚信原则的要求较之其他民事法律要求更高,被称为最大诚信原则,即保险合同的当事人应当以高于普通合同的诚信态度来订立和履行保险合同。

最大诚信原则作为现代保险法的基本原则之一,最早起源于海上保险。在早期的海上保险中,投保人投保时作为保险标的的船舶或者货物经常已在海上或在其他港口,真实情况如何,在当时的条件下,只能依赖于投保人的告知;保险人根据投保人的告知决定是否承保及估算保险风险、确定保险费率。因此投保人或被保险人告知的真实性对保险人来说有重大的影响,诚信原则对保险合同当事人的要求较一般的民事合同要求就更高、更具体,即要遵守最大诚信原则。该原则在《英国1906年海上保险法》中首先得到确定,该法第17条规定:"海上保险是建立在最大诚信原则基础上的契约,如果任何一方不遵守最大诚信原则,他方可以宣告契约无效。"

【思考13-1】 2010年8月19日,钱某与保险公司签订了一份家庭财产火灾保险合同。2011年4月6日,钱某家发生火灾,经众人奋力抢救,搬出部分财产于露天空坪上,未被搬出的财产全部被损毁。当晚,由于钱某看管不严,致使搬出的财产全部被盗。次日,钱某及时向保险公司报案,但隐瞒了部分财产被抢救出并被盗的事实。保险公司派人调查核实后,决定给予钱某全部赔偿。钱某领回保险赔款后,有人向保险公司告知曾有部分财产被抢救出并被盗的事实,保险公司要求钱某退回部分保险赔偿,遭钱某拒绝。

请问:
(1) 钱某应否将财产被抢救出的事实告知保险公司?为什么?
(2) 对于被盗的财产,保险公司应否承担赔偿责任?为什么?

## 二、保险利益原则

保险利益又称可保利益或可保权益,是指投保人或者被保险人对保险标的具有的法律上承认的利益,是一种合法的、客观存在的、经济上可确定的利益。英国早在1745年的《海商法》中就规定:"没有可保利益的,或除保险单以外没有其他合法利益证明的,或通过赌博方式订立的海上保险合同无效。"我国《保险法》第12条中规定:"人身保险的投保人在保险合同订立时,对被保险人应当具有保险利益。财产保险的被保险人在保险事故发生时,对保险标的应当具有保险利益。"此规定对原保险法第12条规定的保险利益原则作了较大的修订,区别人身保险和财产保险对保险利益的不同要求,分别进行了规定。

保险利益原则作为保险法的一项基本原则,有其重要作用。它首先可以减少道德风险的发生。保险利益原则要求投保人或被保险人对保险标的具有保险利益,保险人的赔付以被保险人遭受损失为前提,这就可以防止投保人或被保险人放任或促使其不具有保险利益的保险标的发生保险事故,以谋取保险赔偿。其次,可使危险因素相对稳定。危险因素的变化直接影响保险关系,而保险利益的变动正是导致危险因素发生变化的一个重要原因。再次,限制赔偿程度。保险利益是保险人所补偿损失的最高限额,被保险人所主张的赔偿金额不得超过其保险利益的金额或价值。如果不坚持这个原则,投保人或被保险人可能会获得与所受损失不相称的高额赔偿,从而损害保险人的利益。最后,有消除赌博的可能性。保险与赌博的区别就在于保险中存在保险利益,赌博中不存在,如果投保人对于保险标的不具有保险利益,就意味着投保人可以不受损失而得到赔偿。

不同保险合同保险利益的范围是不一样的,财产保险合同的保险利益应具有以下三个条件之一:① 被保险人对保险标的享有物权;② 基于合同;③ 依法应承担民事赔偿责任。人身保险的投保人对下列人员具有保险利益:① 本人;② 配偶、子女、父母;③ 前项以外的与投保人有抚养、赡养或者扶养关系的家庭其他成员、近亲属;④ 与投保人有劳动关系的劳动者。除前述规定以外,被保险人同意投保人为其订立合同的,视为被保险人对保险人具有保险利益。

【思考13-2】

人身保险投保人对下列哪一类人员具有保险利益?(　　)

A. 与投保人关系密切的邻居
B. 与投保人已经离婚但仍然一起生活的前妻
C. 与投保人有劳动关系的劳动者
D. 与投保人合伙经营的合伙人

【思考13-3】 下列哪项符合保险利益原则?(　　)

A. 甲经同事乙同意,为其购买一份人寿险
B. 丙为自己刚出生一个月的孩子购买一份人身险

C. 丁公司为其经营管理的风景区内的一颗巨型钟乳石投保一份财产险
D. 戊公司为其已投保的仓库再投保一份财产险

## 三、自愿原则

除法律、行政法规规定必须保险的以外,保险合同自愿订立。我国强制性商业保险的种类有限,主要是出于保护公共利益的需要。例如,我国政府为了落实道路交通安全政策于2006年7月推行的机动车交通事故责任强制保险只适用于机动车的所有人、管理人。所以,当事人在签订保险合同时,应当区分是否属于强制保险的范畴。

## 四、近因原则

近因原则是保险业的基本原则之一,是指只有在导致保险事故的近因属于保险责任范围以内时,保险公司才承担赔偿责任。也就是说,保险公司承担赔偿责任的范围,应限于以承保风险为近因造成的损失。

按照这一原则,只要造成被保险人人身伤害的近因属于保险责任范围之内,保险公司就应当向被保险人或者受益人履行赔付保险金的责任。保险业较为发达的英国早在《1906年海上保险法》就明文确立了近因原则,该法第55条第1款规定:"依照本法的规定,除保险单另有约定外,保险人对所承保的危险近因所致的损失负赔偿责任。但是,对于非由所承保的危险近因所致的损失,概不负责。"在我国,尽管《保险法》和《海商法》尚未对"近因原则"作出明文规定,但是,法律界、保险界大多数专家学者均主张"近因原则"是保险理赔的基本原则之一。目前我国保险实践中,对有涉及因果关系的保险事故均采用近因原则处理。

> **小资料:近因原则经典案例**
>
> 近因原则的里程碑案例发生在一战期间。英国Leyland公司的一艘货船被德国的鱼雷击中后严重受损,被拖到法国的勒哈佛尔港,港口当局担心该船沉没以后会阻碍码头的使用,于是命令该船停靠在港口防波堤外,在风浪的作用下该船最后沉没。
>
> Leyland公司索赔遭拒后诉至法院。审理此案的英国上议院大法官认为,导致船舶沉没的原因包括鱼雷击中和海浪冲击,但船舶在被鱼雷击中后始终没有脱离危险。因此,船舶沉没的近因是鱼雷击中而不是海浪冲击。

【思考13-4】李某怀孕三个月,一天她在雷雨中赶路,一阵轰响,一个落雷击中了旁边的一棵大树,大树随即倒在李某的脚下。受到惊吓的李某顿时觉得小腹剧痛,连忙拨打了急救电话,但是很不幸,李某还是流产了,而且由于流产导致的大出血,李某也不幸去世。李某生前为自己购买过一份意外伤害保险,受益人是她的丈夫王某。王某想要去保险公司申请理赔,但是却发现保单的免责条款上赫然写着:由于被保险人流产、分娩导致的被保险人死亡,属于免赔责任。

有专家认为,王先生可以去保险公司申请理赔,因为按照保险的近因原则,雷击是导致李某死亡的最直接、最有效的原因,而雷击本身是属于意外事故的。

请阐述你的观点。

## 第三节 保险合同概述

### 一、保险合同的概念

根据我国《保险法》第 10 条规定,保险合同,是指投保人与保险人所签订的约定保险权利义务关系的协议。其基本内容是,投保人一方交付保险费,而保险人一方在保险事故发生造成保险标的损失或保险期限届满时,承担保险赔偿或给付保险金的责任。

可见,保险合同是实现社会公众寻求保险保障目的的法律手段。因为,在市场经济条件下社会公众存在着保险保障需求,与保险人供应的保险产品之间,仅是物质上的商品供求关系。保险供求关系产生于社会经济生产和生活之中,虽然是客观存在的,但只是驱动供需双方建立保险商品交换关系的物质前提,本身并不具备约束供需双方行为的强制力。显然,保险供需关系的实现,需要采取相应的法律形式——签订保险合同,借助其法律约束力保证实现当事人追求保险商品交换的目的。这表现在当事人应当依法签订和履行保险合同,不得任意变更和解除,更不得拒不履行所承担的义务。所以说,保险商品交换是内容,而保险合同则是其得以实现的法律手段,两者缺一不可。

### 二、保险合同的法律特点

从合同制度角度讲,保险合同是一种独立的合同类型。它具有合同的一般法律属性,即基于意思表示一致的双方民事法律行为而构成,对当事人具有法律约束力。同时,保险合同又有自身的诸多法律特点,区别于其他各种合同。

(一)保险合同是典型的保障性合同

所谓保障性合同是指其根本作用是向社会公众和社会经济生活提供保障手段。保险合同就是以此作为最终目的,反映着社会成员为抵御自然灾害或意外事故的发生所带来的损失和困难而寻求保险保障的需求,体现了保险活动所涉及的保险商品交换的供需关系。

### （二）保险合同是一种双方民事法律行为

保险合同作为双方民事法律行为，是通过投保人与保险人双方协商一致的法律活动。在此过程中，投保人和保险人均应有订立保险合同的想法，并就投保对象、保险费率、保险金额、保险期限、保险责任范围等基本条款达成协议，才可能签订该保险合同，否则，即使一方当事人意欲订立保险合同，而另一方不同意的，也不能签订保险合同。而且，投保人和保险人在签订保险合同时，应处于平等的法律地位，出于彼此的自愿，任何一方均不得强迫对方，更不能利用权力、优势地位等不正当手段签订霸王合同。

### （三）保险合同是一种最大诚信合同

由于保险经营是具有特殊风险的行业，保险人承保的范围广泛，保险的对象五花八门，不可能逐个地调查核实，而只能是对投保人或被保险人予以极大的信任，根据其提供的情况来决定是否承保和所适用的保险费率。所以，为了避免保险人的合法权益遭受损害，防止出现道德危险行为（如欺诈），各国保险立法均要求投保人和被保险人负有如实告知的义务，如果投保人或被保险人隐瞒事实，不履行如实告知义务的，保险人有权解除保险合同。显然，最大诚信原则的适用是保险合同的一大特点。

### （四）保险合同是一种具有人身属性的合同

这一点也是保险合同与其他合同相区别的，具体表现为相互联系的两个方面。一方面，在市场经济条件下，大多数合同（如买卖、租赁等）是为了满足商品交换者本人的需求，一般是由商品交换参与者本人为其自身利益签订，由其本人享有权利和履行义务。而保险合同基于其保障性质，适应着各种社会公众寻求保险保障的具体需要，允许投保人为自己的利益投保，也允许投保人为第三人的利益与保险人签订保险合同，以使该第三人获取相应的保险保障。

另一方面，保险法强调被保险人资格的取得，应当以保险利益的存在为前提。即不论投保人是为自己的利益，还是为第三人的利益签订保险合同，获取保险保障的被保险人都应对保险标的具有保险利益。该保险利益依附于被保险人的人身，并与保险合同效力直接相联。例如，保险标的的所有权由被保险人转移给第三人的，依法经保险人批准后，保险合同的效力继续存在，不过，该保险合同的被保险人应当变更为受让所有权的第三人。否则，保险合同的效力会因被保险人失去保险利益而终止。

### （五）保险合同是诺成合同

保险合同作为诺成合同，是基于投保人和保险人双方意思表示一致而成立的，即"投保人提出保险要求，经保险人同意承保，保险合同成立"（《保险法》第13条第1款）。无疑，保险合同的成立条件是投保人和保险人就投保和承保事宜达成协议，并非实践性合同。

(六) 保险合同是具有特殊性的双务合同

与其他双务合同一样,保险合同的投保人、被保险人与保险人双方均享有权利和承担义务,而且,彼此的权利和义务互为条件。但是,保险合同的双务性又自有如下特点。

首先,保险合同的双务内容是否实现是不确定的。一般双务合同的双方当事人所承担的义务必须履行,而各自的权利相应地得以实现。否则,将构成违约。然而,在保险合同中,投保人必须履行其交纳保险费的义务。但是,保险人所承担的保险责任的履行与否则是不确定的,取决于合同约定的保险事故是否发生。当保险事故发生并造成保险标的损失时,保险人才履行保险责任。反之,在保险合同有效期限内未发生保险事故的,则保险人不履行其约定的保险责任。

其次,保险合同双务性的实现不适用"对待履行"原则。根据我国《合同法》的规定,就一般双务合同来说,如果合同规定了双方各自履约期限的,则当事人应依约履行各自义务。如果合同未约定履行期限和履行顺序的,则适用"对待履行"规则。即一方当事人要求对方当事人履行义务时,应同时履行自己承担的义务。否则,对方当事人依法行使拒绝单方面履行义务的同时履行抗辩权。但"对待履行"原则却不适用于保险合同。因为保险合同通常只规定投保人交付保险费的方式和时间,而对保险人的保险责任,则仅规定其承担保险责任的期间,而不约定具体的履行时间。即便如此,投保人在交付保险费时,不得要求保险人同时履行保险责任。原因是保险人承担的保险责任是以保险事故发生造成保险标的损失,并以被保险人或受益人依法索赔为条件的,故不得适用同时履行抗辩权。

(七) 保险合同是具有特殊性的有偿合同

合同作为市场经济活动的法律形式,等价有偿是其遵循的基本规律,但是,保险合同的有偿性又具有不同于其他合同的特点。

首先,保险合同的有偿性在具体的保险合同中,并非必然实现。在保险实务上,各个保险合同的投保人必须履行交付保险费的义务,否则会影响到保险合同的效力。而作为其对价,保险人承担的保险责任是否履行,在保险事故未发生之时处于一种或然状态。只有在保险有效期内发生保险事故造成保险标的损失的,才予以履行,实现"对价履行"规则。

其次,保险合同的有偿性是不等价的。对于一般的有偿合同而言,其有偿性表现在双方当事人的权利和义务,应当按照价值规律,以等价交换为基础来确立。但是,保险合同的有偿性只是在保险经营的整体上,通过会计核算所规定的保险费率收取的保险费总和与保险人在一定时期内进行保险赔偿和支付的保险金总和基本相等,实现等价有偿的保险商品交换。

## （八）保险合同是典型的格式合同和附和合同

根据国际保险市场长期发展形成的惯例，保险合同条款一般多是由保险人事先制作成格式合同文本，投保人在投保之时对此格式条款进行审阅后决定是否投保。当然，根据被保险人的特殊保险需求，投保人和保险人也可以协商增加条款或修改格式合同条款。但是，这种增加或修改的内容必须使用附加特约方式，另行签署附加条款，贴附于格式合同文本上，而不能对保险格式条款直接加以改动。

针对保险合同的附和性和格式化特点，为确保保险合同订立的公正性，各国保险立法往往建立相应的制约机制。例如，各国的保险立法一般都规定保险人应将其制作的格式合同条款报经保险管理机关审核批准后，方能在保险经营中适用。我国有关立法对于保险合同格式条款也持同样态度，即《合同法》和《保险法》均规定了相应的特殊法律规则。

**【思考 13-5】** 2004 年 3 月 15 日，李甲向乙保险公司投保了家庭财产保险合同附加盗窃保险，保险金额 10 000 元，保险期限为 1 年。4 月 30 日，李甲所在单位用福利基金为本单位全体职工向丙保险公司投保了家庭财产保险附加盗窃保险，每名职工的保险金额为 2 000 元，保险期限为 1 年。

同年 10 月 18 日，李甲家被盗，李甲发现后，立即向公安局报案，并通知了乙保险公司。经过公安局的现场勘验，认定丢失数码照相机一台、彩色电视机一台、DVD 机一台、高级服装数件、现金 2 000 元，共计损失金额 18 000 余元。

三个月后，因公安局未能破案，李甲向乙保险公司提出索赔要求。乙保险公司在理赔调查中得知李甲在丙保险公司另行投保了家庭财产保险合同，于是决定应与丙保险公司按照各自的投保比例赔偿。因各方意见不一，李甲诉至法院。

请分析法院应当如何处理。

### 三、保险合同的构成

从共性角度讲，构成保险合同的是合同主体、合同客体和合同标的等部分。

#### （一）保险合同的主体

保险合同主体是指参与保险合同关系的各方当事人，是构成保险合同的首要因素。具体包括保险人一方和作为非保险人一方的投保人、被保险人和受益人。

保险人是指"与投保人订立保险合同，并按照合同约定承担赔偿或者给付保险金责任的保险公司"（《保险法》第 10 条第 3 款）。由于保险合同是用于保险经营活动的专门性合同，所以，保险人是各个保险合同必然存在的一方当事人。保险合同作为实现保险保障功能的唯一法律途径，保险人便是其保险责任的承担者。保险人是保险职能的直接实现者，必须符合法律规定的资格条件，才能成为保险人。

投保人就是"与保险人订立保险合同，并按照合同约定负有支付保险费义务的人"(《保险法》第10第2款)。可见,投保人是与保险人相对应的签约人,其行为是产生保险合同的前提,并且,投保人在保险合同中承担着交纳保险费的义务。在实践中,投保人可以是公民个人、法人组织或其他组织。投保人订立保险合同,可以是为自己的利益,也可以是为他人的利益。投保人必须符合的法律条件:(1)应具有订约能力,即投保人必须依法具有民事行为能力。(2)投保人应对保险标的具有保险利益。否则,无资格作为投保人与保险人订立保险合同。

被保险人就是"其财产或者人身受保险合同保障,享有保险金请求权的人"(《保险法》第12条第5款)。可以说,被保险人是保险合同中直接取得保险保障的对象,基于保险合同向社会公众提供保险保障的目的,被保险人成为保险合同必不可少的主体。诸如,财产保险合同中为投保财产的所有权人或经营权人,人身保险合同中以其寿命或身体作为承保对象的自然人。当然,在保险实践中,根据投保的不同情况,投保人可以同时就是被保险人,也可以是投保人与被保险人分别为不同的民事主体。

受益人就是"人身保险合同中由被保险人或者投保人指定的享有保险金请求权的人"(《保险法》第18条第3款)。可见,此规定将受益人的适用范围局限于人身保险合同。受益人在保险合同关系中,处于独立当事人的地位。但是,受益人不同于投保人和被保险人之处在于,其当事人身份的取得是基于被保险人的指定行为,这意味着被保险人将其在保险合同中享有的保险金给付请求权转移给受益人。除非依法丧失该项权利的以外,只要受益人依法行使此项权利,就可以获取人身保险金。

### (二) 保险合同的客体

保险合同的客体是构成保险合同的要素之一,它表现为保险合同的各方当事人的权利和义务共同指向的对象。对此,本书认为,保险利益是保险合同的客体。

保险利益作为保险合同的客体区别于保险标的,它并非保险人在保险合同中承保的具体财产或者被保险人的身体、生命,而是投保人或者被保险人与保险标的之间所存在的法律上认可的经济利害关系,即"对保险标的具有的法律上承认的利益"(《保险法》第12条第6款)。这种经济利害关系体现着投保人或被保险人因保险标的的存在而享有的经济利益。它通过保险合同的适用,而得到保险人提供的保险保障,故称之为保险利益。

各国保险立法均重视保险利益问题,原因在于,保险利益的存在与保险合同保障职能的实现直接相联。财产保险的投保人投保的目的在于通过保险人的保险赔偿获取保险利益的保障,故保险赔偿范围是以保险利益为根据的。而人身保险的投保人同样要借助保险金的给付来保障其保险利益,则保险利益的存在也是必不可少的前提。如果没有保险利益,保险合同就会因缺少保障的客体而无从构建,以此防止社会成员利用保险合同牟取额外利益的投机心理,并预防道德危险发生。

(三) 保险合同的保险标的

保险合同的保险标的,是指作为保险对象的人的寿命和身体或者财产及其有关利益。保险标的在保险合同中是确认保险利益的依据,也是保险事故所致损害后果的承受体。不同险种的保险合同的保险标的是不同的。如财产保险合同的保险标的是相应的财产或有关的利益,人身保险合同的保险标的则是被保险人的生命或身体。

保险标的不仅是保险人提供保险保障的直接对象,同时,它还是被保险人寻求保险保障的保险利益的物质表现形式。保险标的在具体的保险合同中不尽相同,可以是物质财产、民事权利、法律责任,也可以是被保险人的身体、生命等。随着社会的发展和生产力水平、科技水平的提高,人们寻求保险保障的需求必然趋于扩大,从而使得保险合同的保险标的范围也不断扩大。这已为保险制度的历史所证明,即保险合同的保险标的从最初的有形财产扩大到无形的民事权利、法律责任,由一般的生产资料、生活资料发展到卫星、航天飞机、宇宙飞船等高科技产品。但是,不论何种保险标的,通过其体现被保险人的保险利益都是一致的。

## 第四节  人身保险合同和财产保险合同

### 一、人身保险合同概述

(一) 人身保险的概念和种类

《保险法》第12条第3款规定:人身保险是指以人的寿命或者身体为保险标的的保险。详而言之,人身保险是指投保人和保险人约定,由投保人向保险人支付保险费,保险人在被保险人死亡、伤残、疾病或者达到合同约定的年龄、期限时,承担给付保险金责任的保险。

依不同的标准,人身保险主要有以下分类。按照保险标的不同可以分为人寿保险、健康保险和意外伤害保险;按照产生方式不同可以划分为自愿性保险和强制性保险;(在我国,财产保险中存在强制性保险,如汽车责任保险。而在人身保险中,均为自愿性保险,不存在强制性保险。但是在西方的许多发达国家,人身保险范围内的强制保险合同较多。)按照被保险人人数不同,可以划分为个人保险和团体保险;按照保险金给付方式的不同,可以划分为资金保险和年金保险。资金保险是指保险事故发生时,保险人一次性向被保险人或者受益人给付全部保险金的人身保险。一般的人身保险,如果没有特别约定,通常采取资金保险形式。年金保险是指以被保险人生存为条件,在其终身或者一定期间内,每年均给付一定保险金额的人身保险。

(二) 人身保险的特征

人身保险作为保险的一种,具有保险的一般属性。人身保险是与财产保险相对应的概念,两者相比,人身保险的法律特征主要体现在保险标的的不可估价性、保险金额的定额给付性、储蓄特性、保险期限的长期性、代位求偿权的禁止以及受益人的指定性。在人身保险合同中,尤其是在死亡保险中,通常要求指定身故受益人。

(三) 人身保险合同的特有条款

1. 不可抗辩条款

人身保险的不可抗辩条款是指保险人不得以投保人在订立人身保险时就被保险人的有关情况误告或隐瞒事实为理由,主张该合同无效从而拒绝给付保险金。详而言之,在保险人和投保人之间订立人身保险后,即使存在有关被保险人相关情况的误告或隐瞒,经过一定期间后(通常为两年),由于不可抗辩条款的法律效力,保险人不得以投保人违反最大诚信原则而主张该合同无效。

【思考 13-6】 2005 年,王某在某保险公司为自己和妻子刘某投保了一份终身寿险合同,保险金额均为 15 万元,指定其子 A 为受益人。2006 年的一天,王某携妻子在参加晚宴回来路上遇到大雾天气,自驾汽车驶入大山之下,双双死亡。其子 A 遂向保险公司要求给付保险金,保险公司经过核实后准备给付 30 万元保险金于 A。此时,保险公司却意外收到了某法院的协助执行通知,要求停止支付该笔保险金,原因在于死者王某生前仍欠银行贷款 10 万元。问:法院的做法正确与否?

2. 年龄误告条款

人身保险的年龄误告条款是指投保人在投保时错误地申报了被保险人的年龄,导致被保险人的申报年龄和实际年龄不符。在人身保险中,被保险人的年龄具有非常重要的作用,因为它不仅直接决定着是否符合承保的要求,而且决定着保险费的计算办法。

《保险法》第 32 条规定:"投保人申报的被保险人年龄不真实,并且其真实年龄不符合合同约定的年龄限制的,保险人可以解除合同,并按照合同约定退还保险单的现金价值。""投保人申报的被保险人年龄不真实,致使投保人支付的保险费少于应付保险费的,保险人有权更正并要求投保人补交保险费,或者在给付保险金时按照实付保险费与应付保险费的比例支付。投保人申报的被保险人年龄不真实,致使投保人支付的保险费多于应付保险费的,保险人应当将多收的保险费退还投保人。"

3. 不丧失价值条款

人身保险的不丧失价值条款是指投保人有权在合同有效期限内选择有利于自己的方式处置保单上的现金价值条款。也就是说,由于人身保险具有储蓄的特点,

## 第十三章 保险法

所以即使保险事故发生后,投保人可以取回全部的保险金,亦可继续承保。

《保险法》第47条规定:"投保人解除合同的,保险人应当自收到解除合同通知之日起30日内,按照合同约定退还保险单的现金价值。"

4. 宽限期条款

人身保险的宽限期条款是针对保险费交付而言的。即投保人虽然未能按照保险额合同的约定及时缴纳保险费,在法定或约定的宽限期限内缴纳的,合同仍然有效。人身保险之所以规定宽限期条款,"一方面是为了方便投保人,另一方面是为了不使保险合同轻易终止效力,巩固保险人的已有业务"。在人身保险中,因为存在分期缴纳保险费的做法,所以为了稳定人身保险的效力,一般都规定了较长的宽限期以完成首次缴纳以后的各阶段的分期缴纳义务。

《保险法》第36条规定:"合同约定分期支付保险费,投保人支付首期保险费后,除合同另有约定外,投保人自保险人催告之日起超过30日未支付当期保险费,或者超过约定的期限60日未支付当期保险费的,合同效力中止,或者由保险人按照合同约定的条件减少保险金额。被保险人在前款规定期限内发生保险事故的,保险人应当按照合同约定给付保险金,但可以扣减欠交的保险费。"

5. 复效条款

人身保险的复效条款是指投保人因不能按照规定或约定的期限缴纳保险费导致合同效力中止后,重新恢复合同效力的条款。复效条款对投保人来说,比重新进行投保更加有利,对保险人来说,复效条款也能吸引、巩固投保人继续进行承保,从而扩大业务。不过为了保护双方当事人的权利,并且为了稳定保险合同关系,各国一般都规定了复效条款适用的期限。

《保险法》第37条规定:"合同效力依照本法第36条规定中止的,经保险人与投保人协商并达成协议,在投保人补交保险费后,合同效力恢复。但是,自合同效力中止之日起满二年双方未达成协议的,保险人有权解除合同。"

【思考13-7】 2000年3月,王某(原告)为丈夫在A保险公司投保并签订"重大疾病终身保险合同",保险金额为5万元,交费期限为15年,从2000年4月开始交纳保险费,受益人为王某。在此后的时间里,王某按时交纳了保险费,但是由于资金紧缺,第四期的保险费没有按时交纳,造成了保险合同效力的中止。2003年3月,经王某申请,该保险公司同意其交纳第四期保险费及利息后,该保险合同效力恢复。在2005年2月一天,被保险人(王某丈夫)因家庭原因服毒自杀,于是王某就以保险事故发生为由要求保险公司进行赔付,保险公司主张按照保险法的规定,被保险人自杀的,应当自合同成立之日起2年后才能进行赔付,在本案中,从2003年3月到2005年2月显然没有到法定的2年期限。于是双方诉至法院,请求法院判决。

请分析法院应当如何处理。

6. 贷款条款

人身保险的贷款条款是指投保人可以在人身保险单积存的责任准备金的累计金额范围内向保险人申请贷款的条款。人身保险具有期限长的特点,并且具有储蓄的特点,也就是说保险金最终要返还给被保险人或受益人。因此通过设置贷款条款即可以保证保险合同继续有效,同时也满足了投保人或被保险人对资金的需求。我国《保险法》并没有对贷款条款作出明确规定,仅仅在第34条第2款规定保险单的转让和质押问题,从中可以推断保险法并不禁止保单质押贷款。中国人民银行在《关于人寿保险中保单质押贷款问题的批复》(银发[1998]194号)中对保险单质押贷款作了说明,规定了被保险人向投保人申请贷款的具体办法。

7. 自杀条款

人身保险的自杀条款是指在人身保险中,被保险人在未经法定期限而自杀的,保险人并不承担保险责任,仅退还保险单的现金价值,而如果经过了法定期限而自杀的,保险人要承担保险责任的条款。因此可以说,自杀条款的关键所在是法定期限的确定。除极少数国家,例如日本、德国等没有规定自杀条款外,一般国家都对自杀条款有所规定。由于"一个蓄意自杀的人不可能推迟到若干年后去实施,即使当时确有自杀意图,也可能随着时间的流逝,情景的变迁而改变初衷"。

人身保险中确定自杀条款的目的在于防止道德危险的发生,避免蓄意自杀者企图通过保险为家属谋取保险金。自杀条款只适用于以死亡为给付保险金条件的合同,不适用意外伤害保险合同。在意外伤害保险合同中,被保险人故意自杀的,保险人一律不承担给付保险金的责任。

8. 战争条款

人身保险的战争条款是指在保险合同期间,因战争造成被保险人死亡或伤残的,保险人不承担保险责任的条款。之所以规定战争条款是因为在战争中造成的人身伤亡是难以估量的,相反,如果允许战争作为保险合同的保险事故,必然导致战前大量人员投保,导致保险业的不正常状态,而且战后由于损失难以数计,也必然导致保险业的异常,甚至纷纷走向破产,导致保险市场的无序和混乱。因此各国一般不将战争作为人身保险的承保范围。

## 二、财产保险合同概述

### (一)财产保险的概念

《保险法》第12条规定:"财产保险是以财产及其有关利益为保险标的的保险。"由于它以物质财富及与此有关的利益为保险标的,因此又称为"产物保险"。同时,由于它严格坚持损失补偿原则,以补偿财产的实际损失为目的,因此也被称为"损失保险"。

在理论上,财产保险有广义和狭义之分。广义的财产保险泛指以有形财产和无形财产(利益)为保险标的的财产保险,有形财产如运输工具、机器设备、房屋等,无形财产如知识产权、债权等。狭义的财产保险仅指以有形财产为保险标的的财产保险。我国《保险法》中所指的财产保险是广义的财产保险,狭义的财产保险被称为财产损失保险。

### (二)财产保险的法律特征

财产保险作为保险的一种,具备所有保险所共有的射幸性、附合性、有偿性、最大诚信性等属性。所谓财产保险的法律特征,主要是指财产保险和人身保险相比较而言所具有的特征。与人身保险相比,财产保险的法律特征主要表现在如下几个方面。

1. 财产性

财产性是指财产保险的标的以财产及其有关利益为限。财产及其有关利益是保险标的,是财产保险区别于人身保险的首要特征,也是财产保险其他特征赖以存在的基础。由于财产及其有关利益的显著特征可以通过特定方式确定价值,所以财产保险的保险标的也就具有价值上的确定性。因此,当保险事故发生时,被保险人的损失是可以确定、用金钱加以量化的。这决定了财产保险可以实行损失填补原则。对于人身保险来说,由于人的生命和身体等无法用金钱加以量化,所以也就无法适用损失填补原则。此外,由于财产及其有关利益具有可转让性,因此作为财产保险合同的标的也可以随其所有权的转移而转移。

2. 补偿性

补偿性是指当保险事故发生时,保险人要根据保险合同的约定负责填补被保险人因保险事故发生所遭受到的损失。因此,财产保险具有补偿性的特征。在保险法理论上,人们把财产保险的这种补偿性质称为补偿性原则,其具体内涵包括两个方面:(1)保险补偿是经济补偿、利益补偿,而不是实物替换;(2)补偿只能使被保险人恢复到损失发生前的经济状况,而不能因此获得额外利益。

3. 赔偿额受限

由于财产保险具有补偿性的特征,其赔偿责任不能任意约定,而是必须受到保险标的实际价值的限制,即财产保险的保险金额不得超过财产保险标的的价值。保险金额是指保险人承担保险赔偿或者给付保险金责任的最高限额。保险财产的实际价值是确定财产保险的保险金额的根据,禁止订立保险金额超过保险标的价值的财产保险。《保险法》第55条规定:"投保人和保险人约定保险标的的保险价值并在合同中载明的,保险标的发生损失时,以约定的保险价值为赔偿计算标准。投保人和保险人未约定保险标的的保险价值的,保险标的发生损失时,以保险事故发生时保险标的的实际价值为赔偿计算标准。保险金额不得超过保险价值。超过保险价值的,超过部分无效。"与此不同的是,人身保险合同的保险金额不存在是否超过保险价值的问题。因为作为人身保险合同的保险标的的人的生命或者身体是无法用金钱量化衡量的。

4. 保险人享有代位求偿权

保险人的代位求偿权是指在财产保险中,当存在须对被保险人的损失承担赔偿责任的第三人时,保险人在赔偿被保险人的损失后,所取得的原为被保险人所享有的依法向该第三人请求赔偿的权利。赋予保险人代位求偿权是为了贯彻财产保险的补偿性原则,防止被保险人获得不当得利,以避免道德风险。《保险法》第60条规定:"因第三者对保险标的的损害而造成保险事故的,保险人自向被保险人赔偿保险金之日起,在赔偿金额范围内代位行使被保险人对第三者请求赔偿的权利。"由于人身保险合同不实行补偿性原则,故在人身保险合同中,即使存在第三人应当承担赔偿责任的情形,保险人在给付保险金后也并不享有向第三人代位求偿的权利。

5. 存在重复保险的可能性

重复保险是指投保人就同一保险标的的同一危险在同一时间内与两个或两个以上的保险人分别订立保险合同的保险。《保险法》第56条规定:"重复保险的各保险人赔偿保险金的总和不得超过保险价值。除合同另有约定外,各保险人按照其保险金额与保险金额总和的比例承担赔偿保险金的责任。"由于人身保险合同中不存在保险金额超过保险价值的问题,因此人身保险也就没有重复保险的问题。

6. 短期性

财产保险的周期相对较短,通常以一年为限,属于短期保险。具体地讲,在市场经济条件下,财产保险所承保的各类财产一般都是具有使用价值和交换价值的商品。财产保险标的的这种经济属性决定了其在市场经济活动中的流动性。因此,一般是按年度来测算其损益结果的,从而,财产保险往往是按年约定财产保险的保险期限。当然,根据被保险人的实际需要,双方当事人对于具体的财产保险也可以某一经济活动过程(如一个航程、一个工程施工工期等)为标准确定保险责任期限。这与以长期性为主的人身保险不同。

 引例点评

人民法院经审理后认为,孙某与保险公司所订立的保险合同是有效合同。孙某实际保管和经营该车辆,对保险车辆具有完全的保险利益,且保险公司在孙某投保时并未说明孙某仅能对保险车辆部分投保,并按保险车辆的价值收取了保费,视为保险公司认同孙某对保险车辆具有完全的保险利益。保险公司应按照保险合同的约定承担保险金赔偿责任。王某虽是投保车辆的共有人,但因不是保单中所载明的被保险人,故无保险金请求权,不具备诉讼当事人资格。

保险利益原则是保险合同的特有原则,我国《保险法》第12条第2款规定:"财产保险的被保险人在保险事故发生时,对保险标的应当具有保险利益。"财产保险的保险利益源于投保人对各种有形财产和无形财产的权益。一般来说,投保人或被保险人具有下列情形之一的,可认定有保险利益存在。

第一,对财产标的具有所有权或其他物权等。凡是对财产享有法律上的财产权利,无论是所有权,还是抵押权、留置权、经营权等其他物权,也不论此种权利是现有的还是将来的,都可认定有保险利益。

第二,对财产标的物依法占有、使用或保管。经济生活中,通常会出现当事人依法或依约定对他人所有的财产占有、使用或保管的情形。此时占有使用人或保管人对财产标的物的毁损灭失依法或依约也具有经济上的利害关系,应认定当事人有保险利益,可以就所占有、使用、保管的物进行投保。

第三,基于合同关系产生的利益。当事人根据彼此之间的合同,需要承担财产损失的风险时,则对该财产具有保险利益。如根据租赁合同或承揽合同,承租人或承揽人对租赁物、加工承揽物负有毁损灭失风险的,则承租人、承揽人对该标的物具有保险利益,可以投保。

第四,法律责任。自然人或法人依法对他人承担的赔偿责任,也是一种保险利益。当事人可以将其可能对他人负有的法律责任进行投保,此时认为他对其法律责任负有保险利益。这种保险利益称为责任利益,责任利益一般是指民事赔偿责任,包括侵权责任和合同责任。保险实务上,责任利益包括雇主责任、公众责任、职业责任、代理责任等。

第五,期待利益。包括消极的期待利益和积极的期待利益。消极的期待利益指基于现有利益而期待某种责任不发生的利益,主要针对责任保险而言,责任利益就是一种消极的期待利益。积极的期待利益,即当事人对于其现有财产或事业的安全而可获得的利益,如利润利益、营业收入、租金收入等。当事人对积极的期待利益可以投保,保险范围、赔偿标准等一般须在保险单中明确,而且投保人或被保险人对期待利益的存在负有证明之责。

本案中,孙某虽仅对投保车辆享有部分所有权,但孙某实际保管和经营该车辆,应当认为孙某有完全的保险利益,并且其保险金额并未超过保险价值,保险公司应当按照保险合同的约定赔偿保险金,而不能以孙某对保险车辆仅占有部分份额就认定孙某的保险利益也是仅占一部分。

## 能力训练题

### 一、单项选择题

1. 甲为自己投保一份人寿险,指定其妻为受益人。甲有一子4岁,甲母50岁且自己单独生活。某日,甲因交通事故身亡。该份保险的保险金依法应如何处理?(   )

A. 应作为遗产由甲妻、甲子、甲母共同继承

B. 应作为遗产由甲妻一人继承

C. 应作为遗产由甲妻、甲子继承

D. 应全部支付给甲妻

2. 公民甲通过保险代理人乙为其 5 岁的儿子丙投保一份幼儿平安成长险,保险公司为丁。下列有关本事例的哪一表述是正确的?（　　）

A. 该份保险合同中不得含有以丙的死亡为给付保险金条件的条款

B. 受益人请求丁给付保险金的权利自其知道保险事故发生之日起 5 年内不行使而消灭

C. 当保险事故发生时,乙与丁对给付保险金承担连带赔偿责任

D. 保险代理人乙只能是依法成立的公司,不能是个人

3. 陈某将自己的轿车投保于保险公司。一日,其车被房东之子(未成年)损坏,花去修理费 1 500 元。陈遂与房东达成协议:房东免收陈某 2 个月房租 1 300 元,陈不再要求房东赔偿修车费。后陈某将该次事故报保险公司要求索赔。在此情形下,以下哪一个判断是正确的?（　　）

A. 保险公司应赔偿 1 500 元

B. 保险公司应赔偿 200 元

C. 保险公司应赔偿 1 300 元

D. 保险公司不再承担赔偿责任

4. 李某为其子投保了以死亡为给付保险金条件的人身保险,期限 5 年,保费已一次缴清。两年后其子因抢劫罪被判处死刑并已执行。李某要求保险公司履行赔付义务。对此,保险公司应如何处理?（　　）

A. 依照合同规定给付保险金

B. 根据李某已付保费,按照保单的现金价值予以退还

C. 可以不承担给付保险金的义务,也不返还保险费

D. 可以解除合同,但应全额返还保险费

5. 某保险公司开设一种人寿险:投保人逐年缴纳一定保费至 60 岁时可获得 20 万元保险金,保费随起保年龄的增长而增加。41 岁的某甲精心计算后发现,若从 46 岁起投保,可最大限度降低保费,遂在向保险公司投保时谎称自己 46 岁。3 年后保险公司发现某甲申报年龄不实。对此,保险公司应如何处理?（　　）

A. 因某甲谎报年龄,可以主张合同无效

B. 解除与某甲的保险合同,所收保费不予退还

C. 对某甲按 41 岁起保计算,对多收部分保费退还某甲或冲抵其以后应缴纳的保费

D. 解除与某甲的保险合同,所收保费扣除手续费后退还某甲

二、多项选择题

1. 关于保险合同的种类,下列说法正确的有(　　)。

## 第十三章 保险法

A. 补偿合同  B. 投资合同  C. 给付合同  D. 保值合同

2. 按照保险利益原则,下列哪些当事人的投保行为无效？（    ）
   A. 某甲为自己购买的一注彩票投保
   B. 某乙为自己即将出生的女儿购买人寿险
   C. 某丙为屋前的一棵国家一级保护树木投保
   D. 某丁为自己与女友的恋爱关系投保

3. 下列关于保险合同性质的表述中哪些是正确的？（    ）
   A. 保险合同是射幸合同       B. 保险合同是格式合同
   C. 保险合同是双务合同       D. 保险合同是诺成合同

4. 甲厂生产健身器,其产品向乙保险公司投保了产品质量责任险。消费者华某使用该厂健身器被损伤而状告甲厂。甲厂委托鉴定机构对产品质量进行鉴定,结论是该产品确有质量缺陷,后甲厂被法院判决败诉并承担诉讼费。在此情形下,乙保险公司应承担的保险赔偿责任应包括下列哪些范围？（    ）
   A. 法院判决甲厂赔偿给华某的经济损失 3 万元
   B. 甲厂因上述诉讼所造成的名誉损失 2 万元
   C. 甲厂花去的鉴定费 8 000 元
   D. 甲厂承担的诉讼费 1 500 元

5. 两年前,陈某以其 6 岁的儿子陈丹为被保险人投保了一份 5 年期的人寿保险,未指定受益人。今年 8 月,陈丹因病住院,由于医院的医疗事故致使陈丹残疾。按照《保险法》的规定,下列表述哪些是正确的？（    ）
   A. 陈某既可以向医院索赔也可以同时要求保险公司承担责任
   B. 保险公司应向陈某支付保险金,并且不得向医院追偿
   C. 陈某投保时无须陈丹的书面同意
   D. 如陈丹不幸死亡,则推定陈某为受益人

### 三、案例分析题

1. 案情：2006 年 3 月,村民陈 A 以自己为被保险人,向 B 寿险公司投保了递增养老保险。投保时,陈 A 考虑到与前妻所生的大儿子虽已成家立业,但因大儿子的两个孩子都年幼,家庭负担较重,便将大儿子指定为身故受益人。2008 年年初,陈 A 因患癌症住院治疗。住院期间,陈 A 的大儿子只是偶尔去医院探望父亲,而其同父异母的弟弟却放下所有的事情,日夜守护在父亲身边,精心照料。数月后,陈 A 的病情恶化。临终前陈 A 想到自己病重期间全靠小儿子精心照顾,又想到小儿子尚未结婚,今后自己再也无法帮助小儿子成家立业,便想将自己投保的保险金受益人更改为小儿子。陈 A 让小儿子将当地村民委员会主任找到病床前,在其面前立下口头遗嘱,内容是将保险金受益人变更为小儿子,并请村委会作遗嘱见证人,向 B 寿险公司证明遗嘱的内容。次日,陈 A 因病情进一步恶化经抢救无效而去世。

陈A去世后,其两个儿子因保险金的归属问题产生了争议。大儿子按照其持有的保险资料,提出保险单白纸黑字写着自己是父亲指定的唯一保险金受益人,应由自己来领取人身保险金。小儿子则认为,父亲临终前已用遗嘱方式变更了受益人,自己有村委会的证明材料,可以证明父亲的遗嘱内容,故自己才是保险金受益人。由于陈A的两个儿子都向B寿险公司提出了领取赔偿金的申请,B寿险公司经研究后认为,陈A生前没有向保险公司履行变更受益人的必要手续,其所立遗嘱不应产生变更保险合同的法律后果。因此,B寿险公司将10万元保险金付给了保单上所记载的身故受益人,即陈A的大儿子。陈A的小儿子对B寿险公司的做法不满,便向人民法院提起诉讼,要求按照陈A的遗嘱领取保险金。

请回答:被保险人能否通过遗嘱的形式来变更保险合同中的指定受益人?

2. 案情:陈甲之父陈乙于1997年5月23日在保险公司投保,险种为简易人身保险,合同约定疾病死亡保险金额为500元,意外伤害死亡、疾病保险金额为4 000元。受益人:陈甲。1999年8月22日,陈乙到本县某信用社取钱途中摔倒,伤及头部,感觉头痛,吃饭时又饮酒二两,头疼加重,夜晚八九点钟被发现晕倒在地,家人将其送至县人民医院治疗。经诊断为脑出血,进行紧急治疗,当月27日出院,回家后3日死亡。经法医鉴定,陈乙是在受伤引诱下发生脑出血及饮酒加快出血量。2001年7月,陈甲才得知父亲投有简易人身保险,于当月3日申请给付保险金,保险公司以陈乙死于疾病只同意支付500元保险金,双方争执不下,陈甲遂诉至法院。

请回答:被保险人是否属于意外伤害死亡?

3. 案情:2003年12月,甲公司以2万美元免税购买了一辆美国产别克轿车,在办理车辆牌照的当天,向乙保险公司投保了车辆损失保险合同。由于当时国内尚无此类轿车进口,其市价不明。因此,双方约定重置价值为30万元,保险金额为30万元,保险期限自2004年1月1日至2005年12月31日。2004年3月15日,该车发生交通事故,经交通管理部门现场勘验后,认定司机承担全部责任。甲公司经与乙保险公司商定,甲公司将该车从事故地拖回天津修理,所需各项费用由甲公司垫付。

修车完毕后,甲公司、承修单位和保险公司三方形成协议,确认该轿车为部分损失,修理费、配件费等费用共计29.5万元。因甲公司与乙保险公司就保险赔偿事宜未能统一意见,甲公司向法院提起诉讼。

请回答:本案体现了保险合同的哪项原则?

4. 案情:2005年4月,赵某投保了家庭财产险。赵某之女赵芳患有精神分裂症久治不愈,一直病休在家。某日,赵某外出,仅留赵芳一人在家。赵芳精神病发作不能自控纵火烧房,致赵某新建瓦房及屋内财产全部烧毁,造成经济损失7万余元。赵某遂向保险公司提出索赔。保险公司内部就应否赔付存在以下三种不同意见:

## 第十三章 保险法

(1) 不应赔付。根据我国《民法通则》的规定,本案中赵芳作为精神病人,系欠缺民事行为能力人,其父作为法定监护人应当履行监护职责,保护好其人身、财产及其他合法权益。赵某对于赵芳一人在家时的行为应有足够预见,故其行为系故意行为,保险公司应拒赔。

(2) 应部分赔付。赵某将女儿一人留在家中,并不能预见其会纵火烧房,赵某的行为属于过失行为。保险公司可以赔付,但根据被保险人应履行保护财产安全义务之精神,保险公司可只赔付一部分损失。

(3) 应全赔。火灾保险属于保险责任。《家庭财产保险条款》虽规定"被保险人家庭成员的故意行为"为除外责任,但本案中纵火者发病期间属无民事行为能力人,其行为谈不上故意。被保险人赵某对于在未采取任何预防措施情形下仅留下赵芳一人在家虽然存在过失,但也显非故意,故本案情形不属除外责任。

请回答:你认为哪种意见是正确的?

实 训

【目标】

结合所学知识分析和解决实务中的保险纠纷,提供正确的保险咨询建议。

【项目】

模拟保险合同设立订立的程序。根据班级人数将学生分成3到4组,首先让各组查阅资料或进行社会调查,然后根据《保险法》的规定准备相应的材料,模拟办理相关手续,最后根据一至两项保险原则写一篇2 000字左右的小论文。

# 第十四章 劳动法

## 学习目标

**知识：**
1. 理解劳动法的概念及其调整对象；
2. 理解劳动者与用人单位的基本权利、义务规定；
3. 理解劳动合同的签订、履行；
4. 了解工作时间、休息休假、工资、劳动安全卫生和劳动保护方面的制度；
5. 了解劳动争议的处理方法和程序。

**技能：**
1. 能够熟悉劳动合同的主要条款，提高签订劳动合同的水平；
2. 能够灵活运用所学的劳动法知识，处理劳动争议、维护自身合法权益。

**素养：**
明确国家劳动法律规定和政策，依法开展劳动维权活动。

## 案例导入

成刚和乐宁同为南京某大型国有企业员工，二人工作年限均有20年，成刚月工资为8 000元，乐宁由于担任公司主要业务部门经理职务，月工资为20 000元。因客观情况发生重大变化，公司决定解除劳动合同，两人于2010年3月31日被解除劳动合同，假设解除劳动合同时南京市上年度职工月平均工资为3 000元。

## 问题引入

1. 两人因解除劳动合同而获得的经济补偿金分别是多少？
2. 计算的依据是什么？

# 第十四章 劳动法

## 第一节 认识劳动法

### 一、劳动法的概念

劳动法是调整劳动关系以及与劳动关系有密切联系的其他社会关系的法律规范的总称。劳动法有狭义和广义两种理解。狭义的劳动法即《中华人民共和国劳动法》(以下简称《劳动法》),由第八届全国人民代表大会常务委员会第八次会议于1994年7月5日通过,1995年1月1日起施行。广义的劳动法除《劳动法》外,还包括其他规范性文件中涉及劳动法的规范,属于法律规范的总和,包括宪法中的相关规定、劳动法律、劳动法规、劳动规章、其他规范性文件、我国批准参加的国际劳工公约、司法解释等。

劳动法起源于19世纪初西方资本主义发展过程中的"工厂立法",反映了资本主义国家通过限制"雇佣自由"、进行改善劳工条件的立法来协调劳资关系、稳定社会经济秩序、缓和阶级矛盾的愿望和客观需要。20世纪后,随着经济的发展,特别是第二次世界大战之后至今,各国在致力于发展经济的过程中,不断进行劳动立法的创新与完善,有力地改善劳动条件,推动了经济社会的进一步发展。国际劳工组织在其中也发挥了重要的作用。

我国自改革开放以来,在建设社会主义市场经济的过程中,劳动法得到了很大的发展,我国先后颁布《劳动法》、《劳动合同法》、《劳动争议调解仲裁法》等一系列协调劳动关系的法律规范,对贯彻国家的劳动政策、调整劳动关系、保护劳动者合法权益发挥了巨大的作用,有力地推动了市场经济的进一步发展和和谐社会的建设。

### 二、劳动法的调整对象

劳动法的调整对象是指劳动法所调整的社会关系的范围,我国劳动法的调整对象是劳动关系以及与劳动关系有密切联系的其他社会关系。

#### (一)劳动关系

劳动关系是指劳动者在运用劳动能力、实现劳动过程中与用人单位发生的社会关系。劳动,是人类社会永恒的主题。在劳动过程中,人们不仅与自然界发生关系,彼此之间也必然发生一定的社会关系。当然,并不是所有与劳动有关的社会关系均由劳动法调整,有些与劳动有关的社会关系由其他法律调整,如民法中的承揽关系。由劳动法调整的劳动关系和劳动有着直接关系,劳动是这种关系的基础和实质,其特点如下:

(1) 劳动关系的当事人具有特定性。一方是劳动力的所有者和支出者,即劳动者。另一方是生产资料的占有者和劳动力的使用者,即用人单位。当劳动力所有者(劳动者)根据法律规定或劳动合同约定履行劳动义务,与用人单位的生产资料相结合,产生的社会关系才是劳动关系。因此,个体劳动者个人劳动或与其家庭成员共同参加劳动,个体劳动者个人劳动是与自家的生产资料相结合,并不是与用人单位的生产资料相结合,因而不存在劳动关系。即使个体劳动者与其家庭成员共同劳动也只是一种婚姻家庭关系,而不是由劳动法调整的劳动关系。

(2) 劳动关系是在实现劳动过程中所发生的关系,与劳动有着直接的联系。所谓实现劳动过程是指劳动者参加用人单位某种劳动过程。某人将自己的著作成果交由出版社所发生的出版关系,农民在市场上出售自己劳动产品所发生的买卖关系,这些关系虽然与劳动有关,但是它们并不是在实现劳动过程中所发生的关系,而是在流通领域中发生的关系,因而这种关系是一种由民法调整的民事关系,而不是由劳动法调整的劳动关系。

(3) 劳动关系兼有人身关系和财产关系的双重属性。一方面劳动者提供劳动力,其人身在一定限度内交给用人单位支配,因此劳动关系具有人身关系属性;另一方面,用人单位针对劳动者的劳动付出,要支付相应的报酬,因而这种关系又具有财产关系属性。

(4) 劳动关系是平等性与隶属性兼有的社会关系。劳动者与用人单位之间通过相互选择和平等协商,以合同形式确立劳动关系,是一种平等主体之间的合同关系。但是,劳动关系一经确立,劳动者就成为用人单位的职工,要服从用人单位的管理,用人单位就成为劳动力的支配者和管理者。

【思考 14-1】 张某系某市从事货物运输经营活动的个体经营者。其雇佣3名人员为其工作,并为3人缴纳社会保险费。2009年11月,张某承接了一项运输水泥电线杆的业务。11月12日开始运输后,张某认为3人无法完成预定的运输任务,其雇工之一李某介绍自己的邻居成某参加运输,张某同意,并与成某约定完成这次运输任务后即不再雇佣成某,费用一次性付给成某。成某在卸车过程中,由于不慎被水泥电线杆压死。2010年1月9日,成某家属向某市劳动局申请,要求对成某死亡作出工伤事故认定。试分析本案中张某与成某的关系是不是劳动关系。

(二) 与劳动关系有密切联系的其他社会关系

与劳动关系有密切联系的其他社会关系,其本身并不是劳动关系,但是从不同的角度与劳动关系存在着密切联系:有的是劳动关系形成的必要前提,如劳动就业中的某些关系;有的是劳动关系的直接后果,如社会保险中的养老保险;有的是伴随劳动关系而产生的关系,如职业培训中劳动者与培训机构产生的关系。由于这些关系都与劳动关系有着密切的联系,所以劳动法也将它们作为自己的调整对象。与劳动关系有密切联系的其他社会关系主要有:

## 第十四章 劳动法

（1）国家进行劳动力管理方面的社会关系,指国家劳动行政部门与用人单位或职工之间因就业、职业培训、职业认证、工伤鉴定等问题而发生的关系。

（2）社会保险方面的社会关系,指劳动者在年老、疾病或者丧失劳动能力的情况下,从国家和社会获得物质帮助过程中发生的社会关系。

（3）工会组织关系、工会监督方面的社会关系,指工会依法对企业执行劳动法、工会法,履行监督职责过程中与企业或劳动者发生的关系。

（4）处理劳动争议方面的社会关系,指在劳动调解、劳动仲裁和劳动诉讼中有关各方为解决劳动争议所发生的关系。

（5）劳动监督、检查方面的社会关系,指国家有关机关(如经济管理部门、金融管理机构、卫生部门等)与用人单位或劳动者在监督、检查劳动法律、法规的执行而发生的关系。

### 三、劳动者与用人单位的基本权利、义务

#### （一）劳动者的基本权利和义务

根据《劳动法》规定,劳动者基本权利包括:平等就业和选择职业的权利、获得劳动报酬的权利、休息休假的权利、获得劳动安全卫生保护的权利、接受职业技能培训的权利、享受社会保险和福利的权利、辞职权、提请劳动争议处理的权利、结社权、集体协商权、民主管理权等。

劳动者的基本义务包括:完成劳动义务、提高职业技能、执行劳动安全卫生规程、遵守劳动纪律和职业道德。

#### （二）用人单位的基本权利和义务

用人单位的基本权利包括:自主招用职工的权利、使用和管理劳动者的权利、依照法律和单位的劳动纪律决定对职工奖惩的权利、在法律和合同规定的范围内决定劳动报酬分配方面的权利、依法解除劳动合同的权利。

用人单位的基本义务包括:平等择优录用职工的义务、按时足额支付劳动报酬的义务、改善劳动条件和保障劳动安全的义务、保证劳动者实现法律规定和劳动合同约定的其他权利。

【思考14-2】 某高科技公司因攻关一项新技术,引进了一名博士,双方约定月工资为15 000元。后来由于企业经营管理不善,该项目的效益并不如原来预期那么好,决定降低员工的工资,将这名博士的工资降为每月10 000元。该博士对公司擅自调薪表示不满,要求恢复原工资待遇,告到劳动仲裁委。请分析:劳动争议仲裁委员会会如何审理本案?

# 第二节 劳动合同

## 一、劳动合同的概念和特征

劳动合同,又称劳动契约,是劳动者与用人单位确立劳动关系、明确双方权利和义务的协议。根据法律规定,建立劳动关系,应当订立书面劳动合同。可见,劳动合同是劳动者与用人单位建立劳动关系的法律形式,也是维护劳动合同双方当事人合法权益的保障之一。劳动合同除具有一般合同的特征外,还有自身独有的特征:

(1) 劳动合同的主体即双方当事人具有特定性。一方是作为自然人而存在的劳动者,另一方是用人单位,包括企业、事业单位和机关、社会团体以及私营业雇主。

(2) 劳动合同的内容具有较强的法定性。劳动合同的订立、变更、终止或解除,须遵循国家劳动法律、法规的规定。劳动合同中涉及劳动者基本权利的内容,如最低工资、劳动保护、工伤、保险等,法律、法规均有强制性规定,当事人不得以约定方式随意加以改变,必须遵守执行。

(3) 劳动合同具有转化的特性。即订立前用人单位和劳动者是外部关系,双方是平等的关系;订立后转化为内部关系,劳动者成为用人单位的一员,用人单位有权指派劳动者完成劳动合同规定的任务,劳动者有义务服从用人单位的指挥和命令。

(4) 劳动合同往往涉及与劳动者有关的第三人的物质利益关系。这一特征是由劳动力本身再生产的特点所决定的,如劳动者因享有社会保险和福利待遇的权利而会附带产生劳动者的直系亲属依法享有一定的物质帮助权。

## 二、劳动合同的订立

### (一) 劳动合同订立的原则

劳动合同的订立,是指劳动者与用人单位之间就劳动合同内容协商一致的意思表示。《劳动合同法》第3条规定:"订立劳动合同,应当遵循合法、公平、平等自愿、协商一致、诚实信用的原则。"据此,订立劳动合同,应当遵循以下五项原则:

(1) 合法原则。即劳动合同必须依法订立。在劳动合同法律关系中,合同的主体、订立形式、订立程序、合同内容、履行方式、对变更或解除合同权利的行使等,都必须符合我国的法律、行政法规。劳动合同合法原则体现了国家基于社会本位对劳动合同的主动干预,即劳动合同合法才有法律效力,否则,不具有法律效力。

(2)公平原则。即订立、履行、变更、解除或者终止劳动合同时,应公平合理、利益均衡。特别是由于用人单位相对于劳动者在组织上、经济地位上具有明显的优势,并且双方信息不对称,劳动合同立法注重加强对劳动者利益的保护,以体现、贯彻和保障公平原则,实现劳动者与用人单位的利益均衡。如《劳动合同法》第9条规定,用人单位招用劳动者,不得要求劳动者提供担保或者以其他名义向劳动者收取财物,不得扣押劳动者的居民身份证或者其他证件。

(3)平等自愿原则。平等原则是指在订立劳动合同时,双方当事人的法律地位平等。当事人法律地位平等是市场公平交易的前提。这一原则的核心内容是:劳动合同当事人无论是法人、其他经济组织或者是自然人,尽管他们的经济实力不同,但是只要以劳动合同主体身份参加到劳动合同法律关系中,那么,他们之间就处于平等法律地位,受法律平等保护。自愿原则是指劳动者与用人单位订立劳动合同时,在法律许可的范围内完全出于自己的意愿,任何一方当事人都不得将自己的意志强加给对方,也不允许第三方非法干预。平等是自愿的前提,自愿是平等的体现。

(4)协商一致原则。指在订立劳动合同时,双方当事人就劳动合同条款约定的内容,经充分协商,并取得一致意见后,订立劳动合同。协商一致原则体现了民法的意思自治理念。劳动者被迫签订的劳动合同或未经协商一致签订的劳动合同为无效的劳动合同。

(5)诚实信用原则。指在订立、履行、变更、解除或者终止劳动合同的过程中,双方当事人必须诚实、守信、善意,享有权利不得损害他人的合法权益,履行义务信守承诺和法律规定。

(二)劳动合同的形式

劳动合同的形式即劳动合同的订立方式。根据《劳动合同法》规定,建立劳动关系,应当订立书面劳动合同;已建立劳动关系,未同时订立书面劳动合同的,应当自用工之日起一个月内订立书面劳动合同;用人单位与劳动者在用工前订立劳动合同的,劳动关系自用工之日起建立。劳动合同由用人单位与劳动者协商一致,并经用人单位与劳动者在劳动合同文本上签字或者盖章生效。劳动合同文本由用人单位和劳动者各执一份。

签订书面劳动合同是《劳动合同法》规定的用人单位应履行的强制性义务。如果不签订书面劳动合同,用人单位将承担相应的法律责任。用人单位未在用工的同时订立书面劳动合同,与劳动者约定的劳动报酬不明确的,新招用的劳动者的劳动报酬按照集体合同规定的标准执行;没有集体合同或者集体合同未规定的,实行同工同酬。用人单位自用工之日起超过1个月不满1年未与劳动者订立书面劳动合同的,应当向劳动者每月支付二倍的工资。在此情形下,用人单位补签书面劳动合同的义务并不因此免除。

### (三) 劳动合同的期限

劳动合同分为固定期限劳动合同、无固定期限劳动合同和以完成一定工作任务为期限的劳动合同。

1. 固定期限劳动合同

这是指用人单位与劳动者约定合同终止时间的劳动合同。用人单位与劳动者协商一致，可以订立固定期限劳动合同。合同期限届满，双方当事人的劳动法律关系即行终止。如果双方同意，还可以续订合同，延长期限。

2. 无固定期限劳动合同

这是指用人单位与劳动者约定无确定终止时间的劳动合同。用人单位与劳动者协商一致，可以订立无固定期限劳动合同。有下列情形之一，劳动者提出或者同意续订、订立劳动合同的，除劳动者提出订立固定期限劳动合同外，应当订立无固定期限劳动合同：(1) 劳动者在该用人单位连续工作满 10 年的；(2) 用人单位初次实行劳动合同制度或者国有企业改制重新订立劳动合同时，劳动者在该用人单位连续工作满 10 年且距法定退休年龄不足 10 年的；(3) 连续订立 2 次固定期限劳动合同，且劳动者没有《劳动合同法》第 39 条和第 40 条第 1 项、第 2 项规定的情形，续订劳动合同的。另外，用人单位自用工之日起满一年不与劳动者订立书面劳动合同的，视为用人单位与劳动者已订立无固定期限劳动合同。

3. 以完成一定工作任务为期限的劳动合同

这是指用人单位与劳动者约定以某项工作的完成为合同期限的劳动合同。用人单位与劳动者协商一致，可以订立以完成一定工作任务为期限的劳动合同。

### (四) 劳动合同的内容

劳动合同的内容由必备条款与任意条款构成。

1. 必备条款

必备条款是指法律规定生效劳动合同必须具备的条款。必备条款不完善，会导致劳动合同的不能成立。向劳动者提供法律规定的必备条款的劳动合同文本是用人单位的法定义务。《劳动合同法》第 81 条规定："用人单位提供的劳动合同文本未载明本法规定的劳动合同必备条款或者用人单位未将劳动合同文本交付劳动者的，由劳动行政部门责令改正；给劳动者造成损害的，应当承担赔偿责任。"

劳动合同法定的必备条款包括：(1) 用人单位的名称、住所和法定代表人或者主要负责人；(2) 劳动者的姓名、住址和居民身份证或者其他有效身份证件号码；(3) 劳动合同期限；(4) 工作内容和工作地点；(5) 工作时间和休息休假；(6) 劳动报酬；(7) 社会保险；(8) 劳动保护、劳动条件和职业危害防护；(9) 法律、法规规定应当纳入劳动合同的其他事项。

2. 任意条款

任意条款，也称约定条款，是指除法定的必备条款外劳动合同当事人可以协商约定、也可以不约定的条款。是否约定,由当事人确定。社会生活千变万化,劳动合同的种类和当事人的情况也非常复杂,约定条款能够对必备条款起到补充作用,但约定条款的缺少,不影响劳动合同的成立。

劳动合同的约定条款一般包括试用期、培训、保守秘密、补充保险和福利待遇等其他事项。

### (五)劳动合同的效力

劳动合同依法订立后,即具有法律效力,对双方当事人都有约束力,用人单位和劳动者应当按照劳动合同的约定,全面履行各自的义务。

劳动合同的无效是指当事人违反法律、法规,订立的劳动合同不具有法律效力。下列劳动合同无效或部分无效:(1)以欺诈、胁迫的手段或者乘人之危,使对方在违背真实意思的情况下订立或者变更劳动合同的;(2)用人单位免除自己的法定责任、排除劳动者权利的;(3)违反法律、行政法规强制性规定的。

对劳动合同的无效或者部分无效有争议的,由劳动争议仲裁机构或者人民法院确认。劳动合同部分无效不影响其他部分效力的,其他部分仍然有效。劳动合同被确认无效,劳动者已付出劳动的,用人单位应当向劳动者支付劳动报酬。劳动报酬的数额,参照本单位相同或者相近岗位劳动者的劳动报酬确定。由于用人单位的原因订立无效劳动合同,给劳动者造成损害的,应当承担赔偿责任。

【思考14-3】 小王新入职某公司,公司人事主管告诉小王,为了考察小王的工作能力,先签订一个3个月的试用合同,试用期间月薪1500元。3个月试用期满,如果小王能够为公司带来新的订单,公司将签订正式劳动合同,正式合同期工资为2000元。如果3个月试用期小王没有达到公司规定的业绩,公司将不正式聘用小王。公司的做法是否合法?

【思考14-4】 2010年3月,小王到某酒店应聘,与酒店签订为期3年的劳动合同,交了500元的服装押金。该劳动合同约定:"鉴于酒店服务行业的特殊要求,凡在本酒店工作的女性服务员在合同期内不得结婚、不得怀孕。否则,酒店有权解除劳动合同。"请分析该劳动合同的效力。

## 三、劳动合同的履行和变更

### (一)劳动合同的履行

用人单位与劳动者应当按照劳动合同的约定,全面履行各自的义务。用人单位变更名称、法定代表人、主要负责人或者投资人等事项,不影响劳动合同的履行。用人单位发生合并或者分立等情况,原劳动合同继续有效,劳动合同由承继其权利和义务的用人单位继续履行。劳动合同履行过程中,双方当事人应相互协作,保证合同顺利履行。

## (二) 劳动合同的变更

劳动合同的变更是指合同当事人双方或单方依法修改或补充劳动合同内容的法律行为。劳动合同的变更只能是劳动内容的变更,如工作内容、工作时间、生产数量、质量、生产条件、劳动报酬,而不是劳动合同主体的变更。《劳动合同法》规定,用人单位与劳动者协商一致,可以变更劳动合同约定的内容。变更劳动合同应当采用书面形式。变更后的劳动合同文本由用人单位和劳动者各执一份。

## 四、劳动合同的解除与终止

### (一) 劳动合同的解除

劳动合同的解除是指劳动合同订立后,尚未全部履行以前,由于某种原因导致一方或双方当事人提前终止劳动关系的法律行为。劳动合同的解除分为以下几种情形。

1. 协商解除

《劳动合同法》规定,用人单位与劳动者协商一致,可以解除劳动合同。

2. 劳动者单方解除

劳动者在具备法定条件时,无须与用人单位协商达成一致意见即可单方面行使劳动合同的解除权。

(1) 预告解除。劳动者提前 30 日以书面形式通知用人单位,可以解除劳动合同。如果是在试用期内则只要提前 3 日通知用人单位即可解除劳动合同。

(2) 即时解除。即只要具备法律规定的正当理由,劳动者无须预告就可以解除劳动合同。即时解除劳动合同的情形包括:未按照劳动合同约定提供劳动保护或者劳动条件的;未及时足额支付劳动报酬的;未依法为劳动者缴纳社会保险费的;用人单位的规章制度违反法律、法规的规定,损害劳动者权益的;因发生用人单位"以欺诈、胁迫的手段或者乘人之危,使劳动者在违背真实意思的情况下订立或者变更劳动合同的"情形致使劳动合同无效的;法律、行政法规规定劳动者可以解除劳动合同的其他情形。

(3) 立即解除。在预告解除和即时解除的情况下,劳动者均须履行通知义务。但是在用人单位以暴力、威胁或者非法限制人身自由的手段强迫劳动者劳动的,或者用人单位违章指挥、强令冒险作业危及劳动者人身安全的,劳动者可以立即解除劳动合同,不需事先告知用人单位。

【思考 14-5】 小刘是一名应届毕业大学生,毕业后应聘到一家高科技电子公司工作。入职后公司支付了培训费 12 000 元,对小刘进行了 3 个月的专业技术培训。同时,公司与小刘签订了一份培训协议,协议约定小刘需在公司服务 3 年,如违约,小刘需承担违约金 50 000 元。小刘在公司服务 2 年后,提出辞职,公司要求小刘支付违约金 50 000 元,双方发生劳动争议。请问:公司要求小刘支付违约金

## 第十四章 劳动法

是否合理？为什么？

3. 用人单位单方解除

劳动合同依法生效，在有效期内用人单位原则上无权解除合同，但在具备法律规定的条件下，用人单位也可不经与劳动者协商一致行使单方解除权。

(1) 预告解除。这种情况下，一般是非因劳动者本人过错致使劳动合同无法履行，用人单位依法行使的一种权利。《劳动合同法》规定，有下列情形之一的，用人单位提前30日以书面形式通知劳动者本人或者额外支付劳动者一个月工资后，可以解除劳动合同：劳动者患病或者非因工负伤，在规定的医疗期满后不能从事原工作，也不能从事由用人单位另行安排的工作的；劳动者不能胜任工作，经过培训或者调整工作岗位，仍不能胜任工作的；劳动合同订立时所依据的客观情况发生重大变化，致使劳动合同无法履行，经用人单位与劳动者协商，未能就变更劳动合同内容达成协议的。用人单位预告解除劳动合同，还应依法承担支付经济补偿金的义务。

(2) 即时解除。与预告解除不同，用人单位无需以任何形式提前告知劳动者，可随时通知劳动者解除合同，并且无须支付劳动者解除劳动合同的经济补偿金。即时解除劳动合同的情形有：在试用期间被证明不符合录用条件的；严重违反用人单位的规章制度的；严重失职，营私舞弊，给用人单位造成重大损害的；劳动者同时与其他用人单位建立劳动关系，对完成本单位的工作任务造成严重影响，或者经用人单位提出，拒不改正的；因以欺诈、胁迫的手段或者乘人之危，使用人单位在违背真实意思的情况下订立或者变更劳动合同的；劳动者被依法追究刑事责任的。

(3) 经济性裁员。这是用人单位在市场形势发生变化或者企业自身经营出现问题时，依法通过裁减职工以维持自身市场竞争力的一种手段。但是企业裁减职工涉及大批劳动者的利益，对社会的稳定也有一定的影响，为了保护劳动者的合法权益，防止用人单位滥用单方解除权，法律对用人单位经济性裁员的权利进行了限制。《劳动合同法》第41条规定，有下列情形之一，需要裁减人员20人以上或者裁减不足20人但占企业职工总数10%以上的，用人单位提前30日向工会或者全体职工说明情况，听取工会或者职工的意见后，裁减人员方案经向劳动行政部门报告，可以裁减人员：依照《企业破产法》规定进行重整的；生产经营发生严重困难的；企业转产、重大技术革新或者经营方式调整，经变更劳动合同后，仍需裁减人员的；其他因劳动合同订立时所依据的客观经济情况发生重大变化，致使劳动合同无法履行的。用人单位应当依法向被裁减人员支付经济补偿金。

用人单位裁减人员时，应当优先留用下列人员：与本单位订立较长期限的固定期限劳动合同的；与本单位订立无固定期限劳动合同的；家庭无其他就业人员，有需要扶养的老人或者未成年人的。

用人单位依法裁减人员后，在6个月内重新招用人员的，应当通知被裁减的人员，并在同等条件下优先招用被裁减的人员。

为保护劳动者的合法权益,法律还规定了用人单位不得解除劳动合同的情形。劳动者有下列情形之一的,用人单位不得依照《劳动合同法》解除劳动合同:从事接触职业病危害作业的劳动者未进行离岗前职业健康检查,或者疑似职业病病人在诊断或者医学观察期间的;在本单位患职业病或者因工负伤并被确认丧失或者部分丧失劳动能力的;患病或者非因工负伤,在规定的医疗期内的;女职工在孕期、产期、哺乳期的;在本单位连续工作满15年,且距法定退休年龄不足五年的;法律、行政法规规定的其他情形。但是,在劳动者有过错的情况下,用人单位仍可以行使单方解除权,且不必支付经济补偿金。

**【思考14-6】** 女职工王某生育后不久,于2009年2月与某公司签订为期3年的劳动合同,从事电脑制图工作。2009年7月末,王某患病住院30余天,出院后仍不能从事电脑制图工作。某公司以此为理由,提前30天书面通知王某解除劳动合同,并要求她必须于2009年9月30日前办理各种手续。王某以自己还在哺乳期为由,向当地劳动争议仲裁委员会申请劳动争议仲裁。试分析:某公司能否单方解除与王某的劳动合同?为什么?

**【思考14-7】** 王某2009年3月1日进甲家具公司做美工,双方签订了《劳动合同》,对工作岗位作了约定。2010年3月份公司领导换届,新任总经理到任后对该员工的工作不满意,便将王某调到销售部门,王某不同意,甲公司以不服从工作安排为由立即解除了与王某的劳动合同。试分析:甲公司的做法合法吗?为什么?

(二)劳动合同的终止

劳动合同的终止是指当劳动合同的法律效力依法被消灭,即劳动关系由于一定法律事实的出现而终结,劳动者和用人单位之间原有的权利义务不再存在。劳动合同终止的情形包括:劳动合同期满的;劳动者开始依法享受基本养老保险待遇的;劳动者死亡,或者被人民法院宣告死亡或者宣告失踪的;用人单位被依法宣告破产的;用人单位被吊销营业执照、责令关闭、撤销或者用人单位决定提前解散的;法律、行政法规规定的其他情形。

劳动合同期满,有用人单位不得解除劳动合同的情形之一的,劳动合同应当续延至相应的情形消失时终止。但是,对于在本单位患职业病或者因工负伤并被确认丧失或者部分丧失劳动能力的劳动者的劳动合同的终止,要按照国家有关工伤保险的规定执行。

### 五、劳动合同的特别规定

(一)集体合同

集体合同是指企业职工一方与用人单位通过平等协商,就劳动报酬、工作时间、休息休假、劳动安全卫生、保险福利等事项订立书面协议。集体合同是协调劳动关系、维护劳动者权益的重要手段。集体合同与一般劳动合同相比,具有以下特点：

(1) 集体合同是特定当事人之间订立的协议。特定当事人，一方是用人单位或其团体；另一方是代表全体职工利益的工会组织或职工推举的代表组成的劳动者团体。

《劳动合同法》还规定，在县级以下区域内，建筑业、采矿业、餐饮服务业等行业可以由工会与企业方面代表订立行业性集体合同，或者订立区域性集体合同。

(2) 集体合同必须是书面合同，其生效须经过特定程序。法律规定，集体合同双方当事人必须就有关内容达成集体合同文本，并将文本报送劳动行政部门，经过15日，劳动行政部门未提出异议，集体合同即行生效。

(3) 集体合同以集体劳动关系中全体劳动者的共同权利义务为内容，可能涉及劳动关系的各个方面，也可能只涉及劳动关系的某个方面，如订立劳动安全卫生、工资调整机制等专项集体合同。

(4) 依法成立的集体合同对签订合同的用人单位和工会所代表的全体劳动者都有法律约束力。行业性、区域性集体合同对当地本行业、本区域的用人单位和劳动者均具有法律约束力。集体合同的效力一般高于劳动合同的效力，劳动合同中的劳动报酬和劳动条件等标准不得低于集体合同的规定。集体合同中劳动报酬和劳动条件等标准不得低于当地人民政府规定的最低标准。

用人单位违反集体合同，侵犯职工劳动权益的，工会可以依法要求用人单位承担责任；因履行集体合同发生争议，经协商解决不成的，工会可以依法申请仲裁、提起诉讼。

### (二) 劳务派遣

劳务派遣是指由劳务派遣机构与被派遣劳动者订立劳动合同，由被派遣劳动者向接受以劳务派遣形式用工的单位（以下简称用工单位）给付劳务，劳动合同关系存在于劳务派遣机构与被派遣劳动者之间，但劳务给付的事实则发生于被派遣劳动者与用工单位之间。劳动合同用工是我国企业的基本用工形式，劳务派遣用工是补充形式，只能在临时性、辅助性或者替代性的工作岗位上实施。劳务派遣的最显著特征就是劳动力的雇佣与劳动力的使用相分离，涉及三方关系。

(1) 劳务派遣单位应与被派遣劳动者订立劳动合同，建立劳动关系，履行用人单位对劳动者的义务。劳务派遣单位与被派遣劳动者订立的劳动合同，除应当载明《劳动合同法》规定的必备条款外，还应当载明被派遣劳动者的用工单位以及派遣期限、工作岗位等情况。劳务派遣单位应当与被派遣劳动者订立2年以上的固定期限劳动合同，按月支付劳动报酬；被派遣劳动者在无工作期间，劳务派遣单位应当按照所在地人民政府规定的最低工资标准，向其按月支付报酬。

(2) 劳务派遣单位应与用工单位订立劳务派遣协议。劳务派遣协议应当约定派遣岗位和人员数量、派遣期限、劳动报酬和社会保险费的数额与支付方式以及违反协议的责任。用工单位应当根据工作岗位的实际需要与劳务派遣单位确定派遣期限,不得将连续用工期限分割订立数个短期劳务派遣协议。

(3) 用工单位应与被派遣劳动者订立劳务协议,用工单位与被派遣劳动者之间只有使用关系,没有聘用合同关系。为保障被派遣劳动者的权益,《劳动合同法》规定,劳务派遣单位应当将劳务派遣协议的内容告知被派遣劳动者,不得克扣用工单位按照劳务派遣协议支付给被派遣劳动者的劳动报酬;劳务派遣单位和用工单位不得向被派遣劳动者收取费用;劳务派遣单位跨地区派遣劳动者的,被派遣劳动者享有的劳动报酬和劳动条件,按照用工单位所在地的标准执行;被派遣劳动者享有与用工单位的劳动者同工同酬的权利等。

（三）非全日制用工

非全日制用工,是指以小时计酬为主,劳动者在同一用人单位一般平均每日工作时间不超过 4 小时,每周工作时间累计不超过 24 小时的用工形式。非全日制用工是灵活用工的一种形式,法律允许非全日制用工双方当事人可以订立口头协议;从事非全日制用工的劳动者可以与一个或者一个以上用人单位订立劳动合同;但是,后订立的劳动合同不得影响先订立的劳动合同的履行;非全日制用工双方当事人任何一方都可以随时通知对方终止用工。终止用工,用人单位不向劳动者支付经济补偿。

为保护非全日制用工劳动者的权益,法律规定,非全日制用工双方当事人不得约定试用期,小时计酬标准不得低于用人单位所在地人民政府规定的最低小时工资标准且劳动报酬结算支付周期最长不得超过 15 日。

## 第三节　工作时间、休息休假、工资制度

### 一、工作时间

工作时间又称劳动时间或工时,是指根据法律的规定,劳动者在一昼夜内或一周必须用来完成用人单位的工作(生产)任务的时间,即劳动者工作日内应工作的时数和工作周内应工作的天数。工作时间作为劳动的自然尺度,是衡量劳动者劳动贡献大小和付给劳动者报酬的基础。

工作时间是法律规定的,由法律进行限制,用人单位安排劳动者工作不能突破法律的限制。工作时间不限于实际工作时间,还包括工作准备时间和交接班时间,以及中间的休息时间、女职工哺乳时间、出差时间等,劳动者由用人单位安排从事其他工作的,也包括在工作时间之内。

## （一）一般规定

国家实行劳动者每日工作时间不超过8小时，平均每周工作时间不超过40小时的工时制度。对实行计件工作的劳动者，用人单位应当根据《劳动法》对工时制度的规定合理确定其劳动定额和计件报酬标准。企业因生产特点不能实行《劳动法》确定的工时制度的，经劳动行政部门批准，可以实行其他工时制度。

## （二）延长工作时间规定

用人单位由于生产经营需要，经与工会和劳动者协商后可以延长工作时间，一般每日不得超过1小时；因特殊原因需要延长工作时间的，在保障劳动者身体健康的条件下延长工作时间每日不得超过3小时，但是每月不得超过36小时。《劳动法》同时规定，有下列情形之一的，延长工作时间不受上述规定的限制：

(1) 发生自然灾害、事故或者其他原因，威胁劳动者生命健康和财产安全，需要紧急处理的；

(2) 生产设备、交通运输线路、公共设施发生故障，影响生产和公共利益，必须及时抢修的；

(3) 法律、行政法规规定的其他情形。

## 二、休息休假

休息休假，是指根据法律规定，劳动者在职期间可以不从事劳动、自行支配的时间。休息休假是休息日和休假日的总称。休息，一般是指工作日中间的休息、工作日之间的休息和一个工作周中的休息；休假，一般是指在法定节日的休息。

休息权是宪法规定的公民基本权利之一，也是保障劳动者身心健康的基本要求，《劳动法》关于休息休假的规定是实现劳动者休息权的重要保证之一。

《劳动法》规定，用人单位应当保证劳动者每周至少休息1天。

劳动者的休假分为两种：节日休假和年休假。节日休假主要包括劳动法和其他法律、法规规定的元旦、春节、劳动节、国庆节等；年休假是指劳动者连续工作1年以上，享受的带薪年休假，具体办法由国务院规定。

## 三、工资制度

工资是指用人单位依据法律规定或劳动合同的约定，以法定货币形式直接支付给本单位劳动者的劳动报酬。一般包括计时工资、计件工资、奖金（用人单位对劳动者的超额劳动或增收节支实绩所支付的奖励性报酬）、津贴（为了补偿职工在特殊劳动条件下所付出的额外劳动消耗和生活费用而支付给职工的劳动报酬）、补贴（为了保障职工的工资水平不受特殊因素影响而支付给职工的劳动报酬）、延长工作时间的工资报酬以及特殊情况下（法定节假日期间，依法享受假期期间，依法参加社会活动期间，非因劳动者原因停工期间）支付的工资等。

## （一）工资分配的原则

(1) 按劳分配原则，实行同工同酬；

(2) 自主确定原则，用人单位根据自身生产经营特点和经济效益，依法自主确定本单位的工资分配方式和工资水平；

(3) 工资水平逐步提高原则，在经济发展的基础上逐步提高工资水平；

(4) 国家对工资总量宏观调控原则。

## （二）最低工资保障

最低工资，是指劳动者在法定工作时间内履行了正常劳动义务的前提下，由其所在单位支付的足以维持职工及其平均供养人口基本生活需要的最低劳动报酬。

国家实行最低工资保障制度。最低工资的具体标准由省、自治区、直辖市人民政府规定，报国务院备案。用人单位支付劳动者的工资不得低于当地最低工资标准，确定和调整最低工资标准应当参考的因素包括：劳动者本人及平均赡养人口的最低生活费用，社会平均工资水平，劳动生产率，就业状况，地区之间经济发展水平的差异。

## （三）延长工作时间的工资

法律规定，有下列情形之一的，用人单位应当按照下列标准支付高于劳动者正常工作时间的工资报酬：(1) 安排劳动者延长工作时间，应当支付不低于工资的150%的工资报酬；(2) 休息日安排劳动者工作又不能安排补休的，支付不低于工资的200%的工资报酬；(3) 法定休假日安排劳动者工作的，支付不低于工资的300%的工作报酬。

## （四）工资支付

工资应以货币形式按月支付给劳动者本人，不得克扣或无故拖欠。劳动者在法定休假日、婚丧假期间以及依法参加社会活动期间，用人单位应依法支付工资。

# 第四节 劳动安全卫生和劳动保护

## 一、劳动安全卫生制度

为了保护劳动者在劳动生产过程中的安全与健康，改善劳动条件，预防工伤事故和消除职业病，《劳动法》对劳动安全卫生作了一系列规定：

(1) 用人单位必须建立、健全劳动安全卫生制度，严格执行国家劳动安全卫生规程和标准，对劳动者进行安全卫生教育，防止劳动过程中的事故，减少职业危害。

(2) 劳动安全卫生设施必须符合国家规定的标准。新建、改建、扩建工程的劳动安全卫生设施,必须与主体工程同时设计、同时施工、同时投入生产和使用。

(3) 用人单位必须为劳动者提供符合国家规定的劳动安全卫生条件和必要的劳动防护用品,对从事有职业危害作业的劳动者应当定期进行健康检查。

(4) 从事特种作业的劳动者必须经过专门培训并取得特种作业资格。

(5) 劳动者在劳动过程中必须严格遵守安全操作规程。劳动者对用人单位管理人员违章指挥、强令冒险作业,有权拒绝执行;对危害生命安全和身体健康的行为,有权提出批评、检举和控告。

(6) 国家建立伤亡事故和职业病统计报告和处理制度。县级以上各级人民政府劳动行政部门、有关部门和用人单位,应当依法对劳动者在劳动过程中发生的伤亡事故和劳动者的职业病状况,进行统计、报告和处理。

## 二、女职工特殊保护

女职工特殊保护,是指根据女职工身体结构、生理机能的特点以及抚育子女的特殊需要,对女职工在劳动过程中的安全和健康依法加以特殊保护。《劳动法》除保障妇女平等就业权,实行男女同工同酬外,还就女职工生理和抚育子女的需要,作出特别规定。

### (一) 女职工禁忌从事的劳动范围

禁止安排女职工从事矿山井下、国家规定的第四级体力劳动强度的劳动和其他禁忌从事的劳动。

### (二) 女职工"四期"保护

(1) 经期保护,禁止安排女职工在经期从事高处、低温、冷水作业和国家规定的第三级体力劳动强度的劳动。

(2) 孕期保护,不得安排女职工在孕期从事国家规定的第三级体力劳动强度的劳动和孕期禁忌从事的劳动。对怀孕 7 个月以上的女职工,不得安排其延长工作时间和夜班劳动。

(3) 产期保护,女职工生育享受不少于 90 天的产假。

(4) 哺乳期保护,不得安排女职工在哺乳未满 1 周岁的婴儿期间从事国家规定的第三级体力劳动强度的劳动和哺乳期禁忌从事的其他劳动,不得安排其延长工作时间和夜班劳动。

## 三、未成年工特殊保护

未成年工是指年满 16 周岁未满 18 周岁的劳动者。未成年工的身体正处于发育阶段,身体的成长还未完全定型,如果不对其在劳动过程中进行特殊保护,会直接影响其安全和健康。因此,《劳动法》针对未成年工的安全和健康规定了特殊保护。

（1）不得安排未成年工从事矿山井下、有毒有害、国家规定的第四级体力劳动强度的劳动和其他禁忌从事的劳动。

（2）用人单位应当对未成年工定期进行健康检查。

## 第五节 劳动争议及其处理

### 一、劳动争议的概念和处理原则

劳动争议，又称劳动纠纷，是劳动者与用人单位之间因实现劳动权利、履行劳动义务而发生的纠纷。具体包括用人单位与劳动者在确认劳动关系、履行劳动合同、企业除名、辞退职工和职工辞职、自动离职、工作时间、休息休假、劳动报酬、社会保险、福利待遇、劳动保护、经济补偿或者赔偿等方面发生的纠纷。

解决劳动争议，应当根据合法、公正、及时处理的原则，依法维护劳动争议当事人的合法权益。

### 二、劳动争议的处理方式

#### （一）协商

发生劳动争议，劳动者与用人单位在法律允许的范围内进行协商，达成和解协议来解决争议。协商并非处理劳动争议的必经程序，以当事人自愿为原则，当事人不愿意协商或协商不成的，不得强迫。

#### （二）调解

发生劳动争议，当事人不愿意协商、协商不成或者达成和解协议后不履行的，可以向劳动争议调解组织申请调解。劳动争议调解组织包括：企业劳动争议调解委员会；依法设立的基层人民调解组织；在乡镇、街道设立的具有劳动争议调解职能的组织。企业劳动争议调解委员会由职工代表和企业代表组成。职工代表由工会成员担任或者由全体职工推举产生，企业代表由企业负责人指定。企业劳动争议调解委员会主任由工会成员或者双方推举的人员担任。

劳动争议调解组织调解劳动争议，应当自当事人申请调解之日起 15 日内结束；到期经调解达成协议的，对双方当事人具有约束力，当事人应当履行。

因支付拖欠劳动报酬、工伤医疗费、经济补偿或者赔偿金事项达成调解协议，用人单位在协议约定期限内不履行的，劳动者可以持调解协议书依法向人民法院申请支付令。人民法院应当依法发出支付令。

#### （三）仲裁

发生劳动争议，当事人不愿意调解、调解不成或者达成调解协议后不履行的，

## 第十四章 劳动法

可以依法向劳动争议仲裁委员会申请仲裁。劳动争议仲裁委员会由劳动行政部门代表、工会代表和企业方面代表组成。劳动争议仲裁委员会组成人员应当是单数。

仲裁委员会在受理劳动争议案件时,组成仲裁庭具体处理劳动争议。通常仲裁庭由 1 名首席仲裁员、2 名仲裁员组成。对重大、疑难的劳动争议案件,仲裁庭可以提交仲裁委员会讨论决定。对简单劳动争议案件,仲裁委员会则可以仅指定 1 名仲裁员处理。

劳动争议申请仲裁的时效期间为 1 年。仲裁时效期间从当事人知道或者应当知道其权利被侵害之日起计算。劳动关系存续期间因拖欠劳动报酬发生争议的,不受该 1 年时效期间的限制。但是,劳动关系终止的,应当自劳动关系终止之日起 1 年内提出。

仲裁是提起劳动争议诉讼的必经程序。劳动争议仲裁委员会收到仲裁申请后,应当在 5 日内作出是否受理的决定。受理后,应当在 45 日内结束。案情复杂需要延期的,经劳动争议仲裁委员会主任批准,可以延期并书面通知当事人,但是延长期限不得超过 15 日。逾期未作出仲裁裁决的,当事人可以就该劳动争议事项向人民法院提起诉讼。仲裁庭裁决劳动争议案件时,其中一部分事实已经清楚,可以就该部分先行裁决。

仲裁庭在作出裁决前,应当先行调解。调解达成协议的,仲裁庭应当制作调解书。调解书经双方当事人签收后,发生法律效力。调解不成或者调解书送达前,一方当事人反悔的,仲裁庭应当及时作出裁决。

为使劳动者的权益得到快捷的保护,加快劳动争议案件的处理时间,劳动争议仲裁委员会对下列案件实行一裁终局:追索劳动报酬、工伤医疗费、经济补偿或者赔偿金,不超过当地月最低工资标准 12 个月金额的争议;因执行国家的劳动标准在工作时间、休息休假、社会保险等方面发生的争议。上述案件的裁决为终局裁决,裁决书自作出之日起发生法律效力。劳动者对该终局裁决不服的,可以自收到仲裁裁决书之日起 15 日内向人民法院提起诉讼;而用人单位对该终局裁决不服的,不能再向法院提起诉讼,但在具备法定情形时,可以自收到仲裁裁决书之日起 30 日内向劳动争议仲裁委员会所在地的中级人民法院申请撤销裁决。

除一裁终局的裁决以外的其他劳动争议案件的仲裁裁决,当事人不服的,可以自收到仲裁裁决书之日起 15 日内向人民法院提起诉讼;期满不起诉的,裁决书发生法律效力。发生法律效力的仲裁调解书、裁决书,应当依照规定的期限履行。一方当事人逾期不履行的,另一方当事人可以向人民法院申请强制执行。

**【思考 14-8】** 张某与某私营家具制造厂签订了为期 5 年的劳动合同,约定:劳动过程中出现伤残,责任自负。2009 年 8 月,张某在操作机器时,因皮带断裂而砸伤左手,住院治疗 20 多天,需交住院费、手术费、药费等人民币共计 5 万余元。出院时,该厂只支付治疗期间工资。试分析:

(1) 劳动合同中规定"伤残责任自负"条款是否有效?为什么?

(2)劳动争议仲裁委员会应如何作出裁决?

### (四)诉讼

诉讼是处理劳动争议的最终程序。当事人对仲裁裁决不服的,可以自收到仲裁裁决书之日起15日内依法向人民法院提起诉讼。对经过仲裁裁决,当事人向法院起诉的劳动争议案件,人民法院依法应当受理。人民法院审理劳动争议案件,依照《民事诉讼法》规定的程序进行。

【思考14-9】 小赵是两年前毕业的高职生,2008年7月应聘在一家种子公司工作。2009年6月公司效益不好,一直未发放工资。他因体谅公司难处一直未追要。2009年9月小赵辞去公司工作另谋出路,双方解除了劳动合同。直到2010年2月小赵才向公司追要拖欠的3个月的工资,该公司拒绝支付,小赵申请劳动争议仲裁。试分析:
(1)劳动争议仲裁机构是否会支持小赵的请求?为什么?
(2)小赵可否直接向人民法院起诉?为什么?

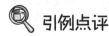
## 引例点评

《劳动合同法》第47条规定:经济补偿按劳动者在本单位工作的年限,每满1年支付1个月工资的标准向劳动者支付;6个月以上不满1年的,按1年计算;不满6个月的,向劳动者支付半个月工资的经济补偿;劳动者月工资高于用人单位所在直辖市、设区的市级人民政府公布的本地区上年度职工月平均工资三倍的,向其支付经济补偿的标准按职工月平均工资3倍的数额支付,向其支付经济补偿的年限最高不超过12年。本条所称月工资是指劳动者在劳动合同解除或者终止前12个月的平均工资。根据该条规定,成刚和乐宁两人因解除劳动合同而获得的经济补偿金分别为:8 000元/年×12年=96 000元和3 000元/年×3×12年=108 000元。

## 能力训练题

### 一、单项选择题

1. 下列权利主体适用于《劳动法》的有( )。
   A. 国家机关公务员　　　　　　　B. 大型企业国务院稽查特派员
   C. 电脑公司硬件组装员　　　　　D. 家庭保姆
2. 《劳动法》规定,用人单位安排劳动者每月的加班时间不得超过( )。
   A. 10小时　　B. 24小时　　C. 36小时　　D. 48小时
3. 我国《劳动合同法》发生效力的时间是( )。
   A. 1995年1月1日　　　　　　　B. 1994年7月5日
   C. 2008年1月1日　　　　　　　D. 2007年6月29日

## 第十四章 劳动法

4. 用人单位无故拖欠劳动者工资,除在规定时间内全额支付劳动者工资报酬外,还应加发相当于工资报酬一定比例的经济补偿金,该比例为( )。
   A. 10%　　　B. 20%　　　C. 25%　　　D. 50%

5. 大地公司安排工人刘某春节期间上班。根据《劳动法》,该公司应支付其不低于原工资报酬的( )。
   A. 150%　　　B. 200%　　　C. 300%　　　D. 100%

### 二、多项选择题

1. 按照劳动合同期限的不同,劳动合同可分为( )。
   A. 有固定期限的劳动合同
   B. 无固定限期的劳动合同
   C. 长期劳动合同
   D. 以完成一定工作为期限的劳动合同

2. 《劳动法》规定,有下列情形之一的,用人单位可以解除劳动合同( )。
   A. 被依法追究刑事责任的
   B. 在试用期间被证明不符合录用条件的
   C. 严重违反劳动纪律或用人单位规章制度的
   D. 严重失职,对用人单位利益造成重大损害的

3. 以下情形中,延长工作时间不受法律限制的是( )。
   A. 发生自然灾害、事故或者因其他原因,威胁劳动者生命健康和财产安全,需要紧急处理的
   B. 生产设备、交通运输线路、公共设施发生故障,影响生产和公众利益,必须及时抢修的
   C. 法定节假日
   D. 法律、行政法规规定的其他情形

4. 劳动合同对劳动报酬和劳动条件等标准约定不明确,引发争议的,解决方式有( )。
   A. 用人单位与劳动者可以重新协商
   B. 协商不成的,适用集体合同规定
   C. 没有集体合同或者集体合同未规定劳动报酬的,实行同工同酬
   D. 没有集体合同或者集体合同未规定劳动条件等标准的,适用国家有关规定

5. 我国处理劳动争议,应当遵循的原则有( )。
   A. 着重调解,及时处理原则　　　B. 依法处理原则
   C. 公正处理原则　　　D. 三方原则

### 三、问答题

1. 简述劳动关系的特征。
2. 简述劳动合同订立的原则。

3. 劳动合同包括的主要内容有哪些?
4. 劳动者在哪些情形下,用人单位可以解除劳动合同?
5. 简述我国的工资制度。
6. 简述我国劳动争议的处理方式。

## 四、案例分析

1. 案情:某服装公司主要从事来料加工成衣业务。2008年2月公司接到一份来自美国的来料加工订单,按外方提供的丝绸成衣式样加工8万件丝绸成衣,要求3个月交货。由于公司员工人数有限,如按标准工作时间工作完成订单有困难,于是经理与公司的工会协商加班加点,并在公司的公告栏上贴出通知:"为完成美国的订单从即日起公司全体职工每天加班4小时,周六、周日不休息,若干90天,每日每人定额补助加班费12元。"女职工姚某与公司签有3年期的劳动合同,在这次任务中头一个月按公司要求每日加班加点,公休假日也不休息。但由于姚某在2007年12月曾因怀孕流产,身体一直不是很好,连续加班使姚某感到体力不支,健康受到影响。于是姚某向经理提出能否考虑隔日加班,以便身体能有所恢复。经理不同意,姚某说:"这样加班,人的身体会垮的,不管公司是否同意,反正明天我不加班了。"第二天姚某上完白班后果然不加班,回家休息了。公司即以姚某拒绝加班为由,与姚某解除劳动合同。

请回答:

(1) 某服装公司决定加班加点是否须征得职工同意?

(2) 此案中某服装公司违反了哪些法律规定?

2. 案情:职工黄某原在一家国有企业工作并与企业签订了为期5年的劳动合同。在合同期内,黄某以收入偏低为由,口头提出解除劳动合同,企业未予答复。过了10天,黄某就被一家合资企业招用,又与该企业签订了劳动合同。黄某走后,原企业生产受到影响,要求黄某回厂上班,同时,与黄某所在的合资企业联系,希望让黄某回厂;但合资企业以已签订劳动合同为由,不予放人。

请回答:

(1) 黄某与原企业的劳动合同是否已经解除?

(2) 合资企业在本案中是否应承担责任?

3. 案情:孙某为河北省某县农民,在某市打工。2000年12月经人介绍,孙某到某搬家公司做搬运工人,公司每月支付孙某工资300元,并安排孙某在公司的集体宿舍居住。2001年2月份,某市劳动和社会保障局在公共场所宣传劳动法,孙某听到宣传,得知当地的最低工资标准为每月412元,遂找到公司徐经理,要求增加工资。徐经理不同意,说:公司给孙某提供住处不是免费的,而是每月从工资中扣除100元,发到孙某手里300元,而且公司为工人提供免费午餐,并给工人统一购买服装,遇到加班加点还按法律规定付给加班加点费,这些费用加起来孙某的每月收入早已超过412元,公司没有违反当地最低工资的规定。如果孙某不愿意在这

## 第十四章 劳动法

儿干,可以到别处去干。

请回答:

(1) 徐经理对公司没有违反最低工资规定的表述是否正确?为什么?

(2) 若公司的行为不符合法律规定,应承担哪些法律责任?

### 实 训

**【目标】**

通过实训,使学生加深对劳动法的理解,充分认识对劳动者进行法律保护的意义,并在此基础上进一步明确劳动者和用人单位的权利和义务,提高维护劳动者合法权益的法律意识,学会正确依法处理劳动争议。

**【项目】**

劳动法实施现状的调查。以班级为单位,分成若干小组,联系实际,深入企业进行劳动法实施情况的调查,并进行法律分析,写出调查报告。

# 第十五章 仲裁法

## 学习目标

知识：
1. 了解民商事仲裁的种类及其基本原则；
2. 熟悉民商事仲裁的适用范围。

技能：
1. 掌握民商事仲裁的基本制度、组织机构及规则；
2. 能办理一般民商事仲裁法律事务。

素养：
1. 培养平等、协商、效率的观念；
2. 增强依法维护权利、解决纠纷的意识。

## 案例导入

2005年7月，南京市大地健身房与上海市蓝天健身器械公司签订了一份购销合同。合同中的仲裁条款规定："因履行合同发生的争议，由双方协商解决；无法协商解决的，由仲裁机构仲裁。"2005年9月，双方发生争议，大地健身房向其所在地的南京市仲裁委员会递交了仲裁申请书，但蓝天健身器械公司拒绝答辩。同年11月，双方经过协商，重新签订了一份仲裁协议，并商定将此合同争议提交蓝天健身器械公司所在地的上海市仲裁委员会仲裁。事后大地健身房担心上海市仲裁委员会实行地方保护主义，偏袒健身器械公司，故未申请仲裁，而是向合同履行地人民法院提起诉讼，且起诉时未说明此前两次约定仲裁的情况，法院受理此案，并向蓝天健身器械公司送达了起诉状副本，该器械公司向法院提交了答辩状。法院经审理判决被告蓝天健身器械公司败诉，被告不服，提起上诉，理由是双方事先有仲裁协议，法院判决无效。

## 问题引入

1. 购销合同中的仲裁条款是否有效？请说明理由。

2. 争议发生后,双方签订的协议是否有效?为什么?
3. 原告大地健身房向法院提起诉讼正确与否?为什么?
4. 人民法院审理本案是否正确?为什么?

## 第一节 认识仲裁及仲裁法

### 一、民商事仲裁的概念及特征

所谓仲裁,是指双方当事人通过订立仲裁协议,自愿将现在已经发生或者将来可能发生的争议提交约定的非司法机构的第三者居中进行审理并作出有约束力的仲裁裁决的争议解决制度。作为一种具有民间性的争议解决制度,仲裁与诉讼制度相比较,具有以下法律特征:

(1) 自愿性。自愿性也称为自主性,是仲裁最主要的法律特征。自愿性体现在仲裁解决争议的许多方面,具体而言,对于一项争议,是否将其提交仲裁解决,仲裁机构的选择,仲裁庭组成形式的确定以及具体组成人员的选定,仲裁所适用的程序法和实体法,仲裁审理方式以及仲裁裁决中是否写明争议事实与裁决理由等都是由双方当事人在自愿的基础上合意确定的。这是契约自治原则在仲裁领域中的充分体现。

(2) 专业性。由于仲裁所解决的是民商事纠纷,往往可能会涉及民商事不同领域中的各种专业技术问题。因此,为适应纠纷解决过程中对各种专业问题的需要,各常设仲裁机构均聘任法律、经济、贸易、运输和海事等领域的专家作为仲裁员,并按专业设置仲裁员名册,供当事人选择。由此可见,与诉讼相比较,仲裁具有极强的专业性特征。

(3) 灵活性。由于仲裁制度从其产生之初就是建立于双方当事人自愿的基础上,因此,即使发展为现代仲裁制度,在仲裁解决争议案件的过程中,也不像诉讼那样需要受到严格程序法律规范的约束,双方当事人在仲裁程序中的很多具体环节上拥有选择权,使得仲裁具有很大的灵活性。

(4) 保密性。仲裁审理案件时通常实行不公开审理的原则,并且各国有关的仲裁立法和仲裁规则都对仲裁员以及相关人员的保密义务作出明确的规定,使得当事人的商业秘密以及贸易信息不至于因争议的发生与解决而泄露,这样既有利于争议的解决,也有利于维护当事人之间的和谐关系。

(5) 快捷性。与实行两审终审制的诉讼相比较,仲裁所实行的一裁终局制度使得仲裁具有快捷性,不仅有利于争议的迅速快捷地解决,而且有利于提高争议解决的效率。

(6) 经济性。仲裁的经济性,即仲裁具有相对于诉讼费用低廉的特性。这是因为,其一,仲裁所具有的专业性使得仲裁在解决争议案件时能大大加快对争议案件进行审理并作出裁决的速度,这就减少了当事人多次往返参加仲裁所需要的各种费用。其二,通常来说,仲裁费用要比诉讼费用低。其三,仲裁实行"一裁终局"制度,这就极大简化了解决争议案件的程序,缩短了审理期间,从而也就大大降低了解决争议所需要的费用。

(7) 独立性。各国有关仲裁的立法均规定,仲裁机构独立于行政机关,仲裁机构与行政机关以及仲裁机构相互之间不具有隶属关系;仲裁独立进行,不受行政机关、社会团体和个人的干涉,这就从仲裁机构与仲裁活动两个方面体现了仲裁所具有的独立性。

根据不同的分类标准,仲裁可以划分为不同的类型。以是否具有涉外因素为标准,仲裁可以划分为国内仲裁与涉外仲裁;以是否由常设的专门仲裁机构进行仲裁为标准,仲裁可以分为机构仲裁与临时仲裁;以做出仲裁裁决的依据为标准,仲裁可以分为依法仲裁与友好仲裁。

仲裁法是调整平等主体的公民、法人和其他组织之间发生的合同纠纷和其他财产权益纠纷的重要法律规范,具有"准司法"的性质。我国《中华人民共和国仲裁法》于 1994 年 8 月 31 日通过,1995 年 9 月 1 日起施行。

## 二、民商事仲裁的适用范围

仲裁的范围,即仲裁可以解决争议的范围,也就是争议的可仲裁性问题。我国《仲裁法》第 2 条、第 3 条与第 77 条对仲裁范围从不同角度作出了相应的规定。

### (一) 可以仲裁的事项

平等主体的公民、法人和其他组织之间发生的合同纠纷和其他财产权益纠纷,可以仲裁。这里的其他财产权益纠纷,通常是指因侵权而产生的财产权益纠纷。也就是说,可以根据仲裁法仲裁的案件具有以下特点:(1) 当事人之间具有平等性,如果当事人之间是管理与被管理的非平等性关系,则该争议不能申请仲裁;(2) 仲裁事项具有可处分性,也就是说,当事人只有对具有可处分性的事项,才能通过签订仲裁协议的形式将所发生的争议提交仲裁机构仲裁;(3) 争议内容具有财产性,即当事人可以提请仲裁的事项一定是基于合同或者其他财产权益产生的争议。此外,从我国关于劳动争议以及农业承包合同纠纷案件处理的法律、法规的具体规定看,这两类纠纷案件应当仲裁,而且仲裁是提起相应民事诉讼的前置性程序,即只有经过仲裁解决,当事人对仲裁机构作出的仲裁裁决不服的,才可以在法定期间内向人民法院提起民事诉讼。

### (二) 不可以仲裁的事项

下列纠纷不能仲裁:(1) 婚姻、收养、监护、抚养、继承纠纷,这类纠纷是基于特定身份关系而产生的,这种以人的特定身份为基础的权利与义务关系一旦产生,往往就由法律直接加以规定,对其争议也需要通过相应的法定程序才能解决,因此,这类纠纷不得仲裁。(2)依法应当由行政机关处理的行政争议。这里主要涉及国家各类不同机关之间权力的划分,其中,行政机关是国家专门设立的行使国家行政管理权的机构,对于依法应当由行政机关处理的行政争议,当事人不得协议交由仲裁机构仲裁解决。

### 三、民商事仲裁的基本原则

#### (一)当事人意思自治原则

协议仲裁的特点决定了当事人意思自治原则,也可以称为当事人意思自愿原则。意思自治原则是仲裁法最基本的原则,通常被称为是现代仲裁制度的基石,即没有当事人的意思自愿,就没有现代协议仲裁制度的产生。当事人意思自治原则在仲裁中可以具体体现在以下几个方面:(1)是否仲裁由当事人自愿选择。即当事人是否将他们之间所发生的允许仲裁的争议事项提交仲裁机构仲裁解决,由当事人自愿协商决定。《仲裁法》第4条规定,当事人采用仲裁方式解决纠纷,应当双方自愿,达成仲裁协议。没有仲裁协议,一方申请仲裁的,仲裁委员会不予受理。(2)仲裁机构由当事人自愿选择。即当事人之间的争议,提交哪一个仲裁机构仲裁,以及涉外合同及其他财产权益争议,是提交中国的涉外仲裁机构仲裁还是提交外国的涉外仲裁机构仲裁,由当事人自愿协商决定,法律不作限制。(3)仲裁庭的组成形式及仲裁员由当事人自愿选择。即当事人将所发生的仲裁协议约定的争议提交仲裁机构仲裁后,对选择何种形式的仲裁庭——独任制仲裁庭还是合议庭仲裁庭,由当事人自愿协商决定。仲裁庭的形式确认后,由哪些仲裁员组成仲裁庭仍然可以由当事人自愿协商决定。(4)仲裁审理方式由当事人自愿选择。根据《仲裁法》的规定,虽然仲裁实行不公开开庭审理的原则,但是当事人可以自愿选择采取公开开庭的方式或者书面审理的方式对争议案件进行审理。只要双方当事人协商一致,仲裁庭就应当按照当事人选择的审理方式进行审理,当然涉及国家秘密的案件除外。除上述四个方面以外,当事人还可以自愿选择诸如仲裁地点、涉外仲裁中的仲裁规则适用等事项。

#### (二)独立公正仲裁原则

体现在以下四个方面:第一,仲裁依法独立进行,不受行政机关、社会团体和个人的干涉。第二,仲裁机构独立,这是仲裁独立公正进行的组织保障,即仲裁委员会独立于行政机关,与行政机关没有隶属关系。第三,仲裁员实行回避制度,这是仲裁公正进行的制度保障。第四,仲裁员实行任职资格制度,这是仲裁独立公正进行的人员素质保障。

#### (三)根据事实、符合法律规定、公平合理解决纠纷原则

这一原则实际上是"以事实为依据、以法律为准绳原则"在仲裁领域中的具体

体现。同时,在法律没有规定或者规定不完备的情况下,仲裁庭可以按照公平合理的原则解决纠纷。

### 四、民商事仲裁的基本制度

#### (一)一裁终局制度

仲裁实行一裁终局的制度,这是世界各国的通行做法,也就是说,仲裁裁决作出后,即具有约束力,当事人就同一纠纷再申请仲裁或者向人民法院起诉后,仲裁委员会或者人民法院不予受理。当然,如果仲裁裁决作出后,该裁决因当事人申请撤销或者申请不予执行而被人民法院裁定撤销或者不予执行的,当事人可以重新达成仲裁协议申请仲裁,或者向有管辖权的人民法院提起诉讼。

#### (二)或裁或审制度

当事人就其所发生的争议,只能在仲裁或者诉讼中选择其一。但是,一旦当事人之间达成书面仲裁协议,选择仲裁方式解决争议,该有效仲裁协议即产生排斥法院对该争议案件司法管辖的法律效力。

【思考15-1】 王甲与前妻生有一女王乙。前妻去世后,王甲又与张丙结婚,生有王丁、王戊两个子女。后来王甲购买了他现居住的房屋,并进行翻建。王乙婚后与丈夫自购房另住。王甲去世后,张丙、王丁、王戊仍住在原房,后因王戊拟将该处房屋中的一间作为婚房,受到王丁的阻挠,双方发生争执,王戊向某市仲裁委员会申请仲裁。仲裁委员会是否应该受理此案?

## 第二节 民商事仲裁机构及仲裁规则

### 一、民商事仲裁机构

民商事仲裁机构,是指依法有权根据当事人达成的仲裁协议,受理一定范围内的民商事争议并作出强制性裁决的组织。民商事仲裁机构具有以下特征:(1)民商事仲裁机构行使仲裁权的前提是双方当事人自愿达成的仲裁协议。如果双方当事人未能达成仲裁协议,则仲裁机构无权对争议进行仲裁。(2)民商事仲裁机构仅能对法定范围内的纠纷进行仲裁。根据我国《仲裁法》的规定,仅限于平等主体间的合同纠纷和财产纠纷。至于其他纠纷,例如涉及婚姻、收养等身份关系的纠纷以及有隶属关系的行政纠纷,都不能由民商事仲裁机构进行仲裁。(3)民商事仲裁机构本身没有决定和采取强制措施的权力。对于仲裁过程中发生的财产保全、证据保全以及仲裁裁决的强制执行等强制措施,只能由有管辖权的法院来裁定并执行。(4)民商事仲裁机构的裁决对于当事人具有强制约束力。当事人自愿把争议提交

## 第十五章 仲裁法

仲裁机构裁决,则意味着他们都必须受到该仲裁机构的约束,即当事人必须履行该裁决的内容。否则,享有权利的当事人可以向有关法院申请强制执行。依据《仲裁法》规定,我国仲裁机构主要有仲裁委员会和仲裁协会。

1. 仲裁委员会

仲裁委员会可以在直辖市和省、自治区人民政府所在地的市设立,也可以根据需要在其他设区的市设立,不按行政区划层层设立。设立仲裁委员会应当具备下列条件:(1)有自己的名称、住所和章程。(2)有必要的财产。(3)有仲裁委员会的组成人员。由主任1人、副主任2~4人和委员7~11人组成。仲裁委员会的主任、副主任和委员由法律、经济贸易专家和有实际工作经验的人员担任。仲裁委员会的组成人员中,法律、经济贸易专家不得少于2/3。(4)有聘任的仲裁员。仲裁委员会应当从具备仲裁员资格的人员中聘任仲裁员,并按照不同的专业设仲裁员名册。仲裁委员会不设专职仲裁员。

2. 仲裁协会

中国仲裁协会是仲裁委员会的自律性组织,实行会员制,各仲裁委员会是中国仲裁协会的法定会员,协会以团体会员为主,也可以接纳个人会员。中国仲裁协会指导、协调仲裁委员会的工作,根据仲裁法和民事诉讼法的有关规定制定仲裁规则以及其他仲裁规范性文件,同时,对仲裁委员会及其组成人员、仲裁员的违纪行为进行监督。

中国仲裁协会是社会团体法人。设立仲裁协会,应向民政部申请登记。

### 二、仲裁规则

仲裁规则是指仲裁所应遵循和适用的程序规范。仲裁规则不同于《仲裁法》,它可以由仲裁机构制定,有些内容还允许当事人自行约定。因此,仲裁规则是任意性较强的行为规范,但是仲裁规则不得违反《仲裁法》中的强制性规定。

仲裁规则应依据《仲裁法》和《民事诉讼法》的有关规定加以制定。根据《仲裁法》的规定,我国仲裁委员会的仲裁规则的制定分为两种情况:国内仲裁委员会的仲裁规则,由中国仲裁协会统一制定,在中国仲裁协会制定仲裁规则之前,各仲裁委员会可以按照《仲裁法》和《民事诉讼法》的有关规定制定仲裁暂行规则;涉外仲裁委员会的仲裁规则由中国国际商会制定。

仲裁规则主要包括以下内容:仲裁管辖;仲裁组织;仲裁的申请、答辩和反请求程序;仲裁庭的组成;仲裁的审理和裁决程序;仲裁委员会、仲裁庭和当事人的权利义务;以及仲裁语言、翻译、送达、仲裁费用等。

仲裁规则是进行仲裁活动时必须遵循和适用的程序规范。仲裁规则具有以下作用:(1)为当事人提供一套科学、系统、明确的仲裁程序规则,便于当事人有效地解决纠纷;(2)为仲裁委员会和仲裁庭受理、审理和裁决纠纷提供适用的程序规则,使当事人之间的纠纷能够得到公正、及时的解决;(3)为仲裁员和当事人提供程序上的权利和义务规范;(4) 为支持、协助和监督仲裁提供依据。

## 第三节 仲裁当事人与仲裁代理人

### 一、仲裁当事人

仲裁当事人,是指依据仲裁协议,以自己的名义参加仲裁程序,并受仲裁裁决约束的公民、法人或者其他组织。仲裁当事人具有以下特征:当事人的法律地位是平等的;当事人之间必须存在有效的仲裁协议;当事人之间的纠纷必须依法具有可仲裁性。依法向仲裁委员会提出仲裁申请的人被称为仲裁申请人,对方当事人被称为被申请人。

《仲裁法》规定仲裁当事人有如下权利:(1) 申请人有放弃或者变更仲裁请求的权利。申请人有权申请仲裁,在申请书中提出自己的仲裁请求。在仲裁过程中,申请人也有权放弃自己的仲裁请求,终止仲裁程序。申请人还有权变更仲裁请求,包括既可以增加仲裁请求,也可以减少仲裁请求。(2) 被申请人有承认或者反驳仲裁请求的权利,有提出反请求的权利。在仲裁中,被申请人对于申请人的仲裁请求有权表示承认,也有权提供证据表示不承认仲裁的请求,被申请人还可以提出反请求。当然反请求必须符合仲裁范围和仲裁事项的要求。(3) 仲裁当事人有申请财产保全的权利。(4) 仲裁当事人有委托代理人参加仲裁活动的权利。

### 二、仲裁代理人

仲裁代理人,是指依据法律规定或者当事人的授权委托,以当事人的名义代为进行仲裁活动的人。仲裁代理人包括法定代理人和委托代理人。

委托他人代理仲裁活动,必须向仲裁委员会提交授权委托书,该委托书须经委托人与受托人签名盖章,仲裁代理人的委托方为成立。授权委托书必须写明委托事项和权限。仲裁代理人代为承认、放弃或变更请求或者提出请求,进行和解必须有被代理人的特别授权。特别授权也必须在委托书中具体写明。

仲裁中的法定代理人,即依据法律规定代为进行仲裁活动的人。仲裁当事人为无行为能力人时,由其监护人作为法定代理人代为进行仲裁活动。仲裁中的委托代理人,即依据当事人、法定代理人的授权委托代为进行仲裁活动的人。根据我国《仲裁法》第29条的规定,当事人、法定代理人可以委托律师或者其他代理人进行仲裁活动。

第十五章 仲裁法

# 第四节 仲裁协议

## 一、仲裁协议的概念

仲裁协议,是指双方当事人在争议发生之前或者争议发生之后,自愿达成的将特定争议事项提请约定的仲裁委员会进行仲裁审理并作出仲裁裁决的书面意思表示。仲裁协议是仲裁程序开始的前提,不同于一般民事合同,具有以下特点:(1) 仲裁协议的要式性。即仲裁协议需要以书面形式作出,并需要具备法定的内容,否则仲裁协议一律无效。(2) 仲裁协议的间接性。仲裁协议的间接性是相对于双方当事人之间的实体权利与义务关系而言的。一般民事合同往往是直接通过合同条款确定双方当事人之间的实体权利与义务关系,而仲裁协议作为一种特殊的合同,仅仅确认一种争议解决方式,并进而通过对当事人之间所发生争议的解决来确定当事人之间的实体权利与义务关系。(3) 仲裁协议当事人权利义务的同一性。一般合同是当事人基于互补利益的追求而订立的,故一般合同当事人的权利义务往往呈现出对应性的特点,即一方当事人的合同权利对应另一方当事人的合同义务,一方当事人的合同义务则对应另一方当事人的合同权利。而仲裁协议则不同,由于双方所追求的利益是共同的,即通过仲裁方式解决仲裁协议约定事项所发生的争议。因此,当事人的权利义务具有同一性的特点,即一旦双方当事人约定的事项发生争议后,双方当事人均享有提交仲裁机构解决该争议的权利,同时双方当事人也都负有将该争议提交仲裁机构仲裁的义务。(4) 仲裁协议效力的广延性。一般民事合同仅对签订合同的双方当事人产生相应的约束力,而仲裁协议的法律效力则具有广延性,即仲裁协议有效成立后,不仅对签订该协议的双方当事人产生应有的约束力,而且对仲裁机构与法院也产生相应的约束力。(5) 仲裁协议的独立性。仲裁协议有效成立后,即具有效力的独立性,不受合同的无效、解除、终止、变更的影响。

## 二、仲裁协议的内容

一项有效仲裁协议需要具备一定的内容,仲裁协议的内容通常可以分为法定内容与约定内容。根据我国《仲裁法》第 16 条的规定,仲裁协议应当具备以下法定内容。

1. 请求仲裁的意思表示

仲裁协议是当事人双方经过协商一致达成的将争议提请仲裁机构仲裁解决的书面意思表示。作为一种对争议解决方式的约定,仲裁协议必须是双方当事人意思表示一致的结果。但是,通常来说,请求仲裁的意思表示往往内含于仲裁协议之中,如双方当事人达成的仲裁协议通常为:对在本合同履行过程中所发生的一切争议,双方应当友好协商解决;协商不成的,提请××仲裁委员会仲裁。在这一条款中,就包含了双方当事人共同的意思表示,即对于合同履行过程中所发生的一切,当双方协商无法解决时,即将该争议提请约定的仲裁委员会仲裁解决。

2. 仲裁事项

作为双方当事人提请仲裁机构解决争议案件,以及仲裁机构受理仲裁申请的有效依据,仲裁协议以约定仲裁事项为其法定必备内容。所谓仲裁事项就是双方当事人在仲裁协议中约定的提请仲裁解决的争议范围。该仲裁事项的约定是否合法或者合适,直接影响着当事人双方提请仲裁解决争议案件意思表示的实现,以及仲裁制度在解决民事、商事争议,维护社会经济秩序方面作用的有效发挥。因此,双方当事人在仲裁协议中约定仲裁事项时需注意:第一,所约定提请仲裁解决的事项,必须是《仲裁法》允许仲裁的事项。第二,仲裁事项的明确性,即双方当事人在仲裁协议中约定提请仲裁机构解决的争议事项必须明确。如果约定不明确,当事人可以补充协议;达不成补充协议的,仲裁协议无效。

3. 选定的仲裁委员会

仲裁委员会是依法受理当事人依据仲裁协议提请仲裁解决争议案件的机构,为防止当事人在争议发生后,就提请哪一个仲裁委员会仲裁发生争议,我国《仲裁法》明确规定选定的仲裁委员会是有效仲裁协议必须具备的一项内容,也就是说,双方当事人在仲裁协议中必须明确约定仲裁委员会的名称。如果仲裁协议对仲裁委员会没有约定或者约定不明确的,当事人可以补充协议;达不成补充协议的,仲裁协议无效。

在我国的仲裁实践中,除上述仲裁协议的法定内容以外,有时当事人双方还可以根据需要自行约定其他内容,如仲裁庭的组成形式、仲裁审理方式以及仲裁审理地点等。但是需注意的是,仲裁协议的法定内容是仲裁协议的必备内容,缺少任何一项法定内容均可以导致仲裁协议的无效;而仲裁协议的约定内容则不是仲裁协议的必备内容,而是双方当事人根据需要而自行约定的,约定哪些内容以及如何约定等均由双方当事人自愿协商确定。仲裁协议约定内容的有无不影响仲裁协议的法律效力。

### 三、仲裁协议的效力

1. 对当事人的效力——约束当事人对纠纷解决方式的选择权

仲裁协议有效成立后,首先对仲裁协议的双方当事人产生应有的法律效力,即妨碍双方当事人行使就该仲裁协议约定争议事项向法院起诉的权利,而对双方当事人产生了将仲裁协议约定争议提请仲裁机构仲裁的义务。如果一方当事人违反该义务,而就协议约定事项争议向法院起诉,则对方当事人享有以仲裁协议为由进行抗辩的权利,此时,视为当事人的起诉不合法,人民法院应当裁定驳回起诉。

## 2. 对法院的效力——排斥司法管辖权

仲裁协议有效成立后,在对当事人产生妨碍起诉权效力的同时,相对于法院而言,就产生了排斥司法管辖权的效力,即人民法院不得受理当事人之间有仲裁协议的争议案件,除非该仲裁协议无效或者无法实现。但是,有一种例外情况,即法院在当事人起诉未声明仲裁协议的情况下,基于一方当事人的起诉行为受理案件后,被告当事人在法院首次开庭前未对法院受理该案提出异议,视做双方当事人放弃仲裁协议,而接受法院对该争议案件的司法管辖权。

## 3. 对仲裁机构的效力——授权并限定仲裁的范围

仲裁协议对仲裁机构的效力体现在两个方面:(1)授权效力,即仲裁协议是仲裁机构受理仲裁案件的基础,也是仲裁庭对争议案件进行审理与裁决的依据,没有当事人之间的仲裁协议,也就没有仲裁庭对争议案件的仲裁权。(2)仲裁协议限定仲裁权行使的范围,即仲裁庭只能对当事人协议约定并提请仲裁的争议事项进行审理并作出裁决,如果仲裁机构超越仲裁协议的范围作出仲裁裁决,则该仲裁裁决无效。

### 四、仲裁条款的独立性及仲裁协议效力的扩张

仲裁条款的独立性,也称为仲裁条款的可分割性或者可分离性,即作为主合同一部分的仲裁条款,尽管依附于主合同,但是仍然与主合同的其他条款可以分离而独立存在。我国《仲裁法》第19条规定,仲裁协议独立存在,合同的变更、解除、终止或者无效,不影响仲裁协议的效力。仲裁庭有权确认合同的效力。这一条款明确地确定了仲裁条款效力的独立性问题。此外,当事人在订立合同时就争议达成仲裁协议的,合同未成立不影响仲裁协议的效力。

在仲裁实践中,经常出现当事人订立仲裁协议后发生合并、分立等特殊情况,对此,《仲裁法解释》作了以下相应规定:(1)当事人订立仲裁协议后合并、分立的,仲裁协议对其权利义务的继受人有效。当事人订立仲裁协议后死亡的,仲裁协议对承继其仲裁事项中的权利义务的继承人有效。上述情形,当事人订立仲裁协议时另有约定的除外。(2)债权债务全部或者部分转让的,仲裁协议对受让人有效,但当事人另有约定、在受让债权债务时受让人明确反对或者不知有单独仲裁协议的除外。

【思考15-2】 合同双方当事人终止合同,甲方按合同仲裁条款向仲裁机构申请仲裁,以解决双方的争议;乙方向仲裁委员会提出异议,认为该仲裁条款随着合同的终止而失去效力;甲方则向法院提出申请,要求法院对该仲裁条款的效力予以裁定。在此种情况下,该仲裁条款的法律效力如何?

## 第五节 仲裁程序

仲裁程序即仲裁委员会对当事人提请仲裁的争议案件进行审理并作出仲裁裁决,以及当事人为解决争议案件进行仲裁活动所遵守的程序规定。下面具体说明。

### 一、仲裁申请与受理

1. 申请的条件

申请仲裁是当事人依据仲裁协议,将仲裁协议约定的争议事项提请约定的仲裁机构进行仲裁审理和裁决的行为。申请仲裁是仲裁程序开始的第一步,根据《仲裁法》第21条的规定,当事人申请仲裁应当符合以下条件:有仲裁协议;有具体的仲裁请求和事实、理由;属于仲裁委员会的受理范围。

2. 申请的方式

当事人申请仲裁,应当向仲裁委员会递交仲裁协议、仲裁申请书及副本。仲裁申请书应当载明下列内容:(1)当事人的姓名、性别、年龄、职业、工作单位、住所、电话和法定代表人或者主要负责人的姓名、职务。(2)仲裁请求和事实根据、理由。(3)证据、证人姓名和住所。(4)所申请的仲裁委员会名称。(5)申请仲裁的年、月、日。(6)申请人的签名、盖章。当事人提交仲裁申请书应当按照对方当事人的人数和组成仲裁庭的仲裁员人数,提供相应的副本。

3. 审查与受理

对当事人提出的仲裁申请,仲裁委员会应当在收到仲裁申请书之日起5日内进行审查,认为符合受理条件的,应当受理,并通知当事人;认为不符合受理条件的,应当书面通知当事人不予以受理,并说明理由。

仲裁委员会依法受理当事人的仲裁申请后,即产生以下法律后果:(1)仲裁申请人与被申请人取得仲裁当事人的法律资格。(2)仲裁委员会依法取得对具体争议案件的仲裁权。

4. 送达

仲裁委员会受理仲裁申请后,应当在仲裁规则规定的期限内将仲裁规则和仲裁员名册送达申请人,并将仲裁申请书副本和仲裁规则、仲裁员名册送达被申请人。这里送达仲裁规则的目的在于让双方当事人及时了解仲裁规则中的相应程序性规定,送达仲裁员名册的目的在于便利当事人及时行使选择仲裁员的权利。被申请人收到仲裁申请书副本后,应当在仲裁规则规定的期限内提交答辩书;仲裁委员会收到答辩书后,应当在仲裁规则规定的期限内将答辩书副本送达申请人。被申请人未提交答辩书的,不影响仲裁程序的进行。

【思考15-3】 2005年,红山度假村管委会与香港国泰公司签订了合资建设

## 第十五章 仲裁法

高尔夫球场合同,该合同未订有仲裁条款。后双方为履行该合同发生争议,国泰公司致函度假村管委会,表示要向仲裁机构或法院提出仲裁或起诉。管委会得知信函内容后,立即告知国泰公司,表示同意仲裁解决双方的争议,随即向仲裁机构递交了仲裁申请书。但国泰公司收到管委会的来函后,未向仲裁机构提交仲裁申请书,而直接向法院提起诉讼,要求履行合同。该纠纷应由哪个机构处理?请简述理由。

### 二、仲裁中的保全

(一) 财产保全

财产保全是指仲裁机构在受理当事人仲裁申请后,对案件作出仲裁裁决前,为保证将来仲裁裁决得以实现,而由法院对当事人的财产或争执标的物采取强制措施的制度。仲裁财产保全具有临时性和强制性的特点。

我国《仲裁法》第 28 条第 1 款规定:"一方当事人因另一方当事人的行为或者其他原因,可能使裁决不能执行或者难以执行的,可以申请财产保全。"根据法律的规定,仲裁中的财产保全应当符合下列条件:(1) 仲裁案件必须具有给付内容。(2) 确有保全的必要。(3) 仲裁当事人申请财产保全必须符合法定程序。

仲裁中财产保全的程序:(1) 仲裁当事人提出书面申请。仲裁中的财产保全必须由仲裁当事人提出书面申请,而且应当根据法律的规定在仲裁机构受理仲裁申请后,对仲裁案件作出仲裁裁决前,提出财产保全申请。(2) 仲裁当事人应当向仲裁委员会递交财产保全申请书。按照仲裁程序,仲裁当事人不能直接向人民法院递交财产保全申请书,而必须将财产保全申请书递交仲裁委员会。(3) 仲裁委员会应将当事人的财产保全申请按照《民事诉讼法》的有关规定提交人民法院。根据法律的规定,仲裁委员会应将当事人的财产保全申请提交被申请人住所地或者财产所在地的基层人民法院。(4) 人民法院依照《民事诉讼法》的规定对财产保全申请进行审查,并决定是否采取财产保全措施以及采取何种措施。(5) 仲裁当事人对人民法院财产保全的裁定不服,可以向人民法院申请复议一次,复议期间不停止裁定的执行。

要注意的是,财产保全申请有错误的,申请人应当赔偿被申请人因财产保全所遭受的损失,仲裁委员会不承担赔偿责任。

【思考 15-4】 甲区的贸易公司与乙区的建材公司在丙区签订木材供销合同,因建材公司失火,未能及时供货,双方发生争议。贸易公司根据合同中的仲裁条款,请求仲裁委员会保全建材公司在丁区的财产。仲裁庭对此案经过审理作出裁决后,建材公司认为该裁决属于法定应撤销的情形,于是申请人民法院撤销该裁决。仲裁委员会接受贸易公司保全财产的申请后,应将该申请提交哪一个法院?

(二) 证据保全

证据保全是指在仲裁裁决作出之前,对有可能灭失或以后难以取得的证据,经当事人申请,由法院所采取的对证据加以保护的一种临时性的强制措施。

仲裁中证据保全必须符合下列条件:证据有可能灭失的危险;证据有在以后难以取得的情形存在;申请保全的证据是决定仲裁案件事实的主要证据,如果不及时保全将影响仲裁案件的处理;由当事人向仲裁委员会提出证据保全的申请。

仲裁中证据保全的程序:(1)当事人书面申请。(2)仲裁机构向法院提交当事人的证据保全申请。(3)人民法院审查并作出裁定。(4)采取保全措施。

对于仲裁中的财产保全和证据保全,应当注意:(1)仲裁中可以申请的主体只能是当事人。(2)由当事人向仲裁委员会提出,仲裁委员会将申请提交人民法院。仲裁委员会自身无权采取财产保全、证据保全措施。当事人也不能直接将保全申请提交给人民法院。

### 三、仲裁庭的组成

#### (一)仲裁庭的组成形式

仲裁庭依法可以由3名仲裁员或者1名仲裁员组成。由3名仲裁员组成的,设首席仲裁员。仲裁庭可分为合议仲裁庭和独任仲裁庭。

(1)合议仲裁庭的组成。当事人约定由3名仲裁员组成仲裁庭的,应当各自选定或者各自委托仲裁委员会主任指定1名仲裁员,第3名仲裁员由当事人共同选定或者共同委托仲裁委员会主任指定。第3名仲裁员是首席仲裁员。当事人为三方或三方以上,约定由3名仲裁员组成合议仲裁庭的,当事人应当共同选择3名仲裁员,并选定其中1名为首席仲裁员;或者共同委托仲裁委员会主任指定2名仲裁员和首席仲裁员。

(2)独任仲裁庭的产生。当事人约定由1名仲裁员成立仲裁庭的,应当由当事人共同选定或者共同委托仲裁委员会主任指定仲裁员。当事人没有在仲裁规则规定的期限内约定仲裁庭的组成方式或者选定仲裁员的,由仲裁委员会主任指定。

#### (二)仲裁员的回避与更换

仲裁员的回避是指符合法定回避情形的仲裁员退出仲裁案件审理的一项制度。《仲裁法》第34条规定,仲裁员有下列情形之一的,必须回避,当事人也有权提出回避申请:(1)是本案当事人或者当事人、代理人的近亲属;(2)与本案有利害关系;(3)与本案当事人、代理人有其他关系,可能影响公正仲裁的;(4)私自会见当事人、代理人,或者接受当事人、代理人的请客送礼的。

仲裁员因回避不能履行职责的,应当依照《仲裁法》的规定重新选定或者指定仲裁员。重新选定或者指定仲裁员后,当事人可以请求已进行的仲裁程序重新进行,但是否准许,由仲裁庭决定。仲裁庭也可以自行决定已进行的仲裁程序是否重新进行。

仲裁员因其他原因的更换,主要是指仲裁员因有回避以外的其他原因而不能履行职责而被更换的情形,主要包括仲裁员死亡、生病、被除名以及拒绝履行职责等。根据《仲裁法》的规定,仲裁员因回避以外的其他原因不能履行职责的,应按照《仲裁法》的规定重新选定或指定仲裁员。

【思考 15-5】 A 公司与 B 公司因经济贸易合同发生纠纷,A 公司按照与 B 公司达成的仲裁协议书,将纠纷提交仲裁委员会进行仲裁。仲裁委员会受理此案。开庭前,由于 B 公司认为 A 公司指定的仲裁员与案件有利害关系,即向仲裁委员会提出口头申请,要求该仲裁员回避,仲裁委员会作出回避决定后,同时指定一名仲裁员进行仲裁。在开庭审理之前,B 公司要求公开审理。A 公司和 B 公司在仲裁庭的调解下达成和解协议,仲裁庭即按和解协议内容作出调解书,从而终结本案的仲裁。问:在本案中存在哪些问题?

### 四、审理和裁决

(一) 审理方式

(1) 开庭审理,是仲裁庭在当事人及其他应到庭人员到庭参加的情况下对争议案件进行审理的方式。开庭审理便于仲裁庭通过当事人当庭陈述意见、出示证据、质证并进行辩论查明争议案件事实,从而尽快作出公正合理的仲裁裁决。

(2) 书面审理,是仲裁庭在对当事人提交的各种书面资料进行审查的基础上对争议案件作出仲裁裁决的审理方式。相对于开庭审理方式,书面审理有利于仲裁庭快速审理并作出仲裁裁决,从而节约当事人的仲裁成本。

我国《仲裁法》第 39 条与第 40 条规定,仲裁审理方式以不公开开庭审理为原则,以公开开庭审理与书面审理为例外,由双方当事人协议选择。也就是说,仲裁审理方式分为两种:一是法定审理方式,即当事人就审理方式未作出约定时,仲裁审理应当不公开开庭进行。二是约定审理方式,即当事人协议不开庭的,仲裁庭可以进行书面审理;当事人协议公开的,可以公开,但涉及国家秘密的除外。

(二) 开庭通知

仲裁委员会应当在仲裁规则规定的期限内将开庭日期通知双方当事人。当事人有正当理由的,可以在仲裁规则规定的期限内请求延期开庭。是否延期由仲裁庭决定。仲裁公开开庭,仲裁委员会应公告当事人的姓名、案由和开庭的时间、地点。

(三) 开庭审理程序

(1) 宣布开庭。开庭进行仲裁审理,首先由首席仲裁员或者独任仲裁员宣布开庭。随后,首席仲裁员或者独任仲裁员核对当事人,宣布案由,宣布仲裁庭组成人员和记录人员名单,告知当事人有关的仲裁权利义务,询问当事人是否提出回避申请。

(2) 庭审调查。进行庭审调查是仲裁审理的重要环节,是依照法定程序调查案件事实,审核各种证据的过程,其中心任务是通过听取当事人陈述和审核所出示的证据全面调查案件事实。在庭审调查中,质证是这一过程的核心,因此《仲裁法》和仲裁规则都对质证作出了明确规定。

(3)庭审辩论。庭审辩论是指在仲裁庭的主持下,双方当事人依据在庭审调查中审查核实的事实和证据,就如何认定事实、适用法律,以解决当事人之间的纠纷,提出自己的主张和意见,进行言词辩论的过程。《仲裁法》第47条规定,当事人在仲裁过程中有权进行辩论。辩论终结时,首席仲裁员或者独任仲裁员应当征询当事人的最后意见。当事人辩论是开庭审理的重要程序,也是辩论原则的重要体现。

(四)和解

仲裁中的和解,是指在仲裁委员会受理争议案件后,仲裁庭作出仲裁裁决之前,双方当事人经过自愿平等协商,达成和解协议的行为。仲裁中的和解具有以下特征:第一,和解完全是双方当事人的自愿行为,无须任何第三方参与。第二,和解需双方达成和解协议。

当事人自行和解达成和解协议后,可以作出两种处理:(1)请求仲裁庭根据和解协议作出裁决。该依据和解协议作出的裁决与仲裁庭经过审理,在查明争议案件事实的基础上依法对争议案件作出的裁决,具有同等的法律效力,当事人之间的争议解决。(2)撤回仲裁申请。当事人提出撤回仲裁申请后,只要仲裁庭对申请经过审查,准许当事人撤回仲裁申请,一方面意味着仲裁庭无须再对该争议案件进行审理并作出裁决;另一方面也意味着当事人在达成和解协议后,通过撤回仲裁申请的方式终结了仲裁程序。但是,此时只是意味着当事人之间以自愿达成和解协议的形式重新确定了双方当事人之间的实体权利义务关系,该确定并不具有法律效力。因此,如果当事人撤回仲裁申请后反悔的,根据《仲裁法》第50条的规定,当事人可以根据仲裁协议申请仲裁。

(五)调解

仲裁中的调解,是指仲裁程序中,双方当事人在仲裁庭的主持下就争议的实体权利、义务自愿协商,达成协议,以解决争议案件的活动及方式。仲裁中的调解不同于仲裁中的和解,它有以下特征:(1)调解是在仲裁庭主持下进行的,这是调解不同于和解的一大特征。(2)调解以双方当事人平等自愿协商为基础。调解虽然是在仲裁庭的主持下进行的,但调解仍然体现为双方当事人以友好协商的方式解决争议案件,而不是由仲裁庭行使仲裁权在认定事实的基础上以作出仲裁裁决的方式解决争议案件。(3)调解与仲裁裁决具有同等的法律效力,即都具有对争议的实体权利义务关系的确认效力与强制执行的效力。

仲裁中的调解可分为两种情况:第一,仲裁庭自行调解。仲裁庭有权根据解决争议案件的需要决定先行调解。第二,自愿调解。当事人申请仲裁庭对该争议案件进行调解。当事人自愿申请调解的,仲裁庭应当进行调解。经过调解,对于达成调解协议的案件,仲裁庭应当制作调解书或根据协议的结果制作裁决书。调解书与裁决书具有同等的法律效力。仲裁调解因达成协议而结束。如果双方当事人在仲裁庭的主持下经过协商,无法达成一致的协议,仲裁庭应当及时作出裁决,而不得久调不决。

（六）仲裁裁决

仲裁裁决是指仲裁庭对当事人之间争议的事项经过审理后所作出的终局性判定。在仲裁中,仲裁裁决应当按照多数仲裁员的意见作出,仲裁庭不能形成多数意见时,裁决应当按照首席仲裁员的意见提出。对裁决持不同意见的仲裁员,可以签名,也可以不签名。因此,在仲裁中既可以存在由2名仲裁员签名的裁决书,也可以存在仅由1名仲裁员签名的裁决书,但该名仲裁员必须是首席仲裁员。而在民事诉讼中,对判决持不同意见的审判人员不得拒绝在判决书上签名。根据《仲裁法》第54条的规定,裁决书应当写明仲裁请求、争议事实、裁决理由、裁决结果、仲裁费用的负担和裁决的日期。当事人协议不愿写明争议事实和裁决理由的,可以不写。

【思考15-6】 鸿达实业公司与昌发商贸公司因购销合同发生争议,鸿达公司根据合同中的仲裁条款向某市仲裁委员会申请仲裁。仲裁过程中双方自行和解,宏运公司撤回了仲裁申请。事后昌发公司对和解协议表示反悔并不予履行。这时,鸿达公司具有哪些法律上的权利?

## 第六节 仲裁裁决的执行

### 一、概述

我国《仲裁法》规定,仲裁裁决书自作出之日起发生法律效力,当事人应当履行仲裁裁决;仲裁调解书与仲裁裁决书具有同等的法律效力,调解书经双方当事人签收,即应自觉予以履行。通常情况下,当事人协商一致将纠纷提交仲裁,都会自觉履行仲裁裁决。当事人不自动履行仲裁裁决的,另一方当事人即可请求法院强制执行仲裁裁决。

执行仲裁裁决是法院对仲裁制度予以支持的最终和最重要的表现,是构成仲裁制度的重要组成部分,在仲裁制度上具有重要意义。首先,执行仲裁裁决是使当事人的权利得以实现的有效保证,裁决只有真正得到执行后,权利人才能由此实现自己的权利。其次,执行仲裁裁决是仲裁制度得以存在和发展的最终保证。在义务人不主动履行仲裁裁决时,如果法律不赋予仲裁裁决强制执行的效力,仲裁裁决书无疑只是一纸空文。只有规定执行程序,才能体现仲裁裁决的权威性,才能在保证实现当事人权利的同时,也保证仲裁制度的顺利发展。

## 二、仲裁裁决执行的条件

(1) 必须有当事人的申请。一方当事人不履行仲裁裁决时,另一方当事人(权利人)须向人民法院提出执行申请,人民法院才可能启动执行程序。是否向人民法院申请执行是当事人的权利,人民法院没有主动采取执行措施对仲裁裁决予以执行的职权。

(2) 当事人必须在法定期限内提出申请。关于申请执行的期限,我国《仲裁法》规定,当事人可以依照《民事诉讼法》的有关规定办理:双方或一方当事人是公民的为1年,双方是法人或者其他组织的为6个月,此期限从法律文书规定履行期间的最后一日起计算;法律文书规定分期履行的,从规定的每次履行期间的最后一日起计算。

(3) 当事人必须向有管辖权的人民法院提出申请。当事人申请执行仲裁裁决,必须向有管辖权的人民法院提出。如何确定人民法院的管辖权,根据《仲裁法》的规定,应适用《民事诉讼法》的有关规定。《民事诉讼法》规定由人民法院执行的其他法律文书,由被执行人住所地或者被执行人财产所在地人民法院执行。根据《仲裁法》及有关司法解释规定,当事人应向被执行人住所地或者被执行人财产所在地的中级人民法院申请执行仲裁裁决。

## 三、执行的程序

### (一) 申请执行

义务方当事人在规定的期限内不履行仲裁裁决时,权利方当事人依法有权请求人民法院强制执行。当事人申请执行时应当向人民法院递交申请书,在申请书中应说明对方当事人的基本情况以及申请执行的事项和理由,并向法院提交作为执行依据生效的仲裁裁决书或仲裁调解书。

### (二) 执行

当事人向有管辖权的人民法院提出执行申请后,受理申请的人民法院应当根据《民事诉讼法》规定的执行程序予以执行。

## 四、人民法院对仲裁裁决的监督

人民法院对仲裁的监督,主要包括撤销仲裁裁决制度和不予执行仲裁裁决制度。

### (一) 仲裁裁决的撤销

撤销仲裁裁决,是指对符合法定应予撤销情形的仲裁裁决,经由当事人提出申请,人民法院组成合议庭审查核实,裁定撤销仲裁裁决的行为。撤销仲裁裁决有以下特征：第一，撤销仲裁裁决是法院的职权，只能由法院为之。第二，从程序上讲，法院不能主动撤销仲裁判决，必须由当事人提出撤销仲裁裁决的申请。第三，从撤销原因上讲，《仲裁法》规定了应予撤销的情形。第四，法院必须对当事人提出的申请进行审查核实，才能作出撤销仲裁裁决的行为。

当事人提出证据证明裁决有下列情形之一的，可以向仲裁委员会所在地的中级人民法院申请撤销裁决：没有仲裁协议的；裁决的事项不属于仲裁协议的范围或仲裁委员会无权仲裁的；仲裁庭的组成或仲裁的程序违反法定程序的；裁决所依据的证据是伪造的；对方当事人隐瞒了足以影响公正裁决的证据的；仲裁员在仲裁该案时有索贿受贿、徇私舞弊、枉法裁决行为的。另外，如果仲裁裁决违背社会公共利益，人民法院应裁定撤销该裁决。当事人申请撤销裁决的，应自收到裁决书之日起6个月内提出。人民法院应当在受理撤销裁决申请之日起2个月内作出撤销裁决或驳回申请的裁定。

人民法院在受理当事人提出的撤销仲裁裁决的申请后，必须组成合议庭对当事人的申请及仲裁裁决进行审查。经审查，人民法院可以根据不同的情况做出不同的处理：

1. 撤销仲裁裁决

人民法院经审查核实，认定当事人提出的申请所依据的理由成立，即应当在2个月内裁定撤销该仲裁裁决。对于人民法院依法作出的撤销仲裁裁决的裁定，当事人不能上诉，也不得申请再审。如果当事人之间的纠纷并未解决，当事人可以重新寻求解决纠纷的方法，包括：(1) 重新签订仲裁协议，根据重新签订的仲裁协议再申请仲裁；(2) 向有管辖权的人民法院提起诉讼。

2. 驳回撤销仲裁裁决的申请

人民法院经过审查未发现仲裁裁决具有法定可被撤销的理由的，应在受理撤销仲裁裁决申请之日起2个月内作出驳回申请的裁定。对人民法院依法作出的驳回当事人申请的裁定，当事人无权上诉。撤销仲裁裁决的申请被驳回后，双方当事人必须按照仲裁裁决所确定的权利义务自动履行。如果不自动履行仲裁裁决，权利方当事人可以向法院申请强制执行。

3. 通知仲裁庭重新仲裁

根据《仲裁法》的规定，人民法院受理当事人撤销仲裁裁决的申请后，如果认为可以由仲裁庭重新仲裁的，可以通知仲裁庭在一定期限内重新仲裁，并裁定中止撤销程序。仲裁庭拒绝重新仲裁的，人民法院应当裁定恢复撤销程序。重新仲裁是法院认为仲裁裁决的瑕疵可以通过仲裁庭重新仲裁的方式给予补救时，给予仲裁庭自我弥补程序缺陷，从而保持仲裁裁决效力的一种程序。

【思考15-7】1995年10月6日，某市大型修理厂与某技术贸易总公司所属的实用性技术研究所签订技术转让合同，由实用性技术研究所向某市大型修理厂提供充气沙发技术。修理厂在签约后，即向研究所交付了合同约定的技术服务费

50万元,模具费4 000元。在实施生产过程中,修理厂发现由于该项技术本身存在缺陷,生产出的产品达不到技术转让合同中规定的质量标准。在与研究所协商解决这个问题时,又发现研究所无法人资格,根本不能独立承担民事责任。为尽快解决问题,修理厂向当地仲裁机构申请仲裁,要求技术贸易总公司承担实体责任,返还技术服务费、模具费并赔偿修理厂因此遭受的损失。裁决生效后,修理厂持该裁决书向人民法院申请执行。本案中,人民法院是否可以执行仲裁机关作出的仲裁裁决？人民法院是否可以撤销仲裁机关的仲裁裁决？

### (二) 不予执行仲裁裁决

仲裁裁决的不予执行,是指对于符合法定不予执行情形的仲裁裁决,人民法院基于被申请执行人的申请进行审查核实后,裁定不予执行仲裁裁决的法律制度。

1. 申请不予执行仲裁裁决的条件

(1) 申请的主体是依据仲裁裁决需要履行实体义务的人。即仲裁裁决生效后,如果申请人向有管辖权的人民法院申请强制执行,在执行程序中,被执行人有权申请不予执行仲裁裁决。由此可见,仲裁裁决作出后,该仲裁裁决不具有正当性时,依据仲裁裁决享有权利的当事人只有一项权利,即申请撤销该仲裁裁决的权利。而依据仲裁裁决需要履行义务的当事人则有两项权利:一是申请撤销该仲裁裁决的权利;二是在执行程序开始之后,尚未结束之前,申请不予执行该仲裁裁决的权利。(2) 应当在执行程序中向受理执行案件的法院提出申请。(3) 必须有证据证明仲裁裁决出现法定不予执行情形之一的。

2. 申请不予执行国内仲裁裁决的情形

根据《仲裁法》第63条的规定,被申请人提出证据证明国内仲裁裁决有《民事诉讼法》第217条第2款规定的下列情形之一的,可以申请不予执行该仲裁裁决:(1) 当事人在合同中没有订有仲裁条款或者事后没有达成书面仲裁协议的。(2) 裁决的事项不属于仲裁协议的范围或者仲裁机构无权仲裁的。(3) 仲裁庭的组成或者仲裁的程序违反法定程序的。(4) 认定事实的主要证据不足的。(5) 适用法律确有错误的。(6) 仲裁员在仲裁该案时有贪污受贿、徇私舞弊、枉法裁决行为的。

3. 申请不予执行涉外仲裁裁决的情形

根据《仲裁法》第71条的规定,当事人提出证据证明涉外仲裁裁决有《民事诉讼法》第260条第1款规定的下列情形之一,可以申请不予执行仲裁裁决:(1) 当事人在合同中没有订有仲裁条款或者事后没有达成书面仲裁协议的。(2) 被申请人没有得到指定仲裁员或者进行仲裁程序的通知,或者由于其他不属于被申请人负责的原因未能陈述意见的。(3) 仲裁庭的组成或者仲裁的程序与仲裁规则不符的。(4) 裁决的事项不属于仲裁协议的范围或者仲裁机构无权仲裁的。

【思考15-8】 李某与张某因合同纠纷申请仲裁委员会仲裁,仲裁委员会作出裁决后,李某认为仲裁裁决不公正,并了解到仲裁员在仲裁该案时有受贿行为。李某应如何保护自己的合法权益?

##  引例点评

1. 购销合同中的仲裁条款无效。《仲裁法》第 16 条第 2 款规定:"仲裁协议应当具有下列内容:(1) 请求仲裁的意思表示;(2) 仲裁事项;(3) 选定的仲裁委员会。"本案中双方当事人签订的合同中的仲裁条款并未指明具体的仲裁委员会,属于内容不明确,因此该仲裁条款无法履行,是无效的。

2. 争议发生后,双方重新签订的仲裁协议是有效的。《仲裁法》第 18 条规定:"仲裁协议对仲裁事项或者仲裁委员会没有约定或者约定不明确的,当事人可以补充协议。"大地健身房与蓝天健身器械公司重新签订的仲裁协议指明了具体的仲裁委员会,因此是有效的。

3. 大地健身房向人民法院的起诉是不正确的。《仲裁法》第 5 条规定:"当事人达成仲裁协议,一方向人民法院起诉的,人民法院不予受理,但仲裁协议无效的除外。"本案中,双方当事人重新签订的仲裁协议是有效的,因此大地健身房的起诉是不正确的。

4. 人民法院审理本案是合法的。《仲裁法》第 26 条规定:"当事人达成仲裁协议,一方向人民法院起诉未声明有仲裁协议,人民法院受理后,另一方在首次开庭前提交仲裁协议的,人民法院应当驳回起诉,但仲裁协议无效的除外;另一方在首次开庭前未对人民法院受理该案提出异议的,视为放弃仲裁协议,人民法院应当继续审理。"本案中,大地健身房向法院起诉时,未声明有仲裁协议,人民法院受理该案后,健身器械公司又应诉答辩了,因此应当视为人民法院有管辖权。

## 能力训练题

### 一、单项选择题

1. 陈大与陈二两人达成仲裁协议,约定双方如就父亲的遗产发生争议,则提交北京仲裁委员会进行裁决,并将自动履行其裁决。后双方在父亲的遗产继承问题上发生争议,现问双方解决争议的可行法律途径是什么?( )
   A. 只能向有管辖权的人民法院起诉
   B. 只能申请北京仲裁委员会仲裁
   C. 既可向有管辖权的法院起诉,也可以申请仲裁
   D. 只能申请双方或一方住所地仲裁委员会仲裁

2. 当事人在签订合同的过程中约定,双方在履行合同过程中发生的争议,提交上海的仲裁委员会仲裁。那么,下列说法中正确的是( )。
   A. 该约定意思表示明确、有效
   B. 纠纷发生后,当事人可以选择位于上海的任何一家仲裁机构申请仲裁,而

不得起诉

  C. 由于该约定对于仲裁委员会的选择不是唯一的,因而无效

  D. 合同中可以这样约定:合同争议应提交仲裁委员会仲裁

  3. 某市仲裁委员会仲裁某一合同争议案件,首席仲裁员某甲认为应裁决合同无效,仲裁庭组成人员某乙、某丙认为应裁决合同有效,但某乙认为应裁决解除合同,某丙认为应裁决继续履行合同。本案应如何作出裁决?(  )

  A. 按某甲的意见作出　　　　　　B. 按某乙或某丙的意见作出

  C. 请示仲裁委员会主任并按其意见作出　D. 重新组成仲裁庭经评议后作出

### 二、多项选择题

  1. A市仲裁委员会为适应逐年增长的案件审理的要求,决定增加仲裁员数量,该仲裁委员会可以聘请公道正派的下列哪些人员担任仲裁员?(  )

  A. 在某法学研究所从事法学研究多年的张研究员

  B. 在某大学经济系从事对外贸易专业教学的法律爱好者陈教授

  C. 在某高级人民法院从事了17年经济审判工作的蔡庭长

  D. 从事律师工作12年并任某律师事务所主任的王律师

  2. 根据《仲裁法》的规定,选项所列哪些纠纷,即使当事人有仲裁协议,仲裁委员会也不予以受理?(  )

  A. 张清与赵虹因是否离婚发生的纠纷

  B. 蔡刚的生父母与其养父母就是否解除收养关系发生的纠纷

  C. 甲贸易公司与乙建筑公司就所供应木材质量问题所发生的纠纷

  D. 财政局对违纪干部李某作出处分决定,李某不服与财政局发生的纠纷

  3. 赢顺商贸公司根据其与美国甲电子公司合同中的仲裁协议,向仲裁委员会申请仲裁。在仲裁过程中,下列哪些事项可以由双方当事人共同协商选择?(  )

  A. 仲裁庭的组成方式　　　　　　B. 不公开审理案件的方式

  C. 书面审理案件　　　　　　　　D. 仲裁所适用的语言

### 三、问答题

  1. 简述仲裁的适用范围。

  2. 简述回避制度的事由及方式。

  3. 简述仲裁协议的法定内容及约定内容。

  4. 申请仲裁的条件有哪些?

  5. 申请财产保全应具备哪些条件?

### 四、案例分析题

  **案情**:黑马公司和顺风公司签订了一份建筑工程承包合同,由黑马公司为顺风公司建筑厂房一栋,黑马公司负责所需的一切费用,工程完成验收合格后,顺风公司一次性付给黑马公司1000万元的报酬。同时双方当事人约定,因合同发生的一

## 第十五章 仲 裁 法

切纠纷应当由某市的仲裁委员会仲裁。后来黑马公司未能按照合同的约定交付房屋。在逾期交付后,经过检验,房屋存在严重的质量问题,无法作为生产用房。顺风公司要求黑马公司赔偿损失,而黑马公司则要求顺风公司按照合同的约定支付款项,双方当事人发生了争议。

请回答:

(1) 如果黑马公司和顺风公司在仲裁协议中约定仲裁庭由 3 名仲裁员组成。请问,仲裁员应当如何选定?如果双方当事人约定仲裁庭由 1 名仲裁员组成,则该仲裁员应当如何选定?

(2) 如果双方当事人在仲裁的过程中达成了和解协议,那么他们可以选择哪些结束仲裁的方式?

(3) 如果经过仲裁庭的调解双方达成了调解协议,此时仲裁庭应当制作调解书,还是应当制作裁决书?

## 实 训

【目标】

强化学生对仲裁程序的认识与理解,树立依法仲裁的法治理念。

【项目】

模拟一场经济案件的仲裁裁决。由教师提供相关资料,并组织学生模拟、讨论。

# 第十六章　民事诉讼法

## 学习目标

**知识：**
1. 了解民事诉讼、民事诉讼法的概念；
2. 理解民事诉讼的基本原则和制度；
3. 了解民事诉讼管辖、当事人、证据等基本规定；
4. 了解一审、二审、再审、特别程序、执行程序的主要规则。

**技能：**
1. 能够熟悉民事诉讼各程序的主要规定；
2. 能够草拟经济案件的起诉状、答辩状等基本诉讼文书；
3. 能够灵活运用民事诉讼程序规则，分析、处理经济纠纷，提高实务处理能力。

**素养：**
应用所学，培养程序观念，依法维护自身合法权益。

## 案例导入

南京市某水产门市部与南通市某汽车运输公司在南通市签订运送活鱼的合同。汽车运输公司所属三车队在从南通往南京运输途中，行至江都市附近发生车祸，车、货俱损。水产门市部因此向汽车运输公司索赔，并要求支付违约金。汽车运输公司则以车祸责任不在己方为由拒绝赔偿。水产门市部欲向人民法院起诉。

## 问题引入

1. 人民法院的管辖权是如何划分的？
2. 假设南京市水产门市部与南通市某汽车运输公司未在合同中约定管辖法院，则哪些法院对本案具有管辖权？请说明理由。
3. 假设双方在合同中约定了管辖法院，则约定哪些法院管辖方为有效？
4. 假设南通市某汽车运输公司的货车途经江都时，由于发生车祸，撞毁了江都市村民赵某停在路边的拖拉机。赵某要求赔偿损失，可向哪个法院起诉？为什么？

# 第十六章　民事诉讼法

## 第一节　认识民事诉讼

### 一、民事诉讼及民事诉讼法的概念

（一）诉讼的概念

诉讼一词,通常是指国家司法机关按照一定程序和方式解决纠纷的活动。诉讼俗称打官司。诉讼的本质是国家对解决社会成员之间争议的一种干预,其目的在于制止对他人权益的侵害,建立正常的社会秩序。因此,诉讼对于国家而言是一种职能,对于纠纷当事人而言是维护其权益的一种手段。国家的性质不同,诉讼的性质也不相同。根据国家解决当事人之间争议的内容和方式的区别,通常把诉讼分为刑事诉讼、民事诉讼和行政诉讼三种类型。

（二）民事诉讼的概念

民事诉讼,是指人民法院在双方当事人和其他诉讼参与人参加下,审理和解决民事案件的活动,以及由这些活动所发生的诉讼关系。民事诉讼就其本质而言,是国家强制解决民事纠纷的一种方式,是权利主体凭借国家力量维护其民事权益的司法程序。

（三）民事诉讼法的概念

民事诉讼法,是国家制定或者认可的,用以调整人民法院同当事人、其他诉讼参与人的诉讼活动和诉讼关系的法律规范的总称。民事诉讼法属于基本法范畴,又是我国重要的程序法之一,对民事诉讼实践活动起着规范和指导作用。我国现行的《中华人民共和国民事诉讼法》（以下简称《民事诉讼法》）于1991年4月9日第七届全国人民代表大会第四次会议通过施行,后于2007年、2012年进行了两次修正,《民事诉讼法》第二次修正自2013年1月1日起施行。

### 二、民事诉讼的基本原则和制度

（一）民事诉讼的基本原则

民事诉讼基本原则,是指在民事诉讼的全过程中起着指导作用的基本准则。民事诉讼基本原则体现了民事诉讼的精神实质,为人民法院的审判活动和诉讼参与人的诉讼活动指明了方向,概括地提出了要求,因此对民事诉讼具有普遍的指导意义。《民事诉讼法》规定的民事诉讼的基本原则主要包括：

（1）当事人诉讼权利平等原则。当事人有平等的诉讼权利。人民法院审理民事案件,应当保障和便利当事人行使诉讼权利,对当事人在适用法律上一律平等。

(2) 同等原则和对等原则。外国人、无国籍人、外国企业和组织在人民法院起诉、应诉,同中华人民共和国公民、法人和其他组织有同等的诉讼权利义务,此即同等原则。但是,外国法院对中华人民共和国公民、法人和其他组织的民事权利加以限制的,中华人民共和国人民法院对该国公民、企业和组织的民事诉讼权利,也采取相应措施,加以限制,此即对等原则。

(3) 调解原则。人民法院审理民事案件,应当根据自愿和合法的原则进行调解。调解不成的,应当及时判决。

(4) 辩论原则。人民法院审理民事案件时,当事人有权进行辩论。

(5) 诚实信用原则和处分原则。当事人应当依法善意地行使法律赋予的诉讼权利,真实陈述事实和主张;当事人滥用诉讼权利的,人民法院应当驳回,并要求其承担相应的法律后果。当然,在不违背法律的情况下,当事人有权对自己享有的民事实体权利和民事程序权利进行处分,这是民事诉讼同刑事诉讼、行政诉讼的一个重要区别。

(6) 检察监督原则。人民检察院有权对民事诉讼实行法律监督。

(7) 支持起诉原则。机关、社会团体、企业事业单位对损害国家、集体或者个人民事权益的行为,可以支持受损害的单位或者个人向人民法院起诉。

【思考 16-1】 某化工厂排放废水,污染了农民甲、乙、丙、丁的农田,使四户农民所种庄稼分别减产 40%、50%、60% 和 65%,经诉前协商索赔未果,四位农民先后向人民法院提起诉讼。在法院审判员主持下通过调解,化工厂同农民甲、乙、丙三户达成赔偿协议。当人民法院向农民丁送达调解书时,丁以未参加调解和赔偿数额偏低为由不服,再次向人民法院提起诉讼。

试分析:调解书对丁是否有效?农民丁是否可以再行起诉?

(二) 民事诉讼的基本制度

民事诉讼基本制度,是指在民事诉讼活动过程中的某个阶段或几个阶段对人民法院的民事审判起重要作用的行为准则。我国民事诉讼的基本制度有:合议制、回避制、公开审判制、两审终审制。

1. 合议制

合议制,是指由 3 名以上的审判人员组成合议庭,代表人民法院行使审判权,对案件进行审理并作出裁判的制度。

合议制是相对于独任制而言的。独任制,是指由 1 名审判员独立地对案件进行审理和裁判的制度。适用简易程序的第一审民事案件采用独任制。

合议庭的审判工作,由审判长负责主持。审判长由院长或者庭长指定审判员中的一人担任;院长或者庭长参加审判的,由院长或者庭长担任。合议庭评议,实行少数服从多数的原则。评议中的不同意见,必须如实记入评议笔录。

为了加强合议庭的责任,合议庭组成人员必须共同参加对案件的审理,对案件

## 第十六章 民事诉讼法

的事实、证据、性质、责任、适用法律以及处理结果等共同负责。

2. 回避制

回避制,是指为了保证案件的公正审理,而要求与案件有一定利害关系的审判人员或其他有关人员,不得参与本案的审理活动或诉讼活动的审判制度。

根据《民事诉讼法》规定,审判人员有下列情形之一的,必须回避,当事人有权用口头或者书面方式申请他们回避:

(1) 是本案当事人或者当事人、诉讼代理人的近亲属;

(2) 与本案有利害关系;

(3) 与本案当事人有其他关系,可能影响对案件的公正审理。

此外,审判人员接受当事人、诉讼代理人请客送礼,或者违反规定会见当事人、诉讼代理人的,当事人有权要求他们回避。

以上规定,适用于书记员、翻译人员、鉴定人、勘验人。

回避的方式有两种:一种是自行回避,一种是申请回避。当事人提出回避申请的,应当说明理由,在案件开始审理时提出;回避事由在案件开始审理后知道的,也可以在法庭辩论终结前提出。院长担任审判长时的回避,由审判委员会决定;审判人员的回避,由院长决定;其他人员的回避,由审判长决定。人民法院对当事人提出的回避申请,应当在申请提出的3日内,以口头或者书面形式作出决定。申请人对决定不服的,可以在接到决定时申请复议一次。

3. 公开审判制

公开审判制,是指人民法院审理民事案件,除法律规定的情况外,审判过程及结果应当向当事人和社会公开的制度。

公开审判制度是保证司法公正的重要方式。但下列案件不公开审理:

(1) 涉及国家秘密的案件、国家秘密,包括党的秘密、政府的秘密和军队的秘密;

(2) 涉及个人隐私的案件;

(3) 离婚案件、涉及商业秘密的案件,当事人申请不公开审理的,可以不公开审理。

对于不公开审理的案件,宣判应当公开进行。

4. 两审终审制

两审终审制,是指一个民事案件经过两级人民法院审判后即告终结的制度。

根据两审终审制,一个民事案件经第一审人民法院审判后,当事人如果不服,有权依法向上一级人民法院提起上诉,由其进行第二审。二审法院作出的判决、裁定,立即生效,当事人不得再行上诉。最高人民法院所作的一审判决、裁定,为终审判决、裁定,当事人不得上诉。

基层人民法院和它派出的法庭审理简单的民事案件,且标的额为各省、自治区、直辖市上年度就业人员年平均工资百分之三十以下的,实行一审终审。

适用特别程序、督促程序、公示催告程序和企业法人破产还债程序审理的案件,实行一审终审。

### 三、民事诉讼管辖

民事诉讼管辖,是指确定各级人民法院和同级人民法院之间受理第一审民事案件的分工和权限。

#### (一) 级别管辖

级别管辖,是指划分上下级人民法院之间受理第一审民事案件的分工和权限。我国人民法院共分四级,即基层人民法院、中级人民法院、高级人民法院和最高人民法院,这四级人民法院都有权管辖第一审民事案件,其具体分工为:

(1) 基层人民法院管辖的第一审民事案件。除法律规定由中级人民法院、高级人民法院和最高人民法院管辖的第一审民事案件外,其余的第一审民事案件都由基层人民法院管辖。

(2) 中级人民法院管辖的第一审民事案件为重大涉外案件、在本辖区有重大影响的案件、最高人民法院确定由中级人民法院管辖的案件。

(3) 高级人民法院管辖的第一审民事案件为在本辖区有重大影响的第一审民事案件。

(4) 最高人民法院管辖的第一审民事案件为在全国有重大影响的案件、认为应当由本院审理的案件。

#### (二) 地域管辖

地域管辖,是指确定同级人民法院之间受理第一审民事案件的分工和权限。《民事诉讼法》规定的地域管辖主要有:

1. 一般地域管辖

一般地域管辖又称普通管辖,是根据当事人住所地与人民法院辖区的关系为标准来确定管辖法院。一般地域管辖的原则是"原告就被告",即原告起诉应到被告住所地的人民法院提出。被告住所地与经常居住地不一致的,由经常居住地人民法院管辖。同一诉讼的几个被告住所地、经常居住地在两个以上人民法院辖区的,各人民法院都有管辖权,由原告选择其中一个有管辖权的人民法院起诉,原告向两个以上有管辖权的人民法院起诉的,由最先立案的人民法院管辖。

【思考16-2】 2006年8月,户口在甲区的张三为做生意向户口在乙区的李四借款10万元,约定于2007年12月底之前归还。后张三因犯抢劫罪,于2008年1月被丙区人民法院判处有期徒刑5年并关押在丙区监狱服刑。此外,自2008年1月起,李四即开始在丁区居住。2009年3月,李四决定向人民法院起诉,要求张三偿还所借的10万元钱。

试分析:李四应当向哪个人民法院起诉?

## 第十六章 民事诉讼法

2. 特殊地域管辖

特殊地域管辖又称特别地域管辖，是根据被告住所地和诉讼标的所在地或者引起法律关系发生、变更、消灭的法律事实所在地为标准来确定管辖法院。它与一般地域管辖相对称。

（1）因合同纠纷提起的诉讼，由被告住所地或者合同履行地人民法院管辖。

（2）因保险合同纠纷提起的诉讼，由被告住所地或者保险标的物所在地人民法院管辖。

（3）因票据纠纷提起的诉讼，由票据支付地或者被告住所地人民法院管辖。

（4）因铁路、公路、水上、航空运输和联合运输合同纠纷提起的诉讼，由运输始发地、目的地或者被告住所地人民法院管辖。

（5）因侵权行为提起的诉讼，由侵权行为地或者被告住所地人民法院管辖。

（6）因铁路、公路、水上和航空事故请求损害赔偿提起的诉讼，由事故发生地或者车辆、船舶最先到达地、航空器最先降落地或者被告住所地人民法院管辖。

（7）因船舶碰撞或者其他海事损害事故请求损害赔偿提起的诉讼，由碰撞发生地、碰撞船舶最先到达地、加害船舶被扣留地或者被告住所地人民法院管辖。

（8）因海难救助费用提起的诉讼，由救助地或者被救助船舶最先到达地人民法院管辖。

（9）因共同海损提起的诉讼，由船舶最先到达地、共同海损理算地或者航程终止地的人民法院管辖。

3. 协议管辖

协议管辖又称合意管辖，是指双方当事人在纠纷发生前或纠纷发生后，以书面合意的方式约定管辖法院。《民事诉讼法》第34条规定："合同或者其他财产权益纠纷的当事人可以书面协议选择被告住所地、合同履行地、合同签订地、原告住所地、标的物所在地等与争议有实际联系的地点的人民法院管辖，但不得违反本法对级别管辖和专属管辖的规定。"

4. 专属管辖

专属管辖，是指法律强制规定某些案件只能由特定的人民法院管辖，其他法院无管辖权。

根据《民事诉讼法》规定，适用专属管辖的案件有以下几种：

（1）因不动产纠纷提起的诉讼，由不动产所在地人民法院管辖。

（2）因港口作业中发生纠纷提起的诉讼，由港口所在地人民法院管辖。

（3）因继承遗产纠纷提起的诉讼，由被继承人死亡时住所地或者主要遗产所在地人民法院管辖。

## 四、民事诉讼当事人及其诉讼代理人

### (一) 当事人

当事人是指由于民事实体权利义务关系发生纠纷,以自己的名义进行诉讼,并受法院裁判约束的利害关系人。民事诉讼当事人包括原告、被告和第三人。以自己的名义提起诉讼,请求法院保护其权益,因而使诉讼成立的人,称为原告。与原告相对的一方,被控侵犯原告权益,需要追究民事责任,并经法院通知其应诉的人,称为被告。对他人的诉讼标的主张独立的权利或虽不能主张独立的权利,但案件的处理结果与其有法律上的利害关系,因而参加到已经开始的民事诉讼中去的人,称为第三人。

不以自己的名义,而以他人名义进行诉讼的人,如诉讼代理人,不是民事诉讼当事人。虽然以自己的名义参与诉讼,但不受法院裁判约束,没有利害关系的人,如证人、鉴定人,也不是民事诉讼当事人。

当事人在诉讼中享有以下诉讼权利:

(1) 原告有提起诉讼的权利;

(2) 原告有变更、放弃诉讼请求和撤诉的权利;

(3) 被告有承认或者反驳原告诉讼请求和提起反诉的权利;

(4) 胜诉的一方有申请执行的权利;

(5) 当事人有委托诉讼代理人的权利;

(6) 当事人有申请审判人员、书记员、翻译人员、鉴定人和勘验人回避的权利;

(7) 当事人有收集、提供证据的权利;

(8) 当事人有进行辩论的权利;

(9) 当事人有请求调解的权利;

(10) 当事人有自行和解的权利;

(11) 当事人有上诉的权利;

(12) 当事人有申请再审的权利。

【思考 16-3】 刘明忠为筹办婚礼,向同事陈朝阳借了一部高档进口照相机。婚礼结束后,刘明忠的亲戚魏之华又从刘处借走了这部照相机。一天,魏之华在与家属一起游湖时不慎将该照相机失落水中。由于刘、陈、魏三人在赔偿责任的归属和赔偿金额的多少方面出现分歧,陈朝阳对刘明忠提起诉讼,要求刘赔偿损失 1 500 元。

试分析刘、陈、魏三人在本案中的诉讼地位,为什么?

### (二) 诉讼代理人

诉讼代理人是指在法律规定或者当事人委托的范围内代理当事人参加诉讼,实施诉讼行为,诉讼结果归于当事人的人。诉讼代理人分为法定代理人、指定代理人和委托代理人三种。在民事诉讼中,常见的是委托代理人代理当事人进行诉讼。

## 第十六章　民事诉讼法

我国法律规定,当事人、法定代理人或者第三人都可以委托1至2人作为诉讼代理人。委托代理人又因代理权限的不同,可以分为两种:一种是一般委托代理人,另一种是特别委托代理人。一般委托代理人只能代理当事人的诉讼行为,而无权处分诉讼权利和实体权利;特别委托代理人除了代理当事人的诉讼行为外,还可以代为承认、放弃或者变更诉讼请求,进行和解,提出反诉或者上诉等。

### 五、证据

**(一)证据的概念**

证据是指能够证明民事诉讼案件真实情况的一切事实。当事人发生纠纷,诉诸法院,请求维护自己的合法权益,必须提供有关证据,来证明自己的主张。没有证据证明的主张,法院将因证据不足而对当事人的诉讼请求作出不予支持的判决或裁定。为此,在民事诉讼中必须高度重视证据。

**(二)证据的基本特征**

证据是认定案件事实的根据,在诉讼中有着十分重要的意义。证据有三个最基本的特征,即客观性、关联性和合法性。

1. 证据的客观性

是指作为民事证据的事实材料必须是客观存在的。也就是说,作为证据事实,它不以任何人的主观意志为转移。它以真实而非虚无的、客观而非想象的面目出现于客观世界,且能够为人所认识和理解。为此,一方面要求当事人在举证时必须向人民法院提供真实的证据,不得伪造、篡改证据;要求证人如实作证,不得作伪证;要求鉴定人提供科学、客观的鉴定结论。另一方面,要求人民法院在调查收集证据时,应当客观全面,不得先入为主;要求人民法院在审查核实证据时必须持客观立场。

2. 证据的关联性

是指民事证据必须与案件的待证事实之间有内在的联系。也就是说,只有对于认定案件事实有帮助的事实材料才有法律意义。这种事实材料与待证事实的关联性一般以两种形式表现出来:(1)直接的联系,如事实材料所反映出来的事实本身就是待证事实的一部分;(2)间接的联系,如事实材料所反映出来的事实能够间接证明某一待证事实成立。

3. 证据的合法性

指作为民事案件定案依据的事实材料必须符合法定的存在形式,并且其获得、提供、审查、保全、认证、质证等证据的适用过程和程序也必须是合乎法律规定的。

**(三)证据的法定种类和证据保全**

根据《民事诉讼法》规定,证据有以下8种:书证、物证、视听资料、电子数据、证人证言、当事人陈述、鉴定结论、勘验笔录。

证据必须查证属实,才能作为认定事实的根据。书证、物证是传统的常见的证据。在实践中,往往由于当事人重视不够,不注意保存,造成证据灭失,以致在诉讼中处于不利的地位。

在证据可能灭失或者以后难以取得的情况下,当事人可以在诉讼过程中向人民法院申请保全证据,人民法院也可以主动采取保全措施。因情况紧急,在证据可能灭失或以后难以取得的情况下,利害关系人可以在提起诉讼或者申请仲裁前向证据所在地、被申请人住所地或者对案件有管辖权的人民法院申请保全证据。当事人向人民法院申请保全证据,不得迟于举证期限届满前7日。当事人申请保全证据的,人民法院可以要求其提供相应的担保。人民法院进行证据保全,可以根据具体情况采取查封、扣押、拍照、录音、录像、复制、鉴定、勘验、制作笔录等方法。

### (四) 举证责任

举证责任是指当事人对自己提出的主张有责任及时提供相应的证据予以证明。举证责任包括三个方面的内容:(1) 由谁提供证据证明案件事实,即举证责任由谁承担;(2) 举证时限;(3) 举不出证据证明案件事实的后果由谁承担。《民事诉讼法》第65条规定:"当事人对自己提出的主张应当及时提供证据。"该条规定明确了"谁主张谁举证"和"及时举证"的原则。举证是为了证明自己的主张,只有在举证期限内成功地证明自己的主张才有可能成功地保障自己的合法权益。当然,在当事人因客观原因不能自行收集证据,或者人民法院认为审理案件需要的证据,人民法院应当调查收集。

## 第二节 民事诉讼程序

### 一、第一审程序

#### (一) 第一审普通程序

第一审普通程序是指人民法院审理诉讼案件通常所适用的程序,是法院审理民事案件的最基本的程序,在整个民事诉讼程序中占有十分重要的地位。从立法上看,第一审普通程序被规定在众多程序之首,这部分条文最多,内容最复杂,集中体现了民事诉讼的基本结构、完整性和层次性,并因此成为其他诉讼程序的基础。第一审普通程序包括以下几个阶段:

1. 起诉和受理

起诉是指公民、法人或其他组织认为自己的合法权益受到侵害,以自己的名义依法向人民法院提起诉讼请求司法保护的行为。起诉是诉讼程序的启动方式,只有在当事人起诉的情况下,人民法院才有权受理并审理。是否起诉,何时起诉,决

## 第十六章 民事诉讼法

定权在当事人,所以,起诉是当事人的一项重要诉讼权利。

起诉必须同时具备以下条件:(1)原告必须是与本案有直接利害关系的公民、法人或其他组织;(2)有明确的被告;(3)有具体的诉讼请求和事实、理由;(4)属于人民法院受理民事诉讼的范围和受诉人民法院管辖。

起诉应当向人民法院递交起诉状,并按照被告人数提出副本。起诉状应当记明下列事项:(1)当事人的有关情况;(2)诉讼请求和所根据的事实与理由;(3)证据和证据来源、证人姓名和住所;(4)受诉法院名称、起诉的时间、起诉人签名或盖章。

人民法院对符合条件的起诉,必须受理。受理是指人民法院通过对当事人的起诉进行审查,对符合法律规定条件的,决定立案审理的行为。人民法院收到起诉状或者口头起诉,经审查,认为符合起诉条件的,应当在7日内立案,并通知当事人;认为不符合起诉条件的,应当在7日内裁定不予受理,原告对裁定不服的,可以提起上诉。

2. 审理前的准备

人民法院在案件受理后至开庭审理前,为保证审判工作的顺利进行和案件正确及时审理而由审判人员进行的各项准备活动即审理前的准备。其主要工作有以下内容:

(1)在法定期间内及时送达诉讼文书。人民法院受理案件后,应当分别向原告、被告发送案件受理通知书和应诉通知书,并在立案之日起5日内将起诉状副本发送被告,被告在收到之日起15日内提出答辩状。被告提出答辩状的,人民法院应当在收到之日起5日内将答辩状副本发送原告。被告不提出答辩状的,不影响人民法院审理。

(2)告知当事人有关的诉讼权利和义务以及合议庭的组成人员。合议庭组成人员确定后,应当在3日内告知当事人。

(3)审判人员认真审核诉讼材料,调查收集必要的证据。

(4)证据交换与和解。开庭前,合议庭可以召集双方当事人及其诉讼代理人交换、核对证据事实,对双方当事人无异议的事实、证据应当记录在卷,并由双方当事人签字确认。在开庭审理过程中如双方当事人不再提出异议,便可予以认定。在双方当事人自愿的条件下,合议庭可以在开庭审理前让双方当事人及其诉讼代理人依法自行协商以和解的方式解决他们之间的民事争议。当事人和解,原告申请撤诉,或者双方当事人要求发给调解书的,经审查认为不违反法律规定,不损害第三人利益的,人民法院可以裁定准予撤诉,或者按照双方当事人达成的和解协议制作调解书发给当事人。

(5)确定开庭日期。人民法院审理民事案件,应当在开庭3日前通知当事人和其他诉讼参与人。公开审理的,应当公告当事人姓名、案由和开庭的时间、地点。

3. 开庭审理

开庭审理,是指人民法院在当事人和其他诉讼参与人的参加下,按照法定方式和程序全面审查认定案件事实,并依法作出裁判的诉讼活动。开庭审理主要包括以下几个阶段:

(1) 宣布开庭。开庭审理前,书记员应当查明当事人和其他诉讼参与人是否到庭,宣布法庭纪律。开庭审理时,由审判长宣布开庭,核对当事人,宣布案由,宣布审判人员、书记员名单,告知当事人有关的诉讼权利义务,询问当事人是否提出回避申请。

(2) 法庭调查。法庭调查一般按照下列顺序进行:当事人陈述;告知证人的权利义务,证人作证,宣读未到庭的证人证言;出示书证、物证和视听资料;宣读鉴定结论;宣读勘验笔录等。法庭调查结束前,审判长应当就法庭调查认定的事实和当事人争议的问题进行归纳总结,并询问当事人的意见。

(3) 法庭辩论。法庭辩论按照下列顺序进行:原告及其诉讼代理人发言;被告及其诉讼代理人答辩;第三人及其诉讼代理人发言或者答辩;互相辩论。法庭辩论终结,审判长按照原告、被告、第三人的先后顺序征询各方最后意见。

法庭辩论终结,依法作出判决前,审判长可以询问当事人是否愿意调解。当事人同意的,可以当庭或者休庭后依法进行调解。经过调解,双方当事人达成调解协议的,人民法院应当制作调解书送达当事人签收。调解书一经签收立即生效。调解不成的,应当及时判决。

(4) 评议和宣判。法庭辩论终结后,由审判长宣布休庭,合议庭对案件进行评议。合议庭评议案件,由审判长主持,秘密进行,实行少数服从多数的原则,评议的情况应如实记入笔录。评议完毕,由审判长宣布继续开庭并宣读判决结果,也可另定日期宣判。不论案件是否公开审理,宣告判决结果一律公开进行。

适用普通程序审理的案件,人民法院应当在立案之日起 6 个月内审结;有特殊情况需要延长的,报请院长批准,批准延长的期限,最长不超过 6 个月;在上述期限内还未审结,需要延长的,则由受诉法院报请上级法院批准,延长的期限,由上级法院决定。

(二) 简易程序

简易程序,是指基层人民法院及其派出法庭审理事实清楚、权利义务关系明确、争议不大的简单民事案件所适用的程序。中级人民法院、高级人民法院、最高人民法院审理第一审民事案件不得适用简易程序。相对于普通程序,人民法院适用简易程序审理民事案件具有以下特点:

(1) 起诉方式简便,原告可以口头起诉。

(2) 受理案件的程序简便。当事人双方可以同时到基层人民法院或者它派出的法庭,请求解决纠纷。基层人民法院或者它派出的法庭可以当即审理,也可以另定日期审理。

（3）传唤或通知当事人、证人的方式简便。基层人民法院和它派出的法庭审理简单的民事案件,可以用捎口信、电话等简便方式随时传唤当事人、证人。

（4）实行独任制,由审判员一人独任审理。

（5）开庭审理的程序简便,可以随到随审,并且在开庭时,对法庭调查、法庭辩论两大步骤不必严格划分,也不受法庭调查、法庭辩论先后顺序的限制。

（6）审理期限较短。人民法院适用简易程序审理案件,应当在立案之日起3个月内审结。

**【思考16-4】** 王某与李某达成换房协议并已履行。王某盖在住房门口的小厨房,又卖给了同院的张某。李某住进该房后,发现小厨房影响其采光、通风和出入,与张某交涉无结果之后,遂向住所地人民法院起诉。受诉人民法院将王某列为有独立请求权的第三人,判决张某在判决书送达后10日内,将小厨房拆除。

请分析:在这个诉讼中,王某、李某、张某的诉讼地位如何? 人民法院的判决是否正确? 为什么?

## 二、第二审程序

第二审程序,也称上诉审程序,是指当事人不服第一审人民法院作出的裁判,在其发生法律效力之前,依法向上一级人民法院提起上诉,要求对案件进行重新审理所适用的程序。第二审程序具有重要意义。首先,上级人民法院通过对上诉案件的审理,审查一审判决、裁定是否有错误,保证人民法院裁判的正确性和合法性,使人民法院正确地行使国家审判权;其次,对当事人来说,有利于当事人维护自己的合法权益。

### （一）上诉的提出与受理

当事人不服一审判决,有权在判决书送达之日起15日内向上一级人民法院提起上诉;不服一审裁定的,有权在裁定书送达之日起10日内提起上诉。第二审人民法院对上诉案件,组成合议庭,重新审理案件。上诉状应当通过原审人民法院提出,并按照对方当事人的人数提出副本。当事人直接向第二审人民法院提交上诉状的,第二审人民法院应当在5日内将上诉状移交原审人民法院。原审人民法院收到上诉状,应当在5日内将上诉状副本送达对方当事人,对方当事人在收到之日起15日内提出答辩状。人民法院应当在收到答辩状之日起5日内将副本送达上诉人。对方当事人不提出答辩状的,不影响人民法院审理。原审人民法院收到上诉状、答辩状,应当在5日内连同全部案卷和证据,报送第二审人民法院。第二审人民法院经审查,认为当事人的上诉符合法定条件的,应当决定立案审理;如果认为当事人的上诉不符合法定条件的,应当裁定不予受理,已经受理的,应当裁定驳回上诉。

(二) 上诉的审理

1. 审查范围

第二审案件的审理应当围绕当事人上诉请求的范围进行,当事人没有提出请求的,不予审查。但判决违反法律禁止性规定,侵害社会公共利益或者他人利益的除外。

被上诉人在答辩中要求变更或者补充第一审判决内容的,第二审人民法院可以不予审查。

2. 审理方式

第二审人民法院对上诉案件,应当组成合议庭,开庭审理。经过阅卷、调查和询问当事人,对于其没有提出新的事实、证据或者理由的,如果合议庭认为不需要开庭审理,可以不开庭审理而径行作出裁判。

第二审人民法院审理上诉案件,可以在本院进行,也可以到案件发生地或原审法院所在地进行。这是便利当事人进行诉讼、便利人民法院办案原则在第二审程序中的体现。

3. 上诉案件的裁判

第二审人民法院对上诉案件,经过审理,按照下列情形,分别处理:

(1) 原判决、裁定认定事实清楚,适用法律正确的,以判决、裁定方式驳回上诉,维持原判决、裁定;

(2) 原判决、裁定认定事实错误或者适用法律错误的,以判决、裁定方式依法改判、撤销或者变更;

(3) 原判决认定基本事实不清的,裁定撤销原判决,发回原审人民法院重审,或者查清事实后改判;

(4) 原判决遗漏当事人或者违法缺席判决等严重违反法定程序的,裁定撤销原判决,发回原审人民法院重审。

人民法院审理对判决的上诉案件,应当在第二审立案之日起 3 个月内审结,有特殊情况需要延长的,由本院院长批准。对裁定的上诉案件,应当在第二审立案之日起 30 日内作出终审裁定。

第二审人民法院的判决、裁定,是终审的判决、裁定。

第二审法院审理上诉案件,也可进行调解。调解成立,原审法院的判决即视为撤销。

三、再审程序

再审程序,即审判监督程序,是指人民法院对已经发生法律效力的判决、裁定,发现在认定事实或适用法律上确有错误,依法进行重新审理的程序。再审程序并

## 第十六章 民事诉讼法

非一般民事案件的必经程序,而是建立在二审终审制之外的具有补救性质的程序,体现了我国有错必纠、有错必改、实事求是、司法公正的司法理念。

(一)再审程序的提起

引起再审程序的情况主要有:

1. 人民法院提起的再审

各级人民法院院长对本院已经发生法律效力的判决、裁定、调解书,发现确有错误,认为需要再审的,应当提交审判委员会讨论决定。

最高人民法院对地方各级人民法院已经发生法律效力的判决、裁定、调解书,上级人民法院对下级人民法院已经发生法律效力的判决、裁定、调解书,发现确有错误的,有权提审或者指令下级人民法院再审。

2. 当事人申请再审

当事人对已经发生法律效力的判决、裁定,认为有错误的,可以向上一级人民法院申请再审;当事人一方人数众多或者当事人双方为公民的案件,也可以向原审人民法院申请再审。当事人申请再审的,不停止判决、裁定的执行。当事人申请再审的,应当提交再审申请书等材料。人民法院应当自收到再审申请书之日起3个月内审查,符合《民事诉讼法》规定的,裁定再审;不符合规定的,裁定驳回申请。有特殊情况需要延长的,由本院院长批准。因当事人申请裁定再审的案件由中级人民法院以上的人民法院审理,但当事人依照法律规定选择向基层人民法院申请再审的除外。最高人民法院、高级人民法院裁定再审的案件,由本院再审或者交其他人民法院再审,也可以交原审人民法院再审。

当事人申请再审,应当在判决、裁定发生法律效力后六个月内提出;有《民事诉讼法》第200条第1项、第3项、第12项、第13项规定情形的,自知道或者应当知道之日起6个月内提出。

3. 人民检察院抗诉引起的再审

最高人民检察院对各级人民法院已经发生法律效力的判决、裁定,上级人民检察院对下级人民法院已经发生法律效力的判决、裁定,发现有《民事诉讼法》第200条规定情形之一的,或者发现调解书损害国家利益、社会公共利益的,应当提出抗诉。地方各级人民检察院对同级人民法院已经发生法律效力的判决、裁定,发现有《民事诉讼法》第200条规定情形之一的,或者发现调解书损害国家利益、社会公共利益的,可以向同级人民法院提出检察建议,并报上级人民检察院备案;也可以提请上级人民检察院向同级人民法院提出抗诉。人民检察院决定对人民法院的判决、裁定、调解书提出抗诉的,应当制作抗诉书。

人民检察院提出抗诉的案件,接受抗诉的人民法院应当自收到抗诉书之日起30日内作出再审的裁定。人民法院再审时,应当通知人民检察院派员出席法庭。

(二)再审程序的审理

人民法院审理再审案件,应当另行组成合议庭。人民法院按照审判监督程序再审的案件,发生法律效力的判决、裁定是由第一审法院作出的,按照第一审程序审理,所作的判决、裁定,当事人可以上诉;发生法律效力的判决、裁定是由第二审法院作出的,按照第二审程序审理,所作的判决、裁定,是发生法律效力的判决、裁定;上级人民法院按照审判监督程序提审的,按照第二审程序审理,所作的判决、裁定是发生法律效力的判决、裁定。

## 第三节 民事特别程序

### 一、督促程序

督促程序,是指对于以给付一定金钱或有价证券为内容的债务,人民法院根据债权人的申请,向债务人发出支付令,催促债务人限期履行义务的特殊程序。申请督促程序的案件只限于以金钱、有价证券为给付标的物的案件,而且请求给付的金钱或者有价证券已经到期且数额确定,债权人和债务人没有其他债务纠纷,支付令能够实际送达债务人的,才适用督促程序。督促程序是人民法院根据申请催促债务人向债权人履行债务的程序,目的在于解决无争议的请求权,其本身并不解决当事人之间的民事权益争议,具有非讼的特点,属于非诉讼程序,即特别程序。

申请支付令必须采用申请书方式。申请书应当写明请求给付金钱或者有价证券的数量和所根据的事实、证据。债权人提出申请后,人民法院应当在5日内通知债权人是否受理。人民法院受理申请后,经审查债权人提供的事实、证据,对债权、债务关系明确、合法的,应当在受理之日起15日内向债务人发出支付令;债务人应当自收到支付令之日起15日内清偿债务,或者向人民法院提出书面异议。人民法院收到债务人提出的书面异议后,经审查,异议成立的,应当裁定终结督促程序,支付令自行失效。支付令自行失效的,自动转入诉讼程序,但申请支付令的一方当事人不同意提起诉讼的除外。若债务人在法定期间内既不提出异议又不履行支付令的,债权人可以向人民法院申请执行。

【思考16-5】 原告北京甲公司与被告北京乙公司于2013年8月签订了购销合同。被告乙按合同提走了原告价值80万元的产品,却未按时付款。原告情急之下求助于某县法院。该院立即办理了支付令法律手续。试分析:

(1) 在本案中,某县法院适用的是什么程序?适用该程序需要具备什么条件?
(2) 人民法院向债务人乙公司发出的支付令具有什么样的法律效力?
(3) 乙公司是否可以对支付令提起上诉或者提出异议?
(4) 如果乙公司对支付令提出异议,法院应如何对待?

## 二、公示催告程序

公示催告程序,是指人民法院根据可以背书转让的票据持有人因票据被盗、遗失或者灭失而提出的申请,以公示方式,催告不明确的利害关系人在法定期间申报权利,逾期无人申报,经申请人的申请,作出除权判决的程序。公示催告程序的目的在于认定丧失票据或其他事项的事实而不是解决民事权益的争议,也属于非诉讼程序。

申请公示催告应当具有以下条件:(1)申请主体必须是按照规定可以背书转让的票据持有人即票据被盗、遗失、灭失前的最后持有人;(2)申请的原因必须是可以背书转让的票据被盗、遗失或灭失,且利害关系人处于不明状态,对其他事项申请公示催告必须有法律的明文规定;(3)必须向票据支付地的基层人民法院申请;(4)申请人应当向人民法院递交申请书,写明票面金额、发票人、持票人、背书人等票据主要内容和申请的理由、事实。

人民法院决定受理申请,应当同时通知支付人停止支付,并在3日内发出公告,催促利害关系人申报权利。公示催告的期间,由人民法院根据情况决定,但不得少于60日。公示催告期间,转让票据权利的行为无效。

利害关系人应当在公示催告期间内向人民法院申报权利,人民法院收到利害关系人的申报后,应当裁定终结公示催告程序,并通知申请人和支付人。申请人或者申报人可以向人民法院起诉。若逾期无人申报,人民法院根据申请人的申请,可以作出除权判决,宣告票据无效。判决应当公告,并通知支付人。自判决公告之日起,申请人可依据除权判决向支付人请求支付。

## 第四节 民事执行程序

### 一、民事执行概述

#### (一)民事执行概念

民事执行,也称民事强制执行,是指人民法院的执行组织依法运用国家强制力将已经生效且具有给付内容的法律文书付诸实现的活动。民事执行在实践中具有重要的意义,它是保障当事人的民事权益得到最终实现,维护生效的法律文书权威最为重要的手段。

#### (二)民事执行的条件

人民法院采取强制执行措施必须具备以下条件:
(1)必须有执行的根据。执行的根据必须具备两个条件:其一是法律文书已经生效,其二是法律文书具有给付内容。

(2) 负有义务的当事人在法律文书确定的时间内,没有履行法律文书所确定的义务。

(3) 未过执行时效。执行时效主要是针对当事人申请执行的情形,即当事人申请法院强制执行必须在法定的时间内提出。逾期提出的人民法院不予受理。

### (三) 民事执行程序

民事执行程序是指执行生效的法律文书的活动,包括人民法院、当事人以及有关单位和个人为执行生效的法律文书所实施的各种活动,以及由此产生的各种法律关系。

## 二、执行管辖

发生法律效力的民事判决、裁定,以及刑事判决、裁定中的财产部分,由第一审人民法院或者与第一审人民法院同级的被执行的财产所在地人民法院执行。法律规定由人民法院执行的其他法律文书,由被执行人住所地或者被执行的财产所在地人民法院执行。

人民法院自收到申请执行书之日起超过 6 个月未执行的,申请执行人可以向上一级人民法院申请执行。上一级人民法院经审查,可以责令原人民法院在一定期限内执行,也可以决定由本院执行或者指令其他人民法院执行。

## 三、执行开始

执行程序的开始有两种形式,即申请执行和移送执行。

### (一) 申请执行

人民法院已经发生法律效力的民事判决书、裁定书,或者依法应当由人民法院执行的其他法律文书,如果一方当事人在法律文书规定的期限内没有履行义务,对方当事人在申请执行的期限内有权请求人民法院按照执行程序强制执行。

当事人申请执行,必须在申请执行的期限内提出。《民事诉讼法》规定,申请执行的期间为 2 年。申请执行时效的中止、中断,适用法律有关诉讼时效中止、中断的规定。上述期限,从法律文书规定履行期间的最后 1 日起计算;法律文书规定分期履行的,从规定的每次履行期间的最后 1 日起计算;法律文书未规定履行期间的,从法律文书生效之日起计算。

### (二) 移送执行

移送执行,是指人民法院的判决、裁定发生法律效力后,负有义务的一方当事人拒不履行时,由审理该案的审判人员根据案件的性质和需要,依职权移交给执行人员执行,从而引起执行程序发生的行为,它是申请执行的必要补充。根据审判实践经验,需要移送执行的案件,一般有以下三种类型:

(1) 人民法院已生效的法律文书中具有给付赡养费、扶养费、抚育费内容的案

## 第十六章 民事诉讼法

件。这类案件一般由于当事人缺乏自身保护能力，无法申请执行。

(2) 人民法院生效的刑事判决、裁定中含有财产执行内容的案件。

(3) 审判人员认为其他确属应当移送执行的案件。

### 四、执行措施

#### (一) 执行措施的概念

执行措施，是指人民法院的执行机构依法强制执行所采取的方法和手段，使负有义务的一方当事人履行义务。人民法院采取执行措施，强制被执行人履行法律文书所确定的义务，这是国家强制力的体现。

#### (二) 执行措施的种类

根据《民事诉讼法》的规定，执行措施有以下几种：

1. 查询、扣押、冻结、划拨、变价

被执行人未按执行通知履行法律文书确定的义务，人民法院有权向有关单位查询被执行人的存款、债券、股票、基金份额等财产情况，有权根据不同情形扣押、冻结、划拨、变价被执行人的财产，但查询、扣押、冻结、划拨、变价的财产不得超出被执行人应当履行义务的范围。

人民法院决定扣押、冻结、划拨、变价财产，应当作出裁定，并发出协助执行通知书，有关单位必须办理。如果有关单位无故推拖、拒绝或者妨碍执行的，人民法院可以根据《民事诉讼法》的规定，按妨害民事诉讼行为处理；构成犯罪的，依法追究有关人员的刑事责任。

2. 扣留、提取被执行人的收入、存款

被执行人未按执行通知履行法律文书确定的义务，人民法院有权扣留、提取被执行人应当履行义务部分的收入，但应当保留被执行人及其所扶养家属的生活必需费用。扣留，是指暂时不准当事人处理这些存款或劳动收入，仍保存在原储存单位。提取是把这些款项或者收入从储存的单位取出，按法院的书面通知转交申请执行人。

人民法院扣留、提取收入时，应当作出裁定，并发出协助执行通知书，被执行人所在单位、银行、信用合作社和其他有储蓄业务的单位必须办理。

3. 查封、扣押、拍卖、变卖被执行人的财产

(1) 查封、扣押

查封是一种临时措施，是指人民法院对被执行人的有关财产贴上封条，就地封存，不准任何人转移和处理的执行措施。扣押，是指被执行人的财产由人民法院运送到有关场所加以扣留，不准被执行人占有、使用和处分的执行措施。

人民法院裁定查封、扣押时，应依照下列法定程序进行：被执行人是公民的，应当通知被执行人或者他的成年家属到场；被执行人是法人或者其他组织的，应当通

知其法定代表人或者主要负责人到场。拒不到场的,不影响执行。被执行人是公民的,其工作单位或者财产所在地的基层组织应当派人参加,他们既是查封、扣押财产的见证人,也是法院执行工作的协助人。

对被查封、扣押的财产,必须造具清单,由在场人签名或者盖章后,交被执行人一份。被执行人是公民的,也可以交他的成年家属一份。被查封的财产,执行员可以指定被执行人负责保管。因被执行人的过错造成的损失,由被执行人承担。

(2) 拍卖、变卖

拍卖,是指对查封、扣押的财产,用公开的方式,让买受人以竞争的方式出价,并把财产卖给出价最高者的一种买卖的行为。变卖,是指强制出卖被执行人的财产,以所得价款清偿债务的措施。

财产被查封、扣押后,执行员应当责令被执行人在指定期间履行法律文书确定的义务。被执行人逾期不履行的,人民法院应当拍卖被查封、扣押的财产;不适于拍卖或者当事人双方同意不进行拍卖的,人民法院可以委托有关单位变卖或者自行变卖。国家禁止自由买卖的物品,交有关单位按照国家规定的价格收购。

4. 搜查被执行人的财产

被执行人不履行法律文书确定的义务,并隐匿财产的,人民法院有权发出搜查令,对被执行人及其住所或者财产隐匿地进行搜查。

采取民事搜查措施,必须由院长签发搜查令。

5. 强制交付法律文书指定的财物或票证

人民法院执行员在采取强制交付法律文书指定交付的财物或票证的强制执行措施时,应传唤双方当事人到庭或到指定场所,由被执行人将法律文书指定交付的财物或票证,当面直接交付申请执行人签收。被执行人不愿当面交付,也可以将应交付的财物或票证先交给执行员,由执行员转交。

6. 强制被执行人迁出房屋或退出土地

强制迁出房屋或者强制退出土地的执行,应按以下法定程序进行:

(1) 由院长签发限期迁出房屋或退出土地的公告。公告前,首先,应当对被执行人进行必要的法制教育,动员他自动迁出房屋或者退出土地。拒不迁退的,签发强制迁出房屋或退出土地的公告。公告由院长署名,加盖人民法院印章,公开张贴在被执行人及附近群众可以看到的地方。公告期限届满,被执行人如果已履行了义务,即结束执行程序;如果仍不履行的,应强制执行。

(2) 通知有关人员到场。在实施强制迁出房屋或者退出土地时,被执行人是公民的,人民法院应通知被执行人的工作单位或者房屋、土地所在地的基层组织,接到通知的单位应当派人参加。同时,人民法院还应通知被执行人或其成年家属到场;被执行人是法人或其他组织的,应当通知其法定代表人或者主要负责人到场。没有通知的,不得实施强制迁出房屋或强制退出土地的行为;通知后拒不到场的,不影响执行。

(3) 制作执行笔录。执行笔录要由执行人员、有关组织的协助执行人员、当事人及其他在场人签名或者盖章。

(4) 迁出财物的保管。对强制迁出的财物应当逐件编号、登记,造具清单,由在场人签名或盖章。然后将财物由人民法院派人运至指定处所,交给被执行人或者其成年家属。如果被执行人或者其成年家属拒绝接受的,由此造成的损失由被执行人承担。

(5) 强制执行完毕,执行人员应将迁出的房屋或者退出的土地及时交付申请执行人,结束执行程序。

7. 强制办理有关财产权证照转移手续

《民事诉讼法》第251条规定:"在执行中,需要办理有关财产权证照转移手续的,人民法院可以向有关单位发出协助执行通知书,有关单位必须办理。"有关财产权证照,是指房产证、土地证、山林所有权证、专利、商标证书、车辆执照等不动产或特定动产的财产权凭证。在执行过程中,人民法院可以向制发该证照的有关主管单位发出协助执行通知书,有关单位有协助办理的义务。

8. 强制执行法律文书指定的行为

对判决、裁定和其他法律文书指定的行为,被执行人未按执行通知履行的,人民法院可以强制执行或者委托有关单位或者其他人完成,费用由被执行人承担。

9. 强制加倍支付迟延履行期间的利息和支付迟延履行金

《民事诉讼法》第253条规定:"被执行人未按判决、裁定和其他法律文书指定的期间履行给付金钱义务的,应当加倍支付迟延履行期间的债务利息。被执行人未按判决、裁定和其他法律文书指定的期间履行其他义务的,应当支付迟延履行金。"对于被执行人迟延履行的,迟延履行利息或迟延履行金自判决、裁定和其他法律文书指定的履行期间届满的次日起计算。加倍支付迟延履行期间的债务利息,是指在原有债务利息上增加一倍。利率按银行同期贷款最高利率计付。

被执行人未按判决、裁定和其他法律文书指定的期间履行非金钱给付义务的,无论是否已给申请执行人造成损失,都应当支付迟延履行金。迟延履行金可以由人民法院根据具体案件情况决定。

10. 根据申请执行人的申请继续执行

在执行程序中,人民法院采取执行措施后,被执行人仍不能偿还债务的,应当继续履行义务;债权人发现被执行人有其他财产的,可以随时请求人民法院执行的制度,称为继续执行。

### 五、对被执行人未履行义务的处罚

被执行人未按执行通知履行法律文书确定的义务,应当报告当前以及收到执行通知之日前1年的财产情况。被执行人拒绝报告或者虚假报告的,人民法院可以根据情节轻重对被执行人或者其法定代理人、有关单位的主要负责人或者直接责任人员予以罚款、拘留。

此外,被执行人不履行法律文书确定的义务的,人民法院可以对其采取或者通知有关单位协助采取限制出境,在征信系统记录、通过媒体公布不履行义务信息以及法律规定的其他措施。

 **引例点评**

1. 详见本章教材阐述,此处略。

2. 有管辖权的法院是:南京市某水产门市部所在地的基层人民法院,南通市某汽车运输公司所在地的基层人民法院。本案是公路运输合同纠纷。根据《民事诉讼法》的规定,因公路运输合同纠纷提起的诉讼,可由运输始发地、目的地或者被告住所地人民法院管辖。

3. 可以约定管辖的法院是:被告住所地、合同履行地、合同签订地、原告住所地、标的物所在地的人民法院,但不得违反《民事诉讼法》对级别管辖和专属管辖的规定。《民事诉讼法》第25条规定:"合同的双方当事人可以在书面合同中协议选择被告住所地、合同履行地、合同签订地、原告住所地、标的物所在地人民法院管辖,但不得违反本法对级别管辖和专属管辖的规定。"

4. 赵某可以向江都市人民法院或者南通市某汽车运输公司所在地的人民法院起诉。根据《民事诉讼法》的规定,因侵权行为提起的诉讼,由侵权行为发生地或者被告住所地人民法院管辖。

 **能力训练题**

一、单项选择题

1. 某甲将奖券一张交给其同事某乙去帮忙兑奖,甲的奖券获得奖金1 000元,但乙拒绝给甲奖金,甲可以(    )。
   A. 向法院起诉要求返还        B. 向法院要求先予执行
   C. 向法院申请支付令          D. 向仲裁委员会申请仲裁

2.《民事诉讼法》有关回避的规定,适用于审判人员,也适用于(    )。
   A. 法定代表人、法定代理人    B. 律师
   C. 书记员、翻译人员、鉴定人  D. 证人

3. 在证据可能灭失的情况下,诉讼参加人可以向人民法院申请(    )。
   A. 先行给付    B. 证据保全    C. 公证保全    D. 诉讼保全

4. 民事诉讼中的当事人,除原告、被告外还可能包括(    )。
   A. 指定代理人  B. 法定代理人  C. 委托代理人  D. 第三人

5. 因合同纠纷提起的诉讼,由(    )人民法院管辖。
   A. 被告居住地或者合同履行地        B. 被告户籍所在地或者合同签订地

C. 被告住所地或者合同履行地  D. 合同签订地或者合同履行地
6. 公示催告的申请人,只能是( )。
   A. 票据持有人  B. 出票人
   C. 背书人  D. 可以背书转让的票据持有人

## 二、多项选择题

1. 甲公司与乙公司签订购销合同,后甲公司因其上级主管部门决定分立为A、B两个公司,现因合同发生纠纷,乙公司应当以( )为被告向法院起诉。
   A. 甲公司  B. A公司  C. B公司  D. 上级主管部门
2. 属专属管辖的案件有( )。
   A. 因合同纠纷提起的诉讼
   B. 因不动产纠纷提起的诉讼
   C. 因继承遗产纠纷提起的诉讼
   D. 因港口作业中发生纠纷提起的诉讼
3. 第二审程序发生的基础是( )。
   A. 当事人的上诉权
   B. 上诉审法院对下级法院的审判监督权
   C. 当事人的起诉权
   D. 上级法院的审判权
4. ( )可以委托1至2人代为诉讼。
   A. 当事人  B. 法定代表人  C. 证人  D. 法定代理人
5. 依督促程序,申请支付令的范围只限于( )。
   A. 给付金钱  B. 给付有价证券
   C. 给付票证  D. 给付特定的实物

## 三、问答题

1. 简述民事诉讼的基本原则与制度。
2. 简述民事诉讼特殊地域管辖的具体适用。
3. 简述当事人与诉讼代理人的区别。
4. 证据的特征有哪些?
5. 简述先予执行适用的范围和条件。
6. 起诉的条件有哪些?
7. 简述民事执行的条件。

## 四、案例分析题

1. 案情:马某系江苏省南京市一名供销人员,因公出差,住在广东省深圳市罗湖区某宾馆。张某系河南新乡市一名工人,因私事来到深圳市,也住罗湖区某宾馆。马、张两人因发生口角,马一气之下将张新购买的某品牌摄像机推到地下,致使摄像机被摔坏。事后,张某为索赔要向人民法院起诉。

请回答：此案应由哪一个人民法院管辖？请说明理由。

2. 案情：张三、李四、王五共同出资出力，并经工商行政管理机关核准登记开办了合伙经营的家具加工厂。2002年2月，加工厂与某木器厂签订了购销办公桌合同。合同规定，供方家具加工厂卖给需方木器厂办公桌200张，每张300元，共计60 000元。合同生效时需方预付定金30 000元，其余部分在办公桌如数交付时付清。交货期限为3个月。但在合同期限届满时，供方仅交付办公桌80张，并以木材涨价为由，要求买方加价或终止合同。发生纠纷后，需方以张三、李四、王五合伙经营的加工厂为被告起诉。

请回答：本案当事人应如何确定？

3. 案情：于淑兰有二子一女，长子李辉，次子李健，女儿李艳。于有房6间，她与次子一家住3间其余3间租给王春凯。于死亡，次子独自料理于的丧事，并将全部遗产房6间，卖给王春凯。李辉得知后以李健为被告，要求兄弟二人平分遗产。诉讼进行中李艳向法院起诉要求分得遗产房。

请回答：本案中上述人各处于什么诉讼地位？为什么？

4. 案情：原告曹花（女）与被告严仁（男）系夫妻关系。曹花系学校教师，并长期与校长雷某有通奸关系，夫妻关系长期不和，被告严仁多次劝解无效。1991年，被告曾向法院提请离婚，因双方都争对儿子的抚养权，后经法院调解和好。不久，严仁又听说曹与另几名男教师有不正当关系，于是，精神变得恍惚，1997年3月12日因公出差后，一直未归，此后杳无音讯，经公安部门多次查找无结果。2002年8月25日，原告曹花向法院起诉，要求与严仁离婚，当地法院认为，严仁已失踪超过4年，不能出庭应诉，但却符合宣告死亡的条件。于是，按照特别程序，发布公告，1年以后作出如下判决：（一）宣告失踪人严仁死亡；（二）严仁与曹花的婚姻关系，自判决生效之日起解除。

请回答：本案在适用程序上是否正确？请说明理由。

## 实 训

【目标】

通过实训，强化学生对民事诉讼程序规定的认识和理解，增强程序法治意识，提高程序实务能力。

【项目】

模拟民事诉讼过程。由老师提供案例资料，以班级为单位，分成若干小组，进行角色分工，进行民事诉讼实务模拟训练，并在此基础上，完成案例评析报告，含起诉状、答辩状、判决书以及小组讨论、交流轨迹等资料。

# 参考文献

[1] 杨紫烜. 经济法. 第4版. 北京:北京大学出版社,高等教育出版社,2010
[2] 张守文. 经济法学. 北京:北京大学出版社,2006
[3] 王继军. 市场规制法研究. 北京:中国社会科学出版社,人民法院出版社,2005
[4] 曹丽萍. 经济法. 北京:科学出版社,2007
[5] 黄瑞. 经济法基础与实务. 北京:机械工业出版社,2008
[6] 何辛,梁敏. (高职高专)新编经济法实用教程(理论部分). 第五版. 大连:大连理工大学出版社,2009
[7] 何辛,梁敏. (高职高专)新编经济法实用教程(实训部分). 第五版. 大连:大连理工大学出版社,2009
[8] 王全兴. 经济法基础理论专题研究. 北京:中国检察出版社,2002
[9] 张新莉,武鸣. 经济法实用教程. 北京:中国经济出版社,2010
[10] 吉文丽. 经济法. 北京:清华大学出版社,2007
[11] 中国注册会计师协会. 经济法. 北京:中国财政经济出版社,2010
[12] 中华会计网校. 经济法基础(应试指南). 北京:人民出版社,2009
[13] 冯丽华,杨晓林. 经济法. 北京:电子工业出版社,2005
[14] 董朝阳,梁红卫,李小五. 经济法. 北京:清华大学出版社,2007
[15] 李昌麒. 经济法. 北京:清华大学出版社,2008